러스트 서만들기

RUST SERVERS, SERVICES, AND APPS

러스트 서버, 서비스, 앱 만들기

1판 1쇄 발행 2024년 5월 17일

지은이 프라부 에스왈라
옮긴이 김모세
펴낸이 장성두
펴낸곳 주식회사 제이펍

출판신고 2009년 11월 10일 제406-2009-000087호
주소 경기도 파주시 회동길 159 3층 / **전화** 070-8201-9010 / **팩스** 02-6280-0405
홈페이지 www.jpub.kr / **투고** submit@jpub.kr / **독자문의** help@jpub.kr / **교재문의** textbook@jpub.kr

소통기획부 김정준, 이상복, 김은미, 송영화, 권유라, 안수정, 박재인, 배인혜, 나준섭
소통지원부 민지환, 이승환, 김정미, 서세원 / **디자인부** 이민숙, 최병찬

진행 이상복 / **교정·교열** 김도윤 / **내지 디자인** 이민숙 / **내지 편집** 최병찬
용지 타라유통 / **인쇄** 해외정판사 / **제본** 일진제책사

ISBN 979-11-92987-96-5 (93000)
책값은 뒤표지에 있습니다.

제이펍은 여러분의 아이디어와 원고를 기다리고 있습니다. 책으로 펴내고자 하는 아이디어나 원고가 있는 분께서는 책의 간단한 개요와 차례, 구성과 지은이/옮긴이 약력 등을 메일(submit@jpub.kr)로 보내주세요.

Rust Servers, Services, *and* Apps
러스트 서버, 서비스, 앱 만들기

프라부 에스왈라 지음 / 김모세 옮김

제이펍

PART I 웹서버와 웹 서비스

CHAPTER 1 왜 러스트가 웹 애플리케이션에 적합한가?   3

CHAPTER 2 기본 웹서버 작성하기   21

CHAPTER 3 RESTful 웹 서비스 구축하기   62

고도의 동시성을 제공하는 안전한 시스템을 위한 언어로 설계된 러스트는 자바 등의 고수준 언어에 비해 성능 면에서 우수한 점이 많습니다. 작은 풋프린트, 보안과 신뢰성, 낮은 지연, 현대적인 프로그래밍 언어 기능 등을 제공합니다. 하지만 일반적으로 시스템 개발 언어로 인식되어 웹서버나 애플리케이션 레벨의 개발에서는 많이 사용되지 않는 것 같습니다.

그러나 러스트 역시 훌륭한 웹 개발 프레임워크를 제공합니다. 이를 활용하면 러스트가 가진 저수준 언어의 안정성과 뛰어난 성능을 바탕으로 고성능 네트워크에 기반을 둔 현대적인 웹 서비스와 애플리케이션을 만들어낼 수 있습니다. 책을 읽으면서 실제적인 프로젝트를 사용해 점진적으로 네트워크 프로젝트를 점진적으로 고도화해나가는 경험을 할 수 있을 것입니다.

물론 모든 웹 서비스와 애플리케이션을 러스트로 만들어야 한다거나, 모든 웹 서비스와 애플리케이션이 러스트에 적합하다고 말하는 것은 아닙니다. 이 책을 통해 뛰어난 성능을 제공하는 이 독특한 러스트 언어가 웹 서비스와 애플리케이션 개발에서의 또 하나의 무기가 될 수 있다는 것을 경험할 수 있기를 바랍니다.

번역 과정에서 좋은 지식을 공유할 수 있도록 해주신 하나님께 감사드립니다. 또한 유익한 책을 번역할 기회를 주신 제이펍 장성두 대표님께 감사드립니다. 책을 편집하는 과정에서 많이 고생하신 제이펍 편집자님과 다양한 경험을 바탕으로 책의 완성도를 높일 수 있도록 많은 의견을 주신 베타리더분들께도 감사드립니다. 마지막으로 책을 번역하는 동안 한결같은 믿음으로 저를 지지하고 응원해준 아내와 세 딸에게도 깊은 감사를 전합니다. 정말 고맙습니다.

김모세

베타리더 후기 _____

김민규(큐셀네트웍스)

러스트는 C 언어나 자바보다 메모리 안전성이나 성능 면에서 우수한 점이 많습니다. 게다가 웹서버와 같은 애플리케이션 레벨의 개발도 가능하죠. 이런 장점 덕분에 러스트는 상대적으로 저수준 언어임에도 웹 개발에도 꽤 유용하게 쓰이고 있어요. 이 책은 러스트로 서버와 클라이언트를 개발하면서 동시에 러스트 언어를 좀 더 깊게 배울 수 있는 훌륭한 자료가 될 겁니다. 구어체에 가까운 문장으로 구성되어서인지 옆에서 누가 알려주는 것처럼 재밌게 술술 읽히는 책이었습니다.

김용현(Microsoft MVP)

러스트는 컴파일 시간 검증을 통해 메모리 안전성과 병렬 프로그래밍을 강화하면서, 명확하며 안전한 코드 작성을 가능하게 합니다. 이러한 특성은 뛰어난 성능과 안전성을 보장하며, Actix와 같은 풍부한 프레임워크 생태계도 조성되어 러스트는 네트워크 서비스 개발에 이상적인 언어가 되었습니다. 이 책은 이를 활용한 네트워크 기능 구현에 집중하면서, 하나의 애플리케이션을 점진적으로 개선해나가는 방식으로 이론과 실습을 모두 다룹니다. 하나 이상의 언어에 익숙하거나 러스트를 조금만 알고 있는 독자들도 러스트의 장점을 잘 알 수 있는, 네트워크 프로그래밍이라는 주제에 대해 잘 다루는 서적입니다.

김호준(현전사)

러스트를 사용하여 기초적인 HTTP 서버를 구현하는 것을 시작으로 Actix를 사용한 백엔드 서버 개발 및 설계, 개선 프로세스, 컨테이너 배포까지 전반적인 웹 개발 프로세스를 모두 맛볼 수 있는 구성을 가지고 있어 이제 막 러스트 언어 학습을 마친 분들에게 다음 도서로 추천하고 싶은 책입니다. 분량에 비해 커버 범위가 넓지만 그럼에도 기본적인 사항들을 놓치지 않아서 좋았습니다.

심주현(삼성전자)

러스트는 일반적으로 시스템 개발 언어로 알려져 있지만, 이 책은 그런 고정관념을 깨고 러스트 웹 개발의 전반적인 과정을 보여줍니다. 다루는 주제들도 데이터베이스, 비동기, P2P 등 다양하며, 도커를 통한 배포까지 포함합니다. 주제도 신선하고 예제들도 깔끔하여 러스트 기반 웹 개발에 단비 같은 책이었습니다.

윤승환(코드벤터)

러스트와 Actix를 사용한 웹 개발을 알기 쉽게 설명해 초보자도 쉽게 접근할 수 있습니다. 실제 코드 예시와 함께 상세한 설명이 돋보였으나, 러스트의 고급 개념에 대한 이해가 부족한 독자에게는 다소 어려움이 있을 수 있습니다. 그럼에도 실습 중심의 구성은 학습에 큰 도움이 되었습니다. 웹 개발 실력을 향상시킬 수 있는 유용한 책입니다.

정현준

Actix Web을 이용해 러스트 웹 어플리케이션 개발을 차례로 배울 수 있는 좋은 책입니다. 기초부터 시작해 테스트를 추가하고 DB를 붙이는 식으로 점진적으로 설명하므로, 배우기 어렵기로 알려진 러스트지만 따라가는 데 큰 도움이 됩니다. 3부의 async 내용도 좋았으며, 특히 libp2p를 사용한 P2P 네트워크 구성은 쉽게 접하기 어려운 흥미로운 부분이었습니다. 마지막엔 도커 패키징 방법까지 소개해서 웹 개발의 기본적인 측면을 두루 익힐 수 있었습니다.

시작하며 _____

고성능 네트워크 서비스를 만드는 것은 모든 프로그래밍 언어에서의 도전 과제이다. 러스트가 제공하는 고유한 기능들을 사용하면 이런 장벽을 상당히 낮출 수 있다.

사실 러스트는 애초부터 고도의 동시성을 제공하는 안전한 시스템을 위한 언어로 설계되었다. 다양한 프로그래밍 언어(C, C++, Go, 자바, 자바스크립트 등)들이 높은 성능의 믿을 수 있는 네트워크 서비스 개발을 위해 사용되었고, 이 서비스들은 단일 노드는 물론 여러 노드로 구성된 분산 시스템에서 (온프레미스 데이터 센터나 클라우드에 관계없이) 잘 작동했다. 하지만 러스트는 여러 관점에서 매력적인 대안을 제시한다.

- 작은 풋프린트footprint(메모리와 CPU 사용을 완벽하게 제어한다)
- 보안과 신뢰성(메모리와 데이터 경합에서 안전하며, 이는 컴파일러에 의해 강제된다)
- 낮은 지연(가비지 컬렉터garbage collector가 없다)
- 현대적 언어 기능

이 책에서는 다양한 도구, 기법, 기술들을 제시한다. 이를 활용하면 러스트를 사용해 효율적이면서 동시에 믿을 수 있는 웹 서비스와 애플리케이션을 만들 수 있다. 또한 이 책에서는 러스트를 사용해 개발하는 네트워크 서비스와 웹 애플리케이션에 관해서도 간략하게 소개한다. 표준 라이브러리 프리미티브(기본 구성 요소)를 사용해 구축한 기본 단일 노드, 단일 스레드 서버, 프로토콜 스택의 다른 계층을 가로지르는 고급 다중 스레드, 비동기 분산 서버에 이르기까지 다양한 서버 구성 방식을 소개한다. 이 책을 통해 다음과 같은 내용을 학습한다.

- 러스트 표준 라이브러리를 사용한 네트워킹 프리미티브
- 기본 HTTP 서비스

- 관계형 데이터베이스를 기반으로 하는 REST API 서버

- P2P 네트워킹을 사용한 분산 서버

- 높은 동시성을 가진 비동기 서버

이 책은 러스트를 사용해 웹 서비스와 애플리케이션을 개발하는 방법을 학습하도록 설계했다. 튜토리얼 접근 방식을 통해 하나의 예제 프로젝트(코드)를 점진적으로 개선해나갈 것이다. 이 책이 현업에 즉시 적용할 수 있을 만큼 흥미롭고 실용적인 방법을 습득하기를 기대한다.

감사의 글 _____

변화의 속도가 빠르고 고도의 기술적 깊이가 있는 영역의 책을 쓰는 데는 많은 시간과 노력이 필요하다.

먼저 이 책을 쓸 수 있도록 셀 수 없이 많은 시간을 희생한 내 가족에게 감사를 전한다. 내가 얼마나 감사하는지 말로는 다 전할 수 없다. 매닝 출판사의 관계자들에게도 감사한다. 이들은 매우 반복적이고 협조적인 방식으로 내가 이 책을 집필할 수 있도록 여러 방면에서 도와줬다. 마이크 스티븐스Mike Stephens와 다양한 개발 편집자들에게 감사를 전한다. 특히 엘레샤 하이드Elesha Hyde에게 감사를 전한다. 그녀는 훌륭한 지원과 안내, 인내심을 발휘해 수많은 어려움들을 이겨낼 수 있도록 도우며 이 책의 마지막 줄까지 쓸 수 있게 해줬다. 최종적인 책의 형태를 만들어준 프로덕션 스태프들에게도 감사를 전한다. 마지막으로 기술 개발 편집자 알랭 쿠니오Alain Couniot에게 감사를 전한다. 그의 도움이 없었다면 이 책은 절대로 완료하지 못했을 것이다. 그는 인내심을 갖고 열심히 각 장을 리뷰하고, 코드를 업그레이드하고, 기술적인 품질과 콘텐츠의 관련성을 높여줬다. 최고다!

원고에 대한 가치 있는 피드백을 제공해준 다음 모든 리뷰어에게 감사한다. Adam Wendell, Alessandro Campeis, Alex Lucas, Bojan Djurkovic, Casey Burnett, Clifford Thurber, Dan Sheikh, David Paccoud, Gustavo Gomes, Hari Khalsa, Helmut Reiterer, Jerome Meyer, Josh Sandeman, Kent R. Spillner, Marcos Oliveira, Matthew Krasnick, Michal Rutka, Pethuru Raj Chelliah, Richard Vaughan, Slavomir Furman, Stephane Negri, Tim van Deurzen, Troi Eisler, Viacheslav Koryagin, William Wheeler, Yves Dorfsman. 이분들의 제안 덕분에 이 책이 훨씬 나아졌다. 또한 MEAP 독자들에게 감사를 전한다. 라이브북 포럼에 남긴 흥미로운 질문과 의견, 오탈자 등이 이 책의 완성도를 더욱 높여줬다.

이 책은 참조용 가이드가 아니다. 오히려 개요를 설명하는 책이며, 러스트를 사용해 개발할 수 있는 다양한 네트워크 서비스에 관한 영감을 주는 가이드로 사용해야 한다. 학습의 연속성을 극대화하고자 실습 튜토리얼 형태로 구성했다.

대상 독자

이 책은 주로 다음과 같은 독자를 대상으로 썼다.

- 서버 사이드, 웹 백엔드, API 개발에 참여하거나 흥미를 갖고 있는 백엔드 소프트웨어 엔지니어
- 러스트를 Go, 자바, C++의 대안으로 살펴보고 있는 분산 시스템 엔지니어
- 머신러닝, 인공지능, 사물 인터넷, 이미지/비디오/오디오 처리 및 실시간 시스템의 백엔드 같은 영역에서의 저지연 서버와 애플리케이션을 개발하는 소프트웨어 엔지니어

이 책의 내용을 충분히 활용하기 위해서는 백엔드 개발 경험을 갖고 있으며 러스트에 어느 정도 친숙해야 한다. 특히 백엔드 개발자로서 여러분은 HTTP, JSON, ORM을 사용한 데이터베이스 접근, 고수준 언어(예: 자바, 자바스크립트, 파이썬, C++, Go, 루비)에서의 API 개발에 익숙해야 한다. 고급 초심자 혹은 중급자 수준의 러스트 프로그래머라면, 여러분은 오픈 소스 튜토리얼을 복제하고 수정하는 방법을 이해하고, 러스트의 다음 측면에 친숙해야 한다.

- 러스트 프리미티브(데이터 타입), 사용자 정의 데이터 구조(구조체, 열거형), 함수, 표현식, 제어 루프(if, for, while 루프)
- 불변성immutability, 소유권ownership, 참조reference, 대여borrowing

- Result 및 option 구조체를 사용한 에러 핸들링
- 러스트의 기본 함수 구조
- 러스트 툴체인(빌드/디펜던시 관리 및 코드 포매팅을 위한 Cargo, 문서화, 자동화 테스팅 도구 등)

러스트 관련 지식의 정리 또는 향상을 위한 권장 자료는 이번 절 후반의 '온라인 리소스'를 참조하자.

책의 구성

이 책은 실제적인 프로젝트들의 연속으로 구성되어 있다. 각 프로젝트는 러스트를 사용해 개발할 수 있는 특정한 유형의 네트워킹 서비스를 다룬다. 여러분은 각 프로젝트를 진행하면서 코드를 확인하고 작성하면서 학습할 것이다. 관련된 이론은 프로젝트 콘텍스트 안에서 설명한다. 그리고 몇 가지 코딩 연습 문제들도 제시한다.

이 책은 총 3부, 12장으로 구성되어 있다. 1부에서는 웹 애플리케이션의 기본 개념을 소개하고, 이후 절들을 위해 필요한 기반들을 다진다. 웹 애플리케이션 백엔드를 개발하고, 마지막으로 프로덕션에 가까운 상태가 되도록 점진적으로 고도화한다. 1부는 6개 장으로 구성된다.

- 1장에서는 분산 아키텍처와 웹 애플리케이션 같은 핵심 개념들을 소개한다. 그리고 이 책에서 개발할 애플리케이션에 관해 소개한다. 마지막으로 러스트의 강점 및 러스트 사용 여부 결정에 관한 힌트들을 제공한다.
- 2장에서는 이 책의 나머지 내용을 진행하기 위한 준비를 한다. 몇 가지 TCP 기반 컴포넌트들을 개발하고, 이를 사용해 이 영역에서 러스트가 가진 장점을 확인한다.
- 3장에서는 러스트를 사용해 RESTful 웹 서비스를 구현하는 방법과 이미 존재하는(여전히 성장하는) 풍부한 생태계에서 잘 선정된 몇 가지 크레이트를 살펴본다. 또한 애플리케이션 상태가 무엇인지와 이를 관리하는 방법에 관해 설명한다.
- 4장에서는 데이터베이스에 데이터를 유지해야 할 필요성에 관해 설명한다. 간단하지만 효율적인 크레이트를 사용해 SQL 데이터베이스와 상호작용한다.
- 5장에서는 지금까지 개발한 웹 서비스를 호출할 때 발생할 수 있는 예상치 못한 상황을 다루는 중요한 측면에 관해 다룬다.
- 6장에서는 러스트를 사용해 개발하면 웹 서비스 API가 점점 강력하고 정교해짐에 따라 코드를 리팩터링하는 것이 얼마나 쉽고 안전한지 학습한다.

2부에서는 웹 애플리케이션의 다른 영역인 프런트엔드 및 GUI에 관해 살펴본다. 이 책에서는 브라우저에서 실행되는 세련된 웹 프레임워크 대신 서버 사이드 렌더링에 의존하는 간단한 접근 방식만 다룬다. 2부는 3개 장으로 구성된다.

- 7장에서는 선택된 서버 사이드 렌더링 프레임워크를 소개하고 사용자에게 입력을 요청하는 방법과 아이템 리스트를 처리하는 방법에 관해 다룬다. 1부에서 개발한 백엔드 웹 서비스와 상호작용하는 방법도 설명한다.
- 8장에서는 서버 사이드에서 사용되는 템플릿 엔진에 관해 살펴본다. 몇 가지 폼을 사용해 사용자 등록을 지원하는 방법을 설명한다.
- 9장에서는 고급 웹 애플리케이션 주제(사용자 인증, 라우팅, CRUD 방식으로 데이터를 유지보수하기 위해 RESTful 웹 서비스를 효과적으로 사용하는 방법 등)에 관해 살펴본다.

3부에서는 세 가지 고급 주제를 다룬다. 이 주제들은 앞에서 개발한 웹 서비스 및 웹 애플리케이션과는 직접적인 관련이 없다. 그러나 복잡한 러스트 서버를 구축하고, 이들을 프로덕션에 배포할 수 있도록 준비하는 데 흥미를 가진 모든 분들에게 중요한 내용이 될 것이다.

- 10장에서는 비동기 프로그래밍 및 러스트가 비동기 프로그래밍 패러다임을 지원하는 방법에 관해 소개한다. 그 뒤, 몇 가지 예시를 통해 비동기 프로그램에 관해 설명한다.
- 11장에서는 러스트와 몇 가지 크레이트를 사용해 P2P 애플리케이션 개발에서 러스트가 제공하는 강력함에 관해 살펴본다.
- 12장에서는 웹 애플리케이션을 도커 이미지로 준비하고 패키징하는 방법에 관해 살펴본다. 이 이미지는 다양한 환경(로컬 워크스테이션부터 클라우드까지)에 배포할 수 있다.

소스 코드

이 책의 샘플 코드는 깃허브(https://github.com/moseskim/rust-servers-services-apps)에서 제공한다. 이 저장소는 장별로 구성되어 있다. 깃허브 저장소에서 제공하는 코드는 각 장을 마지막까지 진행한 상태에 해당한다. 이전 장에서 끝난 시점의 코드를 기반으로 하여 새로운 장의 내용을 진행하면 된다. 각 장의 설명을 따라 점진적으로 코드를 발전시켜보자. 문제가 발생한다면 저장소의 샘플 코드를 참고해 잘못된 점이 무엇인지 파악할 수 있고, 다시 개발을 시작할 수 있는 지점을 찾을 수 있을 것이다.

환경 구성은 이미 러스트로 개발을 경험해본 모든 독자에게 익숙할 것이다. 표준 러스트 툴체인, VSCode 같은 좋은 통합 개발 환경integrated development environment, IDE만 있으면 충분하다(러스트를 지원하는 확장 기능이 추가되어 있으면 좋다. 러스트 확장 팩Rust Extension Pack을 권장하며, Rust Syntax, Rust Doc Viewer도 함께 설치하자). 깃허브와 버전 관리를 활용하기 위해서는 깃Git을 설치해야 한다. 하지만 깃허브에서 압축된 소스 코드를 다운로드할 수 있으므로 필수는 아니다.

온라인 리소스

러스트는 프로그래밍 언어이며 러스트를 만든 사람들이 관리하는 여러 훌륭한 온라인 리소스가 있고, 미디엄Medium과 같은 독립된 리소스들도 있다. 권장할 만한 리소스 몇 가지를 소개한다.

- The Rust Book(https://www.rust-lang.org/learn): 러스트 개발자들이 제공하는 공식 가이드이다. 이 온라인 책은 네트워크 서버 작성에 관한 매우 기본적인 절을 제공한다.
- Rust by Example(https://doc.rust-lang.org/rust-by-example): The Rust Book의 단짝 친구이다.
- The Cargo Book(https://doc.rust-lang.org/cargo): 공식 러스트 언어 사이트에서 제공하는 또 다른 온라인 서적이다. Cargo 패키지 매니저에 관해 다룬다.
- The Rust Users Forum(https://users.rust-lang.org/)
- 미디엄의 러스트 관련 아티클(https://medium.com/tag/rust)

책 표지에 실린 그림은 <Homme Toungouse(퉁구스 남자)>라는 제목이 붙어 있다. 이 삽화는 1788년 출간된 자크 그라세 드 생소뵈르Jacques Grasset de Saint-Sauveur의 화집에서 가져온 것이다. 책의 모든 그림을 손으로 정교하게 그리고 채색했다.

당시 사람들은, 어디에 살고 있으며, 무엇을 사고파는지, 어떤 계층에 속하는지를 단지 옷차림만으로도 쉽게 확인할 수 있었다. 매닝 출판사는 몇 세기 전 여러 지역의 다채로운 생활상을 보여주는 이러한 그림을 표지에 실어 IT 업계의 독창성과 진취성을 기리고자 한다.

웹서버와 웹 서비스

러스트는 최근 긍정적인 각광을 받고 있는 훌륭한 프로그래밍 언어이다. 러스트는 최초에는 분명히 C 혹은 Go 같은 유명한 언어들을 따라 '시스템 프로그래밍' 언어로 홍보되었다. 사실 러스트는 리눅스 커널에서 그 입지를 점점 굳혀가고 있었다. 현재는 드라이버와 모듈로 제한되어 있지만, 러스트의 본질적인 특성인 표현력, 메모리 안전성, 성능 등은 운영체제의 더 중요한 부분으로 확장될 것이다. 러스트는 그 속도가 느리기는 하나 웹 어셈블리WebAssembly, WASM라는 비밀스러운 영역으로도 진입하고 있으며 브라우저나 서버리스 클라우드에서 사용될 수 있다.

혁신적인 개발자들은 Go와 마찬가지로 러스트 또한 시스템 프로그래밍의 영역을 넘어 데이터베이스를 지원하는 효율적인 웹 애플리케이션 프로그램 백엔드 개발에 사용할 수 있다는 것을 보여줬다.

1부에서는 REST 웹 서비스를 지원하는 관계형 데이터베이스를 기반으로 하는 간단하고도 대표적인 웹 애플리케이션을 개발한다. 아직 UI 측면은 다루지 않는다. 이에 관해서는 2부에서 다룬다. 1부에서는 큰 그림을 그리는 동시에 넓은 범위에서 웹 애플리케이션 프로그램의 기반을 설정한다. 그 뒤 데이터베이스 영속성, 오류 처리, API 유지, 리팩터링 등 점차 특화된 주제들을 다룰 것이다.

1부를 완료한 뒤에는 러스트와 몇 가지 검증된 크레이트를 사용해 경로를 설정하고 오류를 처리한 견고한 애플리케이션 백엔드를 설정하고 개발할 수 있게 될 것이다. 그런 다음 2부의 내용을 다룰 수 있게 될 것이다.

PART I

Web servers and services

## CHAPTER 1

왜 러스트가
웹 애플리케이션에 적합한가?

이번 장에서 다루는 내용

- 모던 웹 애플리케이션 소개
- 웹 애플리케이션 개발을 위해 러스트 선택하기
- 예시 애플리케이션 시각화하기

인터넷을 통해 연결된 웹 애플리케이션은 현대 비즈니스 및 인류가 영위하는 디지털 일상의 근간이다. 우리는 개인으로서 소비자 중심 애플리케이션을 사용한다. 소셜 네트워킹과 커뮤니케이션, 전자 상거래 구매, 여행 예약, 지불, 재무 관리, 교육 및 여가 활동 등 그 용도는 다양하다. 이와 마찬가지로 기업 또한 비즈니스 중심 애플리케이션을 사용한다. 이를 통해 거의 모든 기능을 수행하고 프로세스를 유지한다.

오늘날의 웹 애플리케이션은 상상조차 하지 못할 만큼 복잡한 분산 시스템이다. 이런 애플리케이션의 사용자들은 웹 또는 모바일 프런트엔드 사용자 인터페이스를 통해 상호작용한다. 그러나 사용자는 매끄러운 앱 사용자 인터페이스를 통해서 요청을 보내는 데 사용되는 복잡한 백엔드 서비스 및 소프트웨어 인프라스트럭처 구성 요소들로 구성된 환경을 거의 보지 못한다. 인기가 높은 소비자 애플리케이션은 전 세계의 데이터 센터에 분산된 수천 개의 백엔드 서비스와 서버를 갖고 있다. 애플리케이션의 각 기능은 서로 다른 서버에서 실행될 수 있고, 이들은 서로 다른 설계 방식, 서로 다른 프로그래밍 언어로 작성되어 있거나 지리적으로도 서로 다른 위치에 존재할 수 있다. 애

3

플리케이션의 부드러운seamless 사용자 경험은 이 모든 것이 쉬운 일처럼 보이게 한다. 그러나 모던 웹 애플리케이션을 개발하는 것은 결코 쉽지 않다.

우리는 일상적으로 웹 애플리케이션을 이용한다. X(구 트위터)에 글을 쓰고, 넷플릭스Netflix에서 영화를 시청하고, 스포티파이Spotify에서 노래를 듣고, 여행을 예약하고, 음식을 주문하고, 온라인 게임을 하고, 택시를 호출하고 수없이 많은 온라인 서비스를 이용한다. 분산 웹 애플리케이션이 없으면 비즈니스나 현대 디지털 사회는 멈추어버릴 것이다.

NOTE 웹사이트는 여러분의 비즈니스에 관한 정보를 제공하고, 웹 애플리케이션은 여러분의 고객에게 서비스를 제공한다.

이 책에서는 러스트를 사용해 표준 인터넷 프로토콜로 통신하는 분산 웹 서비스 및 애플리케이션을 설계 및 개발하는 데 필요한 개념, 기술, 도구들에 관해 학습한다. 이 과정에서 실용적인 예시 프로젝트를 통해 러스트의 핵심적인 개념들을 직접 살펴볼 것이다.

이 책은 웹 백엔드 소프트웨어 엔지니어, 풀 스택 애플리케이션 개발자, 클라우드, 엔터프라이즈 아키텍트, 기술 제품의 CTO, 또는 매우 안전하고, 효율적이며, 성능이 뛰어나며, 운영과 유지보수에 많은 비용이 들지 않는 분산 웹 애플리케이션을 구축하는 것에 관심 있는 호기심 가득한 학습자를 대상으로 한다. 이 책에서는 작동하는 예시를 점진적으로 구축함으로써 순수하게 러스트만을 사용해 웹 서비스, 전통적인 웹 애플리케이션 백엔드를 구축하는 방법을 소개할 것이다.

책을 읽으면서 여러분은 러스트가 실제로 범용 언어이며 효과적으로 많은 다양한 애플리케이션을 구현하는 데 도움을 준다는 것을 알게 될 것이다. 이 책에서는 하나의 애플리케이션만 제시하지만, 그 과정에서 소개하는 기법들은 같거나 다른 **크레이트**crate를 사용해 여러 상황에 적용할 수 있다.

이번 장에서는 분산 웹 애플리케이션의 주요 특성에 관해 살펴보고, 러스트가 빛을 발하는 부분이 어떤 부분인지 이해하고, 이 책에서 함께 구축할 예시 애플리케이션에 관해 간단히 설명한다.

1.1 모던 웹 애플리케이션 개요

먼저 모던 분산 웹 애플리케이션의 구조에 관해 더 자세히 살펴본다. 분산 시스템은 여러 컴포넌트로 구성된다. 이 컴포넌트들은 여러 개의 컴퓨팅 프로세서에 분산되어 있으며, 네트워크를 통해 통신하고, 동시에 작업을 실행한다. 기술적으로 볼 때 여러분이 집에서 사용하는 컴퓨터 자체가 네트워크로 연결된 분산 시스템과 유사하다(모던한 멀티 CPU와 멀티 코어 프로세서를 갖추고 있다).

인기 있는 분산 시스템의 유형은 다음과 같다.

- **분산 네트워크**: 전화망 및 인터넷 등
- **분산 클라이언트/서버 애플리케이션.**: 대부분의 웹 기반 애플리케이션이 이에 속한다.
- **분산 P2P 애플리케이션**: 비트토렌트~BitTorrent~ 및 Tor 등이 이에 속한다.
- **실시간 제어 시스템**: 항공 교통 통제 및 산업 제어 등이 이에 속한다.
- **분산 서버 인프라스트럭처**: 클라우드, 그리드, 과학 계산을 위한 여러 형태가 이에 속한다.

분산 시스템은 크게 분산 애플리케이션, 네트워킹 스택, 하드웨어/OS 인프라스트럭처의 3가지 요소로 구성된다.

분산 애플리케이션은 다양한 네트워킹 프로토콜을 사용해 구성 요소 간에 내부적으로 통신할 수 있다. 그러나 웹 서비스나 웹 애플리케이션이 외부와 통신할 때는 단순함과 보편성 때문에 오늘날 HTTP를 압도적으로 많이 선택한다.

웹 애플리케이션은 애플리케이션 계층 프로토콜로 HTTP를 사용하며, 표준 인터넷 브라우저를 통해 인간 사용자가 접근할 수 있는 기능들을 제공하는 프로그램이다. 이러한 웹 애플리케이션이 하나가 아니라 수십 또는 수백 개의 분산 애플리케이션 요소로 구성되어 네트워크상에서 협력하고 통신할 때, 이를 **분산 웹 애플리케이션**이라 부른다. 대규모 분산 웹 애플리케이션의 예시로 페이스북 및 트위터와 같은 소셜 미디어 애플리케이션, 아마존~Amazon~ 또는 이베이~eBay~와 같은 전자 상거래 사이트, 우버~Uber~ 및 에어비앤비~Airbnb~와 같은 공유 경제 앱, 넷플릭스와 같은 엔터테인먼트 사이트, 그리고 AWS, 구글~Google~ 및 애저~Azure~와 같은 공급자들이 제공하는 사용자 친화적 클라우드 프로비저닝 애플리케이션~cloud provisioning application~을 들 수 있다.

그림 1.1은 모던 웹 애플리케이션의 분산 시스템 스택의 전형적인 논리적 형태를 나타낸다. 실제 세계에서라면 이러한 시스템은 수천 대의 서버에 분산되어 있겠지만, 그림에서는 3개의 서버만 네트워킹 스택을 통해 연결된 것으로 나타냈다. 이러한 서버들은 모두 하나의 데이터 센터 내에 있을 수도 있고, 지리적으로 분산된 클라우드에 있을 수도 있다. 각 서버 안에는 하드웨어 및 소프트웨어 구성 요소를 계층화해서 나타냈다.

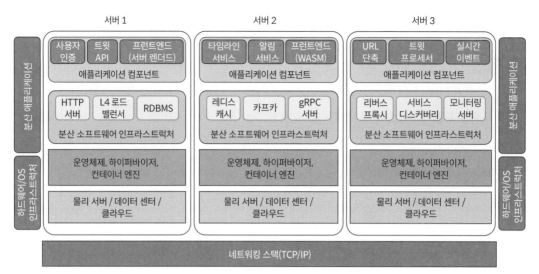

그림 1.1 분산 시스템 스택(간략화)

- **하드웨어 및 OS 인프라스트럭처**: 물리적 서버(데이터 센터 또는 클라우드 안에 위치), 운영체제, 및 가상화/컨테이너 런타임 등을 포함한다. 내장형 컨트롤러, 센서, 에지 디바이스와 같은 장치도 이 계층으로 분류될 수 있다(예를 들어 RFID를 사용한 라벨이 붙어 있는 상품의 재고가 슈퍼마켓 선반에 배치되거나 제거될 때, 해당 슈퍼마켓 체인의 소셜 미디어 팔로워에게 자동으로 트윗이 전송되는 등의 경우를 상상해볼 수 있다).

- **네트워킹 스택**: 4계층의 인터넷 프로토콜 스위트로 구성된다. 이 스위트는 분산된 시스템 구성 요소 사이의 통신 기반을 형성하며 각 요소들은 물리적인 하드웨어를 통해 통신한다. 4개의 네트워킹 계층은 (추상화 수준이 낮은 순으로) 다음과 같다.

  − 네트워크 링크/접근 계층

  − 인터넷 계층

  − 전송 계층

  − 응용 계층

  처음 세 개의 계층은 대부분의 운영체제에서 하드웨어/운영체제 수준에서 구현된다. 대부분의 분산 웹 애플리케이션에서 널리 사용되는 애플리케이션 계층 프로토콜은 HTTP이다. 인기 있는 프로토콜로 REST, gRPC, GraphQL 등이 HTTP를 사용한다. 자세한 내용은 https://tools.ietf.org/id/draft-baker-ietf-core-04.html을 참조한다.

- **분산 애플리케이션**: 분산 애플리케이션은 분산 시스템의 하위 집합이며, 현대적인 N-계층 분산 애플리케이션은 다음과 같은 조합으로 구성된다.

- **애플리케이션 프런트엔드**: iOS 또는 Android에서 실행되는 모바일 앱 또는 인터넷 브라우저에서 실행되는 웹 프런트엔드일 수 있다. 이러한 애플리케이션 프런트엔드는 원격 서버(보통 데이터 센터 또는 클라우드 플랫폼)에 있는 애플리케이션 백엔드 서비스와 통신한다. **최종 사용자는 애플리케이션 프런트엔드와 상호작용한다.**

- **애플리케이션 백엔드**: 비즈니스 규칙, 데이터베이스 접근 로직, 이미지 및 비디오 처리 같은 계산 중심의 프로세스 및 다른 서비스 통합을 포함한다. 물리 머신 또는 가상 머신에서 실행되는 개별 프로세스(예: Unix/리눅스의 systemd 프로세스) 또는 컨테이너 엔진(예: 도커)에서 마이크로서비스로 배포되고, 컨테이너 오케스트레이션 환경(예: 쿠버네티스)에서 관리된다. API를 통해 기능을 제공한다. 애플리케이션 프런트엔드는 사용자를 대신하여 애플리케이션 백엔드 서비스와 상호작용해서 작업을 완료한다.

- **분산 소프트웨어 인프라스트럭처**: 애플리케이션 백엔드를 위한 지원 서비스를 제공하는 구성 요소를 포함한다. 예를 들어 프로토콜 서버, 데이터베이스, KV 저장소, 캐시, 메시징, 로드 밸런서 및 프록시, 서비스 검색 플랫폼 및 통신, 운영, 보안 및 모니터링과 같은 분산 애플리케이션에 대한 인프라스트럭처 구성 요소 등이 이에 속한다. 애플리케이션 백엔드는 서비스 검색, 통신, 라이프사이클 지원, 보안 및 모니터링 등의 목적으로 분산 소프트웨어 인프라스트럭처와 상호작용한다.

분산 웹 애플리케이션에 관한 개요를 살펴봤다. 이제 러스트를 사용해 이러한 애플리케이션을 구축할 때의 이점을 살펴보자.

1.2 웹 애플리케이션을 위해 러스트를 선택하기

러스트는 분산 애플리케이션의 세 가지 계층(프런트엔드, 백엔드, 소프트웨어 인프라스트럭처 및 그 구성 요소)을 구축하는 데 모두 사용할 수 있다. 그러나 각 계층에서 다루는 문제점과 특성은 각기 다르다. 러스트를 통해 얻을 수 있는 이점에 관한 논의를 할 때는 이런 것들을 고려해야 한다.

예를 들어 클라이언트 프런트엔드는 사용자 인터페이스 디자인, 사용자 경험, 애플리케이션 상태 변경 추적 및 업데이트된 뷰 렌더링, DOM 구성 및 업데이트 같은 측면을 처리한다.

백엔드 서비스를 설계할 때는 왕복 시간을 줄이기 위한 잘 설계된 API, 초당 요청 처리량, 다양한 부하 상황에서의 응답 시간, 비디오 스트리밍 및 온라인 게임과 같은 애플리케이션의 짧은 지연 및 예측 가능한 지연, 낮은 메모리 및 CPU 풋프린트, 서비스 검색 및 가용성 같은 측면을 고려해야 한다.

소프트웨어 인프라스트럭처 계층을 설계할 때는 주로 매우 낮은 대기 시간, 네트워크 및 기타 운영체제 리소스에 대한 저수준 제어, CPU 및 메모리 절약, 효율적인 데이터 구조 및 알고리즘, 내장 보안, 작은 시작 및 종료 시간, 애플리케이션 백엔드 서비스에서 사용할 수 있는 직관적인 API를 고려해야 한다.

여기에서 알 수 있듯 하나의 웹 애플리케이션은 적어도 세 가지 특성과 요구사항을 갖는다. 각 특성 자체에 관해 별도의 책을 쓸 수 있지만, 이 책에서는 이들을 종합적인 시각에서 보면서, 웹 애플리케이션의 세 가지 계층에 폭넓게 이익을 제공할 수 있는 공통적인 특성에 초점을 맞출 것이다.

1.2.1 웹 애플리케이션의 특성

웹 애플리케이션은 여러 가지 유형으로 나눌 수 있다.

- **높은 미션 크리티컬 애플리케이션**: 자율 주행 차량 및 스마트 그리드, 산업 자동화, 고속의 트레이딩 애플리케이션 등이 이에 속한다. 이들은 입력 이벤트에 대해 빠르고 믿을 수 있는 응답을 하는 능력에 의존한다.
- **대규모 트랜잭션 및 메시징 인프라스트럭처**: 전자 상거래 플랫폼, 소셜 네트워크, 소매 결제 시스템 등이 이에 속한다.
- **준 실시간 애플리케이션**: 온라인 게임 서버, 비디오 또는 오디오 처리, 비디오 회의 및 실시간 협업 도구 등이 이에 속한다.

이러한 애플리케이션들은 공통적으로 다음과 같은 요구사항을 갖는다.

- 안전하고 안정적이며 신뢰할 수 있어야 한다.
- 리소스를 효율적으로 사용해야 한다.
- 지연 시간을 최소화해야 한다.
- 높은 동시성을 지원해야 한다.

또한 이러한 서비스들은 다음과 같은 추가적인 요구사항을 만족해야 할 수도 있다.

- 빠르게 시작 및 종료되어야 한다.
- 유지보수 및 리팩터링이 쉬워야 한다.
- 개발자 생산성을 보장해야 한다.

위 요구사항들은 모두 개별 서비스 수준과 아키텍처 수준에서 처리될 수 있다는 점이 중요하다.

예를 들어 멀티스레딩이나 비동기 I/O를 사용해 개별 서비스 수준에서 높은 동시성을 달성할 수 있다. 또한 로드 밸런서 뒤쪽에 여러 인스턴스의 서비스를 추가해 동시 부하를 처리하도록 함으로써, 아키텍처 수준에서 높은 동시성을 달성할 수도 있다. 이 책에서는 **개별 서비스 수준**의 관점에서 러스트가 제공하는 이점에 관해 설명한다. 아키텍처 수준의 옵션들은 모든 프로그래밍 언어에 공통으로 적용할 수 있기 때문이다.

1.2.2 러스트를 사용한 웹 애플리케이션 구현의 이점

앞에서 모던 웹 애플리케이션은 웹 프런트엔드, 백엔드 및 소프트웨어 인프라스트럭처로 구성된다고 학습했다. 러스트를 사용하여 웹 프런트엔드를 개발할 때 얻을 수 있는 이점, 다시 말해 자바스크립트 코드 일부를 대체하거나 보완하는 것은 최근 뜨거운 주제이다. 하지만 그것은 별도의 책으로 다루기에 충분한 주제이므로 이 책에서는 논의하지 않는다.

이번 절에서는 러스트를 사용해 애플리케이션 백엔드와 소프트웨어 인프라스트럭처 서비스를 구현할 때 얻을 수 있는 이점에 집중할 것이다. 러스트가 앞 절에서 논의한 이런 서비스에 필요한 모든 중요한 사항을 어떻게 만족하는지 알아보자.

1 러스트는 안전하다

프로그램 안전성에 대해 이야기할 때는 세 가지 다른 측면을 고려해야 한다. 그것은 **타입 안전성, 메모리 안전성, 스레드 안전성**이다.

먼저 **타입 안전성**type safety이다. 러스트는 정적 타입 언어이다. 컴파일 시간에 타입 검사를 수행하며, 타입 제약 조건을 검증하고 강제한다. 변수 타입은 컴파일 시간에 알려져야 한다. 변수에 타입을 지정하지 않으면 컴파일러가 유추하고자 시도한다. 만약 이를 수행할 수 없거나 충돌이 발생하면 알림과 함께 진행을 방지한다. 타입 안전성 관점에서 러스트는 자바, 스칼라, C, C++와 유사하다. 러스트의 컴파일러는 강력하게 타입 안전성을 강제하며 유용한 오류 메시지를 제공한다. 이는 런타임 에러를 발생시키는 클래스 전체를 안전하게 제거하는 데 도움이 된다.

다음은 **메모리 안전성**memory safety이다. 러스트 프로그래밍 언어의 매우 독특한 측면 중 하나다. 이 주제에 관해 정확하게 분석하기 위해 조금 더 자세히 살펴보자.

주류 프로그래밍 언어들은 메모리 관리 방식에 따라 두 그룹으로 분류할 수 있다. 첫 번째 그룹은 수동 메모리 관리를 제공하는 언어로 C 및 C++ 등이 이 그룹에 해당한다. 두 번째는 가비지 컬렉터

garbage collector를 사용하는 언어로 자바, C#, 파이썬, 루비, Go 등이 이 그룹에 해당한다.

개발자는 완벽하지 않다. 수동 메모리 관리 또한 일부 불안전성을 받아들이는 것이기 때문에 프로그램의 정확성이 낮아진다. 따라서 저수준의 메모리 제어와 절대적인 성능이 필요하지 않은 경우에는 가비지 컬렉션이 지난 20~25년 동안 모던 프로그래밍 언어의 주요 기능으로 자리잡았다. 가비지 컬렉션은 수동으로 메모리를 관리하는 것보다 프로그램을 더 안전하게 해주지만 실행 속도가 느리고, 추가 컴퓨팅 리소스를 사용하며, 실행이 지연될 가능성을 내포한다. 또한 메모리만을 대상으로 할 뿐 네트워크 소켓 및 데이터베이스 핸들과 같은 리소스는 처리하지 않는다.

러스트는 이에 대한 대안을 제안한 언어 중 가장 인기 있는 언어로, 가비지 컬렉션을 사용하지 않고 자동 메모리 관리와 메모리 안전성을 제공한다. 러스트는 고유의 **소유권 모델**ownership model 을 통해 이를 달성한다. 러스트는 개발자가 데이터 구조의 메모리 레이아웃을 제어할 수 있도록 하고 명시적으로 소유할 수 있도록 한다. 러스트의 자원 관리 소유권 모델은 C++의 RAIIresource acquisition is initialization와 안전한 메모리 사용을 가능하게 하는 스마트 포인터를 기반으로 한다.

간단히 설명하자면 이 모델에서는 러스트 프로그램에서 선언된 각 값은 소유자owner에게 할당된다. 값을 다른 소유자에게 주고 나면 원래 소유자는 그 값을 더 이상 사용할 수 없다. 소유자가 값의 범위를 벗어나면 해당 값은 자동으로 파기된다(메모리가 해제된다).

또한 러스트는 변수나 함수에 값에 대한 일시적 접근 권한을 부여할 수 있다. 이를 **대여**borrowing라고 한다. 러스트 컴파일러(구체적으로 말하자면 대여 체커borrow checker)는 값을 대여하는 동안 참조가 값의 수명을 벗어나지 않도록 보장한다. 값을 대여하기 위해 &(**참조**reference라 부른다) 연산자를 사용한다. 참조에는 공유만 가능하고 수정은 불가능한 **이뮤터블 참조**immutable reference &T와 수정만 가능하고 공유는 불가능한 **뮤터블 참조**mutable reference &mut T의 두 가지 유형이 있다. 러스트는 객체의 뮤터블 대여가 존재하면 다른 대여(뮤터블 또는 이뮤터블)가 존재하지 않게 보장한다. 이 모든 것은 컴파일 타임에 강제되며 잘못된 메모리 접근과 관련된 모든 오류를 제거한다.

즉, 러스트를 사용하면 가비지 컬렉터 없이도 잘못된 메모리 접근 걱정 없이 프로그래밍할 수 있다. 러스트는 컴파일 타임에서 다음과 같은 범주의 메모리 안전성 오류를 방지한다.

- **널 포인터 역참조**null pointer dereference: 포인터가 널인 상태에서 역참조가 일어나서 프로그램이 중단되는 경우 발생
- **세그멘테이션 폴트**segmentation fault: 메모리의 제한된 영역에 접근하려고 시도하는 경우 발생

- **댕글링 포인터**dangling pointer: 값이 더 이상 존재하지 않는 포인터인 경우 발생
- **버퍼 오버플로**buffer overflow: 배열의 시작 또는 끝을 벗어나는 요소에 접근하는 경우 발생. 러스트 이터레이터는 범위를 벗어나지 않는다.

러스트에서 메모리 안전성과 **스레드 안전성**thread safety은 (완전히 별개의 문제처럼 보이지만) 소유권이라는 동일한 기본 원칙을 사용하여 해결된다. 타입 안전성의 경우, 러스트는 기본적으로 데이터 경합으로 인한 미정의 동작이 발생하지 않도록 보장한다. 일부 웹 개발 언어도 비슷한 보장을 제공하지만, 러스트는 한 단계 더 나아가 스레드 안전하지 않은 객체를 스레드 간에 공유하지 못하도록 한다. 러스트는 일부 데이터 타입을 스레드 안전으로 표시하고 이를 강제한다. 대부분의 다른 언어는 데이터 구조를 스레드 안전/비안전으로 구분하지 않는다. 러스트 컴파일러는 분류적으로 모든 데이터 경합을 방지하므로 멀티스레드 프로그램이 훨씬 안전해진다.

다음은 러스트의 안전성을 더 자세히 다루는 참고 자료다.

- **Send와 Sync 트레이트**: http://mng.bz/Bmzl
- **러스트의 두려움 없는 동시성**: http://mng.bz/d1W1

앞서 논의한 것들 외에도 러스트는 프로그램 안전성을 개선하는 몇 가지 기능을 제공한다.

- 러스트의 모든 변수는 기본적으로 이뮤터블하며, 변수를 뮤테이션mutation하기 위해서는 명시적으로 선언해야 한다. 이는 개발자로 하여금 어떤 방법으로 어디에서 데이터가 수정되어야 하는지, 각 객체의 수명은 어떻게 되는지 다시 고려하게 한다.
- 러스트의 소유권 모델은 메모리 관리는 물론 네트워크 소켓, 데이터베이스 및 파일 핸들, 장치 설명자 등 다른 리소스를 소유하는 변수의 관리도 처리한다
- 가비지 컬렉터를 제거함으로써 확률적인(예측 불가능한) 동작을 방지한다.
- match 구문(다른 언어의 switch 구문과 동등함)은 완전성을 가지며, 이는 컴파일러가 match 구문에서 가능한 모든 경우를 처리하도록 강제한다. 따라서 개발자가 의도치 않게 특정 코드 흐름 경로를 처리하지 못하고 예상치 못한 런타임 동작을 유발하는 것을 방지한다.
- 대수algebraic 데이터 타입을 제공함으로써 해당 데이터 모델을 간결하고 검증할 수 있는 방식으로 쉽게 표현할 수 있다.

컴파일러에 의해 강제되는 러스트의 정적 타입 지정 시스템, 소유 및 대여 모델, 가비지 컬렉터 부재, 이뮤터블한 기본값, 완전한 패턴 매칭은 안전한 앱을 개발하는 데 큰 이점이 된다.

❷ 러스트는 자원 효율적이다

CPU, 메모리 및 디스크 공간과 같은 시스템 리소스 비용은 시간이 지남에 따라 저렴해졌다. 이는 분산 애플리케이션 개발 및 확장에 매우 유용하게 적용했지만, 일부 단점도 있다. 우선, 소프트웨어 팀 사이에서 일반적으로 확장성 문제를 해결하기 위해 하드웨어를 더 많이 사용하는 경향이 나타난다. CPU, 메모리 및 디스크 리소스를 서버에 추가하여 성능을 높이거나(수직 확장scaling up), 네트워크에 더 많은 기계를 추가하여 부하를 분산한다(수평 확장scaling out). 그러나 이러한 방식이 인기를 얻은 이유 중 하나는 오늘날 사용되는 주요한 웹 개발 언어 설계 자체의 제한 때문이다. 자바스크립트, 자바, C#, 파이썬, 루비와 같은 고수준 웹 개발 언어는 메모리 사용을 제한하는 세밀한 제어를 허용하지 않는다. 많은 프로그래밍 언어는 모든 CPU의 멀티코어 아키텍처를 잘 활용하지 못한다. 동적 스크립트 언어에서는 변수 타입을 런타임에서만 알 수 있으므로, 최적화가 불가능해 효율적으로 메모리를 할당하지 않는다.

러스트는 다음과 같은 기능을 제공하며, 이를 활용하면 자원 효율적인 서비스를 만들 수 있다.

- 메모리 관리에 관한 소유권 모델을 제공함으로써, 러스트는 메모리 누수 또는 다른 리소스 누수를 유발하는 코드 작성을 어렵게 (아니면 불가능하게) 만든다.
- 러스트는 개발자들이 프로그램의 메모리 레이아웃을 엄격하게 제어할 수 있도록 한다.
- 러스트는 다른 몇몇 주류 프로그래밍 언어와 같은 가비지 컬렉터를 가지고 있지 않아, 추가 CPU와 메모리 자원을 소모하지 않는다. 예를 들어 가비지 컬렉터 코드는 별도의 스레드에서 실행되며 리소스를 소모한다.
- 러스트는 대규모의 복잡한 런타임을 갖지 않는다. 그렇기 때문에 러스트 프로그램을 하드웨어 자원이 부족한 임베디드 시스템 및 가전 제품, 산업용 기계 등에서도 실행할 수 있다. 러스트는 커널 없이 베어 메탈bare metal에서도 실행할 수 있다.
- 러스트는 힙에 할당된 메모리의 깊은 복사deep copy를 방지하며, 메모리 풋프린트를 최적화하기 위해 다양한 유형의 스마트 포인터를 제공한다. 러스트는 런타임을 갖지 않으므로, 자원이 극도로 적은 환경에도 적합한 모던 프로그래밍 언어 중 하나이다.

러스트는 정적 타입, 세밀한 메모리 제어, 멀티코어 CPU의 효율적인 사용, 비동기 I/O 시맨틱스 내장 등 최고의 특징들을 겸비해 CPU 및 메모리 이용 측면에서 매우 자원 효율적이다. 이는 곧 소규모/대규모 애플리케이션 모두에서 적은 서버 비용 및 낮은 운영 비용으로 이어진다.

❸ 러스트는 지연 시간이 짧다

네트워크 요청과 응답에 대한 왕복 레이턴시는 **네트워크 레이턴시**와 **서비스 레이턴시** 모두의 영향을 받는다. **네트워크 레이턴시**network latency는 전송 매체, 전파 거리, 라우터 효율, 네트워크 대역폭 등 다양한 요소의 영향을 받는다. **서비스 레이턴시**service latency는 요청 처리의 I/O 지연delay, 불확실한 지연을 유발하는 가비지 컬렉터, 하이퍼바이저의 일시적 중단, (멀티스레딩 환경에서) 문맥 교환 context switching의 양, 직렬화 및 역직렬화 비용 등 다양한 요소에 따라 결정된다.

순수하게 프로그래밍 언어 관점에서 볼 때, 러스트는 시스템 프로그래밍 언어로서 저수준 하드웨어 제어를 통해 짧은 지연 시간을 제공한다. 또한 러스트는 가비지 컬렉터와 런타임을 갖지 않으며 논블로킹non-blocking I/O 기본 지원, 고성능 비동기 I/O 라이브러리 및 런타임으로 구성된 생태계, 제로 비용 추상화zero-cost abstraction의 기본 언어 설계 원칙을 갖는다. 그리고 러스트의 변수는 기본적으로 스택에 존재하기 때문에 더 빠르게 관리할 수 있다.

다양한 벤치마크에서 러스트의 성능은 유사한 작업량에 대해 C++의 그것과 비슷하거나, 주류 웹 언어들보다 빠르다는 것이 입증되었다

❹ 러스트는 두려움 없는 동시성을 가능하게 한다

앞에서 프로그램 안전성 측면에서 러스트의 동시성 기능에 관해 살펴봤다. 여기에서는 애플리케이션 및 인프라스트럭처 서비스의 멀티 코어 CPU 활용도, 처리량 및 성능 개선 관점에서 러스트의 동시성에 관해 살펴본다.

러스트는 동시성 친화적인 언어이며 개발자들은 멀티 코어 프로세서의 성능을 활용할 수 있다. 러스트는 전통적인 멀티스레딩과 비동기 I/O의 두 가지 유형의 동시성을 제공한다.

- **멀티스레딩**multi-threading: 러스트는 전통적인 멀티스레딩-공유 메모리 및 메시지 전달 동시성-을 지원한다. 값 공유에 대한 타입 수준의 보장을 제공한다. 스레드는 값을 대여하고 소유권을 가정하며 값을 새로운 스레드의 범위로 전환할 수 있다. 또한 데이터 경합 안전성을 제공해 스레드 블로킹을 방지함으로써 성능을 향상한다. 메모리 효율성을 높이고 스레드 사이에서 공유되는 데이터의 복사를 방지하기 위해 변수 사용을 추적하기 위한 **참조 계수**reference counting를 제공한다. 이 계수가 0이 되면 값이 삭제되고 안전한 메모리 관리가 이루어진다. 또한 뮤텍스 mutex를 사용해 스레드 사이의 데이터를 동기화할 수 있다. 이뮤터블 데이터에 대한 참조는 뮤텍스를 사용하지 않아도 된다.

- **비동기 I/O**asynchronous I/O: 러스트는 논블로킹 I/O와 동시성 프리미티브 기능에 기반한 비동기 이벤트 루프를 통해 zero-cost futures와 async-await를 구현한다. 논블로킹 I/O는 코드가 데이터 처리를 대기하는 동안 중단되지 않도록 한다.

또한 러스트의 불변성 규칙rule of immutability은 고도의 데이터 동시성을 제공한다.

🄵 러스트는 생산적인 언어이다

러스트는 기본적으로 시스템 지향 프로그래밍 언어지만, 고수준의 기능적 프로그래밍 언어의 편의성도 추가한다.

다음은 러스트가 제공하는 일부(전체는 아니다) 고수준 추상화의 목록이다. 이들은 생산적이고 즐거운 개발자 경험을 만드는 데 기여한다.

- 익명 함수anonymous function를 포함하는 클로저closure
- 이터레이터iterator
- 제네릭generic과 매크로macro
- Option 및 Result와 같은 열거형enum
- 트레이트trait를 통한 다형성
- Trait 객체를 통한 동적 디스패치dynamic dispatch

러스트는 개발자가 효율적이고, 안전하며, 성능이 뛰어난 소프트웨어를 개발하도록 도울 뿐만 아니라 표현성을 통해 개발자 생산성을 최적화한다. 러스트가 2016년부터 2020년까지 스택 오버플로 개발자 설문 조사에서 가장 사랑받는 프로그래밍 언어로 선정된 데에는 다 이유가 있다. 설문 조사는 https://insights.stackoverflow.com/survey/2020에서 확인할 수 있다.

NOTE 시니어 개발자들이 러스트를 좋아하는 이유에 관한 자세한 내용은 다음 링크를 보라. http://mng.bz/rWZj

지금까지 러스트가 어떻게 메모리 안전성, 자원 효율성, 짧은 지연 시간, 높은 동시성 및 개발자 생산성의 독특한 조합을 제공하는지 살펴봤다. 이들은 러스트에 시스템 프로그래밍 언어가 제공하는 저수준 제어와 속도, 고급 언어가 제공하는 개발자 생산성, 그리고 가비지 컬렉터가 없는 매우 독특한 메모리 모델이라는 특징을 부여한다. 애플리케이션 백엔드와 인프라스트럭처 서비스는 이런 특성들의 이점을 직접적으로 활용해 고부하 상황에서도 낮은 응답 지연성을 유지하면서 멀티코어 CPU와 메모리 같은 시스템 자원을 효율적으로 사용한다. 다음 절에서는 러스트가 가진 일부

제약 사항에 관해 살펴본다.

1.2.3 러스트에 없는 것은?

프로그래밍 언어 선택에서 은빛 총알은 없으며, 모든 상황에 적합한 언어 또한 존재하지 않는다. 또한 프로그래밍 언어 설계의 특성상, 어떤 언어에서 쉬운 작업이 다른 언어에서는 어려울 수 있다. 하지만 러스트를 웹 개발에 사용하기 위한 결정을 내릴 수 있도록 완전한 정보를 제공하는 것이 목적이므로, 알아둬야 할 몇 가지 사항을 소개한다.

- 러스트는 학습곡선이 가파르다. 프로그래밍 초보자나 동적 프로그래밍 또는 스크립팅 언어들을 사용하던 이들에게는 큰 도약이 될 것이다. 때로 경험이 충분한 개발자도 러스트 구문을 읽기 어려울 수 있다.
- 다른 프로그래밍 언어를 사용할 때보다 러스트를 사용할 때 프로그래밍하기 어려운 것도 있다. 예를 들어 단일 및 이중 연결 리스트가 있다. 이는 언어 설계 방식 때문이다.
- 이 책을 쓰는 시점에서 러스트는 다른 컴파일 언어보다 컴파일러의 속도가 느리다. 하지만 컴파일 속도는 지난 몇 년 동안 점진적으로 개선되어왔고, 이를 개선하기 위한 노력도 지속되어왔다.
- 러스트 생태계와 커뮤니티는 다른 주요 프로그래밍 언어에 비해 아직 성장 중에 있다.
- 대규모로 러스트 개발자를 찾거나 고용하기는 상대적으로 어렵다.
- 대규모의 기업에서 러스트를 채택하는 것은 아직 이르다. 자바의 오라클, Go의 구글, C#의 마이크로소프트처럼 러스트를 육성할 자연스러운 정착지가 아직 없다.

이번 절에서는 러스트를 사용해 애플리케이션 백엔드 서비스를 개발하는 데 관련된 장단점을 살펴봤다. 다음 절에서는 이 책에서 함께 만들 애플리케이션을 간단히 살펴본다.

1.3 예제 애플리케이션 소개

이 책은 러스트를 사용해 웹서버, 웹 서비스, 웹 애플리케이션을 구축하고, 전체 예제를 통해 관련된 개념을 설명한다. 이 책의 목표는 완전한 기능을 가진 완전하게 분산된 애플리케이션을 개발하는 것이 아니라 러스트를 웹 도메인에 사용하는 방법을 다루는 것이다.

우리가 살펴볼 기법은 일부에 불과하다는 점을 명심하자. 즉 가능한 모든 방법 중에서 아주 제한된 기법들만 다루고, 다른 유망하고 흥미로운 기법들은 고려하지 않을 것이다. 이는 논의에 집중하기 위한 의도적인 선택이다. 예를 들어 이 책에서는 REST 웹 서비스를 개발하고, SOAP 서비스는 전혀 고려하지 않는다. 이것이 얼마나 임의적인지는 필자도 알고 있다.

또한 모던 소프트웨어 개발의 몇몇 중요한 측면도 언급하지 않을 것이다. 예를 들면 지속적 통합/지속적 전달이 이에 해당한다. 이들은 매우 중요한 주제지만, 러스트에 국한해 설명할 특별한 점이 없기 때문에 굳이 이 책에서 다룰 필요는 없다고 판단했다.

반면 컨테이너화containerization는 최근의 주요 트렌드이고, 러스트로 개발한 분산 애플리케이션을 컨테이너로 배포할 수 있다는 것이 매우 흥미로웠기 때문에, 도커와 도커 컴포즈를 사용해서 예시 애플리케이션을 배포하고 실행하는 것이 얼마나 쉬운지 살펴볼 것이다.

책 후반에는 P2Ppeer-to-peer 네트워크를 간단히 살펴본다. P2P는 비동기 기능을 가장 획기적으로 사용한 기술이다. 다만 이 장은 책에서 사용한 예시 애플리케이션과는 다소 거리가 있는 내용을 다룬다. 예시 애플리케이션과 P2P 사이의 적절한 유스 케이스를 찾지 못했기 때문이다. 그러니 예시 애플리케이션에서 P2P를 접목하는 부분은 여러분의 연습 문제로 남기겠다.

이제 예제 애플리케이션에 관해 살펴보자.

1.3.1 무엇을 만들 것인가?

이 책에서는 강사들이 온라인으로 강의 카탈로그를 게시할 수 있는 EzyTutors라는 이름의 디지털 스토어프런트(상점)를 만들 것이다. 강사는 개인 또는 교육기관이 될 수 있다. 이 디지털 스토어프런트는 시장이 아닌 강사들을 위한 판매 도구가 될 것이다.

EzyTutors - 강사들을 위한 디지털 스토어프런트

독특한 기술이나 지식을 가진 강사이십니까? 그 기술과 지식을 돈으로 바꾸고 싶습니까?
여러분의 웹사이트를 설정하고 관리하는 데 필요한 시간과 자원을 갖고 있습니까?
EzyTutors는 바로 여러분을 위한 솔루션입니다. 단 몇 분 만에 온라인에서 교육 비즈니스를 시작하십시오.

제품 비전을 정의했으니 범위와 기술 스택에 관해 이야기해보자.

강사들은 스토어프런트에 등록하고 로그인할 수 있다. 강의를 제공할 수 있으며, 이를 강의 카테고리에 연결할 수 있다. 강사별로 강의 목록을 담은 웹페이지가 생성되며, 강사는 소셜 미디어를 통해 자신의 네트워크와 해당 페이지를 공유할 수 있다. 학습자들은 제공되는 공개 웹사이트를 통해서 강의를 검색하고 강사별로 강의 목록을 검색할 수 있으며, 강의 상세 정보를 볼 수 있다.

그림 1.2는 예제 애플리케이션의 논리적 설계를 나타낸다.

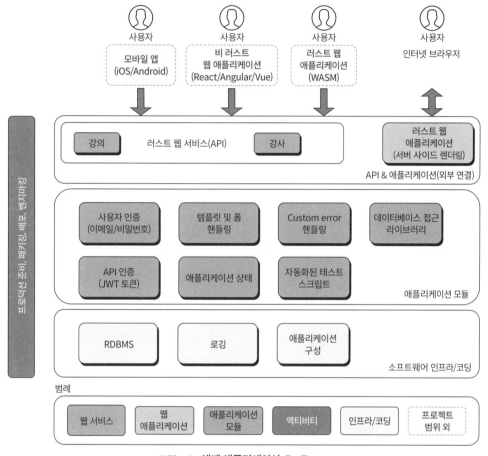

그림 1.2 예제 애플리케이션: EzyTutors

기술 스택은 하나의 웹 서비스, 하나의 서버 렌더링 웹 앱으로 구성되며 모두 순수한 러스트로 작성된다. 물론 인기 있는 여러 접근 방법, 예를 들어 리액트React, 뷰Vue, 앵귤러Angular와 같은 성숙한 웹 프레임워크를 사용해 GUI를 개발할 수 있다. 그러나 이 책에서는 이러한 웹 프레임워크를 사용하지 않고 오직 러스트에만 집중한다. 다른 접근 방법을 다루는 좋은 책들은 이미 많이 있다.

강의 데이터는 관계형 데이터베이스에 유지된다. 이 책에서는 웹 프레임워크로 Actix Web, 데이터베이스 커넥션으로 SQLx, 데이터베이스로 Postgres를 사용한다. 또한 설계는 전체적으로 비동기적이라는 점이 중요하다. Actix Web과 SQLx는 모두 완전한 비동기 I/O를 지원하므로, 연산 중심

보다는 I/O 중심의 웹 애플리케이션 작업에 적합하다.

먼저 데이터베이스에 연결하는 RESTful API를 제공하는 웹 서비스를 구축하고, 애플리케이션별로 에러 및 실패를 처리할 것이다. 다음으로 데이터 모델을 향상시키고 추가 기능을 추가함으로써 애플리케이션 라이프사이클 변경을 시뮬레이션할 것이다. 이 과정에서 코드 리팩터링과 데이터 마이그레이션에 관해 다룬다. 이 연습 과정에서 러스트가 가진 주요 강점을 보게 될 것이다. 강력한 타입 시스템과 엄격하지만 유용한 컴파일러를 사용하여 걱정 없이 코드를 리팩터링(기술 부채 감소)할 수 있다.

예제 애플리케이션에선 웹 서비스 외에도 한 가지 유형의 프런트엔드인 서버 렌더링 클라이언트 앱을 구축하는 방법을 보여줄 것이다. 템플릿 엔진을 사용해 서버 렌더링 웹 애플리케이션을 위한 템플릿과 폼을 렌더링한다. 러스트 클라이언트 사이드 웹 프레임워크를 사용해 WASM 기반 클라이언트 프런트엔드를 개발할 수도 있지만 이 책에서는 다루지 않는다.

이 책에서 구축하는 웹 애플리케이션은 러스트가 지원하는 모든 플랫폼(리눅스, 윈도우 및 macOS)에서 개발 및 배포할 수 있다. 이는 특정 컴퓨팅 플랫폼에서 사용이 제한되는 외부 라이브러리를 사용하지 않음을 의미한다. 예제 애플리케이션은 전통적인 서버 기반으로 배포할 수 있으며, 도커와 쿠버네티스와 같은 컨테이너 환경을 포함한 클라우드 플랫폼 등 어디에든 배포할 수 있다.

예제 애플리케이션을 위해 선택한 문제 영역은 실질적인 시나리오이며 이해하기에 크게 복잡하지 않다. 따라서 이 책의 핵심 주제인 러스트를 웹 도메인에 적용하는 방법에 집중할 수 있다. 이와 함께 트레이트, 라이프타임, Result 및 Option, 구조체와 열거형, 컬렉션, 스마트 포인터, 추론 가능한 특성, 연관 함수와 메서드, 모듈 및 워크스페이스, 단위 테스트, 클로저 및 함수형 프로그래밍과 같은 개념을 실제로 사용하면서 러스트를 더 잘 이해할 수 있다.

이 책은 러스트를 사용한 웹 개발 기초를 학습하는 데 초점을 맞추고 있다. 이 책에서는 역방향 프록시 서버, 로드 밸런서, 방화벽, TLS/SSL, 모니터링 서버, 캐싱 서버, DevOps 도구, CDN과 같은 추가적인 인프라스트럭처 구성 요소와 도구들의 설정과 배포에 관해서는 다루지 않는다. 이들은 대규모 프로덕션 배포를 위해서는 필요하지만 러스트와 직접적으로 관련이 있는 것은 아니기 때문이다.

예제 애플리케이션에서는 러스트를 사용해 비즈니스 기능을 구축하는 것 외에도 자동화된 테스트, 유지 관리 가능성을 위한 코드 구조화, 설정 분리, 문서 생성 및 러스트에서의 관용적인 코드 작성과 같은 좋은 개발 예제를 소개할 것이다.

러스트를 사용해 실질적인 웹 개발을 할 준비가 되었는가?

1.3.2 예제 애플리케이션의 기술적 가이드라인

이 책은 시스템 아키텍처나 소프트웨어 엔지니어링 이론에 관한 책이 아니다. 하지만 이 책에서 예제 애플리케이션을 위해 선택한 설계에 관해 이해하는 데 도움이 될 몇 가지 기본적인 가이드라인을 소개한다.

1. **프로젝트 구조**: 러스트 모듈 시스템을 충분히 활용해 기능을 여러 조각으로 분리하고 정리할 것이다. Cargo 워크스페이스를 사용해 관련된 프로젝트를 그룹화할 것이며, 여기에는 바이너리 파일과 라이브러리가 모두 포함될 수 있다.

2. **단일 책임 원칙**single responsibility principle: 논리적으로 분리된 애플리케이션의 각 기능 조각은 그 자체의 모듈에 있어야 한다. 예를 들어 웹 계층의 핸들러는 HTTP 메시지 처리에만 관여해야 하며, 비즈니스 및 데이터베이스 접근 로직은 별도 모듈에 있어야 한다.

3. **유지보수성**: 다음은 코드 유지보수성과 관련된 가이드라인이다.

   – 변수와 함수 이름은 스스로를 설명할 수 있어야 한다self-explanatory.

   – Rustfmt를 사용해 코드 서식을 균일하게 유지한다.

   – 코드가 진화함에 따라 퇴화regression를 감지하고 예방하기 위해 자동화된 테스트 케이스를 작성한다.

   – 프로젝트 구조와 파일 이름은 직관적으로 이해할 수 있어야 한다.

4. **보안**: 이 책에서는 JWT를 사용한 API 인증 및 패스워드 기반 사용자 인증에 관해 다룬다. 인프라스트럭처 및 네트워크 수준의 보안에 관해서는 다루지 않는다. 그러나 러스트는 가비지 컬렉터 없이 메모리 안전성과 경쟁 상태race condition를 방지하는 스레드 안전성을 제공하므로, 메모리, 동시성 및 보안 버그와 같은 몇 가지 어려운 문제를 예방할 수 있다.

5. **애플리케이션 구성**: 이 예제 프로젝트에서는 애플리케이션에서 구성을 분리하는 원칙을 채택한다.

6. **외부 크레이트 사용**: 외부 크레이트 사용을 최소화한다. 예를 들어 이 책에서는 에러 핸들링을 단순화하고 자동화하는 외부 크레이트를 사용하는 대신, 커스텀 에러 핸들링 기능을 처음부터 구현한다. 외부 라이브러리를 사용하는 것이 때로는 학습 과정과 깊은 이해를 방해하기 때문이다.

7. **비동기 I/O**: 예제 애플리케이션에서 네트워크 통신 및 데이터베이스 액세스에 완전히 비동기 I/O를 지원하는 라이브러리를 사용하는 것은 의도한 선택이다.

앞으로 책에서 다룰 주제, 예제 프로젝트의 목표 및 설계 선택에 관한 가이드라인을 살펴봤다. 다음 장에서는 웹서버와 웹 서비스에 관해 살펴본다.

요약

- 모던 웹 애플리케이션은 디지털 생활과 비즈니스의 필수 요소이지만, 구축, 배포 및 운영은 대단히 복잡하다.
- 분산 웹 애플리케이션은 애플리케이션 프런트엔드, 백엔드 서비스, 분산 소프트웨어 인프라스트럭처로 구성된다.
- 애플리케이션 백엔드 및 소프트웨어 인프라스트럭처는 느슨하게 결합된, 협력형cooperative 네트워크 지향 서비스들로 구성된다. 이러한 서비스는 만족해야 할 특정한 런타임 특성을 가지며, 이는 구축 시 사용되는 도구와 기술에 영향을 미친다.
- 러스트는 안전성, 동시성, 낮은 레이턴시 시간 및 하드웨어 리소스 풋프린트를 제공하기 때문에 분산 웹 애플리케이션 개발에 매우 적합한 언어이다.
- 이 책은 분산 웹 애플리케이션 개발을 위해 러스트를 고려하는 독자들을 대상으로 한다.
- 앞으로 이 책에서 만들 예제 애플리케이션에 관해 살펴봤다. 또한 코드 예제를 위해 채택한 주요 기술 가이드라인에 관해서도 살펴봤다.

## CHAPTER 2

기본 웹서버 작성하기

이번 장에서 다루는 내용

■ 러스트로 TCP 서버 작성하기

■ 러스트로 HTTP 서버 작성하기

이번 장에서는 러스트를 사용한 TCP와 HTTP 통신에 대해 심도 있게 다룰 것이다. 이러한 프로 토콜은 일반적으로 웹 응용프로그램을 구축하는 데 사용되는 고수준 라이브러리와 프레임워크를 통해 개발자들로부터 추상화된다. 그렇다면 저수준의 프로토콜에 대해 논의하는 것이 왜 중요한 가? 이것은 합당한 질문이다.

TCP와 HTTP를 다루는 방법을 학습하는 것은 인터넷에서 이루어지는 대부분의 통신의 기초를 형성하기 때문에 중요하다. REST, gRPC, 웹 소켓 및 TLS와 같은 인기 있는 애플리케이션 통신 프 로토콜은 HTTP와 TCP를 사용해 전송을 수행한다. 러스트를 사용해 기본 TCP 및 HTTP 서버를 설계하고 구축하는 것은 고수준 애플리케이션 백엔드 서비스를 설계 및 개발하고, 관련된 문제를 해결할 수 있는 자신감을 제공한다.

하지만 예제 애플리케이션을 빨리 개발하고 싶다면 먼저 3장의 내용을 확인한 뒤, 더 많은 내용을 이해하고 싶을 때 이번 장으로 돌아와도 좋다.

이번 장에서는 다음 내용을 학습한다.

- TCP 클라이언트와 서버를 작성한다.
- TCP로 바이트 스트림raw byte stream과 HTTP 메시지 변환을 처리할 수 있는 라이브러리를 작성한다.
- 정적 웹페이지(즉, **웹서버**)와 JSON 데이터(즉, **웹 서비스**) 모두를 제공할 수 있는 HTTP 서버를 구축한다. 이 서버는 cURL(커맨드 라인) 도구나 웹 브라우저와 같은 표준 HTTP 클라이언트를 사용해 테스트한다.

이번 연습을 통해 러스트의 데이터 타입과 트레이트를 사용해 실세계의 네트워크 프로토콜을 모델링하는 방법을 이해하고 러스트의 기본에 대해 깊이 이해할 수 있다.

이번 장은 두 개의 절로 구성된다. 첫 번째 절에서는 러스트를 사용해 TCP/IP로 통신할 수 있는 기본 네트워크 서버를 개발한다. 두 번째 절에서는 웹페이지와 JSON 데이터의 GET 요청에 응답하는 웹서버를 구축한다. 이 모든 과정을 러스트 표준 라이브러리만 사용해 수행한다(외부 크레이트는 사용하지 않는다). 이번 장에서 구축하는 HTTP 서버는 완전한 기능을 갖추거나 프로덕션에 적합하지는 않다. 그러나 목표를 달성하기에는 충분하다.

그럼 시작해보자.

2.1 네트워킹 모델

모던 애플리케이션은 프런트엔드, 백엔드, 분산 소프트웨어 인프라스트럭처의 일부를 구성하는 독립적인 구성 요소와 서비스 셋(집합)으로 구성된다고 앞에서 이야기했다. 구성 요소들을 분리할 때마다 분리된 구성 요소들 사이에서 통신하는 방법에 관한 질문이 제기된다. '클라이언트(웹 브라우저 또는 모바일 애플리케이션)는 백엔드 서비스와 어떻게 대화하는가?', '백엔드 서비스는 데이터베이스와 같은 소프트웨어 인프라스트럭처와 어떻게 대화하는가?' 그렇기 때문에 **네트워킹 모델** networking model이 필요하다.

네트워킹 모델은 메시지 발신자와 수신자 사이의 통신 방식을 설명한다. 즉, 메시지를 보내고 받는 형식, 물리적 데이터 전송을 위해 메시지를 바이트 단위로 분할하는 방법, 데이터 패킷이 목적지에 도착하지 않을 경우 처리해야 하는 방법 등에 관해 다룬다. **OSI 모델**Open Systems Interconnection model 은 가장 유명한 네트워크 모델이며, 총 7개의 계층으로 정의되어 있다. 하지만 인터넷 통신을 위해

보다 간단한 4계층 모델인 **TCP/IP 모델**을 사용하여 클라이언트가 요청을 보내고 해당 요청을 처리하는 서버 간의 통신 방식을 설명하는 것이 더 적절하다.

NOTE TCP/IP 모델은 헨리크 프뤼스튀크Henrik Frystyk가 1994년에 쓴 아티클인 〈The Internet Protocol Stack〉(www.w3.org/People/Frystyk/thesis/TcpIp.html)에 실려 있다.

TCP/IP 모델(그림 2.1)은 인터넷을 통해 통신하기 위해 필요한 간소화된 표준 및 프로토콜이다. 이 모델은 네트워크 접근 계층, 인터넷 계층, 전송 계층, 애플리케이션 계층이라는 4개의 추상화된 계층으로 구성되며 각 계층에서 사용할 수 있는 네트워크 프로토콜의 유연성을 제공한다. 이 모델은 TCPTransmission Control Protocol와 IPInternet Protocol라는 두 가지 주요 프로토콜에 기반해 그 이름이 붙여졌다. 이 네 가지 계층은 상호 보완하면서 메시지가 보내는 프로세스에서 수신하는 프로세스로 성공적으로 전송되도록 보장한다.

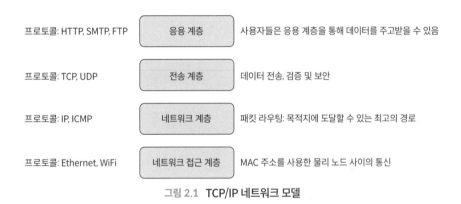

그림 2.1 **TCP/IP 네트워크 모델**

4개의 계층이 각각 통신에서 어떤 역할을 하는지 살펴보자.

- **응용 계층**application layer: 가장 추상화 정도가 높은 계층이다. 이 계층에서는 메시지의 의미를 이해할 수 있다. 예를 들어 웹 브라우저와 웹서버는 HTTP를 사용해 통신하며, 이메일 클라이언트와 이메일 서버는 SMTPSimple Mail Transfer Protocol를 사용해 통신한다. DNSDomain Name System 및 FTPFile Transfer Protocol 같은 다른 프로토콜도 존재한다. 이런 것들은 특정 사용자 애플리케이션(예: 웹 브라우징, 이메일 또는 파일 전송)을 다루기 때문에 **응용 계층 프로토콜**application-layer protocol이라 부른다. 이 책에서는 주로 응용 계층에서 사용하는 HTTP 프로토콜에 중점을 둔다.
- **전송 계층**transport layer: 신뢰할 수 있는 엔드-투-엔드 통신을 제공한다. 응용 계층은 특정 의미를 갖는 메시지(예: GET 요청을 보내서 배송 내역을 가져오는 것)를 다루는 반면, 전송 프로토콜은 가공되지 않은 바이트raw bytes의 송수신을 다룬다(참고로 모든 애플리케이션 계층 프로토콜 메시지

는 결국 전송 계층을 통해 전송을 위한 가공되지 않은 바이트로 변환된다). TCP와 UDP는 이 레이어에서 사용되는 주요 프로토콜이며, 최근에 QUIC_{Quick UDP Internet Connections}이 추가되었다. TCP는 연결 지향적인 프로토콜로, 데이터를 분할해 전송하고 수신 측에서 신뢰성 있게 재조립한다. UDP는 연결 지향적이지 않으며 TCP와 달리 전달을 보장하지 않는다. 따라서 UDP는 DNS 조회, 음성 또는 비디오 애플리케이션과 같은 특정 클래스의 애플리케이션에 적합하다. 이 책에서는 전송 계층의 TCP 프로토콜에 중점을 둔다.

- **네트워크 계층**network layer: IP 주소와 라우터를 사용해 네트워크를 통해 호스트에 정보 패킷을 찾아 보내고 경로를 설정한다. TCP 계층이 IP 주소와 포트 번호로 식별된 두 서버 사이에서의 가공되지 않은 바이트 전송과 수신에 집중하는 반면, 네트워크 계층은 소스에서 대상까지 데이터 패킷을 보내는 최적의 경로에 집중한다. 러스트의 표준 라이브러리가 TCP 및 소켓과 함께 작업하기 위한 인터페이스를 제공하고 네트워크 계층의 내부 통신을 처리하므로, 네트워크 계층과 직접 작업을 할 필요는 없다.

- **네트워크 접근 계층**network access layer: TCP/IP 네트워크 모델의 가장 하위 계층이다. 네트워크 카드를 사용하는 등, 호스트 사이의 물리적 연결을 통해 데이터를 전송하는 것을 책임진다. 우리가 학습하는 목적에서는 네트워크 통신에 사용하는 물리적 매체가 무엇인지는 중요하지 않다.

TCP/IP 네트워킹 모델에 관해 간략하게 살펴봤다. 이제 러스트에서 TCP/IP 프로토콜을 사용해 메시지를 송수신하는 방법에 관해 살펴본다.

2.2 러스트를 사용해 TCP 서버 작성하기

이번 절에서는 러스트를 사용해 기본적인 TCP/IP 네트워크 통신을 매우 쉽게 수행하는 방법을 학습한다. 먼저 러스트 표준 라이브러리에서 TCP/IP 구성 요소를 사용하는 방법에 관해 이해해보자.

2.2.1 TCP/IP 통신 흐름 설계하기

러스트 표준 라이브러리는 std::net 모듈을 통해 네트워킹 기본 기능을 제공하며, 관련 문서는 https://doc.rust-lang.org/std/net/에서 찾아볼 수 있다. 이 모듈은 기본 TCP와 UDP 통신을 지원한다. TcpListener와 TcpStream이라는 데이터 구조는 우리가 구현할 시나리오에 필요한 대부분의 메서드를 가지고 있다.

TcpListener를 사용하면 특정 포트에 바인딩되는 TCP 소켓 서버를 생성할 수 있다. 클라이언트는 지정된 소켓 주소(기계의 IP 주소와 포트 번호의 조합)로 소켓 서버에 메시지를 보낼 수 있다. 한 대의 기계에서 여러 개의 TCP 소켓 서버를 실행할 수 있다. 네트워크 카드에서 연결 요청이 유입되면 운영체제는 포트 번호를 사용하여 해당 메시지를 올바른 TCP 소켓 서버로 라우팅한다.

다음은 소켓 서버를 생성하는 예제 코드이다.

```
use std::net::TcpListener;

let listener = TcpListener::bind("127.0.0.1:3000")
```

포트에 바인딩한 뒤 소켓 서버는 이후 유입되는 연결 수신을 대기해야 한다. 다음은 이를 수행하는 코드이다.

```
listener.accept()
```

유입되는 연결을 계속해서 수신 대기하려면 다음 메서드를 사용한다.

```
listener.incoming()
```

listener.incoming() 메서드는 이 리스너에서 받은 커넥션에 대한 이터레이터를 반환한다. 각 커넥션은 TcpStream 타입의 바이트 스트림을 나타낸다. 데이터는 이 TcpStream 객체에 전송되거나 수신될 수 있다. TcpStream 읽기와 쓰기는 가공되지 않은 바이트를 사용해 수행한다. 코드 스니펫은 다음과 같다(단순함을 위해 오류 처리는 제외했다).

```
for stream in listener.incoming() {
    // 스트림을 바이트 버퍼로 읽는다.
    stream.read(&mut [0;1024]);
    // 메시지를 만들고 스트림에 쓴다.
    let message = "Hello".as_bytes();
    stream.write(message)
}
```

앞의 코드에서는 **바이트 버퍼**bytes buffer(러스트에서는 **바이트 슬라이스**byte slice라 부른다)를 만들어 스트림을 읽는다. 스트림 쓰기를 위해서 **문자열 슬라이스**string slice를 만들고 이를 바이트 슬라이스로 변환했다. 이를 위해 as_bytes() 메서드를 사용했다.

지금까지 TCP 소켓 서버의 서버 측 구현을 살펴봤다. 클라이언트 측에서는 다음과 같이 TCP 소켓 서버와 커넥션을 수립할 수 있다.

```
let stream = TcpStream.connect("172.217.167.142:80")
```

요약하자면 std::net 모듈의 TcpListener 구조체에서 커넥션 관리 함수를 사용할 수 있다. 커넥션에 대한 읽기 및 쓰기를 위해 TcpStream 구조체를 사용한다.

이를 활용해 작동하는 TCP 클라이언트 및 서버를 만들어보자.

2.2.2 TCP 서버와 클라이언트 작성하기

먼저 프로젝트 구조를 설정하자. 이 러스트 프로젝트에서 **워크스페이스**workspace는 컨테이너 프로젝트이며 다른 프로젝트들을 포함한다. 워크스페이스를 사용하면 여러 프로젝트를 하나의 단위로 관리할 수 있다. 또한 관련된 프로젝트들을 하나의 깃Git 저장소에 통합적으로 저장할 수 있다.

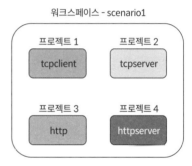

그림 2.2 **Cargo 워크스페이스 프로젝트**

그림 2.2와 같이 우리는 scenario1이라는 워크스페이스 프로젝트를 생성한다. 이 워크스페이스 안에서 Cargo를 사용해 4개의 새로운 러스트 프로젝트(tcpclient, tcpserver, http, httpserver)를 생성한다.

새로운 Cargo 프로젝트를 시작하려면 다음 명령어를 실행한다.

```
cargo new scenario1 && cd scenario1
```

scenario1 디렉터리는 워크스페이스 루트로 참조할 수 있다. scenario1 디렉터리 아래에 다음 4개의 프로젝트를 생성한다.

- tcpserver는 TCP 서버 코드를 위한 **바이너리** 프로젝트이다.
- tcpclient는 TCP 클라이언트 코드를 위한 **바이너리** 프로젝트이다.
- httpserver는 HTTP 서버 코드를 위한 **바이너리** 프로젝트이다.
- http는 http 프로토콜 기능을 위한 **라이브러리** 프로젝트이다.

위 프로젝트들은 다음 명령어로 생성할 수 있다.

```
cargo new tcpserver
cargo new tcpclient
cargo new httpserver
cargo new --lib http
```

프로젝트를 생성했으므로 scenario1 프로젝트를 워크스페이스로 선언하고, 4개의 하위 프로젝트와의 관계를 지정해야 한다. 다음을 추가하자.

예제 2.1 scenario1/Cargo.toml

```
[workspace]
members = [
    "tcpserver","tcpclient", "http", "httpserver",
]
```

이제 두 번의 이터레이션을 통해 TCP 서버 및 클라이언트 코드를 작성할 것이다.

첫 번째 이터레이션에서는 클라이언트에서 서버로 커넥션이 성공적으로 수립되는지 체크하도록 TCP 서버와 클라이언트를 작성한다.

두 번째 이터레이션에서는 클라이언트에서 서버로 텍스트를 보내고, 서버에서 해당 텍스트를 다시 클라이언트로 되돌려준다.

코드를 따라 작성할 때의 유의점

이번 장(및 책 전체)에 게재된 많은 코드 스니펫에는 코드 설명을 위해 인라인 주석을 붙였다. 책의 코드를 복사해서 코드 편집기에 붙여 넣을 때는, 인라인 주석을 삭제해야 한다(그렇지 않으면 코드는 컴파일되지 않을 것이다). 또한 붙여 넣은 코드는 종종 잘못 정렬될 수 있으므로, 컴파일 에러가 발생하는 경우에는 붙여 넣은 코드와 책의 코드를 자세히 비교하자.

🔟 이터레이션 1

tcpserver 폴더로 이동한 뒤, src/main.rs를 다음과 같이 수정한다.

예제 2.2 TCP 서버의 첫 번째 이터레이션

```
use std::net::TcpListener;
```

```
fn main() {
    let connection_listener = TcpListener::bind(
        "127.0.0.1:3000").unwrap();  ◄─────     서버를 초기화해서 IP 주소
    println!("Running on port 3000");            127.0.0.1(localhost)와
                                                 포트 3000에 바인딩한다.
    for stream in connection_listener.incoming() {  ◄──  소켓 서버는 유입되는
        let _stream = stream.unwrap();  ◄─            커넥션을 기다린다(listen).
        println!("Connection established");     새로운 커넥션이 유입된다.
    }                                           Result<TcpStream,Error>은 언랩(unwarp)에 성공
}                                               하면 TcpStream을 반환하고, 커넥션 오류가 발생하면
                                                패닉과 함께 프로그램을 종료한다.
```

워크스페이스 폴더(scenario1)에서 다음 명령어를 실행한다.

```
cargo run -p tcpserver  ◄───┤ -p 인수는 워크스페이스에서 실행할 패키지를 지정한다.
```

서버가 시작되고 Running on port 3000라는 메시지가 터미널에 출력된다. 이제 로컬호스트에서
포트 3000번을 리스닝하는 TCP 서버가 작동한다.

다음으로 TCP 클라이언트를 작성하여 TCP 서버와의 연결을 설정하자.

예제 2.3 **tcpclient/src/main.rs**

```
use std::net::TcpStream;
                                                        TCP 클라이언트는
                                                        localhost:3000에서
fn main() {                                             실행 중인 원격 서버에
    let _stream = TcpStream::connect("localhost:3000").unwrap();  ◄──  커넥션을 초기화한다.
}
```

새로운 터미널을 열고 워크스페이스의 루트 폴더에서 다음 명령을 실행하자.

```
cargo run -p tcpclient
```

TCP 서버가 실행되고 있는 터미널에서 'Connection established'라는 메시지가 출력된다.

```
Running on port 3000
Connection established
```

TCP 서버는 3000번 포트에서 실행되며, TCP 클라이언트는 해당 서버에 커넥션을 설정할 수 있다.
이제 클라이언트에서 메시지를 보내고 서버에서 메시지를 에코할 수 있다.

❷ 이터레이션 2

tcpserver/src/main.rs 파일을 다음과 같이 수정한다.

예제 2.4 **TCP 서버 완료하기**

```rust
use std::io::{Read, Write};          TcpStream은 Read와 Write 트레이트를 구현한다.
use std::net::TcpListener;           std::io 모듈을 포함시켜 Read와 Write 트레이트를 가져온다.
fn main() {
    let connection_listener = TcpListener::bind("127.0.0.1:3000").unwrap();
    println!("Running on port 3000");
    for stream in connection_listener.incoming() {
        let mut stream = stream.unwrap();          스트림을 뮤터블로 만들어 읽고 쓸 수 있게 한다.
        println!("Connection established");
        let mut buffer = [0; 1024];
        stream.read(&mut buffer).unwrap();          유입되는 스트림으로부터 읽는다.
        stream.write(&mut buffer).unwrap();          받은 데이터를 같은 커넥션을 통해
    }                                                클라이언트에게 다시 전송한다.
}
```

이 코드에서는 클라이언트로부터 받은 데이터를 그대로 되돌려 보내는 에코 서버를 만들었다. 워크스페이스 루트 디렉터리에서 cargo run -p tcpserver를 실행해서 TCP 서버를 실행시킨다.

Read와 Write 트레이트

러스트에서 **트레이트**trait는 공유 동작을 정의한다. 이는 다른 언어에서의 **인터페이스**interface와 유사하지만 일부 차이점이 있다. 러스트 표준 라이브러리는 std 안의 데이터 타입으로 구현되는 다양한 트레이트를 정의한다. 이러한 트레이트는 struct, enum과 같은 사용자 정의 데이터 타입으로도 구현할 수 있다. Read와 Write는 러스트 표준 라이브러리에서 정의된 트레이트이다.

Read 트레이트는 소스로부터 바이트를 읽는 것을 허용한다. Read 트레이트를 구현하는 소스의 예에는 파일(File), 표준 입력(Stdin) 및 TcpStream 등이 있다. Read 트레이트를 구현하기 위해서는 read() 메서드를 구현해야 한다. 이를 통해 동일한 read() 메서드를 사용해 파일, 표준 입력, TcpStream 또는 Read 트레이트를 구현하는 모든 데이터 타입으로부터 데이터를 읽을 수 있다.

마찬가지로, Write 트레이트는 바이트 지향 싱크byte-oriented sink 객체를 나타낸다. Write 트레이트를 구현하는 객체들은 write()와 flush() 메서드를 구현한다. Write 트레이트를 구현하는 타입의 예로는 파일(File), 표준 오류(Stderr), 표준 출력(Stdout) 및 TcpStream이 있다. 이 트레이트를 사용하면 write() 메서드를 사용해 파일, 표준 출력, 표준 오류 또는 TcpStream에 쓸 수 있다.

다음으로 TCP 클라이언트가 서버에 메시지를 전송하고 서버로부터 받은 것을 출력하도록 수정한다. tcpclient/src/main.rs를 다음과 같이 수정한다.

```
use std::io::{Read, Write};
use std::net::TcpStream;
use std::str;

fn main() {
    let mut stream = TcpStream::connect("localhost:3000").unwrap();
    stream.write("Hello".as_bytes()).unwrap();        ◀━━ 'Hello' 메시지를 TCP 서버 커넥션에 쓴다.
    let mut buffer = [0; 5];
    stream.read(&mut buffer).unwrap();        ◀━━ 서버로부터 수신된 바이트를 읽는다.
    println!(
        "Got response from server:{:?}",        ◀━━ 서버로부터 받은 내용을 출력한다.
        str::from_utf8(&buffer).unwrap()            서버는 가공되지 않은 바이트를 보내므로
    );                                              UTF-8 문자열로 변환하여 터미널에 출력해야 한다.
}
```

워크스페이스의 루트에서 `cargo run -p tcpclient` 명령을 실행한다. 다른 터미널 창에서 TCP 서버가 실행 중인지 확인한다.

다음과 같은 메시지가 TCP 클라이언트 터미널 창에 출력된다.

```
Got response from server:"Hello"
```

축하한다. 여러분은 이제 서로 통신하는 TCP 서버와 TCP 클라이언트를 작성했다.

Result 타입과 `unwrap()` 메서드

러스트에서는 관용적으로 실패할 수 있는 함수 또는 메서드인 경우 `Result<T,E>` 타입을 반환하게 한다. `Result` 타입은 성공한 경우에는 다른 데이터 타입 T를 감싸고, 실패한 경우에는 `Error` 타입을 감싸서 호출한 함수에 반환한다. 호출한 함수는 `Result` 타입을 검사하고, 추가 처리를 위해 어떤 값을 받았는지 확인한다.

지금까지 예제에서는, 표준 라이브러리 메서드를 통해 `Result` 객체 안에 포함된 값을 가져오기 위해 여러 위치에서 `unwrap()` 메서드를 사용했다. `unwrap()` 메서드는 연산이 성공한 경우 T 타입의 값을 반환하며, 오류가 발생한 경우 패닉에 빠진다. 실제 애플리케이션에서는 올바르지 않은 접근 방식이다. 러스트에서 `Result` 타입은 복구 가능한 실패에 대한 것이고, 패닉은 복구 불가능한 실패에 대해서만 사용된다. 하지만 학습을 목적으로 단순하게 만들기 위해 `unwrap()`을 사용했다. 이후 적절한 에러 핸들링에 관해 다시 다룰 것이다.

이번 절에서는 러스트에서 TCP 통신을 하는 방법을 학습했다. TCP는 바이트 스트림만 다루는 저수준 프로토콜이며, 교환되는 메시지와 데이터의 의미를 이해하지 못한다. 웹 애플리케이션을 작

성하기 위해서는 가공되지 않은 바이트 스트림보다 의미 있는 메시지를 다루는 것이 더 쉽기 때문에, TCP 대신 HTTP와 같은 고수준 애플리케이션 프로토콜을 다루어야 한다. 다음 절에서는 이에 관해 알아본다.

2.3 러스트를 사용해 HTTP 서버 작성하기

이번 절에서는 HTTP 메시지와 통신할 수 있는 러스트 웹서버를 만들어본다.

그러나 러스트에는 HTTP를 지원하는 내장 모듈이 존재하지 않는다. 즉 std::http가 없다. 서드파티 HTTP 크레이트를 사용할 수는 있지만, 우리는 처음부터 직접 만들 것이다. 이 과정을 통해 모던 웹 애플리케이션이 의존하는 저수준 라이브러리와 서버를 러스트를 사용해 개발하는 방법을 학습한다.

먼저, 우리가 만들 웹서버의 기능을 시각화하자. 클라이언트와 웹서버의 다양한 모듈 간의 통신 흐름을 그림 2.3에 나타냈다.

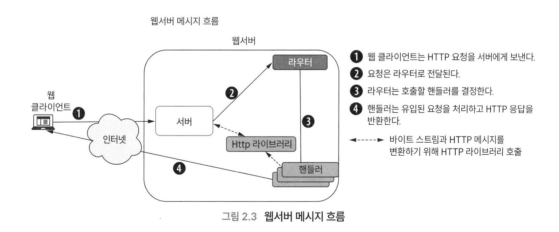

그림 2.3 웹서버 메시지 흐름

웹서버는 4개의 구성 요소(서버, 라우터, 핸들러, HTTP 라이브러리)를 갖는다. 각 구성 요소는 **단일 책임 원칙**single responsibility principle, SRP에 따라 특정한 목적을 갖는다. **서버**server는 유입되는 TCP 바이트 스트림을 기다린다. **HTTP 라이브러리**HTTP library는 바이트 스트림을 해석해서 HTTP 요청(메시지)로 변환한다. **라우터**router는 HTTP 요청을 받아 어떤 핸들러를 호출할지 결정한다. **핸들러**handler는 HTTP 요청을 처리하고 HTTP 응답을 구성한다. HTTP 라이브러리를 사용해 메시지를 다시 바이트 스트림으로 변환한 뒤 이를 클라이언트로 보낸다.

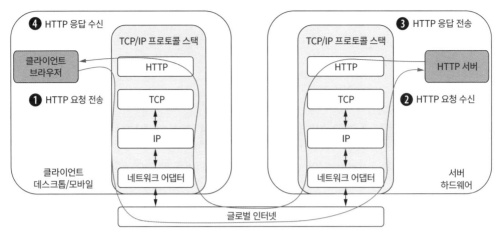

그림 2.4 **HTTP 통신과 프로토콜 스택**

그림 2.4는 HTTP 클라이언트/서버 통신의 또 다른 관점을 보여준다. 여기에서는 HTTP 메시지가 TCP/IP 프로토콜 스택을 통해 흐르는 방식을 보여준다. TCP/IP 통신은 클라이언트와 서버 모두에서 운영체제 수준에서 처리되며, 웹 애플리케이션 개발자는 HTTP 메시지만 다룬다.

다음 순서로 코드를 작성한다.

1. HTTP 라이브러리를 작성한다
2. 프로젝트를 위한 main() 함수를 작성한다
3. server 모듈을 작성한다
4. router 모듈을 작성한다
5. handler 모듈을 작성한다

그림 2.5는 http 라이브러리와 httpserver 프로젝트의 주요 모듈, 구조체 및 메서드를 보여주는 코드 설계 개요이다. 그림에서는 2개의 주요 컴포넌트를 확인할 수 있다.

- **http**: HttpRequest와 HttpResponse 타입을 포함하는 라이브러리이다. HTTP 요청과 응답 간의 변환 및 이에 관한 러스트 데이터 구조의 로직을 구현한다.
- **httpserver**: 메인 웹서버로 main() 함수, 소켓 서버, 핸들러 및 라우터를 포함하며 이들 사이의 조율을 관리한다. HTML을 제공하는 웹서버 및 JSON을 제공하는 웹 서비스의 역할을 모두 수행한다.

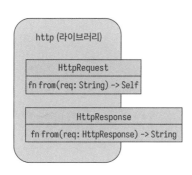

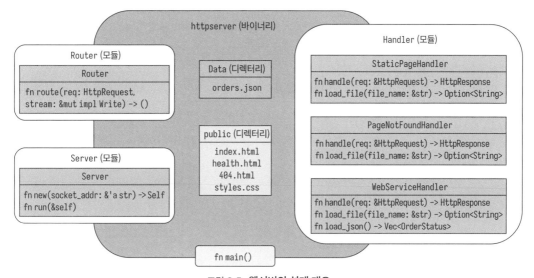

그림 2.5 웹서버의 설계 개요

그럼 시작해보자.

2.3.1 HTTP 요청 메시지 파싱하기

이번 절에서는 HTTP 라이브러리를 구현한다. 이 라이브러리는 다음과 같은 데이터 구조 및 메서드를 포함한다.

- 유입되는 바이트 스트림을 해석하고 이를 HTTP 요청 메시지로 변환한다.
- HTTP 응답 메시지를 구성하고 이를 네트워크를 통해 전송할 바이트 스트림으로 변환한다.

이제 코드를 작성할 준비가 되었다.

이미 http scenario1 워크스페이스 아래 라이브러리를 생성했음을 기억하자. HTTP 라이브러리의 코드는 http/src 폴더에 위치한다.

http/src/lib.rs에 다음 코드를 추가한다.

```
pub mod httprequest;
```

이 코드는 컴파일러에 새로운 공개 모듈인 httprequest가 http 라이브러리에 있음을 알린다. 또한 이 파일에서 Cargo가 자동으로 생성한 테스트 스크립트를 삭제한다. 이후에 테스트 케이스들을 작성할 것이다.

다음으로 http/src 아래에 httprequest.rs와 HttpResponse.rs라는 2개의 파일을 만든다. 이 파일들은 각각 HTTP 요청과 응답을 처리하는 기능을 포함한다.

먼저 HTTP 요청을 저장하기 위한 러스트 데이터 구조를 설계한다. TCP 커넥션을 통해 유입되는 바이트 스트림이 있을 때, 이를 파싱해 러스트 데이터 구조로 변환한 뒤 추가적인 처리를 수행한다. 이후 HTTP 서버 프로그램은 TCP 스트림이 아닌 이러한 러스트 데이터 구조와 함께 작동할 수 있다.

표 2.1은 유입되는 HTTP 요청을 나타내기 위해 필요한 러스트 데이터 구조를 요약한 것이다.

표 2.1 유입되는 HTTP 요청에 대한 데이터 구조

데이터 구조명	러스트 데이터 타입	설명
HttpRequest	struct	HTTP 요청을 나타낸다.
Method	enum	HTTP 메서드에 대해 허용된 값(변형)을 지정한다.
Version	enum	HTTP 버전에 대해 허용된 값을 지정한다.

이 데이터 구조체들에 대해 몇 가지 트레이트를 구현해서 특정한 동작들을 설정한다. **표 2.2**는 3가지 데이터 구조체에 구현할 트레이트를 나타낸다.

표 2.2 HTTP 요청을 위한 데이터 구조체로 구현된 트레이트

구현된 러스트 트레이트	설명
From<&str>	이 트레이트는 유입되는 문자열 슬라이스를 HttpRequest 데이터 구조체로 변환한다.
Debug	디버그 메시지를 출력하기 위해 사용한다.
PartialEq	파싱과 자동화된 테스트 스크립트의 일부로, 값을 비교하기 위해 사용한다.

이제 이 설계를 코드로 변환하자. 데이터 구조체와 메서드를 작성한다.

❶ Method 열거형

다음은 Method 열거형의 코드이다. 구현에서는 HTTP 메서드에 대해 미리 정의된 값만 허용할 것이므로 enum 데이터 구조를 사용한다. 여기에서의 구현에서는 GET 및 POST 요청만 지원한다. 또한 실행 중인 프로그램의 데이터 구조 초기화 과정에서 사용할 세 번째 타입인 Uninitialized를 추가한다.

다음 코드를 http/src/httprequest.rs에 추가하자.

```
#[derive(Debug, PartialEq)]
pub enum Method {
    Get,
    Post,
    Uninitialized,
}
```

Method에 대한 트레이트 구현은 다음과 같다(httprequest.rs에 추가한다).

```
impl From<&str> for Method {
    fn from(s: &str) -> Method {
        match s {
            "GET" => Method::Get,
            "POST" => Method::Post,
            _ => Method::Uninitialized,
        }
    }
}
```

From 트레이트 안에서 from 메서드를 구현하면 HTTP 요청에서 method 문자열을 읽어, Method::Get이나 Method::Post 혹은 그 변형으로 변환할 수 있다. 이 트레이트를 구현해서 얻을 수 있는 이점을 이해하고, 메서드의 동작 여부를 확인하기 위해 몇 가지 테스트 코드를 작성해본다. 이 책에서는 계속해서 단위 테스트를 작성한다. 러스트 관점에 집중하기 위해 테스트는 단위 테스트만으로 엄격하게 제한한다.

다음 코드를 http/src/httprequest.rs에 추가하자.

```
#[cfg(test)]
mod tests {
```

```
    use super::*;
    #[test]
    fn test_method_into() {
        let m: Method = "GET".into();
        assert_eq!(m, Method::Get);
    }
}
```

워크스페이스 루트에서 cargo test 명령어를 실행한다.

```
cargo test -p http
```

다음과 같은 메시지가 표시되며 테스트가 통과되었음을 알 수 있다.

```
running 1 test
test httprequest::tests::test_method_into ... ok

test result: ok. 1 passed; 0 failed; 0 ignored; 0 measured; 0 filtered out
```

'GET' 문자열은 .into() 구문을 통해 Method::Get 변형으로 변환된다. 이것이 From 트레이트를 구현해서 얻을 수 있는 이점이다. 깨끗하고 읽기 쉬운 코드가 만들어진다.

이제 Version 열거형 코드를 살펴보자.

❷ Version 열거형

다음 코드는 Version 열거형을 정의한 것이다. 이 구현에서는 예시를 위해 두 개의 HTTP 버전을 지원하지만, 실제로는 HTTP/1.1만 사용할 것이다. 초깃값으로 사용되는 세 번째 타입으로 Uninitialized도 있다.

다음 코드를 http/src/httprequest.rs에 추가하자.

```
#[derive(Debug, PartialEq)]
pub enum Version {
    V1_1,
    V2_0,
    Uninitialized,
}
```

Version 열거형에 대한 트레이트 구현은 Method 열거형과 유사하다(httprequest.rs에 추가).

```
impl From<&str> for Version {
    fn from(s: &str) -> Version {
        match s {
            "HTTP/1.1" => Version::V1_1,
            _ => Version::Uninitialized,
        }
    }
}
```

From 트레이트 안에서 from 메서드를 구현하면 유입되는 HTTP 요청에서 HTTP 프로토콜 버전을 읽어서 Version 변형으로 변환할 수 있다.

메서드 작동 여부를 테스트하자. http/src/httprequest.rs에 앞서 추가한 mod tests 블록 안 (test_method_into() 함수 뒤)에 다음 코드를 추가한다. 이후 워크스페이스 루트에서 cargo test -p http를 실행해서 테스트를 실행한다.

```
#[test]
fn test_version_into() {
    let m: Version = "HTTP/1.1".into();
    assert_eq!(m, Version::V1_1);
}
```

터미널에서 다음과 같은 메시지를 볼 수 있을 것이다.

```
running 2 tests
test httprequest::tests::test_method_into ... ok
test httprequest::tests::test_version_into ... ok

test result: ok. 2 passed; 0 failed; 0 ignored; 0 measured; 0 filtered out
```

이제 2개의 테스트 모두 통과한다. 문자열 'HTTP/1.1'은 .into() 구문을 사용하여 Version::V1_1 변형으로 변환된다. 바로 이것이 From 트레이트를 구현해서 얻을 수 있는 이점이다.

❸ HttpRequest 구조체

HttpRequest 구조체는 다음과 같이 완전한 HTTP 요청을 나타내는 리스트이다. 이 코드를 http/src/httprequest.rs 파일의 맨 위에 추가하자.

예제 2.6 **HTTP 요청 구조**

```rust
use std::collections::HashMap;

#[derive(Debug, PartialEq)]
pub enum Resource {
    Path(String),
}

#[derive(Debug)]
pub struct HttpRequest {
    pub method: Method,
    pub version: Version,
    pub resource: Resource,
    pub headers: HashMap<String, String>,
    pub msg_body: String,
}
```

HttpRequest 구조체를 위한 From<&str> 트레이트를 구현하는 것이 이번 연습의 핵심이다. 이를 구현함으로써 유입되는 요청을 러스트 HTTP 요청 데이터 구조체로 변환해서 보다 편리하게 처리할 수 있다.

그림 2.6은 일반적인 HTTP 요청의 구조를 나타낸다. 이 그림은 간단한 HTTP 요청을 나타낸다. HTTP 요청은 하나의 요청 행, 하나 이상의 헤더 행, 하나의 공백 행, 옵셔널한 메시지 바디로 구성된다. 우리는 이 모든 행들을 파싱해 HTTPRequest 타입으로 변환해야 한다. 이는 From<&str> 트레이트 구현의 일부인 from() 함수가 수행한다.

From<&str> 트레이트 구현의 핵심 로직은 다음과 같다.

1. 유입되는 HTTP 요청의 각 행을 읽는다. 각 행은 CRLF carriage-return line-feed(\r\n)로 구분된다.

2. 각 행을 다음과 같이 평가한다.
   - 해당 행이 요청 행이면(모든 요청 행은 HTTP 키워드와 버전 번호를 포함하므로, 해당 행에서 HTTP 키워드를 찾는다), 행으로부터 메서드, 경로, HTTP 버전을 추출한다.

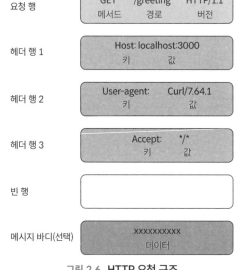

그림 2.6 **HTTP 요청 구조**

- 해당 행이 헤더 행이면(구분자 ':'로 식별한다), 헤더 아이템의 키와 값을 추출하고 요청 헤더 목록에 이들을 추가한다. 하나의 HTTP 요청에 여러 헤더 행이 포함될 수 있다. 단순함을 유지하기 위해 키와 값은 출력 가능한 ASCII 문자로 구성되어 있다고 가정한다(즉, 10진법으로 33에서 126까지의 값을 갖는 문자. 콜론 제외).

- 행이 비어 있다면(\r\n), 구분자로 간주한다. 특별한 조치가 필요하지 않다.

- 메시지 바디가 있다면, 스캔해서 String으로 저장한다.

먼저 코드의 스켈레톤을 살펴보자. 코드 구조를 보여주기 위한 목적이므로 아직 이 코드를 입력하지 않아도 된다.

```
impl From<String> for HttpRequest {
    fn from(req: String) -> Self {}
}
fn process_req_line(s: &str) -> (Method, Resource, Version) {}
fn process_header_line(s: &str) -> (String, String) {}
```

from() 메서드는 From 트레이트를 위해 구현해야 하는 함수이다. 요청 행과 헤더 행을 파싱하는 2개의 보조 함수가 있다.

먼저 from() 메서드를 살펴보자. 다음을 httprequest.rs에 추가한다.

예제 2.7 **유입되는 HTTP 요청 파싱하기: from() 메서드**

```
impl From<String> for HttpRequest {
    fn from(req: String) -> Self {
        let mut parsed_method = Method::Uninitialized;
        let mut parsed_version = Version::V1_1;
        let mut parsed_resource = Resource::Path("".to_string());
        let mut parsed_headers = HashMap::new();
        let mut parsed_msg_body = "";

        // 유입되는 HTTP 요청에서 각 행을 읽는다.
        for line in req.lines() {
            // 읽은 행이 request 행이면 process_req_line()을 호출한다.
            if line.contains("HTTP") {
                let (method, resource, version) = process_req_line(line);
                parsed_method = method;
                parsed_version = version;
                parsed_resource = resource;
            // 읽은 행이 header 행이면 process_header_line()을 호출한다.
```

```
        } else if line.contains(":") {
            let (key, value) = process_header_line(line);
            parsed_headers.insert(key, value);
        // 읽은 행이 빈 행이면 아무것도 수행하지 않는다.
        } else if line.len() == 0 {
        // 위 조건을 모두 만족하지 않으면 메시지 바디로 취급한다.
        } else {
            parsed_msg_body = line;
        }
    }
    // 유입되는 HTTP 요청을 HttpReqeust 구조체로 파싱한다.
    HttpRequest {
        method: parsed_method,
        version: parsed_version,
        resource: parsed_resource,
        headers: parsed_headers,
        msg_body: parsed_msg_body.to_string(),
        }
    }
}
```

앞에서 설명한 로직에 따라, 수신한 HTTP 요청에서 유형에 따른 행을 감지하고, 구문을 분석해서
얻은 값을 사용해 HTTPRequest 구조체를 구성할 것이다. 다음으로 2개의 보조 메서드를 살펴보자.

다음은 수신한 요청의 요청 행을 처리하는 코드이다. 다음 코드를 httprequest.rs 파일의 impl
From<String> for HttpRequest {} 블록 뒤에 추가하자.

예제 2.8 유입되는 HTTP 요청 파싱하기: process_req_line() 함수

```
fn process_req_line(s: &str) -> (Method, Resource, Version) {
    // 요청 행을 공백으로 구분된 개별 덩어리로 파싱한다.
    let mut words = s.split_whitespace();
    // 요청 행의 첫 번째 부분에서 HTTP 메서드를 추출한다.
    let method = words.next().unwrap();
    // 요청 행의 두 번째 부분에서 요청(URI/URL)을 추출한다.
    let resource = words.next().unwrap();
    // 요청 행의 세 번째 부분에서 HTTP 버전을 추출한다.
    let version = words.next().unwrap();

    (
        method.into(),
        Resource::Path(resource.to_string()),
        version.into(),
    )
}
```

다음은 헤더 행을 파싱하는 코드이다. 이 코드를 httprequest.rs의 process_req_line() 함수 뒤에 추가하자.

예제 2.9 유입되는 HTTP 요청 파싱하기: process_header_line() 함수

```
fn process_header_line(s: &str) -> (String, String) {
    // 구분자(':')로 나누어진 단어들로 헤더 행을 파싱한다.
    let mut header_items = s.split(":");
    let mut key = String::from("");
    let mut value = String::from("");
    // 헤더의 key 부분을 추출한다.
    if let Some(k) = header_items.next() {
        key = k.to_string();
    }
    // 헤더의 value 부분을 추출한다.
    if let Some(v) = header_items.next() {
        value = v.to_string()
    }
    (key, value)
}
```

이것으로 HTTPRequest 구조체를 위한 From 트레이트 구현을 완료했다.

http/src/httprequest.rs 파일의 mod tests(테스트 모듈) 안에 HTTP 요청 구문 분석 로직을 위한 단위 테스트를 작성하자. 해당 모듈에서 이미 test_method_into(), test_version_into() 테스트 함수를 작성했다. 이 시점에서 httprequest.rs 파일 안의 tests 모듈은 다음과 같다.

```
#[cfg(test)]
mod tests {
    use super::*;
    #[test]
    fn test_method_into() {
        let m: Method = "GET".into();
        assert_eq!(m, Method::Get);
    }
    #[test]
    fn test_version_into() {
        let m: Version = "HTTP/1.1".into();
        assert_eq!(m, Version::V1_1);
    }
}
```

같은 파일의 test_version_into() 함수 뒤에 다음 테스트 함수를 추가하자.

예제 2.10 HTTP 요청 파싱에 대한 테스트 스크립트

```
#[test]
fn test_read_http() {                                          유입되는 HTTP 요청을
    let s: String = String::from("GET /greeting HTTP/1.1\r\nHost: localhost:3000\r\nUser-    시뮬레이션한다.
Agent: curl/7.64.1\r\nAccept: */*\r\n\r\n");   ◄
    let mut headers_expected = HashMap::new();   ◄──────  예상되는 헤더 리스트를 구성한다.
    headers_expected.insert("Host".into(), " localhost".into());
    headers_expected.insert("Accept".into(), " */*".into());
    headers_expected.insert("User-Agent".into(), " curl/7.64.1".into());
    let req: HttpRequest = s.into();   ◄─────  유입되는 전체 HTTP 요청(복수 행)을 HttpRequest 구조체로 파싱한다.
    assert_eq!(Method::Get, req.method);   ◄──────  메서드를 올바르게 파싱했는지 확인한다.
    assert_eq!(Version::V1_1, req.version);   ◄──────  HTTP 버전을 올바르게 파싱했는지 확인한다.
    assert_eq!(Resource::Path("/greeting".to_string()), req.resource);   ◄──┐   경로(리소스 URI)를
    assert_eq!(headers_expected, req.headers);   ◄───┐                         올바르게 파싱했는지
}                                                     헤더를 올바르게                확인한다.
                                                      파싱했는지 확인한다.
```

워크스페이스 루트 디렉터리에서 cargo test -p http 명령어로 테스트를 실행하자. 다음과 같이
3개의 테스트가 모두 통과했다는 메시지가 나타날 것이다.

```
running 3 tests
test httprequest::tests::test_method_into ... ok
test httprequest::tests::test_version_into ... ok
test httprequest::tests::test_read_http ... ok

test result: ok. 3 passed; 0 failed; 0 ignored; 0 measured; 0 filtered out
```

HTTP 요청 처리를 위한 코드 작성을 완료했다. 이 라이브러리는 유입되는 HTTP GET 또는 POST
메시지를 파싱해서 러스트 데이터 구조체로 변환할 수 있다. 이제 HTTP 응답을 처리하는 코드를
작성하자.

2.3.2 HTTP 응답 메시지 구성하기

다음으로 HttpResponse 구조체를 정의하자. 이 구조체는 프로그램 안에서 HTTP 응답 메시지를
나타낸다. 또한 이 구조체를 HTTP 클라이언트(웹 브라우저 등)가 이해할 수 있는 잘 구성된 HTTP
메시지로 변환하는 메서드도 작성한다(직렬화).

그림 2.7은 전형적인 HTTP 응답의 구조를 나타낸다. HTTP 응답 메시지의 구조를 다시 살펴보자.
구조체를 정의하는 데 도움이 될 것이다.

앞에서 http/src/HttpResponse.rs를 생성하지 않았다면 먼저 우선 해당 파일을 생성한다. HttpResponse 모듈을 http/lib.rs의 모듈 익스포트 영역에 추가한다.

```
pub mod httprequest;
pub mod HttpResponse;
```

다음 코드를 http/src/HttpResponse.rs에 추가한다.

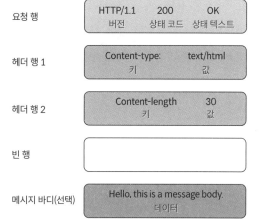

그림 2.7 **HTTP 응답 구조**

예제 2.11 **HTTP 응답 구조**

```
use std::collections::HashMap;
use std::io::{Result, Write};

#[derive(Debug, PartialEq, Clone)]
pub struct HttpResponse<'a> {
    version: &'a str,
    status_code: &'a str,
    status_text: &'a str,
    headers: Option<HashMap<&'a str, &'a str>>,
    body: Option<String>,
}
```

HttpResponse 구조체는 프로토콜 버전, 상태 코드, 상태 설명, 선택적 헤더 리스트와 선택적 본문을 포함한다. 참조 타입의 모든 멤버 'a 필드에 대해 라이프타임 애너테이션lifetime annotation을 사용하는 것에 주의하자.

러스트에서의 라이프타임

러스트에서 모든 참조는 하나의 라이프타임lifetime을 갖는다. 이것은 해당 참조가 유효한 범위를 의미한다. 러스트에서 라이프타임은 수동으로 메모리 관리를 수행하는 C/C++과 같은 언어에서 흔하게 발생하는 댕글링 포인터dangling pointer나 해제 후 사용use-after-free 오류를 방지하는 중요한 기능이다. 러스트 컴파일러는 참조의 라이프타임 애너테이션을 추론하거나(애너테이션이 특정되지 않은 경우) 사용해(특정된 경우) 참조가 그것이 가리키는 실젯값의 수명을 넘어서지 않도록 검증한다.

또한 Debug, PartialEq, Clone에 대해 #[derive()] 애너테이션을 사용했음에 주목하자. 이러한

트레이트를 **유도**derivable 트레이트라 부른다. 컴파일러에게 HttpResponse 구조체에 대해 이런 트레이트의 구현을 유도할 것을 요청하기 때문이다. 이러한 트레이트를 구현하면 우리가 다루는 구조체는 디버깅 목적을 위해 출력되거나, 멤버값을 다른 값들과 비교하거나, 그 자체를 복제할 수 있다.

HttpResponse 구조체를 위해 구현할 메서드들은 다음과 같다.

- **Default 트레이트 구현**: 앞에서는 #[derive] 애너테이션을 사용해 몇 가지 트레이트를 자동 생성했다. 이번에는 Default 트레이트를 직접 구현한다. 이렇게 하면 구조체 멤버에 대한 기본값을 지정할 수 있다.
- **new() 메서드**: 이 메서드는 기본 값을 가진 멤버를 포함한 새로운 구조체를 만든다.
- **send_response() 메서드**: 이 메서드는 네트워크 전송을 위해 HttpStruct을 유효한 HTTP 응답 메시지로 만든 뒤, TCP 커넥션을 통해 가공되지 않은 바이트를 보낸다.
- **게터**getter **메서드**: HttpResponse 구조체의 멤버 필드인 version, status_code, status_text, headers 및 body에 대한 getter 메서드를 구현한다.
- **From 트레이트 구현**: 마지막으로 HttpResponse 구조체를 유효한 HTTP 응답 메시지를 나타내는 String 타입으로 변환하는 데 도움을 주는 From 트레이트를 구현한다.

이 모든 코드를 http/src/HttpResponse.rs에 추가한다.

❶ Default 트레이트 구현하기

먼저 HttpResponse 구조체에 대한 Default 트레이트를 구현한다.

예제 2.12 **HTTP 응답에 대한 Default 트레이트 구현**

```
impl<'a> Default for HttpResponse<'a> {
    fn default() -> Self {
        Self {
            version: "HTTP/1.1".into(),
            status_code: "200".into(),
            status_text: "OK".into(),
            headers: None,
            body: None,
        }
    }
}
```

Default 트레이트를 구현하면 기본값을 가진 새로운 구조체를 다음과 같이 생성할 수 있다.

```
let mut response: HttpResponse<'a> = HttpResponse::default();
```

❷ new() 메서드 구현하기

new() 메서드는 몇 가지 매개변수를 받아 다른 매개변수에 대한 기본값을 설정한 뒤 HttpResponse 구조체를 반환한다. 다음 코드를 impl HttpResponse 구조체 블록 아래에 추가한다. 이 구조체는 그 멤버 중 하나에 대한 참조를 가지고 있으므로, 블록 선언은 impl 라이프타임 매개변수도 지정해야 한다(여기에서는 'a로 표시했다).

예제 2.13 HttpResponse를 위한 new() 메서드(HttpResponse.rs)

```
impl<'a> HttpResponse<'a> {
    pub fn new(
        status_code: &'a str,
        headers: Option<HashMap<&'a str, &'a str>>,
        body: Option<String>,
    ) -> HttpResponse<'a> {
        let mut response: HttpResponse<'a> = HttpResponse::default();
        if status_code != "200" {
            response.status_code = status_code.into();
        };
        response.headers = match &headers {
            Some(_h) => headers,
            None => {
                let mut h = HashMap::new();
                h.insert("Content-Type", "text/html");
                Some(h)
            }
        };
        response.status_text = match response.status_code {
            "200" => "OK".into(),
            "400" => "Bad Request".into(),
            "404" => "Not Found".into(),
            "500" => "Internal Server Error".into(),
            _ => "Not Found".into(),
        };
        response.body = body;

        response
    }
}
```

new() 메서드는 기본 매개변수를 사용해 구조체를 생성한다. 매개변수로 전달된 값은 평가되고 구조체에 통합된다.

❸ send_response() 메서드 구현하기

send_response() 메서드는 HttpResponse 구조체를 String으로 변환하고, TCP 커넥션을 통해 전송하는 데 사용된다. 이것은 블록 안에서 HttpResponse.rs의 impl new() 메서드 뒤에 추가할 수 있다.

```
impl<'a> HttpResponse<'a> {
    // new() 메서드는 표시하지 않았다.
    pub fn send_response(&self, write_stream: &mut impl Write) -> Result<()> {
        let res = self.clone();
        let response_string: String = String::from(res);
        let _ = write!(write_stream, "{}", response_string);
        Ok(())
    }
}
```

이 메서드는 TCP 스트림을 입력으로 받고 잘 구성된 HTTP 응답 메시지를 스트림에 기록한다.

❹ HTTP 응답 구조체를 위한 getter 메서드 구현하기

HttpResponse 구조체의 각 멤버에 대한 getter 메서드를 작성한다. 이는 HttpResponse.rs에서 HTTP 응답 메시지를 작성할 때 필요하다.

예제 2.14 HttpResponse를 위한 게터 메서드

```
impl<'a> HttpResponse<'a> {
    fn version(&self) -> &str {
        self.version
    }
    fn status_code(&self) -> &str {
        self.status_code
    }
    fn status_text(&self) -> &str {
        self.status_text
    }
    fn headers(&self) -> String {
        let map: HashMap<&str, &str> = self.headers.clone().unwrap();
        let mut header_string: String = "".into();
        for (k, v) in map.iter() {
            header_string = format!("{}{}:{}\r\n", header_string, k, v);
        }
        header_string
```

```
    }
    pub fn body(&self) -> &str {
        match &self.body {
            Some(b) => b.as_str(),
            None => "",
        }
    }
}
```

게터 메서드를 사용하면 데이터 멤버들을 문자열 타입으로 변환할 수 있다.

❺ From 트레이트 구현하기

마지막으로 HttpResponse.rs 파일의 From 트레이트 안에 from 메서드를 구현한다. 이 메서드는 HttpResponse 구조체를 HTTP 응답 메시지 문자열로 변환한다.

예제 2.15 러스트 구조체를 HTTP 응답 메시지로 직렬화하는 코드

```
impl<'a> From<HttpResponse<'a>> for String {
    fn from(res: HttpResponse) -> String {
        let res1 = res.clone();
        format!(
            "{} {} {}\r\n{}Content-Length: {}\r\n\r\n{}",
            &res1.version(),
            &res1.status_code(),
            &res1.status_text(),
            &res1.headers(),
            &res.body.unwrap().len(),
            &res1.body()
        )
    }
}
```

포맷 문자열 안에서 \r\n을 사용했다. 이것은 새로운 줄 바꿈 문자를 삽입하기 위해 사용한다. HTTP 응답 메시지는 상태 행, 헤더, 빈 행, 및 선택적인 메시지 바디의 순서로 구성된다는 점을 기억하자.

몇 개의 단위 테스트 코드를 작성하자. 다음과 같이 테스트 모듈 블록을 만들고 블록안에 각 테스트 케이스를 추가한다. 아직 코드를 입력하지 말자. 다음은 테스트 코드의 구조를 보여주기 위한 예시이다.

```
#[cfg(test)]
mod tests {
    use super::*;
    // 여기에 단위 테스트를 추가한다. 각 테스트 케이스에는 #[test] 애너테이션을 붙여야 한다.
}
```

먼저 상태 코드가 200(성공)인 메시지에 대한 HttpResponse 구조체 생성을 확인할 것이다. 다음 코드를 HttpResponse.rs의 마지막에 추가하자.

예제 2.16 HTTP 성공(200) 메시지에 대한 테스트 스크립트

```
#[cfg(test)]
mod tests {
    use super::*;
    #[test]
    fn test_response_struct_creation_200() {
        let response_actual = HttpResponse::new(
            "200",
            None,
            Some("Item was shipped on 21st Dec 2020".into()),
        );
        let response_expected = HttpResponse {
            version: "HTTP/1.1",
            status_code: "200",
            status_text: "OK",
            headers: {
                let mut h = HashMap::new();
                h.insert("Content-Type", "text/html");
                Some(h)
            },
            body: Some("Item was shipped on 21st Dec 2020".into()),
        };
        assert_eq!(response_actual, response_expected);
    }
}
```

404 HTTP 메시지(page not found)에 대한 한 가지 테스트를 할 것이다. 다음 테스트 케이스를 mod tests {} 블록 안의 test_response_struct_creation_200() 테스트 함수 뒤에 추가하자.

예제 2.17 404 메시지에 대한 테스트 스크립트

```
#[test]
fn test_response_struct_creation_404() {
    let response_actual = HttpResponse::new(
```

```
            "404",
            None,
            Some("Item was shipped on 21st Dec 2020".into()),
        );
        let response_expected = HttpResponse {
            version: "HTTP/1.1",
            status_code: "404",
            status_text: "Not Found",
            headers: {
                let mut h = HashMap::new();
                h.insert("Content-Type", "text/html");
                Some(h)
            },
            body: Some("Item was shipped on 21st Dec 2020".into()),
        };
        assert_eq!(response_actual, response_expected);
}
```

마지막으로 HttpResponse 구조체가 네트워크로 보낼 HTTP 응답 메시지로 올바르게 직렬화
됐는지 확인한다. 다음 테스트 케이스를 mod tests {} 블록 안의 test_response_struct_
creation_404() 함수 뒤에 추가하자.

예제 2.18 적절한 형태를 갖춘 HTTP 응답 메시지를 확인하는 테스트 스크립트

```
#[test]
fn test_http_response_creation() {
    let response_expected = HttpResponse {
        version: "HTTP/1.1",
        status_code: "404",
        status_text: "Not Found",
        headers: {
            let mut h = HashMap::new();
            h.insert("Content-Type", "text/html");
            Some(h)
        },
        body: Some("Item was shipped on 21st Dec 2020".into()),
    };
    let http_string: String = response_expected.into();
    let response_actual = "HTTP/1.1 404 Not Found\r\nContent-Type:text/html\r\nContent-
Length: 33\r\n\r\nItem was shipped on 21st Dec 2020";
    assert_eq!(http_string, response_actual);
}
```

테스트 케이스를 실행하자. 워크스페이스 루트에서 다음 명령을 실행한다.

```
cargo test -p http
```

다음과 같이 http 모듈의 6개 테스트가 성공하는 것을 확인할 수 있을 것이다. 이 테스트에는 HTTP 요청과 HTTP 응답 모듈의 테스트가 포함되어 있다.

```
running 6 tests
test httprequest::tests::test_method_into ... ok
test httprequest::tests::test_version_into ... ok
test HttpResponse::tests::test_http_response_creation ... ok
test HttpResponse::tests::test_response_struct_creation_200 ... ok
test httprequest::tests::test_read_http ... ok
test HttpResponse::tests::test_response_struct_creation_404 ... ok

test result: ok. 6 passed; 0 failed; 0 ignored; 0 measured; 0 filtered out
```

테스트가 실패하면 테스트 케이스에 오타나 (코드를 붙여넣기했다면) 잘못된 들여쓰기가 있는지 확인하라. 특히 다음 문자열 리터럴을 다시 확인하라(문자열이 매우 길기 때문에 오타가 있을 가능성이 높다).

```
"HTTP/1.1 404 Not Found\r\nContent-Type:text/html\r\nContent-Length: 33\r\n\r\nItem was
shipped on 21st Dec 2020";
```

그래도 여전히 테스트를 실행하는 데 문제가 있다면 깃 저장소를 참조하라. 이것으로 http 라이브러리 코드 작성을 완료했다. HTTP 서버의 설계를 다시 확인해보자(그림 2.8).

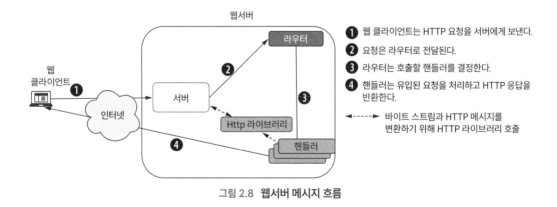

그림 2.8 웹서버 메시지 흐름

http 라이브러리를 작성했으므로 이제 main() 함수, 서버, 라우터, 핸들러를 작성하자. 이제 http

프로젝트 디렉터리에서 httpserver 프로젝트 디렉터리로 이동해서 코드를 작성한다.

httpserver 프로젝트에서 http 라이브러리를 참조하려면, 다음을 Cargo.toml 파일 뒤에 추가한다.

```
[dependencies]
http = {path = "../http"}
```

2.3.3 main() 함수와 server 모듈 작성하기

하향식 접근 방식을 사용하자. 먼저 httpserver/src/main.rs 안에 main() 함수를 작성한다.

예제 2.19 main() 함수

```
mod handler;
mod server;
mod router;
use server::Server;
fn main() {
    // 서버를 시작한다.
    let server = Server::new("localhost:3000");
    // 서버를 실행한다.
    server.run();
}
```

main 함수는 handler, server, router라는 3개의 모듈을 임포트한다. 다음으로 httpserver/src 아래에 handler.rs, server.rs, router.rs 파일을 생성해야 한다.

httpserver/src/server.rs 파일 안에 server 모듈을 위한 코드를 작성하자.

예제 2.20 server 모듈

```
use super::router::Router;
use http::httprequest::HttpRequest;
use std::io::prelude::*;
use std::net::TcpListener;
use std::str;
pub struct Server<'a> {
    socket_addr: &'a str,
}
impl<'a> Server<'a> {
    pub fn new(socket_addr: &'a str) -> Self {
        Server { socket_addr }
    }
```

```
    pub fn run(&self) {
        // 소켓 주소를 리스닝하는 서버를 시작한다.
        let connection_listener = TcpListener::bind(self.socket_addr).unwrap();
        println!("Running on {}", self.socket_addr);
        // 루프 안에서 유입되는 커넥션을 리스닝한다.
        for stream in connection_listener.incoming() {
            let mut stream = stream.unwrap();
            println!("Connection established");
            let mut read_buffer = [0; 90];
            stream.read(&mut read_buffer).unwrap();
            // HTTP 요청을 러스트 데이터 구조로 변환한다.
            let req: HttpRequest = String::from_utf8(read_buffer.to_vec()).unwrap().into();
            // 요청을 적절한 핸들러로 라우팅한다.
            Router::route(req, &mut stream);
        }
    }
}
```

server 모듈은 2개의 메서드를 갖는다. new() 메서드는 소켓 주소(호스트와 포트)를 받아 Server 인스턴스를 반환한다. run() 메서드는 다음을 수행한다.

- 소켓에 바인딩한다.

- 유입되는 커넥션을 리스닝한다.

- 유효한 커넥션에서 바이트 스트림을 읽는다.

- 해당 스트림을 HttpRequest 구조체 인스턴스로 변환한다.

- 이후 처리를 위해 해당 요청을 라우터로 전달한다.

2.3.4 router 및 handler 모듈 작성하기

router 모듈은 유입되는 HTTP 요청을 검사한 뒤, 해당 요청을 처리할 적절한 핸들러를 결정한다. 다음 코드를 httpserver/src/router.rs에 추가한다.

예제 2.21 router 모듈

```
use super::handler::{Handler, PageNotFoundHandler, StaticPageHandler, WebServiceHandler};
use http::{httprequest, httprequest::HttpRequest, HttpResponse::HttpResponse};
use std::io::prelude::*;
pub struct Router;
impl Router {
    pub fn route(req: HttpRequest, stream: &mut impl Write) -> () {
        match req.method {
            // GET 요청이면
```

```
            httprequest::Method::Get => match &req.resource {
                httprequest::Resource::Path(s) => {
                    // 해당 URI를 파싱한다.
                    let route: Vec<&str> = s.split("/").collect();
                    match route[1] {
                        // 경로가 /api로 시작하면 Web 서비스를 호출한다.
                        "api" => {
                            let resp: HttpResponse = WebServiceHandler::handle(&req);
                            let _ = resp.send_response(stream);
                        }
                        // 그렇지 않으면 정적 페이지 핸들러를 호출한다.
                        _ => {
                            let resp: HttpResponse = StaticPageHandler::handle(&req);
                            let _ = resp.send_response(stream);
                        }
                    }
                }
            },
            // 메서드가 GET 요청이 아니면 404 페이지를 반환한다.
            _ => {
                let resp: HttpResponse = PageNotFoundHandler::handle(&req);
                let _ = resp.send_response(stream);
            }
        }
    }
}
```

router는 유입되는 메서드가 GET 요청인지 확인한다. GET 요청이면 다음 순서로 확인을 수행한다.

1. GET 요청의 경로가 /api로 시작하면, 해당 요청을 WebServiceHandler로 보낸다.

2. GET 요청이 다른 리소스에 대한 것이라면, 해당 요청을 정적 페이지에 관한 것으로 간주하고 StaticPageHandler로 보낸다.

3. GET 요청이 아니면 404 에러 페이지를 반환한다.

다음으로 handler 모듈을 구현하기 위해 JSON 직렬화 및 역직렬화를 처리하는 외부 크레이트인 serde와 serde_json을 추가하자. httpserver 프로젝트의 Cargo.toml 파일은 다음과 같다.

```
[dependencies]
http = {path = "../http"}
serde = {version = "1.0.117",features = ["derive"]}
serde_json = "1.0.59"
```

먼저 모듈을 임포트한다. 다음 코드를 httpserver/src/handler.rs에 추가하자.

```
use http::{httprequest::HttpRequest, HttpResponse::HttpResponse};
use serde::{Deserialize, Serialize};
use std::collections::HashMap;
use std::env;
use std::fs;
```

Handler 트레이트를 다음과 같이 정의한다.

예제 2.22 Handler **트레이트 정의**

```
pub trait Handler {
    fn handle(req: &HttpRequest) -> HttpResponse;
    fn load_file(file_name: &str) -> Option<String> {
        let default_path = format!("{}/public", env!("CARGO_MANIFEST_DIR"));
        let public_path = env::var("PUBLIC_PATH").unwrap_or(default_path);
        let full_path = format!("{}/{}", public_path, file_name);

        let contents = fs::read_to_string(full_path);
        contents.ok()
    }
}
```

Handler 트레이트는 2개의 메서드를 포함한다.

1. **handle()**: 이 메서드는 해당 트레이트를 구현하기 위한 모든 다른 사용자 데이터 타입을 위해 구현해야 한다.

2. **load_file()**: 이 메서드는 httpserver 루트 폴더 안의 퍼블릭 디렉터리에서 파일(비 JSON)을 로드할 때 사용한다. 구현은 트레이트 정의의 일부로 제공된다.

이제 다음 데이터 구조체를 정의한다.

* **StaticPageHandler**: 정적 웹페이지를 제공한다

* **WebServiceHandler**: JSON 데이터를 제공한다

* **PageNotFoundHandler**: 404 페이지를 제공한다

* **OrderStatus**: JSON 파일로부터 읽은 데이터를 로드한다

다음 코드를 httpserver/src/handler.rs에 추가한다.

예제 2.23 handler를 위한 데이터 구조체

```rust
#[derive(Serialize, Deserialize)]
pub struct OrderStatus {
    order_id: i32,
    order_date: String,
    order_status: String,
}


pub struct StaticPageHandler;

pub struct PageNotFoundHandler;

pub struct WebServiceHandler;
```

3개의 핸들러 구조체를 위한 Handler 트레이트를 구현하자. 먼저 PageNotFoundHandler를 구현한다.

```rust
impl Handler for PageNotFoundHandler {
    fn handle(_req: &HttpRequest) -> HttpResponse {
        HttpResponse::new("404", None, Self::load_file("404.html"))
    }
}
```

PageNotFoundHandler 구조체의 handle 메서드가 호출되면 새로운 HttpResponse 구조체 인스턴스를 반환한다. 이 인스턴스의 상태 코드는 404이고, 404.html 파일에서 읽은 HTML 코드를 포함한다.

다음은 StaticPageHandler의 코드이다.

예제 2.24 **정적 웹페이지를 제공하는 핸들러**

```rust
impl Handler for StaticPageHandler {
    fn handle(req: &HttpRequest) -> HttpResponse {
        // 요청받은 정적 페이지의 경로를 얻는다.
        let http::httprequest::Resource::Path(s) = &req.resource;

        // URI를 파싱한다.
        let route: Vec<&str> = s.split("/").collect();
        match route[1] {
            "" => HttpResponse::new("200", None, Self::load_file("index.html")),
            "health" => HttpResponse::new("200", None, Self::load_file("health.html")),
            path => match Self::load_file(path) {
                Some(contents) => {
```

```
                let mut map: HashMap<&str, &str> = HashMap::new();
                if path.ends_with(".css") {
                    map.insert("Content-Type", "text/css");
                } else if path.ends_with(".js") {
                    map.insert("Content-Type", "text/javascript");
                } else {
                    map.insert("Content-Type", "text/html");
                }
                HttpResponse::new("200", Some(map), Some(contents))
            }
            None => HttpResponse::new("404", None, Self::load_file("404.html")),
        },
    }
}
```

StaticPageHandler의 handle() 메서드가 호출되면 다음 처리를 수행한다.

* 유입되는 요청이 localhost:3000/에 대한 것이라면 index.html 파일의 내용을 로드해서 새로운 HttpReponse 구조체를 만든다.

* 유입되는 요청이 localhost:3000/health에 대한 것이라면 health.html 파일의 내용을 로드해서 새로운 HttpResponse 구조체를 만든다.

* 유입되는 요청이 그 외의 파일에 대한 것이라면, 이 메서드는 httpserver/public 폴더에서 해당 파일을 찾아서 로드한다. 파일을 찾지 못하면 404 에러 페이지를 반환한다. 파일을 찾으면 그 내용을 로드하고 HttpResponse 구조체에 넣는다. HTTP 응답 메시지의 Content-Type 헤더는 파일 타입에 따라 설정된다.

코드의 마지막 부분인 WebServiceHandler를 살펴보자.

예제 2.25 **JSON 데이터를 제공하는 핸들러**

```
impl WebServiceHandler {
    fn load_json() -> Vec<OrderStatus> {      ◄──┤ load_json() 메서드는 디스크에서 orders.json 파일을 로드한다.
        let default_path = format!("{}/data", env!("CARGO_MANIFEST_DIR"));
        let data_path = env::var("DATA_PATH").unwrap_or(default_path);
        let full_path = format!("{}/{}", data_path, "orders.json");
        let json_contents = fs::read_to_string(full_path);
        let orders: Vec<OrderStatus> =
            serde_json::from_str(json_contents.unwrap().as_str()).unwrap();
        orders
    }
```

```
    }

    // Handler 트레이트를 구현한다.
    impl Handler for WebServiceHandler {
        fn handle(req: &HttpRequest) -> HttpResponse {
            let http::httprequest::Resource::Path(s) = &req.resource;

            // URI를 파싱한다.
            let route: Vec<&str> = s.split("/").collect();
            // if route if /api/shipping/orders, return json
            match route[2] {
                "shipping" if route.len() > 2 && route[3] == "orders" => {
                    let body = Some(serde_json::to_string(&Self::load_json()).unwrap());
                    let mut headers: HashMap<&str, &str> = HashMap::new();
                    headers.insert("Content-Type", "application/json");
                    HttpResponse::new("200", Some(headers), body)
                }
                _ => HttpResponse::new("404", None, Self::load_file("404.html")),
            }
        }
    }
}
```

WebServiceHandler 구조체의 handle() 메서드가 호출되면 다음 처리를 수행한다.

- GET 요청이 localhost:3000/api/shipping/orders에 대한 것이라면, 주문 정보를 가진 JSON 파일을 로드한다. 이 파일은 JSON으로 직렬화하고 응답 바디의 일부로 반환된다.
- 다른 경로이면 404 에러 페이지를 반환한다.

코드 작성을 완료했다. 이제 HTML 파일과 JSON 파일을 만들어서 웹서버를 테스트해보자.

2.3.5 웹서버 테스팅하기

이번 절에서는 먼저 테스트 웹페이지와 JSON 데이터를 만든다. 그 뒤, 다양한 시나리오에 대해 웹 서버를 테스트하고 그 결과들을 분석한다.

httpserver 루트 폴더 아래에 data, public이라는 2개의 폴더를 만든다. public 폴더 아래에 index.html, health.html, 404.html, styles.css 파일을 만든다. data 폴더 아래에 orders.json 파일을 만든다.

다음은 파일들을 간략하게 나타낸 것이다. 선호에 따라 아이템을 임의로 변경해도 좋다.

예제 2.26 index 웹페이지(httpserver/public/index.html)

```html
<!DOCTYPE html>
<html lang="en">
    <head>
        <meta charset="utf-8" />
        <link rel="stylesheet" href="styles.css">
        <title>Index!</title>
    </head>
    <body>
        <h1>Hello, welcome to home page</h1>
        <p>This is the index page for the web site</p>
    </body>
</html>
```

예제 2.27 페이지 포매팅을 위한 스타일 시트(httpserver/public/styles.css)

```css
h1 {
    color: red;
    margin-left: 25px;
}
```

예제 2.28 health 웹페이지(httpserver/public/health.html)

```html
<!DOCTYPE html>
<html lang="en">
    <head>
        <meta charset="utf-8" />
        <title>Health!</title>
    </head>
    <body>
        <h1>Hello welcome to health page!</h1>
        <p>This site is perfectly fine</p>
    </body>
</html>
```

예제 2.29 Page-not-found 파일(httpserver/public/404.html)

```html
<!DOCTYPE html>
<html lang="en">
    <head>
        <meta charset="utf-8" /> <title>Not Found!</title>
    </head>
    <body>
        <h1>404 Error</h1>
        <p>Sorry the requested page does not exist</p>
```

```
    </body>
</html>
```

예제 2.30 **주문용 JSON 데이터 파일(httpserver/data/orders.json)**

```
[
    {
        "order_id": 1,
        "order_date": "21 Jan 2020",
        "order_status": "Delivered"
    },
    {
        "order_id": 2,
        "order_date": "2 Feb 2020",
        "order_status": "Pending"
    }
]
```

이제 서버를 실행할 준비가 되었다. 워크스페이스 루트에서 웹서버를 실행한다.

```
cargo run -p httpserver
```

브라우저 창 또는 curl 도구를 사용해 다음 URL을 테스트한다.

```
localhost:3000/
localhost:3000/health
localhost:3000/api/shipping/orders
localhost:3000/invalid-path
```

웹 브라우저에서 위 URL들을 호출했다면, 첫 번째 URL을 호출한 결과 화면에서는 제목이 빨간색으로 표시된 것을 볼 수 있을 것이다. 크롬Chrome 브라우저의 network 탭(혹은 다른 브라우저에서도 유사한 개발자 도구)으로 이동해서 브라우저가 다운로드한 파일을 확인해보자. index.html 파일과 함께 styles.css 파일도 브라우저에 자동으로 다운로드되며, 그 결과 index 페이지에 스타일링이 적용되었음을 알 수 있다. 해당 탭의 내용을 조금 더 확인해보면 Content-Type의 값은 CSS 파일의 경우 text/css, HTML 파일의 경우 text/html이 웹서버에서 브라우저로 전송된 것도 알 수 있다.

마찬가지로 /api/shipping/orders 경로에 대해 전송된 응답 content-type을 확인해보면, 브라우저가 받은 응답 헤더에서 application/json을 볼 수 있다.

이번 절에서는 HTTP 서버 및 정적 페이지와 JSON 데이터를 제공하는 HTTP 메시지 관련 라이브러리를 작성했다. 전자의 기능은 **웹서버**라는 용어와 관련된 것이고, 후자는 웹 서비스 기능과 관련된 것이다. httpserver 프로젝트는 정적 웹서버인 동시에 JSON 데이터를 제공하는 웹 서비스 기능도 한다. 물론 전형적인 웹 서비스는 GET 요청 외에 다른 메서드들도 제공한다. 그러나 이번 연습에서는 의도적으로 웹 프레임워크나 외부 HTTP 라이브러리를 사용하지 않고 이러한 웹서버와 웹 서비스를 처음부터 러스트로 만들었다.

여러분이 코드를 따라오면서 즐거웠기를, 그리고 작동하는 서버를 손에 넣었기를 바란다. 진행하는 과정에서 어려움이 있다면 코드 저장소에서 2장과 관련된 내용을 참조하라.

이제 여러분은 러스트를 사용해서 저수준 HTTP 라이브러리와 웹서버를 구현하고 웹 서비스를 시작하는 방법에 관해 이해했다. 다음 장에서는 러스트로 작성된 프로덕션에서 활용할 수 있는 웹 프레임워크를 사용해서 웹 서비스를 개발하는 방법에 관해 살펴본다.

요약

- TCP/IP 모델은 인터넷을 통한 통신의 단순화된 표준 및 프로토콜이다. TCP/IP 모델은 네트워크 접근 계층, 인터넷 계층, 전송 계층, 응용 계층의 4계층으로 구성된다. TCP는 전송 계층 프로토콜이며, 이 위에서 HTTP와 같은 다른 애플리케이션 수준의 프로토콜들이 작동한다. 이번 장에서는 TCP 프로토콜을 사용해 데이터를 교환하는 서버와 클라이언트를 구현했다.
- 또한 TCP는 스트림 지향 프로토콜stream-oriented protocol이며, 데이터는 지속적인 바이트 스트림으로 교환된다.
- 러스트 표준 라이브러리를 사용해 기본적인 TCP 서버와 클라이언트를 구현했다. TCP는 HTTP와 같은 메시지의 의미를 이해하지 못한다. TCP 클라이언트와 서버는 단순히 바이트 스트림을 교환할 뿐, 전송되는 데이터의 의미는 이해하지 못한다.
- HTTP는 애플리케이션 계층 프로토콜이며 대부분의 웹 서비스의 근간이다. HTTP는 대부분의 경우 전송 계층 프로토콜로 TCP를 사용한다.
- HTTP 라이브러리를 구현해서 유입되는 HTTP 요청을 파싱하고 HTTP 응답을 만들었다. HTTP 요청과 응답은 러스트 구조체와 열거형을 사용해 모델링했다.
- (스타일 시트 등의 파일과 함께) 정적 웹페이지와 JSON 데이터라는 두 가지 콘텐츠를 제공하는 HTTP 서버를 구현했다.

- 구현한 웹서버는 요청을 받고 응답을 표준 HTTP 클라이언트(브라우저 및 curl 도구 등)로 보낼 수 있다.
- 여러 트레이트를 구현함으로써 커스텀 구조체에 추가적인 동작을 더했다. 일부 트레이트는 러스트 애너테이션을 사용해 자동으로 유도했고, 일부는 손으로 직접 코딩했다. 또한 라이프타임 애너테이션을 사용해 구조체 안의 참조의 라이프타임을 지정했다.

3 CHAPTER

RESTful 웹 서비스 구축하기

이번 장에서 다루는 내용

- Actix 시작하기
- RESTful 웹 서비스 작성하기

이번 장에서는 첫 번째 실제 웹 서비스를 구현한다. 구축할 웹 서비스는 HTTP를 통해 일련의 API 들을 제공하며 **REST**representational state transfer 아키텍처 스타일을 사용한다.

이번 장에서는 Actix(https://actix.rs)를 사용해 웹 서비스를 구현한다. Actix는 러스트로 작성된 경 량 웹 프레임워크로, 코드 활동, 도입, 생태계 측면에서 매우 성숙한 웹 프레임워크이다. Actix를 사 용해 기본적인 코드를 작성하면서 그 기본 개념과 구조에 관해 이해한다. 이후, 스레드 안전한 인 메모리 데이터 스토어를 사용해 REST API들을 설계하고 구현한다.

이번 장에서 작성하는 코드의 완전한 버전은 https://github.com/moseskim/rust-servers-services-apps/tree/master/chapter3에서 확인할 수 있다.

3.1 Actix 시작하기

이 책에서는 강사들을 대상으로 하는 디지털 스토어프런트digital storefront를 구현한다. 이 디지털 플 랫폼을 **EzyTutors**라고 부를 것이다. 강사들로 하여금 쉽게 교육 카탈로그를 온라인에 공개할 수 있도록 함으로써, 학습자들의 흥미를 이끌고 판매를 만들고자 하기 때문이다.

여정을 시작하기 위해 몇 가지 간단한 API들을 만든다. 이 API들을 사용해 강사들은 강의를 개설하고, 수강자들은 강사의 강의를 얻어올 수 있다.

Actix 소개는 두 부분으로 구성된다. 첫 번째 부분에서는 Actix를 사용해 기본적인 비동기 HTTP 서버를 구현한다. 이 서버는 간단한 헬스 체크 API를 제공한다. 이 과정을 통해서 Actix의 기본 개념에 관해 이해할 수 있을 것이다. 두 번째 부분에서는 튜터 웹 서비스를 위한 REST API를 설계하고 구현한다. 여기에서는 (데이터베이스 대신) 인메모리 데이터 스토어를 사용하고 테스트 주도 개발 방식을 따른다. 이 과정을 통해서 **라우트**route, **핸들러**handler, **매개변수**parameter, **HTTP 응답**HTTP response과 같은 Actix의 핵심 개념을 소개한다.

이제 코드를 작성해보자.

왜 Actix인가?

이 책은 러스트를 사용한 고성능 웹 서비스와 애플리케이션 개발에 관한 것이다. 이 책을 집필하는 시점에서 고려한 웹 프레임워크에는 Actix, Rocket, Warp, Tide가 있다. Warp와 Tide는 상태적으로 새로운 프레임워크이지만 Actix와 Rocket은 도입과 활용 수준에서 우위에 있다. 이 책에서는 Rocket 대신 Actix를 선택했다. Rocket은 네이티브 비동기 지원을 하지 많으며, 비동기 지원은 I/O 중심의 부하(웹 서비스 API 등) 확장에서 성능을 개선하는 데 핵심 요소이기 때문이다.

3.1.1 첫 번째 REST API 작성하기

이번 절에서는 첫 번째 Actix 서버를 작성한다. 이 서버는 하나의 HTTP 요청에 대해 응답할 수 있다.

프로젝트 구조에 관하여

이 책에서 다루는 코드를 구조화하는 방법은 다양하다.

첫 번째 옵션은 워크스페이스 프로젝트를 만드는 것이다(2장에서 만든 것과 유사). 워크스페이스에 챕터별로 별도의 프로젝트를 하나씩 만든다.

두 번째 옵션은 챕터별로 별도의 Cargo 바이너리 프로젝트를 만드는 것이다. 개발을 위한 그룹화 옵션은 이후에 결정할 수 있다.

어떤 방법을 사용해도 좋지만 이 책에서는 첫 번째 옵션을 사용해 프로젝트들을 구성한다. 하나의 워크스페이스 프로젝트(ezytutors)를 만들고 다른 프로젝트들을 포함할 것이다.

다음 명령을 실행해서 새로운 프로젝트를 만든다.

```
cargo new ezytutors && cd ezytutors
```

이 명령은 **바이너리** Cargo 프로젝트를 생성한다.

이 프로젝트를 워크스페이스 프로젝트로 변환하자. 이 워크스페이스 아래에 이후 장에서 구현할 웹 서비스와 웹 애플리케이션들을 포함할 것이다. 다음을 Cargo.toml 파일에 추가한다.

```
[workspace]
members = ["tutor-nodb"]
```

tutor-nodb는 이번 장에서 만들 웹 서비스명이다. 다음 명령어를 실행해서 다른 Cargo 프로젝트를 만든다.

```
cargo new tutor-nodb && cd tutor-nodb
```

ezytutors 워크스페이스 아래 tutor-nodb라는 바이너리 러스트 프로젝트가 만들어진다. 편의상 앞으로 이를 **튜터 웹 서비스**라 부른다. 이 Cargo 프로젝트의 루트 디렉터리는 src라는 하위 디렉터리와 Cargo.toml 파일을 포함한다.

튜터 웹 서비스의 Cargo.toml에 다음 디펜던시를 추가한다.

```
[dependencies]
actix-web = "4.2.1"   ◀──┐ 이 버전의 actix-web 또는 그 이후 사용 가능한 최신 버전을 사용할 수 있다.
actix-rt = "2.7.0"    ◀── Actix의 비동기 런타임이다. 러스트는 외부 런타임 엔진을 사용해 비동기 코드를 실행한다.
```

같은 Cargo.toml 파일에 다음 바이너리 선언을 추가해 바이너리 파일의 이름을 지정한다.

```
[[bin]]
name = "basic-server"
```

tutor-nodb/src/bin 폴더 아래에 basic-server.rs 소스 파일을 만들자. 이 파일은 바이너리의 엔트리 포인트로 작동할 main() 함수를 포함한다.

Actix에서 기본적인 HTTP 서버를 생성하고 시작하는 기본적인 네 단계는 다음과 같다.

1. 라우트를 구성한다. 라우트는 웹서버의 다양한 리소스에 대한 경로이다. 예를 들어 /health 라우트를 서버의 헬스 체크를 수행하도록 설정할 수 있다.

2. 핸들러를 구성한다. 핸들러란 라우트에 대한 요청을 처리하는 기능이다. 헬스 체크 핸들러를 정의해서 /health 라우트에 대한 서비스를 제공하게 할 것이다.

3. 웹 애플리케이션을 구축하고 라우트와 핸들러를 애플리케이션에 등록한다.

4. 웹 애플리케이션과 연결된 HTTP 서버를 구축하고, 서버를 실행한다.

이 네 단계는 코드에서 애너테이션과 함께 표시한다. 다음 코드를 src/bin/basic-server.rs에 추가하자. 모든 단계와 코드를 이해하지 못한다 해도 걱정하지 말자. 이후 자세히 설명할 것이다.

[NOTE] 코드를 복사해서 붙여 넣는 것보다 에디터에 직접 입력해보는 것을 권장한다. 단지 책을 읽는 것이 아닌 실질적인 연습을 하게 되므로 학습 과정에서 더 많은 효과를 얻을 수 있다.

예제 3.1 **기본 Actix 웹서버 작성하기**

```
// 모듈 임포트
use actix_web::{web, App, HttpResponse, HttpServer, Responder};
use std::io;

// 라우트를 구성한다. ◀─┐ Actix 웹서버는 /health 경로로 유입되는 HTTP GET
                          요청을 health_check_handler()로 전달한다.
pub fn general_routes(cfg: &mut web::ServiceConfig) {
    cfg.route("/health", web::get().to(health_check_handler));
}

// 핸들러를 구성한다. ◀─┐ 핸들러는 인사와 함께 HTTP 요청을 구현한다.
pub async fn health_check_handler() -> impl Responder {
    HttpResponse::Ok().json("Hello. EzyTutors is alive and kicking")
}

// HTTP 서버를 인스턴스화하고 실행한다.
#[actix_rt::main]
async fn main() -> io::Result<()> {
    // app을 만들고 라우트를 구성한다. ◀─┐ Actix 웹 애플리케이션 인스턴스를 만들고
                                           설정된 경로에 등록한다.
    let app = move || App::new().configure(general_routes);
                          // 웹서버를 초기화하고, 애플리케이션을 로드하고,
    // HTTP 서버를 시작한다. ◀─┐ 이를 소켓에 바인딩한 뒤 서버를 실행한다.
    HttpServer::new(app).bind("127.0.0.1:3000")?.run().await
}
```

서버는 두 가지 방법 중 하나를 선택해서 실행할 수 있다. ezytutors 워크스페이스 루트 디렉터리에서 다음 명령을 실행한다.

```
cargo run -p tutor-nodb --bin basic-server
```

-p 플래그는 Cargo 도구가 워크스페이스 안에서 tutor-nodb 바이너리를 구현하고 실행하도록 한다. 혹은 tutor-nodb 폴더 안에서 다음 명령을 실행할 수도 있다.

```
cargo run --bin basic-server
```

웹 브라우저 창에서 다음 URL로 접속한다.

```
localhost:3000/health
```

다음 내용이 출력되는 것을 확인할 수 있다.

```
Hello, EzyTutors is alive and kicking
```

축하한다! Actix를 사용해 첫 번째 REST API를 만들었다.

3.1.2 Actix 개념 이해하기

이전 절에서는 기본적인 Actix 웹서버(즉, Actix HTTP 서버)를 작성했다. 이 서버는 하나의 /health 경로를 갖는 하나의 웹 애플리케이션을 실행하도록 설정되어 있으며, 이 경로는 웹 애플리케이션 서비스의 건강 상태를 반환한다. 그림 3.1은 코드에서 사용한 Actix의 다양한 컴포넌트들을 나타낸다.

다음 단계를 따라 작동한다.

1. 브라우저에서 localhost:3000/health를 입력하면, 브라우저가 HTTP GET요청을 만들어서 localhost:3000 포트를 리스닝하는 Actix 기본 서버로 전송한다.
2. Actix 기본 서버는 GET 요청을 조사하고 메시지의 경로가 /health인지 결정한다. 그 뒤 기본 서버는 해당 요청을 /health 경로에 정의된 웹 애플리케이션(App)으로 보낸다.

3. 웹 애플리케이션은 /health에 대한 핸들러인 health_check_handler()를 결정하고, 메시지를 핸들러로 보낸다.

4. health_check_handler()는 텍스트 메시지를 가진 HTTP 응답을 구성한 뒤 이를 브라우저로 반환한다.

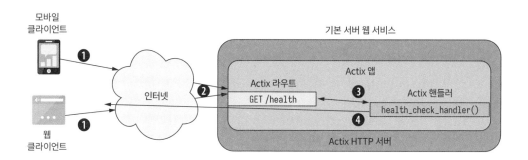

❶ 헬스 체크를 위한 HTTP GET 요청이 웹/모바일 브라우저에서 Actix 서버로 전송된다.

❷ Actix HTTP 서버는 해당 요청을 Actix 애플리케이션의 /health 경로로 보낸다.

❸ /health 경로는 해당 요청을 health_check_handler()로 전달한다.

❹ health_check_handler()는 응답을 웹/모바일 브라우저로 반환한다.

그림 3.1 **Actix 기본 서버**

HTTP 서버, **웹 애플리케이션**, **라우트**, **핸들러**라는 용어들이 많이 사용되었음을 알 수 있을 것이다. 이들은 Actix를 사용해 웹 서비스를 구축하는 데 핵심적인 개념들이다. 2장에서 **서버**, **라우트**, **핸들러**라는 용어들을 사용했던 것을 기억하자. 개념적으로 이들은 비슷하지만 Actix의 콘텍스트에서 조금 더 자세히 이해해보자.

- **HTTP(웹) 서버**: HTTP 요청을 처리한다. HTTP 프로토콜을 이해하고 구현한다. 기본적으로 HTTP 서버는 여러 스레드(**워커**worker)를 실행해서 유입되는 요청들을 처리한다. Actix HTTP 서버는 웹 애플리케이션의 개념을 기반으로 구축되어 있으며 초기화를 위해 하나의 애플리케이션을 필요로 한다. OS 스레드당 하나의 애플리케이션 인스턴스를 생성한다.

- **앱**App: 하나의 앱, 즉 Actix 웹 애플리케이션을 나타낸다. Actix 웹 애플리케이션은 애플리케이션이 처리할 수 있는 라우트 셋을 그룹화한 것이다.

- **라우트와 핸들러**: Actix의 라우트는 Actix 웹서버에게 유입되는 요청을 처리하는 방법을 알려준다. 라우트는 **라우트 경로**route path, **HTTP 메서드**HTTP method, **핸들러 함수**handler function로 정의된다. 달리 말하자면 요청 핸들러는 특정한 **HTTP 메서드**를 위한 **경로**에 대한 애플리케이션 **라우트**와 함께 등록된다. Actix 라우트의 구조는 그림 3.2와 같다.

그림 3.2 **Actix 라우트 구조**

이것은 앞에서 헬스 체크를 위해 구현한 라우트다.

```
cfg.route(
    "/health",      ◀─────┤ 경로
    web::get()      ◀─────┤ HTTP 메서드
    .to(health_check_handler));  ◀─────┤ 요청 핸들러 메서드
```

위의 라우트에서는 HTTP GET 요청이 /health로 유입되면 해당 요청은 health_check_handler() 요청 핸들러 메서드로 라우팅된다.

요청 핸들러는 비동기 메서드이며 0개 이상의 매개변수를 받고 HTTP 응답을 반환한다. 다음은 앞의 예시에서 구현했던 요청 핸들러다.

```
pub async fn health_check_handler() -> impl Responder {
    HttpResponse::Ok().json("Hello, EzyTutors is alive and kicking")
}
```

health_check_handler()는 Responder 트레이트를 구현한 함수이다. Responder 트레이트를 구현한 타입은 HTTP 응답을 보낼 수 있다. 우리가 구현한 핸들러는 입력 매개변수가 없지만, 클라이언트로부터의 HTTP 요청과 함께 데이터를 보낼 수 있으며, 이 데이터는 핸들러에서 사용할 수 있다. 다음 절에서 이와 관련된 예제를 볼 것이다.

Actix Web(Actix라고도 불림)은 모던한, 러스트-기반의 경량 고속 웹 프레임워크이다. Actix Web은 TechEmpower 성능 벤치마크에서 지속적으로 최고의 웹 프레임워크에 선정되었다(http://www.techempower.com/benchmarks/).

Actix Web은 가장 성숙한 러스트 웹 프레임워크의 하나이며 다음과 같은 다양한 기능들을 지원한다.

- HTTP/1.x와 HTTP/2 지원
- 요청 및 응답 전처리 지원
- 미들웨어 설정을 통해 CORS, 세션 관리, 로깅, 인증 제공
- 비동기 I/O 지원. 이를 통해 Actix 서버는 네트워크 I/O를 대기하는 동안 다른 작업을 수행할 수 있다.
- 컨텐츠 압축 지원
- 여러 데이터베이스에 연결
- 테스팅 유틸리티를 위한 추가적인 레이어를 제공하며(러스트 테스팅 프레임워크) 이를 통해 HTTP 요청과 응답에 대한 테스팅 가능
- 정적 웹페이지 호스팅과 서버-렌더드 템플릿 지원

Actix Web 프레임워크에 관한 보다 기술적인 세부 정보는 https://docs.rs/crate/actix-web/2.0.0를 참조하자.

Actix Web 같은 프레임워크를 사용하면 러스트를 사용해 웹 API를 프로토타이핑하고 개발하는 속도를 상당히 높일 수 있다. 프레임워크가 HTTP 프로토콜과 메시지를 처리하는 저수준의 세부적인 작업을 대신하고, 웹 애플리케이션 개발을 쉽게 만들어주는 유틸리티 함수와 기능들을 제공하기 때문이다.

Actix Web은 강력한 기능들을 제공하지만, 이 책에서는 그 기능들의 일부 셋만 다룬다. 이 책에서 우리가 다룰 기능들은 리소스에 대한 CRUD create-read-update-delete 기능을 제공하는 HTTP 메서드, 데이터베이스 일관성, 에러 핸들링, 상태 관리, JWT 인증 및 미들웨어 구성하기 등이 포함된다.

이번 절에서는 헬스 체크 API를 노출하는 기본적인 Actix 웹 서비스를 구현하고, Actix 프레임워크의 핵심 기능들에 관해 간단히 살펴봤다. 다음 절에서는 EzyTutors 소셜 네트워크를 위한 웹 서비스를 구현한다.

3.2 REST를 사용해 웹 API 만들기

이번 절에서는 Actix를 사용해 RESTful 웹 서비스를 개발하는 전형적인 단계를 진행한다.

웹 서비스는 네트워크 지향 서비스이다. 네트워크 지향 서비스들은 네트워크를 통해 메시지를 전달하는 것으로 통신한다. 웹 서비스들은 메시지를 교환하는 주요 프로토콜로 HTTP를 사용한다. 웹 서비스를 개발하는 데는 SOAP/XML, REST/HTTP, gRPC/HTTP 등 다양한 아키텍처 스타일을 사용할 수 있다. 이번 장에서는 REST 아키텍처 스타일을 사용한다.

REST API

REST라는 용어는 웹 서비스를 각각 상태를 가진 리소스의 네트워크로 시각화하기 위해 사용한다. 사용자들은 URI로 식별되는 리소스에 대해 GET, PUT, POST, DELETE와 같은 동작을 트리거한다(예를 들어 https://www.google.com/search?q=weather%20berlin은 베를린의 현재 날씨를 얻는 데 사용할 수 있다).

리소스는 사용자, 배송, 강의와 같은 애플리케이션 엔티티들이다. 리소스에 대한 POST와 PUT 동작은 해당 리소스의 **상태를 변경**state change할 수 있다. 가장 최종 상태는 해당 요청을 만든 클라이언트에게 반환된다.

REST 아키텍처는 웹 서비스가 지켜야 할 몇 가지 속성(제약사항)을 정의한다. 그 속성들은 다음과 같다.

- **클라이언트/서버 아키텍처**clinet-server architecture: 클라이언트와 서버는 분리되어 있으며 독립적으로 진화할 수 있다.
- **상태 없음**statelessness: 서버는 동일한 클라이언트에서 연속으로 요청을 받더라도, 해당 클라이언트의 콘텍스트를 저장하지 않는다.
- **계층 시스템**layered system: 클라이언트와 서버 사이에 로드 밸런서나 프록시와 같은 중개자가 존재할 수 있다.
- **캐시 가능성**cacheability: 성능 개선을 위해 클라이언트가 서버의 응답을 캐싱할 수 있다.
- **유니폼 인터페이스**uniform interface: 리소스를 지정하고 조작하며, 메시지를 표준화하는 균일한 방법을 정의한다.
- **잘 정의된 상태 변화**well-defined state change: 예를 들어 GET 요청은 상태를 변화시키지 않지만 POST, PUT, DELETE 메시지는 상태를 변화시킨다.

REST는 형식적인 표준이 아닌 아키텍처 스타일이다. 따라서 RESTful 서비스들은 다양한 형태로 구현될 수 있다.

REST 아키텍처 스타일을 사용해 API를 노출하는 웹 서비스를 **RESTful 웹 서비스**RESTful web service라 부른다. 이번 절에서는 EzyTutors 디지털 스토어프런트를 위한 RESTful 웹 서비스를 만든다. API 작성에서 RESTful 스타일은 직관적이고, 널리 사용되며, 외부에 노출되는 API에 적합하다(한편 gRPC는 내부 서비스들 사이의 API를 구현하는 데 보다 적합하다).

이번 장에서 구현할 웹 서비스의 핵심 기능은 신규 강의 등록하기, 특정 강사의 강의 목록 얻기, 개별 강의에 대한 세부 정보 얻기다. 초기 데이터 모델은 course라는 하나의 리소스만 갖는다.

데이터 모델을 다루기 전에, 먼저 프로젝트 구조와 코드 형태를 마무리하자. 또한 여러 Actix 워커

스레드들이 안전하게 메모리의 데이터에 접근할 수 있도록 저장하는 방법도 결정한다.

3.2.1 프로젝트 범위와 구조 정의하기

튜터 웹 서비스를 위해 3개의 RESTful API을 구현한다. 이 API들은 Actix 웹 애플리케이션에 등록되고, 차례로 Actix의 HttpServer에 배포된다.

API들은 웹 프런트엔드와 모바일 애플리케이션에서 호출된다. 표준 브라우저를 사용해 GET API 요청을 테스트하고, 명령줄 도구인 curl HTTP 클라이언트를 사용해 POST 요청을 테스트할 것이다 (원한다면 Postman 같은 도구를 사용해도 좋다).

여기에서는 데이터베이스 대신 인메모리 데이터 구조에 강의들을 저장한다. 이는 단순화를 위한 것이며, 다음 장에서 관계형 데이터베이스를 추가할 것이다.

그림 3.3은 우리가 구현할 웹 서비스의 다양한 컴포넌트들을 나타내며, 웹과 모바일 클라이언트에서 유입된 HTTP 요청을 웹 서비스가 처리하는 방법을 보여준다. 이전 절의 그림 3.1에서 봤던 기본 서버와 유사하다.

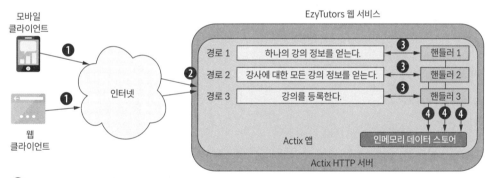

❶ 웹 서비스 API 요청이 웹/모바일 클라이언트에서 Actix HTTP 서버로 전송된다.
❷ Actix HTTP 서버는 해당 요청을 Actix 애플리케이션의 적절한 라우트로 전달한다.
❸ 각 라우트는 요청을 적절한 핸들러로 전달한다.
❹ 각 핸들러는 인메모리 데이터 스토어에 데이터를 저장하거나, 스토어에서 데이터를 얻어 웹/모바일 클라이언트에게 응답을 전송한다.

그림 3.3 **웹 서비스의 컴포넌트**

다음은 요청과 응답 메시지 흐름의 단계이다.

1. 웹 또는 모바일 클라이언트에서 만들어진 HTTP 요청은 Actix 웹서버가 리스닝하는 도메인 주소와 포트로 전송된다.
2. Actix 웹서버는 해당 요청을 Actix 웹 애플리케이션으로 전달한다.

3. Actix 웹 애플리케이션에는 3개의 API에 대한 라우트가 설정되어 있다. 라우트 구성을 확인하고, 지정된 라우트에 적절한 핸들러를 설정하고, 요청을 해당 핸들러 함수로 전달한다.

4. 요청 핸들러는 요청 매개변수를 파싱하고, 인메모리 데이터 스토어의 내용을 읽거나 쓰고, HTTP 응답을 반환한다. 처리 과정에서 에러가 발생하면 적절한 상태 코드와 함께 HTTP 응답으로 반환된다.

Actix Web에서 요청-응답의 흐름을 간단하게 나타내면 위와 같다. 우리가 구현할 API에 관해 조금 더 구체적으로 살펴보자.

- `POST /courses`: 새로운 강의를 만들고 웹 서비스에서 저장한다.
- `GET /courses/tutor_id`: 한 강사가 제공하는 강의 목록을 얻는다.
- `GET /courses/tutor_id/course_id`: 강의 세부 정보를 얻는다.

프로젝트의 범위에 관해 살펴봤다. 이제 코드 구조에 관해 살펴보자.

- `bin/tutor-service.rs`: main() 함수를 포함한다.
- `models.rs`: 웹 서비스의 데이터 모델을 포함한다.
- `state.rs`: 애플리케이션 상태를 정의한다.
- `routes.rs`: 라우트 정의를 포함한다.
- `handlers.rs`: HTTP 요청에 응답하는 핸들러 함수를 포함한다.
- `Cargo.toml`: 프로젝트 구성 파일 및 디펜던시 명세를 포함한다.

그림 3.4는 코드 구조를 나타낸다.

그림 3.4 **EzyTutors 웹 서비스 프로젝트 구조**

이번 절에서는 이 프로젝트 저장소를 구조화하고, 코드가 서로 다른 2개의 다른 바이너리를 만들 수 있도록 설정한다. 러스트의 Cargo 도구를 사용하면 이를 쉽게 수행할 수 있다.

먼저 Cargo.toml을 다음과 같이 업데이트한다.

```
[package]
name = "tutor-nodb"
version = "0.1.0"
authors = ["peshwar9"]
edition = "2021"
default-run="tutor-service"

[[bin]]
name = "basic-server"

[[bin]]
name = "tutor-service"

[dependencies]
# Actix 웹 프레임워크와 런타임
actix-web = "4.1.0"
actix-rt = "2.7.0"
```

이 프로젝트에 2개의 바이너리를 정의했다. 첫 번째 basic-server는 이전 절에서 구현한 것이고, 두 번째 tutor-service는 이제부터 구현할 것이다.

또한 actix-web과 actix-rt를 포함하는 2개의 디펜던시를 추가했다.

[package] 태그 아래 default-run이라는 매개변수에 tutor-service를 설정했다. cargo는 이를 참조해 다른 바이너리가 지정되어 있지 않으면 기본으로 tutor-service 바이너리를 빌드한다. 이를 설정함으로써 cargo run -p tutor-nodb --bin tutor-service 대신 cargo run -p tutor-nodb 로 튜터 웹 서비스를 빌드하고 실행할 수 있다.

마지막으로 tutor-nodb/src/bin/tutor-service.rs 파일을 새로 만든다. 이 파일은 이번 절에서 작성할 웹 서비스 코드를 포함한다.

프로젝트 범위와 구조에 관해 살펴봤다. 이제 다른 주제를 살펴보자. 웹 서비스에서 데이터를 어떻게 저장하는가? 앞서 데이터베이스를 사용하지 않을 것이며, 메모리에 데이터를 저장할 것이라고 말했다. 이것은 이전 장에서 구현했던 단일 스레드 서버에서는 충분히 문제가 없다. 그러나 Actix는 멀티스레드 서버이다. 각 스레드(Actix 워커)는 애플리케이션의 별도 인스턴스를 실행한다. 인메모리의 데이터를 2개의 스레드가 동시에 변경하는 시도를 하지 않는다고 어떻게 보장할 수 있을까?

러스트는 이런 문제를 해결하기 위한 대책으로 Arc와 Mutex 등을 제공한다. 하지만 웹 서비스 내에서 공유 데이터를 정의하고 이를 처리할 핸들러에서 이용할 수 있도록 하려면, 어디에 정의하고 어떻게 이를 이용 가능하도록 할 수 있을까? Actix Web 프레임워크는 이를 우아하게 처리할 수 있는 방법을 제공한다. Actix를 사용하면 모든 커스텀 타입의 애플리케이션 상태를 정의할 수 있고, 빌트인 추출자를 사용해 이 상태들에 접근할 수 있다. 다음 절에서 이에 관해 자세히 살펴본다.

3.2.2 애플리케이션 상태 정의 및 관리하기

애플리케이션 상태application state라는 용어는 콘텍스트에 따라 그 의미가 다양하다. W3C에서는 애플리케이션 상태를 애플리케이션의 구성, 속성, 조건 혹은 정보 콘텐츠로 정의한다(http://www.w3.org/2001/tag/doc/state.html 참조). 상태 변화는 이벤트가 트리거됨에 따라 애플리케이션 컴포넌트에서 일어난다. 구체적으로 말하자면, URI를 통해 리소스를 관리하는 RESTful 웹 API를 제공하는 애플리케이션의 경우, 애플리케이션 상태는 애플리케이션의 일부인 리소스의 상태와 밀접한 관련이 있다. 따라서, 우리가 작성하는 애플리케이션은 강사가 강의를 등록하거나 삭제했을 때 변화한다고 말할 수 있다. 대부분의 실세계 애플리케이션에서, 리소스의 상태는 데이터 스토어에 저장된다. 하지만, 여기에서는 메모리에 애플리케이션 상태를 저장할 것이다.

Actix 웹서버는 시작 시 기본적으로 많은 스레드를 시작한다(설정 가능). 각 스레드는 하나의 웹 애플리케이션 인스턴스를 실행하며 유입되는 요청을 독립적으로 처리할 수 있다. 그러나 설계상 Actix 스레드 사이의 데이터 공유는 구현되어 있지 않다. 왜 스레드들 사이에 데이터를 공유해야 하는지 의문이 들 수도 있다. 데이터베이스 커넥션 풀의 예를 들어보자. 여러 스레드들이 공통의 커넥션 풀을 사용해 데이터베이스 커넥션을 처리하는 것은 상식적이다. 이런 데이터는 actix에서 애플리케이션 상태로 모델화할 수 있다. 이 상태는 Actix 프레임워크에 의해 요청 핸들러로 주입되며, 핸들러는 메서드 시그니처의 매개변수를 통해 상태에 접근할 수 있다. Actix 앱 안의 모든 라우트는 애플리케이션 상태를 공유할 수 있다.

튜터 웹 서비스에서는 강의 리스트를 메모리에 애플리케이션 상태로 저장할 것이다. 우리는 모든 핸들러가 이 상태에 접근할 수 있으며, 서로 다른 스레드들 사이에 안전하게 공유되도록 하고자 한다.

강의들을 직접 다루기 전에, 우선 Actix에서 애플리케이션 상태를 정의하고 다루는 방법에 관한 간단한 예제를 다뤄보자.

- **string 데이터 타입**(헬스 체크 요청에 대한 정적 문자열 응답을 나타낸다): 이 문자열값은 이뮤터블 상태로 공유되며 모든 스레드가 여기에 접근할 수 있다. 초기 정의된 이후에는 수정될 수 없다.

- **integer 데이터 타입(사용자가 특정한 라우트에 방문한 횟수를 나타낸다)**: 이 정숫값은 뮤터블 상태로 공유되며 모든 스레드가 이 값을 수정할 수 있다. 하지만 값을 수정하기 전에, 스레드는 해당 데이터에 대한 제어권을 얻어야 한다. number 값을 Mutex로 보호해서 이를 달성할 수 있다. Mutex는 러스트 표준 라이브러리가 제공하는 메커니즘으로, 스레드 사이의 안전한 커뮤니케이션을 보장한다.

다음은 튜터 웹 서비스의 첫 번째 이터레이션 계획이다.

1. 헬스 체크 API에 대한 애플리케이션 상태를 src/state.rs에 정의한다.
2. (Actix 서버의) main 함수를 업데이트한다. 애플리케이션 상태를 초기화하고 src/bin/tutor-service.rs에 등록한다.
3. 헬스 체크에 대한 라우트를 src/routers.rs에 정의한다.
4. 이 애플리케이션 상태를 사용해 src/handlers.rs에 HTTP 응답을 만든다.

❶ 애플리케이션 상태 정의하기

애플리케이션 상태에 관한 다음 코드를 tutor-nodb/src/state.rs에 추가한다.

```
use std::sync::Mutex;

pub struct AppState {
    pub health_check_response: String,     ◄─── 공유된 이뮤터블 상태
    pub visit_count: Mutex<u32>,           ◄─── 공유된 뮤터블 상태
}
```

❷ 애플리케이션 상태를 초기화하고 등록하기

다음 코드를 tutor-nodb/src/bin/tutor-service.rs에 추가한다.

예제 3.3 **애플리케이션 상태를 사용해 Actix 웹서버 구축하기**

```
use actix_web::{web, App, HttpServer};
use std::io;
use std::sync::Mutex;

#[path = "../handlers.rs"]
mod handlers;
#[path = "../routes.rs"]
mod routes;
#[path = "../state.rs"]
mod state;
```

```
use routes::*;
use state::AppState;

#[actix_rt::main]
async fn main() -> io::Result<()> {
    let shared_data = web::Data::new(AppState {        ◄──┐ 애플리케이션 상태를 초기화한다.
        health_check_response: "I'm good. You've already asked me ".to_string(),
        visit_count: Mutex::new(0),
    });
    let app = move || {        ◄──┐ 웹 애플리케이션을 정의한다.
        App::new()
            .app_data(shared_data.clone())        ◄──┐ 웹 애플리케이션에 애플리케이션 상태를 등록한다.
            .configure(general_routes)        ◄──┐ 웹 애플리케이션에 대한 라우트를 구성한다.
    };
                                                            ┌─ 웹 애플리케이션과 함께 Actix 웹
                                                            │  서버를 초기화한다. 3000번 포트
    HttpServer::new(app).bind("127.0.0.1:3000")?.run().await  ◄──┘  를 리스닝하고 서버를 실행한다.
}
```

❸ 라우트 정의하기

헬스 체크 라우트를 tutor-nodb/src/routes.rs에 정의하자.

```
use super::handlers::*;
use actix_web::web;

pub fn general_routes(cfg: &mut web::ServiceConfig) {
    cfg.route("/health", web::get().to(health_check_handler));
}
```

❹ 헬스 체크 핸들러가 애플리케이션 상태를 사용하도록 업데이트하기

헬스 체크 핸들러를 위한 다음 코드를 tutor-nodb/src/handlers.rs에 정의한다.

예제 3.4 애플리케이션 상태를 사용하는 헬스 체크 핸들러

```
use super::state::AppState;                    ┌─ Actix 웹 애플리케이션에 등록된 애플리케이션 상태는
use actix_web::{web, HttpResponse};            │  자동으로 모든 핸들러 함수들이 web::Data<T>라는       애플리케이션 상태
                                               │  추출자 객체(extractor object)를 사용해 접근할 수 있다.  구조체(AppState)
                                               │  T는 개발자가 정의한 커스텀 애플리케이션 상태 타입이다.   의 데이터 멤버들은
pub async fn health_check_handler(app_state: web::Data<AppState>) ->              표준 점 표기법(dot
  HttpResponse {        ◄──────────────────────────────────────────────         notation)을 사용해
    let health_check_response = &app_state.health_check_response;  ◄──────       직접 접근할 수 있다.
    let mut visit_count = app_state.visit_count.lock().unwrap();  ◄────────┐
    let response = format!("{} {} times", health_check_response,          │  공유된 뮤터블 상태를
        visit_count);  ◄──┐ 브라우저 클라이언트에 반환할 응답 문자열을 만든다.        나타내는 필드(visit_
                                                                            count)는 접근하기 전에
                                                                            먼저 잠겨야 하며, 이를
                                                                            통해 여러 스레드가 해
                                                                            당 필드값을 동시에 업데
                                                                            이트하는 것을 막는다.
```

```
    *visit_count += 1;
    HttpResponse::Ok().json(&response)
}
```

공유된 뮤터블 상태를 나타내는 필드값을 업데이트한다. 이 데이터에 대한 록(lock)은 이미 얻었으므로, 필드값을 안전하게 업데이트할 수 있다. 데이터에 대한 록은 핸들러 함수의 실행이 종료되는 즉시 자동으로 반환된다.

다시 한번 정리하면, 다음과 같은 작업을 했다.

- src/state.rs에서 app 상태를 정의
- src/bin/tutor-service.rs에서 app 상태를 웹 애플리케이션에 등록
- src/routes.rs에서 라우트를 정의
- src/handlers.rs에 헬스 체크 핸들러 함수를 작성해서 애플리케이션 상태를 읽고 업데이트

튜터 웹 서비스의 루트 디렉터리(ezytutors/tutor-nodb)에서 다음 명령어를 실행한다.

```
cargo run
```

Cargo.toml에서 기본 바이너리를 지정했으므로, cargo 도구는 tutor-service 바이너리를 기본적으로 실행한다.

```
default-run="tutor-service"
```

그렇지 않을 경우에는 다음 명령어와 같이 tutor-service 바이너리를 실행하도록 지정해야 한다. 프로젝트 안에는 2개의 바이너리가 존재하기 때문이다.

```
cargo run --bin tutor-service
```

브라우저로 이동해서 다음 URL을 창에 입력하자.

```
localhost:3000/health
```

브라우저 창을 새로고침할 때마다 방문 카운트가 증가되는 것을 볼 수 있을 것이다. 화면에 보이는 메시지는 다음과 같다.

```
I'm good. You've already asked me 2 times
```

지금까지 애플리케이션 상태를 정의하고 사용하는 방법을 살펴봤다. 이는 애플리케이션 전체에 걸쳐 안전하게 데이터를 공유하고 디펜던시를 주입하는 데 유용하다. 이후 이 기능에 관해 보다 자세히 살펴볼 것이다.

3.2.3 데이터 모델 정의하기

튜터 웹 서비스를 위한 개별 API를 개발하기 전에, 다음 두 가지를 먼저 확인하자.

- 웹 서비스를 위한 데이터 모델을 정의한다.
- 인메모리 데이터 저장소를 정의한다.

이는 API를 만들기 위한 전제 조건이다.

1 강의를 위한 데이터 모델 정의하기

강의를 나타내는 러스트 데이터 구조체를 정의하자. 웹 애플리케이션 안의 강의는 다음과 같은 속성을 갖는다.

- `tutor_id`: 해당 강의를 제공하는 강사를 나타낸다.
- `course_id`: 강의의 고유 식별자이다. 우리가 개발하는 시스템에서, 강의 ID는 강사별로 고유한 값을 갖는다.
- `course_name`: 강사가 제공하는 강의의 이름이다.
- `posted_time`: 웹 서비스에 의해 강의가 게시된 시간timestamp이다.

새로운 강의를 만드는 경우, (API의) 사용자는 tutor_id와 course_name을 지정해야 한다. course_id, posted_time은 웹 서비스가 자동으로 생성한다.

이번 장의 목적에 집중하기 위해 데이터 모델은 단순하게 유지한다. posted_time을 기록할 때는 서드파티 크레이트인 chrono를 사용한다.

러스트 데이터 구조체를 HTTP 메시지 전송을 위한 전송용 포맷(또는 그 반대)으로 직렬화 및 역직렬화할 때는 또 다른 서드파티 크레이트인 serde를 사용한다.

먼저 ezytutor/tutor-nodb 폴더의 Cargo.toml 파일을 업데이트하자. 외부 크레이트인 chrono와 serde를 추가한다.

```
[dependencies]
// actix 디펜던시는 여기에 표시하지 않는다.

# Data 직렬화 라이브러리
serde = { version = "1.0.110", features = ["derive"] }
# 다른 유틸리티
chrono = {version = "0.4.11", features = ["serde"]}
```

다음 코드를 tutor-nodb/src/models.rs에 추가한다.

예제 3.5 강의를 위한 데이터 모델

```
use actix_web::web;                              #derive 애너테이션은 Deserialize, Serialize, Debug, Clone이라는 4개
use chrono::NaiveDateTime;                        트레이트의 구현을 유도한다. 첫 번째 2개는 Serde 크레이트의 일부이고 러
use serde::{Deserialize, Serialize};             스트 데이터 구조를 전송용 포맷으로(혹은 반대로) 변환하는 것을 돕는다.
                                                  Debug 트레이트를 구현하면 디버깅 목적으로 Course 구조체를 출력할 수 있다.
                                                  Clone 트레이트는 처리하는 동안 러스트의 소유권 규칙을 해결할 수 있다.
#[derive(Deserialize, Serialize, Debug, Clone)]  ◀
pub struct Course {
    pub tutor_id: i32,
    pub course_id: Option<i32>,
    pub course_name: String,
    pub posted_time: Option<NaiveDateTime>,  ◀    NaiveDateTime은 타임 스탬프 정보를
}                                                 저장하기 위한 chrono 데이터 타입이다.
impl From<web::Json<Course>> for Course {  ◀      유입되는 HTTP 요청의 데이터를
    fn from(course: web::Json<Course>) -> Self {  러스트 구조체로 변환하는 함수이다.
        Course {
            tutor_id: course.tutor_id,
            course_id: course.course_id,
            course_name: course.course_name.clone(),
            posted_time: course.posted_time,
        }
    }
}
```

이 코드에서 course_id과 posted_time은 각각 Option<usize>와 Option<NaiveDateTime>로 선언된 것을 알 수 있다. 이것은 이 2개의 필드가 각각 usize와 chrono::NaiveDateTime의 유효값을 가지거나 값이 없음을 나타내는 None 값을 가질 수 있음을 나타낸다.

이 코드에서는 From 트레이트 구현을 볼 수 있다. 이 트레이트 구현은 web::Json<Course>를 Course 데이터 타입으로 변환하는 함수를 포함하고 있다. 이는 정확하게 어떤 의미인가?

앞서 핸들러는 web::Data<T> 추출자를 사용해 Actix 웹서버에 등록된 애플리케이션 상태를 사용할 수 있음을 봤다. 이와 유사하게, 핸들러는 web::Json<T> 추출자를 사용해 유입되는 요청 바디의

데이터에 접근할 수 있다. 웹 클라이언트가 tutor_id, course_name을 페이로드로 하는 POST 요청을 보내면, 이 필드들은 이 메서드에 의해 자동으로 web::Json<T> Actix 객체로 추출되고, Course 러스트 타입으로 변경된다. 이것이 바로 From 트레이트를 구현한 목적이다.

유도 트레이트

러스트의 **트레이트**는 다른 언어의 **인터페이스**와 유사하다. 트레이트를 사용하면 공유된 동작을 정의할 수 있다. 트레이트를 구현한 데이터 타입들은 해당 트레이트에서 정의된 공통의 동작을 공유한다. 예를 들어 RemoveCourse라는 트레이트를 다음과 같이 정의할 수 있다.

```
trait RemoveCourse {
    fn remove(self, course_id) -> Self;
}
struct TrainingInstite;
struct IndividualTutor;

impl RemoveCourse for IndividualTutor {
    // 개별 강사의 삭제 요청만으로 강의를 삭제할 수 있다.
}
impl RemoveCourse for TrainingInstitute {
    // 비즈니스 고객의 삭제 요청은 추가적인 승인이 필요할 수 있다.
}
```

두 종류의 강사(교육기관(비즈니스 고객)과 개인 강사)가 있다고 가정했을 때, 두 종류의 강사 모두 RemoveCourse 트레이트를 구현할 수 있다(즉, 이 두 종류의 강사는 웹 서비스에서 자신들이 제공한 강의들을 삭제할 수 있는 공통 동작을 공유한다). 하지만 강의를 삭제하기 위해 필요한 세부적인 처리는 다를 수 있다. 비즈니스 고객은 강의를 삭제하기 전에 여러 단계의 승인을 거쳐야 할 수 있기 때문이다. 이런 상황에 커스텀 트레이트가 필요하다. 러스트 표준 라이브러리 자체는 다양한 트레이트를 정의하며, 이들은 러스트 안에서 타입으로 구현된다. 흥미롭게도 애플리케이션 레벨에서 정의된 커스텀 구조체를 사용해 이 트레이트들을 구현할 수 있다. 예를 들어 Debug는 디버깅을 위해 러스트 데이터 타입의 값을 출력할 목적으로 러스트 표준 라이브러리에 정의된 트레이트이다. (애플리케이션에 의해 정의된) 커스텀 구조체도 이 트레이트를 구현해서 디버깅을 위한 커스텀 타입의 값을 출력할 수 있다.

이러한 트레이트 구현은 타입 정의 앞에 #[derive()] 애너테이션을 붙이면 러스트 컴파일러에 의해 자동으로 도출되며, 이러한 트레이트를 **유도 트레이트**라 부른다. 러스트의 유도 트레이트에는 Eq, PartialEq, Clone, Copy, Debug 등이 있다.

복잡한 동작이 요구되는 경우에는 직접 이러한 트레이트를 구현할 수도 있다.

---

❷ 애플리케이션 상태에 강의 컬렉션 추가하기

강의를 위한 데이터 모델인 course를 정의했다. 여러 강의들이 추가될 때는 어떻게 해야 할까? 아직은 관계형 데이터베이스나 비슷한 영구 데이터 스토어를 사용하고 싶지 않으므로 단순한 옵션으로 시작하자.

앞에서 Actix가 여러 스레드 실행 사이에 애플리케이션 상태를 공유하는 기능을 제공하는 것을 확인했다. 인메모리 데이터 스토어에 대해 이 기능을 사용하지 않을 이유가 있는가?

앞에서 tutor-nodb/src/state.rs에 AppState 구조체를 정의해서 방문 횟수를 추적했다. 그 구조체를 정의해서 강의 컬렉션도 저장할 수 있도록 하자.

```
use super::models::Course;
use std::sync::Mutex;
pub struct AppState {
    pub health_check_response: String,
    pub visit_count: Mutex<u32>,
    pub courses: Mutex<Vec<Course>>,   ◀── 강의들은 Vec 컬렉션으로 애플리케이션 상태에
}                                           저장되며, Mutex로 보호된다.
```

애플리케이션 상태의 정의를 변경했으므로, 이를 main() 함수에 반영해야 한다. tutor-nodb/src/bin/tutor-service.rs에 모든 모듈 임포트가 정확하게 선언되었는지 확인하자.

예제 3.6 main() 함수의 모듈 임포트

```
use actix_web::{web, App, HttpServer};
use std::io;
use std::sync::Mutex;

#[path = "../handlers.rs"]
mod handlers;
#[path = "../models.rs"]
mod models;
#[path = "../routes.rs"]
mod routes;
#[path = "../state.rs"]
mod state;
use routes::*;
use state::AppState;
```

다음으로 main() 함수에서 AppState 안에서 빈 vector 컬렉션을 사용해 강의 컬렉션을 초기화한다.

```
async fn main() -> io::Result<()> {
    let shared_data = web::Data::new(AppState {
        health_check_response: "I'm good. You've already asked me ".to_string(),
        visit_count: Mutex::new(0),
```

```
        courses: Mutex::new(vec![]),     ◄──── courses 필드는 Mutex로 보호된
    });                                         빈 vector로 초기화한다.
// 다른 코드
}
```

아직 새로운 API를 작성하지는 않았지만 지금까지의 과정으로 다음 작업을 완료했다.

- 데이터 모듈을 추가했다.

- main() 함수를 업데이트했다.

- 강의 컬렉션을 포함하도록 애플리케이션 상태 구조체를 변경했다.

- 라우트와 핸들러를 업데이트했다.

- Cargo.toml을 업데이트했다.

이 과정에서 어떤 것도 손상되지 않았음을 확인하자. tutor-nodb 폴더 안에서 다음 명령어를 실행해서 코드를 빌드하고 실행하자.

```
cargo run
```

웹 브라우저에서 다음 URL을 통해 모든 것이 이전과 동일하게 동작함을 확인할 수 있어야 한다.

```
curl localhost:3000/health
```

방문자 횟수를 보여주는 메시지를 포함한 헬스 페이지가 보인다면 계속 진행해도 좋다. 그렇지 않다면 누락이나 오타가 있는지 각 파일의 코드를 살펴보라. 여전히 작동하는 코드를 얻지 못했다면, 코드 저장소의 완성된 코드를 참조하자.

이제 다음 절에서 강의와 관련된 3개의 API에 대한 코드를 작성할 준비를 마쳤다. API를 작성하기 위해 먼저 앞으로 진행할 단계를 정의하자(템플릿과 같다). 각 API는 이 단계를 따라 작성할 것이다. 이번 장을 마치면 이 단계가 여러분의 몸에 익숙해질 것이다.

1. 라우트 구성을 정의한다.

2. 핸들러 함수를 작성한다.

3. 자동화 테스트 스크립트를 작성한다.

4. 서비스를 빌드하고 API를 테스트한다.

새로운 라우트에 관한 라우트 구성은 tutor-nodb/src/routes.rs, 핸들러 함수는 tutor-nodb/src/handlers.rs에 추가한다. 자동화 테스트 스크립트도 tutor-nodb/src/handlers.rs에 추가한다.

3.2.4 강의 게시하기

그럼 새 강의를 게시하는 REST API를 구현하는 코드를 작성하자. 이전 절의 마지막 부분에서 정의한 단계를 따라 API를 구현한다.

❶ 단계 1: 라우트 구성 정의하기

tutor-nodb/src/routes.rs의 general_routes 블록 뒤에 다음 코드를 추가하자.

```
pub fn course_routes(cfg: &mut web::ServiceConfig) {
    cfg
    .service(web::scope("/courses")
    .route("/", web::post().to(new_course)));
}
```

service(web::scope("/courses"))는 courses라 불리는 새로운 리소스 스코프를 만든다. 이 리소스 아래 courses와 관련된 모든 API가 추가된다.

스코프scope는 공통 루트 경로를 갖는 리소스 셋이다. 라우트 셋은 스코프 아래 등록될 수 있다. 애플리케이션 상태는 같은 스코프를 갖는 라우트 사이에서 공유될 수 있다. 예를 들어 courses를 위한 스코프를 하나, tutors를 위한 스코프를 하나 만들고 이들 아래 등록된 라우트에 다음과 같이 접근할 수 있다.

```
localhost:3000/courses/1 // id가 1인 강의의 세부 정보를 얻는다.
localhost:3000/tutors/1  // id가 1인 강사의 세부 정보를 얻는다.
```

이는 설명을 위한 예시일 뿐이다. 이 라우트는 아직 정의하지 않았으므로 테스트하지는 말자. 우리가 지금까지 정의한 것은 courses에 속한 하나의 라우트고, 이 라우트는 /courses/ 경로의 POST 요청과 매치하여 요청을 new_course라는 핸들러로 전달한다.

이제 API 구현 후 라우트를 호출하는 방법을 살펴보자. 다음 명령어를 사용해 새로운 강의를 게시할 수 있다.

```
curl -X POST localhost:3000/courses/ -H "Content-Type: application/json" -d '{"tutor_id":1,
"course_name":"Hello, my first course !"}'
```

이 명령어가 작동하도록 하려면 두 가지 작업을 더 해야 한다. 첫 번째, main() 함수 안에서 초기화된 웹 애플리케이션에 새로운 라우트 그룹을 등록해야 한다. 두 번째, new_course 핸들러 메서드를 정의해야 한다.

tutor-nodb/src/bin/tutor-services.rs 파일의 main() 함수를 다음과 같이 수정하자.

```
let app = move || {
    App::new()
        .app_data(shared_data.clone())
        .configure(general_routes)
        .configure(course_routes)  ◄──  새로운 course_routes 그룹을
                                        애플리케이션에 등록한다.
};
```

라우트 구성을 완료했다. 하지만 코드는 아직 컴파일되지 않는다. 새로운 강의를 게시하는 핸들러 함수를 작성하자.

❷ 단계 2: 핸들러 함수 작성하기

Actix 핸들러 함수는 유입되는 요청의 데이터 페이로드와 URL 매개변수를 사용해 해당 요청을 처리하고, HTTP 응답을 반환한다. 새로운 강의에 대한 POST 요청을 처리하는 핸들러를 작성하자. 핸들러가 새로운 강의를 생성하면, 해당 강의는 AppState 구조체의 일부로 저장되고, 자동으로 애플리케이션의 다른 핸들러가 접근할 수 있게 된다. 다음 코드를 tutor-nodb/src/handlers.rs에 추가하자.

예제 3.7 새로운 강의를 게시하는 핸들러 함수

```
// 이전 임포트는 표시하지 않았다.
use super::models::Course;
use chrono::Utc;
                                   핸들러 함수는 2개의 매개변수(HTTP 요청의
                                   데이터 페이로드와 애플리케이션 상태)를 받는다.
pub async fn new_course(  ◄──
    new_course: web::Json<Course>,
    app_state: web::Data<AppState>,
) -> HttpResponse {
    println!("Received new course");
    let course_count_for_user = app_state
        .courses            courses 컬렉션은 Mutex로 보호되므로, 데이터에
        .lock()  ◄──        접근하기 위해서는 해당 데이터를 먼저 잠가야 한다.
```

```
        .unwrap()
        .clone()
        .into_iter()         ◄──  course 컬렉션(AppState 안에 저장됨)을 이터레이터          컬렉션의 각 요소를 확인하고
        .filter(|course| course.tutor_id == new_course.tutor_id)  ◄──  (HTTP 요청의 일부로 받은)
        .count();    ◄──                                            tutor_id와 일치하는 강의
    let new_course = Course {  ◄──       걸러낸 강의 리스트의 요소 수를 계산한다.    만 걸러낸다.
        tutor_id: new_course.tutor_id,   이 숫자는 다음 강의의 id를 생성하는 데 사용한다.
        course_id: Some(course_count_for_user + 1),   새로운 강의 인스턴스를 만든다.
        course_name: new_course.course_name.clone(),
        posted_time: Some(Utc::now().naive_utc()),       새로운 강의 인스턴스를 강의 컬렉션에
    };                                                   추가한다. 이 컬렉션은 애플리케이션 상태
    app_state.courses.lock().unwrap().push(new_course);  ◄──  (AppState)의 일부이다.
    HttpResponse::Ok().json("Added course")  ◄──
}                                              HTTP 응답을 웹 클라이언트에 반환한다.
```

정리하면, 이 핸들러 함수는 다음과 같이 작동한다.

- 애플리케이션 상태(AppState)에 저장된 강의 컬렉션에 대한 쓰기 권한을 얻는다.
- 유입되는 요청에서 데이터 페이로드를 추출한다.
- 해당 강사의 기존 강의 숫자를 계산하고, 거기에 1을 더해서 새로운 강의 id를 생성한다.
- 새로운 강의 인스턴스를 만든다.
- 새로운 강의를 AppState의 강의 컬렉션에 추가한다.
- 이 함수에 대한 테스트 스크립트를 작성하자. 이 스크립트는 자동화 테스트에서 사용할 수 있다.

❸ 단계 3: 자동화 테스트 스크립트 작성하기

Actix Web은 러스트가 제공하는 것 이상으로 자동화 테스팅을 위한 유틸리티를 지원한다. Actix 서비스에 대한 테스트를 작성하기 위해, 먼저 기본적인 러스트 테스팅 유틸리티에서 시작한다. 테스트 케이스를 tests 모듈 안에 넣고 컴파일러에게 이를 알린다. 추가로 Actix는 비동기 테스트 함수를 위한 #[actix_rt::test] 애너테이션을 제공한다. 이를 사용하면 Actix 런타임에 이 테스트들을 실행하도록 지시할 수 있다.

새로운 강의를 게시하는 것에 대한 테스트 스크립트를 만들자. 먼저 게시될 강의의 세부 정보를 만들고, 애플리케이션 상태를 초기화해야 한다. 다음 코드를 tutor-nodb/src/handlers.rs 파일의 끝부분에 추가한다.

예제 3.8 새로운 강의 게시에 대한 테스트 스크립트

```
#[cfg(test)]
mod tests {
    use super::*;
    use actix_web::http::StatusCode;
    use std::sync::Mutex;

    #[actix_rt::test]
    async fn post_course_test() {
        let course = web::Json(Course {
            tutor_id: 1,
            course_name: "Hello, this is test course".into(),
            course_id: None,
            posted_time: None,
        });
        let app_state: web::Data<AppState> = web::Data::new(AppState {
            health_check_response: "".to_string(),
            visit_count: Mutex::new(0),
            courses: Mutex::new(vec![]),
        });
        let resp = new_course(course, app_state).await;
        assert_eq!(resp.status(), StatusCode::OK);
    }
}
```

tests 모듈의 #[cfg(test)] 애너테이션을 사용하면 cargo test 명령어를 실행했을 때 테스트 케이스가 컴파일 및 실행된다(cargo build나 cargo run 명령어에서는 실행되지 않는다).

러스트의 테스트는 tests 모듈에 작성된다.

부모 모듈(tests 모듈을 호스팅하는 모듈)로부터 모든 핸들러 선언을 임포트한다.

일반적인 테스트 케이스들은 #[test]를 사용해 애너테이션한다. 이것은 비동기적 테스트 함수이므로, Actix Web의 비동기 런타임이 이 비동기 테스트 함수를 실행하도록 지정해야 한다.

요청 데이터 페이로드, 즉 강사의 새로운 강의 데이터를 나타내는 web::Json<T> 객체를 만든다.

애플리케이션 상태를 나타내는 web::Data<T> 객체를 만든다.

애플리케이션 상태 및 시뮬레이션된 요청 데이터 페이로드와 함께 핸들러 함수를 호출한다.

HTTP 상태 응답 코드(핸들러에서 반환됨)이 성공을 나타내는지 확인한다.

tutor-nodb 폴더에서 다음 명령어를 실행해서 테스트를 수행한다.

```
cargo test
```

다음과 같이 테스트를 성공적으로 실행했다는 메시지가 나타날 것이다.

```
running 1 test
test handlers::tests::post_course_test ... ok

test result: ok. 1 passed; 0 failed; 0 ignored; 0 measured; 0 filtered out
```

❹ 단계 4: 서비스를 빌드하고 API 테스트하기

tutor-nodb 폴더에서 다음 명령어를 실행해서 서버를 빌드하고 실행한다.

```
cargo run
```

명령줄에서 다음 curl 명령어를 실행한다(또는 Postman과 같은 GUI 도구를 사용해도 된다).

```
curl -X POST localhost:3000/courses/ -H "Content-Type: application/json" -d '{"tutor_id":1,
"course_name":"Hello, my first course !"}'
```

서버에서 'Added course' 메시지가 반환되는 것을 볼 수 있다. 새로운 강의를 게시하는 API를 만들었다. 다음으로 한 강사의 모든 기존 강의 정보를 얻어보자.

3.2.5 한 강사의 모든 강의 정보 얻기

여기에서는 한 강사의 모든 강의 정보를 얻는 핸들러 함수를 구현한다. 네 단계를 따라 함수를 구현하자.

1 단계 1: 라우트 구성 정의하기

기본적인 코드를 구현했으므로 이제부터는 조금 더 빠르게 구현할 것이다.

새로운 라우트를 src/routes.rs에 추가한다.

```
pub fn course_routes(cfg: &mut web::ServiceConfig) {
    cfg.service(
        web::scope("/courses")
            .route("/", web::post().to(new_course))
            .route("/{user_id}", web::get().to(get_courses_for_tutor)),   ◀── 강사(user_id 변수로 표현된다)의
    );                                                                          강의들을 얻는 새로운 라우트를 추가한다.
}
```

2 단계 2: 핸들러 함수 작성하기

핸들러 함수는 다음과 같이 작동한다.

1. AppState로부터 강의들을 얻는다.

2. 요청된 tutor_id와 일치하는 강의들을 필터링한다.

3. 강의 리스트를 반환한다.

다음 코드를 src/handlers.rs에 입력하자.

```
pub async fn get_courses_for_tutor(
    app_state: web::Data<AppState>,
    params: web::Path<(i32)>,
) -> HttpResponse {
    let tutor_id: i32 = params.0;

    let filtered_courses = app_state
        .courses
        .lock()
        .unwrap()
        .clone()
        .into_iter()
        .filter(|course| course.tutor_id == tutor_id)    ◄── 웹 클라이언트가 요청한
        .collect::<Vec<Course>>();                           강사의 강의들을 필터링한다.

    if filtered_courses.len() > 0 {                       강사의 강의들을 찾았다면,
        HttpResponse::Ok().json(filtered_courses)    ◄── 강의 리스트와 함께 성공 응답을 반환한다.
    } else {
        HttpResponse::Ok().json("No courses found for tutor".to_string())  ◄──
    }
}                                                강사의 강의들을 찾지 못했다면, 에러 메시지를 반환한다.
```

❸ 단계 3: 자동화 테스트 스크립트 작성하기

이 테스트 스크립트에서는 get_courses_for_tutor 핸들러 함수를 호출한다. 이 함수는 애플리케이션 상태와 URL 경로 매개변수(강사의 ID를 나타낸다)라는 2개의 인수를 받는다. 예를 들어 사용자는 tutor_id=1인 모든 강의 리스트를 보고 싶을 때 브라우저에 다음과 같이 입력할 수 있다.

```
localhost:3000/courses/1
```

이것은 src/routes.rs의 라우트 정의에 매핑된다. 라우팅 정의는 다음과 같다.

```
.route("/{user_id}", web::get().to(get_courses_for_user))
```

Actix 프레임워크는 일반적인 실행에서는 자동으로 애플리케이션 상태와 URL 경로 매개변수를 get_courses_for_tutor() 핸들러 함수에 전달한다. 하지만 테스팅 목적에서는 애플리케이션 상태 객체와 URL 경로 매개변수를 만들어서 함수 인수를 직접 시뮬레이션해야 한다. 다음 코드의 주석 부분이 이 단계에 해당한다.

다음 테스트 스크립트를 src/handlers.rs의 tests 모듈에 입력하자.

예제 3.10 한 강사의 강의 정보 얻기에 대한 테스트 스크립트

```
#[actix_rt::test]
async fn get_all_courses_success() {
    let app_state: web::Data<AppState> = web::Data::new(AppState {      ◀─── 앱 상태를 구성한다.
        health_check_response: "".to_string(),
        visit_count: Mutex::new(0),
        courses: Mutex::new(vec![]),
    });
    let tutor_id: web::Path<(i32)> = web::Path::from((1));      ◀─── 요청 매개변수를 시뮬레이션한다.
    let resp = get_courses_for_tutor(app_state, tutor_id).await;      ◀─── 핸들러를 호출한다.
    assert_eq!(resp.status(), StatusCode::OK);      ◀─── 응답을 확인한다.
}
```

❹ 단계 4: 서비스를 빌드하고 API 테스트하기

tutor-nodb 폴더에서 다음 명령어를 실행해서 서버를 빌드하고 실행한다.

```
cargo run
```

명령줄에서 다음 명령어를 실행해서 몇 개의 강의를 게시한다(Postman 같은 GUI 도구를 사용해도 좋다).

```
curl -X POST localhost:3000/courses/ -H "Content-Type: application/json" -d '{"tutor_id":1,
"course_name":"Hello, my first course!"}'
curl -X POST localhost:3000/courses/ -H "Content-Type: application/json" -d '{"tutor_id":1,
"course_name":"Hello, my second course!"}'
curl -X POST localhost:3000/courses/ -H "Content-Type: application/json" -d '{"tutor_id":1,
"course_name":"Hello, my third course!"}'
```

웹 브라우저에서 다음 URL을 입력한다.

```
localhost:3000/courses/1
```

다음과 같이 강의 정보가 표시된다.

```
[{"tutor_id":1,"course_id":1,"course_name":"Hello, my first course!",
  "posted_time":"2020-09-05T06:26:51.866230"},{"tutor_id":1,"course_id":2,
```

```
"course_name":"Hello, my second course!",posted_time":
"2020-09-05T06:27:22.284195"},{"tutor_id":1,"course_id":3,
"course_name":"Hello, my third course !",
"posted_time":"2020-09-05T06:57:03.850014"}]
```

더 많은 강의들을 게시하고 그 결과를 확인해보자. 이제 웹 서비스에서는 한 강사에 대한 강의 정보를 얻을 수 있다.

3.2.6 한 강의에 관한 세부 정보 얻기

이번 절에서는 한 강의에 관한 세부 정보를 검색하고 얻는 핸들러 함수를 구현한다. 앞에서 정의한 4단계를 다시 수행하자.

❶ 단계 1: 라우트 구성 정의하기

다음 새로운 라우트를 src/routes.rs에 추가한다.

```
pub fn course_routes(cfg: &mut web::ServiceConfig) {
    cfg.service(
        web::scope("/courses")
            .route("/", web::post().to(new_course))
            .route("/{user_id}", web::get().to(get_courses_for_user))
            .route("/{user_id}/{course_id}", web::get().to(get_course_detail)),  ◄──
    );                                            강의 세부 정보를 얻는 새로운 라우트를 추가한다.
}
```

❷ 단계 2: 핸들러 함수 작성하기

이 핸들러 함수는 (한 강사의 모든 강의 정보를 얻는) 이전 API와 유사하다. 추가적으로 강의 ID를 사용해 필터링한다는 차이가 있다.

예제 3.11 한 강의의 세부 정보를 얻는 핸들러 함수

```
pub async fn get_course_detail(
    app_state: web::Data<AppState>,
    params: web::Path<(i32, i32)>,
) -> HttpResponse {
    let (tutor_id, course_id) = params.0;
    let selected_course = app_state
        .courses
        .lock()
        .unwrap()
```

```
                .clone()
                .into_iter()
                .find(|x| x.tutor_id == tutor_id && x.course_id == Some(course_id))   ◄──
                .ok_or("Course not found");   ◄──
        if let Ok(course) = selected_course {
            HttpResponse::Ok().json(course)
        } else {
            HttpResponse::Ok().json("Course not found".to_string())
        }
    }
}
```

요청 매개변수로 전달된 tutor_id와 course_id에 맞는 강의에 관한 정보를 얻어온다.

Option<T>를 Result<T, E>로 변환한다. Option<T>가 Some(val)이면, Ok(val)을 반환한다. 그렇지 않으면 Err(err)을 반환한다.

❸ 단계 3: 자동화 테스트 스크립트 작성하기

이 테스트 스크립트에서는 get_course_detail() 핸들러 함수를 호출한다. 이 함수는 애플리케이션 상태와 URL 경로 매개변수의 2개 인수를 받는다. 예를 들어 사용자가 브라우저에 다음을 입력한다고 가정하자.

```
localhost:3000/1/1
```

이것은 사용자가 사용자 ID가 1이고(URL 경로의 첫 번째 매개변수), 강의 ID가 1(URL 경로의 두 번째 매개변수)인 정보를 보고 싶어 함을 나타낸다.

URL의 /1/1 부분은 src/routes.rs 의 다음 라우트와 매핑된다.

```
.route("/{user_id}/{course_id}", web::get().to(get_course_detail)),
```

Actix 프레임워크는 일반적인 실행인 경우 애플리케이션 상태와 URL 경로 매개변수를 자동적으로 get_course_detail()에 전달한다. 하지만 테스팅 목적에서는 애플리케이션 상태 객체와 URL 라우트 매개변수를 구성함으로써 함수의 인수를 직접 시뮬레이션해야 한다. 다음 코드의 주석 부분은 이를 구현한 것이다.

다음 테스트 함수를 src/handlers.rs의 tests 모듈에 추가한다.

예제 3.12 강의 세부 정보를 얻는 테스트 케이스

```
#[actix_rt::test]
async fn get_one_course_success() {
    let app_state: web::Data<AppState> = web::Data::new(AppState {   ◄── 앱 상태를 만든다.
```

```
        health_check_response: "".to_string(),
        visit_count: Mutex::new(0),
        courses: Mutex::new(vec![]),
    });
    let params: web::Path<(i32, i32)> = web::Path::from((1, 1));
    let resp = get_course_detail(app_state, params).await;
    assert_eq!(resp.status(), StatusCode::OK);
}
```

2개의 매개변수를 가진 web::Path 타입의 객체를 만든다.
이것은 사용자가 웹 브라우저에서 localhost:3000/1/1
을 입력하는 경유를 시뮬레이션하기 위한 것이다.

← 핸들러를 호출한다.

← 응답을 확인한다.

❹ 단계 4: 서버를 빌드하고 API 테스트하기

tutor-nodb에서 서버를 빌드하고 다음 명령어로 실행한다.

```
cargo run
```

다음 명령어를 실행해서 2개의 새로운 강의를 게시한다.

```
curl -X POST localhost:3000/courses/ -H "Content-Type: application/json" -d '{"tutor_id":1,
"course_name":"Hello, my first course!"}'
curl -X POST localhost:3000/courses/ -H "Content-Type: application/json" -d '{"tutor_id":1,
"course_name":"Hello, my second course!"}'
```

브라우저에서 다음 URL을 입력한다.

```
localhost:3000/courses/1/1
```

tutor_id=1, course_id=1에 대한 강의의 세부 정보를 확인할 수 있다.

```
{"tutor_id":1,"course_id":1,"course_name":"Hello, my first course!","posted_time":"2020-09-
05T06:26:51.866230"}
```

더 많은 강의를 추가할 수 있으며, 다른 강의 ID에 대한 세부 정보를 확인할 수 있다. 이제 한 강의에 대한 세부 정보를 얻어올 수 있다.

이번 장에서 확인한 테스트 케이스는 웹 클라이언트의 요청에 대한 다양한 데이터 페이로드와 URL 매개변수 타입을 처리하는 부분만 다루었다. 실세계의 테스트 케이스는 다양한 성공 및 실패 시나리오를 훨씬 더 많이 처리해야 한다.

이번 장에서는 튜터 웹 애플리케이션을 위한 RESTful API를 바닥부터 구현했으며 데이터 모델, 라우트, 애플리케이션 상태, 요청 핸들러를 다루었다. 또한 웹 애플리케이션에서의 테스트 실행을 지원하는 Actix Web의 내장 기능을 사용해 자동화된 테스트 케이스를 작성했다.

축하한다. 마침내 여러분은 러스트를 사용해 첫 번째 웹 서비스를 만들었다! 이번 장에서 학습한 것, 즉 RESTful 웹 서비스를 구현하는 것은 많은 다양한 애플리케이션에서 사용할 수 있다. 이것이 REST의 아름다움이다. 그 원칙은 단순하고 안정적이지만 여러 상황에서 재사용할 수 있다.

다음 장에서는 이번 장에서 작성한 코드를 계속 개발한다. 관계형 데이터베이스를 이용해 웹 서비스에 영속적인 계층을 추가한다.

요약

- Actix는 러스트로 작성된 모던한 경량의 웹 프레임워크이다. Actix는 안전한 동시성과 높은 성능을 제공하는 비동기 HTTP 서버를 제공한다.

- 이번 장에서 사용한 Actix의 핵심 컴포넌트는 HttpServer, App, 라우트, 핸들러, handlers, 요청 추출자, HttpResponse 및 애플리케이션 상태이다. 이것들은 Actix를 사용해 러스트로 RESTful API를 구현하기 위해 필요한 핵심 컴포넌트이다.

- 웹 서비스는 HTTP를 사용해 특정한 도메인 주소와 포트를 통해 접근할 수 있는 하나 이상의 API를 조합한 것이다. API는 다양한 아키텍처 스타일을 사용해 구현할 수 있다. REST는 API를 구현하는 데 사용할 수 있는 직관적인 아키텍처 스타일이며, HTTP 프로토콜 표준에 적합하다.

- 각각의 RESTful API는 Actix에서 라우트로 구성된다. 라우트는 리소스를 나타내는 경로, HTTP 메서드, 핸들러 함수의 조합이다.

- 웹 또는 모바일 클라이언트에서 호출한 RESTful API는 HTTP를 통해 지정된 포트를 리스닝하는 Actix의 HttpServer가 받는다. 해당 요청은 등록된 Actix 웹 애플리케이션으로 전달된다. 하나 이상의 라우트가 Actix 웹 애플리케이션에 등록되어 있으며, 웹 애플리케이션은 (요청 경로와 HTTP 메서드에 기반해서) 유입된 요청을 핸들러 함수에 전달한다.

- Actix는 멀티스레딩과 비동기 I/O라는 두 가지 타입의 동시성을 제공한다. 이를 활용하면 고성능의 웹 서비스를 개발할 수 있다.

- Actix HTTP 서버는 시작할 때 시스템의 논리 CPU 수와 동일한 여러 워커 스레드를 시작하여 멀티스레드 병렬처리를 사용한다. 각 스레드는 Actix 웹 애플리케이션의 별도 인스턴스를 실행한다.

- Actix는 멀티스레딩 외에 또 다른 동시성 메커니즘인 비동기 I/O를 사용한다. 이를 통해 Actix 웹 애플리케이션은 단일 스레드에서 I/O를 대기하는 도중에 다른 태스크들을 실행할 수 있다. Actix는 Tokio에 기반한 비동기 런타임을 갖는다. Tokio는 널리 알려진, 프로덕션에서 사용할 수 있는 러스트 비동기 라이브러리이다.

- Actix를 사용하면 웹 애플리케이션에서 커스텀 애플리케이션 상태를 정의할 수 있으며, 각 핸들러 함수는 이 상태에 안전하게 접근할 수 있다. Actix의 각 애플리케이션 인스턴스는 별도의 스레드에서 실행되기 때문에, 공유된 상태에 충돌이나 데이터 경합이 없이 접근 및 수정할 수 있다.

- Actix에서 RESTful API를 구현하기 위해서는 최소한 라우트 구성과 핸들러 함수를 추가해야 한다.

- Actix는 자동화 테스트 케이스를 작성을 위한 유틸리티를 제공한다.

4

데이터베이스 조작하기

이번 장에서 다루는 내용

- 첫 번째 비동기 커넥션을 작성하고 데이터베이스에 연결한다.
- 웹 서비스를 설정하고 단위 테스트를 작성한다.
- 데이터베이스에 레코드를 생성하고 질의한다.

앞 장에서는 **인메모리 데이터 스토어**in-memory data store를 사용하는 웹 서비스를 구현했다. 이번 장에서는 웹 서비스를 한 단계 개선한다. 이번 장에서는 인메모리 데이터베이스를 **관계형 데이터베이스**relational database로 바꾼다.

개선된 웹 서비스는 이전과 동일한 API를 노출하지만, 데이터를 디스크에 저장하기 위해 적절한 데이터베이스를 갖게 된다. 웹 서비스를 재시작할 때마다 데이터가 사라지지 않도록 하기 위해서이다. 많은 부분을 다루어야 하므로, 데이터베이스를 가진 웹 서비스는 3번의 이터레이션을 통해 반복적이고 점진적으로 개발할 것이다.

- 첫 번째 이터레이션에서는 Postgres 데이터베이스에 비동기적으로 연결하는 방법을 살펴본다. 여기에서는 바닐라 러스트 프로그램에서 데이터베이스 커넥션 풀을 사용한다.
- 두 번째 이터레이션에서는 Actix 기반 웹 서비스를 위한 프로젝트 구조를 설정하고, 단위 테스트를 작성한다.

- 세 번째 이터레이션에서는 실제 핸들러 함수를 작성해서 데이터베이스 레코드를 생성하고 결과를 질의한다.

각 이터레이션이 끝날 때마다 독립적으로 확인하고, 실행하고, 테스트할 수 있는 작동하는 코드가 완성될 것이다.

4.1 프로젝트 구조 설정하기

이번 장에서 최종적으로 작성할 코드 구조는 그림 4.1과 같다.

그림 4.1 **4장을 위한 프로젝트 구조**

이 목표를 염두에 두면서 시작하자. ezytutors 워크스페이스 루트의 루트 폴더(이전 장에서 생성한)로 이동해서 다음 두 단계를 실행한다.

1. 다음 코드를 Cargo.toml 에 추가한다. tutor-nodb는 이전 장에서 만든 프로젝트이다.

```
[workspace]
members - ["tutor-nodb", "tutor-db"]
```

2. 새로운 cargo 프로젝트인 tutor-db를 만든다.

```
cargo new tutor-db
cd tutor-db
```

이후 이번 장에서 실행하는 모든 명령줄 명령은 프로젝트 루트 폴더(ezytutos/tutor-db)에서 실행해야 한다. 편의를 위해 프로젝트 루트를 위한 환경 변수를 설정한다.

```
export PROJECT_ROOT=.
```

NOTE export 구문 끝의 마침표(.)는 현재 디렉터리를 나타낸다. 마침표 대신 적절한 전체 경로를 사용해도 좋다.

환경 변수

이번 장에서는 다음 환경 변수를 사용한다.

- **PROJECT_ROOT**: 프로젝트의 홈 디렉터리를 나타낸다. 이번 장에서는 tutor-db 루트 디렉터리에 해당하며, 이 디렉터리에는 프로젝트를 위한 Cargo.toml이 위치한다.
- **DATABASE_USER**: 데이터베이스 사용자 이름을 나타낸다. 이 사용자는 데이터베이스에 대한 접근(read/write) 권한을 갖는다(이번 장 후반에 만들 것이다).

이 변수들은 셸 세션에서 직접 설정하거나 셸 프로파일 스크립트(예: .bash_profile)에 추가하자.

이번 장에서 구현하는 코드의 최종 버전은 https://github.com/moseskim/rust-servers-services-apps/tree/master/chapter4에서 확인할 수 있다.

소프트웨어 버전

이번 장에서 구현한 내용은 다음 버전의 소프트웨어를 우분투 22.04(LTS) x64에서 테스트했다.

- rustc: 1.59.0
- actix-web: 4.2.1
- actix-rt: 2.7.0
- sqlx: 0.6.2

프로그램을 컴파일하거나 빌드하는 데 문제가 발생한다면, 이 버전의 소프트웨어를 사용해 개발하고 테스트해 볼 것을 권장한다.

4.2 첫 번째 데이터베이스와의 비동기 커넥션 작성하기 (이터레이션 1)

이번 절에서는 간단한 러스트 프로그램을 작성해서 Postgres 데이터베이스와 연결하고 질의한다. 이번 절에서 작성하는 모든 코드는 tutor-db/src/bin/iter1.rs에 위치한다.

4.2.1 데이터베이스 및 커넥션 라이브러리 선택하기

이번 장에서는 관계형 데이터베이스로 PostgreSQL을 사용한다(이후 **Postgres**로 표기한다). Postgres는 잘 알려진 오픈 소스 관계형 데이터베이스로 확장성, 안전성, 기능 및 대규모의 복잡한 데이터 작업을 처리하는 데 뛰어나다.

sqlx 크레이트를 사용해 Postgres에 연결한다. 이 크레이트는 가공되지 않는 SQL 구문으로 쿼리를 작성할 수 있다. sqlx는 컴파일 시간에 쿼리를 확인하며, 내장 커넥션 풀을 제공하고, Postgres에 대한 비동기 커넥션을 반환한다. 컴파일 시간 확인은 런타임 에러를 발견하고 예방하는 데 매우 유용하다.

데이터베이스에 대해 비동기 커넥션을 갖는다는 것은 튜터 웹 서비스가 데이터베이스로부터의 응답을 기다리는 동안 다른 태스크를 수행할 수 있다는 의미이다. 데이터베이스(Diesel ORM 등)에 대한 동기(즉, 블로킹) 커넥션을 사용한다면, 웹 서비스는 데이터베이스 동작이 완료될 때까지 대기해야 한다.

왜 sqlx를 사용하는가?

비동기 데이터베이스 커넥션을 사용하면 높은 부하 아래에서도 웹 서비스의 트랜잭션 처리량과 성능 응답 시간을 평소와 같이 유지할 수 있다. 따라서 sqlx를 사용한다.

sqlx를 대신해서 Diesel을 사용할 수 있다. Diesel은 순수한 러스트 ORM object-relational mapper 솔루션이다. 다른 프로그래밍 언어나 웹 프레임워크에서 ROM을 사용한 경험이 있다면 Diesel을 선호할 수 있다. 하지만 이번 장의 내용을 집필하는 시점에 Diesel은 아직 데이터베이스에 대한 비동기 커넥션을 지원하지 않는다. Actix 프레임워크가 비동기라는 점을 고려할 때, sqlx와 같은 라이브러리를 사용해 데이터베이스에 대한 비동기 커넥션을 사용하는 것이 프로그래밍 모델을 훨씬 단순하게 만들 수 있다.

먼저 데이터베이스를 설정하자.

4.2.2 데이터베이스를 설정하고 비동기 풀과 연결하기

이번 절에서는 데이터베이스를 시작하기 위한 사전 조건들을 구성하기 위해 다음 단계를 따른다.

1. sqlx 디펜던시를 Cargo.toml에 추가한다.

2. Postgres를 설치하고 설치 내용을 확인한다.

3. 새로운 데이터베이스를 만들고 접근 크리덴셜을 설정한다.

4. 러스트에서의 데이터베이스 모델을 정의하고 데이터베이스에 테이블을 생성한다.

5. 데이터베이스에 연결하기 위한 러스트 코드를 작성하고 질의를 수행한다.

단계 5에서는 Actix 웹서버를 사용하지 않고 순수한 러스트 프로그램을 작성한다. 이번 절의 주요한 목표는 데이터베이스 설정과 구성 이슈를 제거하고, sqlx를 사용해 데이터베이스에 연결하는 방법을 학습하고, 데이터베이스 연결성에 대한 온전성 테스트sanity test를 수행하는 것이다. 이번 절을 마치면 sqlx를 사용해 Postgres 데이터베이스의 쿼리를 질의하고, 그 결과를 터미널에 표시하는 방법에 관해 알게 될 것이다.

그럼 각 단계에 관해 자세히 살펴보자.

❶ 단계 1: Cargo.toml에 sqlx 디펜던시 추가하기

앞에서 설명한 것처럼 sqlx 비동기 클라이언트를 사용해 Postgres 데이터베이스에 연결한다. 다음 디펜던시를 tutor-db 프로젝트의 Cargo.toml 파일에 추가한다($PROJECT_ROOT에 위치해 있다).

```
[dependencies]
# Actix 웹 프레임워크와 런타임      ◀──┐ Actix 비동기 런타임
actix-web = "4.1.0"
actix-rt = "2.7.0"
# 환경 변수 접근 라이브러리
dotenv = "0.15.0"      ◀──┐ 환경 변수를 메모리에 로드한다.

# Postgres 접근 라이브러리
sqlx = {version = "0.6.2", default_features = false,       sqlx 크레이트를 사용해 Postgres
  features = ["postgres","runtime-tokio","macros","chrono"]}   데이터베이스와 비동기로 연결한다.

# 데이터 직렬화 라이브러리
serde = { version = "1.0.144", features = ["derive"] }  ◀──┐ serde는 직렬화/역직렬화를 위해 사용한다.

# 기타 유틸리티
chrono = {version = "0.4.22", features = ["serde"]}  ◀──┐ chrono는 날짜-시간 관련 함수를 위해 사용한다.
```

```
# 빌드를 위한 Openssl이 개발 서버에 설치되어 있지 않은 경우
openssl = { version = "0.10.41", features = ["vendored"] }  ◀———  바이너리를 빌드하기 위해 필요하다.
```

❷ 단계 2: Postgres를 설치하고 확인하기

여러분이 이미 Postgres를 설치했다면 다음 단계로 넘어가자.[1] 그렇지 않다면 '부록 A. Postgres 설치'를 참조하자.

❸ 단계 3: 새로운 데이터베이스와 접근 크리덴셜 설정하기

개발 머신(서버)에서 postgres 계정으로 변경한다. 리눅스를 사용한다면 다음 명령어를 실행한다.

```
sudo -i -u postgres
```

이제 다음 명령어를 사용해 Postgres 프롬프트(셸)에 접근할 수 있다.

```
psql
```

이제 PostgreSQL 프롬프트에 로그인해서 Postgres 데이터베이스와 상호작용할 수 있다. 다음과 같은 프롬프트를 볼 수 있을 것이다(이하 **psql 셸 프롬프트**라 부른다).

```
postgres=#
```

이제 우리는 psql 셸 프롬프트에 있으며 새로운 데이터베이스, 새로운 사용자를 설정하고 사용자를 데이터베이스와 연결할 수 있다.

먼저 ezytutors라는 데이터베이스를 만들자. 다음 명령을 실행한다.

```
postgres=# create database ezytutors;
```

다음으로 새로운 사용자 truuser를 만들고 비밀번호를 trupwd로 설정하자(사용자명과 비밀번호는 여러분이 원하는 대로 변경해도 좋다).[2]

---

1 [옮긴이] 책에서는 12.x 버전 기준으로 설명한다.
2 [옮긴이] 이 사용자명을 12.3절 등에서 계속 사용하므로 변경하지 않는 게 편할 것이다.

```
postgres=# create user truuser with password 'trupwd';
```

새롭게 생성한 사용자에게 ezytutors 데이터베이스에 대한 접근 권한을 부여한다.

```
postgres=# grant all privileges on database ezytutors to truuser;
```

다음 명령을 실행하면 psql 셸 프롬프트를 종료할 수 있다.

```
postgres=# \q
```

다음 명령을 실행하면 postgres 사용자 계정에서 빠져나올 수 있다.

```
exit
```

이제 여러분은 리눅스 서버(혹은 개발 머신)에 로그인했던 사용자 계정의 프롬프트에 있을 것이다.

새로운 사용자와 비밀번호를 입력해서 postgres 데이터베이스에 로그인할 수 있는지 확인하자. 다음 명령어를 실행해서 데이터베이스 사용자를 위한 환경 변수를 설정하자(이전 단계에서 여러분이 만든 사용자명으로 DATABASE_USER의 값을 설정해도 좋다).

```
export DATABASE_USER=truuser
```

명령줄에서 다음 명령을 실행하면 생성한 데이터베이스 사용자명을 사용해 ezytutors 데이터베이스에 로그인할 수 있다. --password 플래그를 사용하면 비밀번호 입력을 요구하는 프롬프트가 나타난다.

```
psql -U $DATABASE_USER -d ezytutors --password
```

프롬프트에 비밀번호를 입력하면 psql 셸에 로그인되고 다음 프롬프트가 나타난다.

```
ezytutors=>
```

프롬프트에서 다음 명령을 실행하면 데이터베이스 리스트를 표시할 수 있다.

```
\list
```

다음과 같이 ezytutors 데이터베이스를 확인할 수 있다.

```
                         List of databases
    Name     |  Owner   | Encoding | Collate | Ctype   | Access privileges
-------------+----------+----------+---------+---------+---------------------
 ezytutors   | postgres | UTF8     | C.UTF-8 | C.UTF-8 | =Tc/postgres +
             |          |          |         |         | postgres=CTc/postgres+
             |          |          |         |         | truuser=CTc/postgres
```

여기까지 왔다면 축하한다. 지금까지의 과정에서 문제가 있다면 여러분의 개발 환경에 맞는 Postgres 설치 및 설정 가이드를 참조하라(http://www.postgresql.org/docs/12/app-psql.html).

[NOTE] 위 단계는 GUI 관리자 인터페이스를 통해서 수행할 수도 있다. cPanel(클라우드 제공자) 또는 pgAdmin 도구(무료 다운로드 가능) 등을 사용할 수 있다.

❹ 단계 4: 러스트 데이터베이스 모델을 정의하고 테이블 생성하기

이제 러스트 프로그램에서 데이터베이스 모델을 정의하고, 새로운 데이터베이스 테이블을 생성할 준비가 되었다. 다음 방법으로 이를 수행할 수 있다.

- sqlx와 같은 데이터베이스 접근 라이브러리와 독립적인 데이터베이스 SQL 스크립트를 사용한다.
- sqlx CLI를 사용한다.

이번 장에서는 첫 번째 접근 방식을 사용한다(집필 시점에서 sqlx CLI는 베타 단계였다). 하지만 여러분이 이 책을 읽는 시점에 안정된 버전이 출시되었다면 SQL CLI를 사용해봐도 좋을 것이다.

프로젝트 루트의 src 폴더 아래에 database.sql 파일을 생성하고, 다음 스크립트를 입력한다.

```
/* 테이블이 존재하면 삭제한다. */
drop table if exists ezy_course_c4;
/* 테이블을 생성한다. */
/* 노트: 마지막 필드 뒤에 콤마를 입력해서는 안 된다. */
create table ezy_course_c4
(
    course_id serial primary key,
    tutor_id INT not null,
    course_name varchar(140) not null,
    posted_time TIMESTAMP default now()
```

```
);

/* 테스트를 위한 시드 데이터를 로드한다. */
insert into ezy_course_c4
    (course_id,tutor_id, course_name,posted_time)
values(1, 1, 'First course', '2020-12-17 05:40:00');
insert into ezy_course_c4
    (course_id, tutor_id, course_name,posted_time)
values(2, 1, 'Second course', '2020-12-18 05:45:00');
```

ezy_course_c4라는 이름의 테이블을 만들었다. c4 접미사는 4장을 나타내며, 이 테이블 정의는 앞으로 계속 진화할 것이다.

터미널 명령 프롬프트에서 다음 명령어로 스크립트를 실행한다. 프롬프트가 나타나면 비밀번호를 입력하자.

```
psql -U $DATABASE_USER -d ezytutors < $PROJECT_ROOT/src/database.sql
```

이 스크립트는 ezy_course_c4라는 테이블을 ezytutors 데이터베이스에 생성하고, 테스팅을 위한 시드 데이터를 로드한다.

SQL 셸 또는 관리자 GUI에서 다음 SQL 구문을 실행해서 ezytutors 데이터베이스의 ezy_course_c4 테이블의 레코드가 잘 표시되는지 확인하자.

```
psql -U $DATABASE_USER -d ezytutors --password select * from ezy_course_c4;
```

다음과 같은 결과가 표시될 것이다.

```
 course_id | tutor_id | course_name  | posted_time
-----------+----------+--------------+--------------------
         1 |        1 | First course | 2020-12-17 05:40:00
         2 |        1 | Second course| 2020-12-18 05:45:00
(2 rows)
```

⑤ 단계 5: 데이터베이스에 연결하고 테이블에 질의할 코드 작성하기

이제 데이터베이스에 연결할 러스트 코드를 작성할 준비가 되었다. 프로젝트 루트 아래의 src/bin/iter1.rs에 다음 코드를 추가하자.

```rust
use dotenv::dotenv;
use std::env;
use std::io;
use sqlx::postgres::PgPool;
use chrono::NaiveDateTime;
#[derive(Debug)]          ◀─── 강의를 나타내는 데이터 구조체를 정의한다.
pub struct Course {
    pub course_id: i32,
    pub tutor_id: i32,
    pub course_name: String,
    pub posted_time: Option<NaiveDateTime>,
}
#[actix_rt::main]         ◀─── 비동기 Actix 웹서버를 실행하고, sqlx를 사용해 데이터베이스와 연결한다.
async fn main() -> io::Result<()> {
    dotenv().ok();        ◀─── 환경 변수를 메모리에 로드한다.
                                                          // 환경 변수 DATABASE_URL의 값을 꺼낸다.
                                                          // 이 값은 셸 프롬프트 또는 .env 파일을 사용해 정의한다.
    let database_url = env::var("DATABASE_URL").expect(
        "DATABASE_URL is not set in .env file");   ◀───
    let db_pool = PgPool::connect(&database_url).await.unwrap();   ◀───
    let course_rows = sqlx::query!(    ◀─── 실행할 쿼리를 정의한다.
        // sqlx를 사용해 데이터베이스
        // 커넥션 풀을 만든다.
        // Actix Web 프레임워크가
        // 생성한 여러 스레드가 사이의
        // 여러 데이터베이스 커넥션을
        // 효과적으로 관리할 수 있다.
        r#"select course_id, tutor_id, course_name, posted_time from
           ezy_course_c4 where course_id = $1"#, 1
    )
    .fetch_all(&db_pool)    ◀─── 데이터베이스 커넥션 풀의 참조를 전달해서
                                  테이블의 모든 행을 가져온다.
    .await
    .unwrap();
    let mut courses_list = vec![];
    for course_row in course_rows {
        courses_list.push(Course {
            course_id: course_row.course_id,
            tutor_id: course_row.tutor_id,
            course_name: course_row.course_name,
            posted_time: Some(chrono::NaiveDateTime::from(course_row.posted_time.unwrap())),
        })
    }
    println!("Courses = {:?}", courses_list);
    Ok(())
}
```

프로젝트 루트 디렉터리에 .env 파일을 생성하고, 다음 엔트리를 만든다.

```
DATABASE_URL=postgres://<my-user>:<mypassword>@127.0.0.1:5432/ezytutors
```

<my-user>와 <mypassword>는 데이터베이스 설정 시 여러분이 사용한 사용자 id와 비밀번호로 대체한다. 5432는 Postgres 서버가 실행되는 기본 포트이며 ezytutors는 연결하고자 하는 데이터

베이스의 이름이다.

다음 명령어로 코드를 실행한다.

```
cargo run --bin iter1
```

--bin 플래그를 사용하면 Cargo 도구는 $PROJECT_ROOT/src/bin 디렉터리의 iter1.rs안에 있는
main() 함수를 실행한다.

여러분이 사용하는 터미널에서 질의 결과 리스트를 다음과 같이 확인할 수 있을 것이다.

```
Courses = [Course { course_id: 1, tutor_id: 1, course_name: "First course",
  posted_time: 2020-12-17T05:40:00 }]
```

훌륭하다! 이제 sqlx 크레이트를 사용해 러스트 프로그램에서 데이터베이스에 연결할 수 있게 되
었다.

프로젝트가 아닌 워크스페이스 루트에서 프로그램 실행하기

프로젝트 루트(tutor-db 디렉터리)가 아니라 워크스페이스 루트(ezytutors 디렉터리)에서도 프로그램을 실행
할 수 있다. cargo run 명령어에 다음과 같이 플래그를 추가하면 된다.

```
cargo run --bin iter1 -p tutor-db
```

ezytutors 워크스페이스는 많은 프로젝트를 포함하고 있으므로, Cargo 도구에 실행할 프로젝트를 지정해주
어야 한다. -p 플래그와 프로젝트 이름(tutor-db)를 사용한다.

이 방법으로 실행할 경우 데이터베이스 접근 크리덴셜을 포함하는 .env 파일은 프로젝트 루트가 아닌 워크스
페이스 루트에 위치해야 한다. 하지만 이번 장에서는 프로젝트 루트에서만 프로그램을 실행하는 관습을 따를 것
이다.

4.3 웹 서비스 설정하기와 단위 테스트 작성하기 (이터레이션 2)

sqlx를 사용해 Postgres 데이터베이스에 연결하는 방법을 알아보았다. 이제 다시 데이터베이
스 기반 웹 서비스를 작성하자. 이번 절을 마치면 라우트, 데이터베이스 모델, 애플리케이션 상태,

main() 함수, 3개의 API를 위한 단위 테스트 스크립트를 포함한 웹 서비스 코드 구조가 완성될 것이다.

이번 절은 중간 체크 포인트이다. 여러분은 웹 서비스를 컴파일하고, 컴파일 에러가 없는 것을 확인한 뒤 다음 단계를 진행한다. 하지만 웹 서비스는 다음 절에서 핸들러 함수를 작성한 뒤에 유용한 동작을 하게 될 것이다.

이번 절에서 수행하는 단계는 다음과 같다.

1. 디펜던시와 라우트를 설정한다.
2. 애플리케이션 상태와 데이터 모델을 설정한다.
3. 디펜던시 주입을 사용해 커넥션 풀을 설정한다.
4. 단위 테스트를 작성한다.

4.3.1 디펜던시와 라우트 설정하기

$PROJECT_ROOT/src 아래 iter2 폴더를 생성한다. 이번 절에서 작성할 코드는 다음과 같다.

- **src/bin/iter2.rs**: main() 함수를 포함한다.
- **src/iter2/routes.rs**: 라우트를 포함한다.
- **src/iter2/handlers.rs**: 핸들러 함수를 포함한다.
- **src/iter2/models.rs**: 강의를 나타내는 데이터 구조와 유틸리티 메서드를 포함한다.
- **src/iter2/state.rs**: 각 애플리케이션 실행 스레드에 주입된 디펜던시를 포함한 애플리케이션 상태이다.

기본적으로 main() 함수는 프로젝트 루트의 src/bin 폴더의 iter.rs 파일에 위치하며, 나머지 파일들은 src/iter2 폴더에 위치한다.

이전 장에서 정의한 동일한 라우트 셋을 재사용할 것이다. $PROJECT_ROOT/src/iter2/routes.rs 파일은 다음과 같다.

예제 4.1 **tutor 웹 서비스를 위한 라우트**

```
use super::handlers::*;
use actix_web::web;
```

```rust
pub fn general_routes(cfg: &mut web::ServiceConfig) {
    cfg.route("/health", web::get().to(health_check_handler));
}
pub fn course_routes(cfg: &mut web::ServiceConfig) {
    cfg.service(
        web::scope("/courses")
            .route("/", web::post().to(post_new_course))
            .route("/{tutor_id}", web::get().to(get_courses_for_tutor))
            .route("/{tutor_id}/{course_id}", web::get().to(
                get_course_details)),
    );
}
```

/courses에 대한 POST 요청.
새로운 강의를 생성한다.

/courses/{tutor_id}에
대한 GET 요청. 강사의 모든
강의를 얻는다.

/courses/{tutor_id}/{course_id}에 대한
GET 요청. 특정한 course_id에 대한 세부 정보를 얻는다.

4.3.2 애플리케이션 상태와 데이터 모델 설정하기

프로젝트 루트 아래 src/iter2/models.rs에 데이터 모델을 정의하자. 여기에서는 강의를 나타내는 데이터 구조체를 정의한다. 또한 HTTP POST 요청과 함께 보내진 JSON 데이터 페이로드를 받아서 러스트 Course 데이터 구조체로 변환하는 유틸리티 메서드도 작성한다.

다음 코드를 $PROJECT_ROOT/src/iter2/models.rs에 작성한다.

예제 4.2 **tutor 웹 서비스를 위한 데이터 모델**

```rust
use actix_web::web;
use chrono::NaiveDateTime;
use serde::{Deserialize, Serialize};

#[derive(Deserialize, Serialize, Debug, Clone)]
pub struct Course {
    pub course_id: i32,
    pub tutor_id: i32,
    pub course_name: String,
    pub posted_time: Option<NaiveDateTime>,
}
impl From<web::Json<Course>> for Course {
    fn from(course: web::Json<Course>) -> Self {
        Course {
            course_id: course.course_id,
            tutor_id: course.tutor_id,
            course_name: course.course_name.clone(),
            posted_time: course.posted_time,
        }
    }
}
```

Course 데이터 구조체는 course_id, tutor_id, course_name, posted_time 필드를 갖는다. 이 중에서 posted_time 필드는 Optional<T>로 지정되어 있다. 이 필드는 새로운 강의를 게시할 때 튜터 웹 서비스가 자동으로 부여하며, 사용자가 이 정보를 직접 제공할 필요가 없기 때문이다.

From 트레이트는 HTTP POST 요청(새로운 강의)과 함께 보내진 데이터 페이로드를 추출해서 러스트 Course 데이터 구조체로 변환하기 위해 구현했다.

Postgres와 연결하기 위해서는 데이터베이스 커넥션 풀을 정의하고, 워크 스레드들이 접근할 수 있도록 해야 한다. 커넥션 풀을 애플리케이션 상태의 일부로 정의해서 이를 달성할 수 있다. 다음 코드를 $PROJECT_ROOT/src/iter2/state.rs에 추가하자.

```
use sqlx::postgres::PgPool;
use std::sync::Mutex;
pub struct AppState {
    pub health_check_response: String,
    pub visit_count: Mutex<u32>,
    pub db: PgPool,
}
```

AppState 구조체에는 헬스 체크 응답을 위해 이전 장에서 사용했던 2개의 필드를 유용하고, sqlx Postgres 커넥션 풀을 나타내는 db 필드 하나를 추가했다.

애플리케이션 상태를 정의했으므로 이제 웹 서비스를 위한 main() 함수를 작성하자.

4.3.3 디펜던시 주입을 사용해 커넥션 풀 설정하기

웹 서비스를 위한 main() 함수 안에서는 다음을 수행한다.

- 데이터베이스 연결용 크리덴셜을 위한 환경 변수 DATABASE_URL을 꺼낸다.
- sqlx 커넥션 풀을 생성한다.
- 애플리케이션 상태를 생성하고 커넥션 풀을 추가한다.
- 새로운 Actix 웹 애플리케이션을 생성하고 라우트를 구성한다. AppState 구조체를 웹 애플리케이션에 디펜던시로 주입해서 스레드들의 핸들러 함수들이 접근할 수 있게 한다.
- 웹 애플리케이션과 Actix 웹서버를 초기화하고 서버를 실행한다.

$PROJECT_ROOT/src/bin/iter2.rs 안의 main() 함수의 코드는 다음과 같다.

예제 4.3 **튜터 웹 서비스의** main() **함수**

```
use actix_web::{web, App, HttpServer};
use dotenv::dotenv;
use sqlx::postgres::PgPool;
use std::env;
use std::io;
use std::sync::Mutex;
```

```
#[path = "../iter2/handlers.rs"]
mod handlers;
#[path = "../iter2/models.rs"]
mod models;
#[path = "../iter2/routes.rs"]
mod routes;
#[path = "../iter2/state.rs"]
mod state;

use routes::*;
use state::AppState;

#[actix_rt::main]
async fn main() -> io::Result<()> {
    dotenv().ok();        ◄──┐ 환경 변수를 로드한다.

    let database_url = env::var("DATABASE_URL").expect(
      "DATABASE_URL is not set in .env file");                    새로운 sqlx 커넥션 풀을 생성한다.
    let db_pool = PgPool::connect(&database_url).await.unwrap();  ◄──
    // App 상태를 구현한다.
    let shared_data = web::Data::new(AppState {
        health_check_response: "I'm good. You've already asked me ".to_string(),
        visit_count: Mutex::new(0),
        db: db_pool,
    });
    // 앱을 구성하고 라우트를 구성한다.
    let app = move || {
        App::new()                                    커넥션 풀을 Actix 웹 애플리케이션 인스턴스에 크로스-애플
            .app_data(shared_data.clone())    ◄──┐   리케이션 디펜던시로 주입한다. Actix Web 프레임워크는 핸
            .configure(general_routes)                들러 함수가 커넥션 풀을 사용할 수 있게 한다.
            .configure(course_routes)
    };
    // HTTP 서버를 시작한다.

    HttpServer::new(app).bind("127.0.0.1:3000")?.run().await
}
```

main() 함수의 나머지 부분은 이전 장에서 작성한 것과 유사하다. $PROJECT_ROOT/src/iter2/
handlers.rs에 핸들러 함수를 작성하자.

예제 4.4 핸들러 함수 스켈레톤

```
use super::models::Course;
use super::state::AppState;
use actix_web::{web, HttpResponse};

pub async fn health_check_handler(app_state: web::Data<AppState>) -> HttpResponse {
```

```rust
    let health_check_response = &app_state.health_check_response;
    let mut visit_count = app_state.visit_count.lock().unwrap();
    let response = format!("{} {} times", health_check_response, visit_count);
    *visit_count += 1;
    HttpResponse::Ok().json(&response)
}
```

health_check_handler 함수는 해당 핸들러가 몇 번 호출되었는지 추적하고, 이를 애플리케이션 상태로 기록한 뒤 ($PROJECT_ROOT/src/iter2/state.rs에 정의된 대로), 방문 횟수를 HTTP 응답에 포함하여 반환한다.

```rust
pub async fn get_courses_for_tutor(
    _app_state: web::Data<AppState>,
    _params: web::Path<(i32,)>,
) -> HttpResponse {
    HttpResponse::Ok().json("success")
}

pub async fn get_course_details(
    _app_state: web::Data<AppState>,
    _params: web::Path<(i32, i32)>,
) -> HttpResponse {
    HttpResponse::Ok().json("success")
}

pub async fn post_new_course(
    _new_course: web::Json<Course>,
    _app_state: web::Data<AppState>,
) -> HttpResponse {
    HttpResponse::Ok().json("success")
}
```

3개의 튜터 핸들러 함수에 대한 스켈레톤 코드를 작성했다. 이 핸들러는 현재 성공 응답을 반환할 뿐, 다른 동작은 하지 않는다. 여기에서의 목표는 다음 절에서 데이터베이스 로직을 구현하기 전에 웹 서비스 코드가 에러 없이 컴파일되는지 확인하는 것이다.

프로젝트 루트에서 다음 명령어를 실행해서 코드를 확인하자.

```
cargo check --bin iter2
```

코드는 에러 없이 컴파일되고 서버가 시작되어야 한다. 사용하지 않는 변수와 관련된 몇 개의 경고가 표시되겠지만, 중간 체크 포인트이므로 지금 단계에서는 무시해도 좋다. 이제 3개 핸들러 함수에 대한 단위 테스트를 작성하자.

4.3.4 단위 테스트 작성하기

이전 절에서는 단순히 성공했다는 응답을 반환하는 더미 핸들러 함수를 작성했다. 이번 절에서는 이 핸들러 함수들을 호출하는 단위 테스트를 작성한다. 테스트를 작성하는 과정에서 HTTP 요청 매개변수를 시뮬레이션하는 방법(그렇지 않으면 외부 API 호출을 통해 구현해야 한다), Actix 프레임워크에서 핸들러 함수로 애플리케이션 상태를 전달하는 방법, 테스트 함수에서 핸들러 함수의 응답을 확인하는 방법 등을 학습할 것이다.

여기에서는 3개의 테스트 함수를 작성해서 이전 절에서 작성한 3개의 핸들러 함수, 즉, 강사의 모든 강의를 얻는 핸들러, 개별 강의의 세부 정보를 얻는 핸들러, 새로운 강의를 게시하는 핸들러 함수를 테스트한다.

다음 단위 테스트 코드를 $PROJECT_ROOT/src/iter2/handlers.rs 파일에 추가하자.

예제 4.5 핸들러 함수를 위한 단위 테스트들

```
#[cfg(test)]
mod tests {
    use super::*;    ◀── 모듈을 임포트한다.
    use actix_web::http::StatusCode;
    use chrono::NaiveDate;
    use dotenv::dotenv;
    use sqlx::postgres::PgPool;
    use std::env;
    use std::sync::Mutex;

                                                        핸들러 함수에 매개변수로 전달될 애플리케이션 상태를 구
                                                        성한다. 엔드-투-엔드 테스트에서는 Actix Web 프레임워크
                                                        가 자동으로 애플리케이션 상태를 핸들러 함수에 전달한다.
                                                        단위 테스트 코드에서는 이 단계를 직접 수행해야 한다.
    #[actix_rt::test]
    async fn get_all_courses_success() {    .env 파일에서 데이터베이스        Postgres
        dotenv().ok();                       접근 크리덴셜을 읽는다.         데이터베이스와
        let database_url = env::var("DATABASE_URL").expect(                통신하기 위한
            "DATABASE_URL is not set in .env file");  ◀──                  새로운 커넥션 풀을
        let pool: PgPool = PgPool::connect(&database_url).await.unwrap();  ◀── 생성한다.
        let app_state: web::Data<AppState> = web::Data::new(AppState {  ◀──
            health_check_response: "".to_string(),    핸들러 함수에 매개변수로 전달할 HTTP 요청 매개
            visit_count: Mutex::new(0),               변수를 구성한다. 엔드-투-엔드 테스트에서는 Actix
            db: pool,                                 Web 프레임워크가 유입되는 HTTP 요청 매개변수를
        });                                           역직렬화해서 핸들러 함수에 전달한다. 단위 테스트 코
        let tutor_id: web::Path<(usize,)> = web::Path::from((1,));  ◀── 드에서는 이 단계를 직접 수행해야 한다.
        let resp = get_courses_for_tutor(app_state, tutor_id).await;  ◀──
        assert_eq!(resp.status(), StatusCode::OK);   핸들러 함수를 호출한다. 이전 단계
    }                                                 에서 구성한 애플리케이션 상태와
              핸들러 함수에서 반환된 HTTP 응답이        HTTP 요청 매개변수를 사용한다.
              성공 상태 코드를 갖는지 확인한다.

    #[actix_rt::test]
    async fn get_course_detail_test() {
```

```
        dotenv().ok();
        let database_url = env::var("DATABASE_URL").expect(
          "DATABASE_URL is not set in .env file");
        let pool: PgPool = PgPool::connect(&database_url).await.unwrap();
        let app_state: ...    ◄─────────────────────────────────┐
        let params: web::Path<(i32, i32)> = web::Path::from((1, 2)); │
        let resp = get_course_details(app_state, params).await;      │
        assert_eq!(resp.status(), StatusCode::OK);                   │
    }                                                                │
                                                                     │
                                          코드 중략.                  │
                          전체 코드를 보려면 저장소의 소스 코드를 참조하라. │
    #[actix_rt::test]                                                │
    async fn post_course_success() {                                 │
        dotenv().ok();                                               │
        let database_url = env::var("DATABASE_URL").expect(          │
          "DATABASE_URL is not set in .env file");                   │
        let pool: PgPool = PgPool::connect(&database_url).await.unwrap(); │
        let app_state: ...    ◄─────────────────────────────────────┘
        let new_course_msg = Course {
            course_id: 1,
            tutor_id: 1,
            course_name: "This is the next course".into(),
            posted_time: Some(NaiveDate::from_ymd(2020, 9, 17).and_hms(14, 01, 11)),
        };
        let course_param = web::Json(new_course_msg);
        let resp = post_new_course(course_param, app_state).await;
        assert_eq!(resp.status(), StatusCode::OK);
    }
}
```

첫 번째 테스트 함수의 코드에만 주석을 달았다. 2개의 나머지 테스트 함수에도 적용되는 개념은 동일하므로, 큰 어려움 없이 코드를 읽을 수 있을 것이다.

다음 명령으로 단위 테스트를 실행하자.

```
cargo test --bin iter2
```

다음 메시지와 함께 3개의 테스트가 모두 성공하는 것을 볼 수 있다.

```
running 3 tests
test handlers::tests::get_all_courses_success ... ok
test handlers::tests::post_course_success ... ok
test handlers::tests::get_course_detail_test ... ok

test result: ok. 3 passed; 0 failed; 0 ignored; 0 measured; 0 filtered out
```

아직 어떤 데이터베이스 접근 로직도 작성하지 않았지만, 핸들러가 무조건 성공 응답을 반환하도록 했기 때문에 모든 테스트는 성공한다. 다음 절에서 이를 수정할 것이다. 하지만 필요한 모든 요소들(라우트, 애플리케이션 상태, main() 함수, 핸들러, 단위 테스트)을 가진 프로젝트 구조를 만들었고, 이들을 어떻게 조합하는지 살펴봤다.

4.4 데이터베이스에서 레코드를 생성하고 질의하기 (이터레이션 3)

이번 절에서는 튜터 API에 대한 데이터베이스 접근 코드를 작성한다. $PROJECT_ROOT/src 아래 iter3이라는 폴더를 생성한다. 이번 절에서 작성하는 코드들은 다음과 같다.

- src/bin/iter3.rs: main() 함수를 포함한다.
- src/iter3/routes.rs: 라우트를 포함한다.
- src/iter3/handlers.rs: 핸들러 함수를 포함한다.
- src/iter3/models.rs: 강의를 나타내는 데이터 구조체와 몇 가지 유틸리티 메서드를 포함한다.
- src/iter3/state.rs: 애플리케이션을 실행하는 각 스레드에 주입되는 디펜던시를 포함하는 애플리케이션 상태
- src/iter3/db_access.rs: 우리는 데이터베이스 접근 로직이 핸들러 함수의 일부가 되지 않기를 원한다. 단일 책임 원칙을 준수하고자 하기 때문이다. 따라서 데이터베이스 접근 로직을 다루는 $PROJECT_ROOT/src/iter3/db_access.rs 파일을 새로 생성한다. 데이터베이스 접근을 분리하면 향후 데이터베이스를 교체(예를 들어 Postgres에서 MySQL로 변경하는 등)하는 경우 매우 편리하다. 그 경우에는 데이터베이스 접근 함수만 새로운 데이터베이스에 맞춰 다시 작성하고, 핸들러 함수와 데이터베이스 함수 시그니처는 그대로 유지할 수 있다.

이번 이터레이션을 위해 나열한 파일들 중에서 routes.rs, state.rs, .models.rs는 이터레이션 2의 것을 재사용할 수 있다. 이번 절에서는 주로 main() 함수와 핸들러 코드에 필요한 변경을 하는 것과, 데이터베이스 접근 핵심 로직을 작성하는 것에 중점을 둔다.

데이터베이스 접근에 관한 코드를 세 부분으로 나누어 살펴보자. 각 부분은 API 중 하나에 해당한다.

4.4.1 데이터베이스 접근 함수 작성하기

sqlx를 사용해 postgres 테이블의 레코드를 질의하는 단계는 다음과 같다.

1. SQL query! 매크로를 사용해 SQL 쿼리를 만든다.

2. fetch_all() 메서드를 사용해 쿼리를 실행해서 커넥션 풀에 전달한다.

3. 결과를 추출하고 그 결과를 함수에서 반환되는 러스트 구조체로 바꾼다.

$PROJECT_ROOT/src/iter3/db_access.rs의 코드는 다음과 같다.

예제 4.6 한 강사의 모든 강의를 얻는 데이터베이스 접근 코드

```rust
use super::models::Course;
use sqlx::postgres::PgPool;

pub async fn get_courses_for_tutor_db(pool: &PgPool, tutor_id: i32) -> Vec<Course> {
    // SQL 구문을 준비한다.                        sqlx 크레이트의 query! 매크로를 사용해
    let course_rows = sqlx::query!(   ◀──┘  쿼리 결과를 꺼낼 SQL 구문을 준비한다.
        "SELECT tutor_id, course_id, course_name, posted_time FROM
            ezy_course_c4 where tutor_id = $1",
        tutor_id
    )
    .fetch_all(pool)   ◀──┘  쿼리를 실행한다.
    .await
    .unwrap();
    // 결과를 추출한다.
    course_rows   ◀──  쿼리 결과를 러스트 Vector로 변환한다.
        .iter()        이 벡터는 함수로부터 반환된다.
        .map(|course_row| Course {
            course_id: course_row.course_id,
            tutor_id: course_row.tutor_id,
            course_name: course_row.course_name.clone(),
            posted_time: Some(chrono::NaiveDateTime::from(course_row.posted_time.unwrap())),
        })
        .collect()
}
```

여기에서는 fetch_all() 메서드를 사용해 SQL 쿼리에 매치하는 데이터베이스로부터 모든 레코드를 꺼냈다. fetch_all() 메서드는 Postgres 커넥션 풀을 매개변수로 받는다. fetch_all() 뒤의 await 키워드는 sqlx 크레이트를 사용해 Postgres 데이터베이스를 비동기로 호출한다는 것을 의미한다.

iter() 메서드의 사용자는 꺼낸 데이터베이스 레코드를 러스트 이터레이터로 변환한다는 점에 주의하자. 이후 map() 함수는 (iterator에 의해 반환된) 각 데이터베이스의 행을 러스트의 Course 데

이터 구조체로 변환한다.

마지막으로 모든 데이터베이스 레코드에 대해 map() 함수를 적용해서 얻은 결과는 collect() 메서드를 사용해 러스트 Vec 데이터 타입에 축적된다. Course 구조체 인스턴스의 벡터는 함수로부터 반환된다.

또한 chrono 모듈을 사용해 데이터베이스에서 꺼낸 강의의 posted_time 값을 chrono 크레이트의 NaiveDateTime 타입으로 변환한다는 점에 주의하자.

전체적으로 러스트가 제공하는 우아한 함수형 프로그래밍 구조를 사용함으로써 코드가 매우 간결하다는 것을 알았을 것이다.

주어진 course-id와 tutor-id에 기반해 강의의 상세 정보를 얻는 코드도 매우 비슷하다. 앞에서는 fetch_all()을 사용했지만, 여기에서는 fetch_one()을 사용한다는 점이 다르다. 여기에서는 강의 하나의 상세 정보를 얻을 것이기 때문이다. 이 코드를 같은 파일인 $PROJECT_ROOT/src/iter3/db_access.rs에 추가하자.

예제 4.7 강의 하나의 상세 정보를 얻는 데이터베이스 접근 코드

```
pub async fn get_course_details_db(pool: &PgPool, tutor_id: i32, course_id: i32) -> Course {
    // SQL 구문을 준비한다.
    let course_row = sqlx::query!(        ◀─── │ 실행할 쿼리를 준비한다.
        "SELECT tutor_id, course_id, course_name, posted_time FROM
            ezy_course_c4 where tutor_id = $1 and course_id = $2",
        tutor_id, course_id
    )
    .fetch_one(pool)    ◀─── 쿼리를 실행한다. 여기에서는 한 강의의 상세 정보를 얻을 것이므로,
                             앞에서 사용했던 fetch_all() 메서드가 아닌 fetch_one() 메서드를 사용한다.
    .await
    .unwrap();
    // 쿼리를 실행한다.
    Course {    ◀─── 함수로부터 러스트 Course 데이터 구조체를 반환한다.
        course_id: course_row.course_id,
        tutor_id: course_row.tutor_id,
        course_name: course_row.course_name.clone(),
        posted_time: Some(chrono::NaiveDateTime::from(course_row.posted_time.unwrap())),
    }
}
```

마지막으로 새로운 강의를 게시하기 위한 데이터베이스 접근 코드를 살펴본다. 쿼리는 구성된 뒤 실행된다. 다음으로 추가된 강의 정보를 꺼내고, 러스트 구조체로 변환된 뒤 함수로부터 반환된다.

다음 코드를 $PROJECT_ROOT/src/iter3/db_access.rs에 추가한다.

예제 4.8 새로운 강의 게시를 위한 데이터베이스 접근 코드

```
pub async fn post_new_course_db(pool: &PgPool, new_course: Course) -> Course {
    let course_row = sqlx::query!("insert into ezy_course_c4 (
      course_id,tutor_id, course_name) values ($1,$2,$3) returning
      tutor_id, course_id,course_name, posted_time", new_course.course_id,
      new_course.tutor_id, new_course.course_name)    ◀─── 데이터베이스 테이블에 새로운 강의를
    .fetch_one(pool)    ◀─── 강의를 삽입한 뒤, 삽입된 강의를 꺼낸다.    삽입할 쿼리를 준비한다.
    .await.unwrap();
    // 결과를 꺼낸다.
    Course {    ◀─── 함수에서 러스트 Course 데이터 구조체를 반환한다.
        course_id: course_row.course_id,
        tutor_id: course_row.tutor_id,
        course_name: course_row.course_name.clone(),
        posted_time: Some(chrono::NaiveDateTime::from(course_row.posted_time.unwrap())),
    }
}
```

posted_time 값을 insert 쿼리에 전달하지 않은 점에 유의한다. 이것은 데이터베이스에서 테이블을 생성할 때 이 필드의 기본값을 시스템이 생성한 현재 시간으로 설정했기 때문이다. $PROJECT_ROOT/src/database.sql 파일에는 기본값이 다음과 같이 설정되어 있다.

```
posted_time TIMESTAMP default now()
```

Postgres 데이터베이스 대신 MySQL을 사용하기

sql 크레이트는 Postgres는 물론 MySQL과 SQLite도 지원한다. 이번 장의 내용을 Postgres가 아닌 MySQL 데이터베이스를 사용해 진행하고자 하는 독자는 https://github.com/launchbadge/sqlx의 sqlx 크레이트 저장소의 설명을 참조해도 좋다.

단, MySQL을 지원하는 SQL 구문은 Postgres를 지원하는 SQL 구문과 다르다는 점에 주의해야 한다. 그렇기 때문에 MySQL을 사용하는 경우에는 이번 장에서 소개한 쿼리 구문들을 약간 수정해야 한다. 예를 들어 매개변수를 지정하는 $ 기호(예: $1)는 물음표 기호(?)로 대체해야 한다. 또한 Postgres는 SQL 구문 안에서 returning 단서clause를 반환하며 삽입, 업데이트, 삭제 동작으로 인해 수정된 컬럼의 반환값으로 사용할 수 있지만 MySQL에서는 returning 단서를 직접 지원하지 않는다.

데이터베이스 접근을 위한 코드 작성을 완료했다. 다음으로 데이터베이스 접근 함수를 호출하는 핸들러 함수들을 살펴보자.

4.4.2 핸들러 함수 작성하기

앞에서 데이터베이스 접근을 위한 코드들을 살펴봤다. 이제 핸들러 함수에서 이 데이터베이스 함수들을 호출해야 한다. Actix 프레임워크에 의해 호출되는 핸들러 함수들은 API 라우트(routes.rs에 정의한다)에 도달하는 HTTP 요청에 기반한다(예: 새로운 강의를 위한 POST, 강사의 강의 정보를 얻기 위한 GET 등).

다음은 핸들러 코드를 위한 함수로 $PROJECT_ROOT/src/iter3/handlers.rs에 위치한다.

예제 4.9 쿼리 결과를 꺼내는 핸들러 함수

```rust
use super::db_access::*;
use super::models::Course;
use super::state::AppState;
use std::convert::TryFrom;


use actix_web::{web, HttpResponse};

pub async fn health_check_handler(app_state: web::Data<AppState>) -> HttpResponse {
    let health_check_response = &app_state.health_check_response;
    let mut visit_count = app_state.visit_count.lock().unwrap();
    let response = format!("{} {} times", health_check_response, visit_count);
    *visit_count += 1;
    HttpResponse::Ok().json(&response)
}

pub async fn get_courses_for_tutor(
    app_state: web::Data<AppState>,
    params: web::Path<(i32,)>,
) -> HttpResponse {
    let tuple = params.0;
    let tutor_id: i32 = i32::try_from(tuple.0).unwrap();
    let courses = get_courses_for_tutor_db(&app_state.db, tutor_id).await;
    HttpResponse::Ok().json(courses)
}

pub async fn get_course_details(
    app_state: web::Data<AppState>,
    params: web::Path<(i32, i32)>,
) -> HttpResponse {
    let tuple = params.0;
    let tutor_id: i32 = i32::try_from(tuple.0).unwrap();
    let course_id: i32 = i32::try_from(tuple.1).unwrap();
    let course = get_course_details_db(
      &app_state.db, tutor_id, course_id).await;
    HttpResponse::Ok().json(course)
}
```

web::Path는 HTTP 요청의 경로에서 타입이 정의된 정보를 추출하는 추출자이다. 예를 들어 routes.rs에 라우트가 courses/{tutor-id}로 정의되어 있고, 실제 HTTP 요청이 localhost:3000/courses/1로 유입되면, web::Path 추출자는 tutor-id를 1이라는 값에 매핑한다. 이것은 튜플이 아니며 우리가 관심 있는 것은 추출된 값의 첫 번째 요소이므로, params.0을 사용한다.

get_courses_for_tutor() 핸들러 함수에 대한 web::Path 추출자에 의해 반환된 데이터 타입은 <(i32),>이다.

데이터베이스 함수로부터 반환값(즉, 강의 리스트를 포함하는 vector)을 얻고, 이를 JSON으로 변환하고 HTTP 성공 응답을 보낸다.

해당하는 데이터베이스 접근 메서드를 호출해서 한 강사의 강의 리스트를 얻는다. 애플리케이션 상태와 tutor-id를 함께 전달한다.

get_course_details() 핸들러 함수 안에서 tutor-id, course-id라는 2개의 매개변수를 사용해 HTTP 요청에서 원하는 정보를 추출한다. 이것은 routes.rs 안에서 라우트를 /{tutor_id}/{course_id}로 정의했기 때문이다.

```
}

pub async fn post_new_course(
    new_course: web::Json<Course>,
    app_state: web::Data<AppState>,
) -> HttpResponse {
    let course = post_new_course_db(&app_state.db, new_course.into()).await;

    HttpResponse::Ok().json(course)
}
```

앞선 코드의 각 핸들러 함수는 매우 직관적이며 다음과 같은 단계를 수행한다.

1. 애플리케이션 상태(appstate.db)로부터 커넥션 풀을 추출한다.

2. HTTP 요청의 일부로 전송된 매개변수들을 추출한다(params 인수).

3. 적절한 데이터베이스 접근 함수(함수명은 db라는 접두사가 붙어 있다)를 호출한다.

4. 데이터베이스 접근 함수의 결과를 HTTP 응답으로 반환한다.

get_course_details() 핸들러 함수를 통해 이 단계들에 관해 이해해보자. 이 함수는 HTTP 요청이 /{tutor_id}/{course_id}로 들어왔을 때 호출된다. 이런 요청의 예로는 localhost:3000/1/2를 들 수 있다. HTTP 클라이언트(즉, 인터넷 브라우저)는 tutor-id가 1이고 course-id가 2인 강의의 상세 정보를 요청하고 있다. 이 핸들러 함수의 코드를 천천히 자세하게 살펴보자.

주어진 tutor-id, course-id에 대한 강의의 상세 정보를 추출하기 위해서는 데이터베이스와 통신해야 한다. 하지만 핸들러 함수는 데이터베이스와의 통신 방법을 모른다(혹은 좋은 소프트웨어 디자인의 단일 책임 원칙을 지키기 위해, 그 통신 방법을 알아야 한다). 그래서 핸들러는 데이터베이스 접근 함수인 get_course_details_db()에 의존해야 한다. 이 함수는 $PROJECT_ROOT/src/iter3/db_access.rs에 위치한다.

다음은 이 함수의 시그니처이다.

```
pub async fn get_course_details_db(pool: &PgPool, tutor_id: i32, course_id: i32) -> Course
```

데이터베이스 접근 함수를 호출하기 위해 핸들러 함수는 데이터베이스 커넥션 풀, tutor-id, course-id라는 3개의 매개변수를 필요로 한다.

커넥션 풀은 애플리케이션 상태 객체의 일부로 사용할 수 있다. 이터레이션 2의 main() 함수에서 이미 커넥션 풀을 사용해 애플리케이션 상태를 구성하고, Actix 웹 애플리케이션 인스턴스에 주입하는 코드를 작성하는 방법을 확인했다. 그러면 모든 Actix 핸들러 함수는 자동으로 애플리케이션 상태에 매개변수로 접근할 수 있다(핸들러가 호출될 때 Actix 프레임워크가 자동으로 활성화한다).

결과적으로 이 핸들러 안에서, 첫 번째 매개변수인 app_state는 AppState 타입의 값을 나타낸다 (이 구조체는 $PROJECT_ROOT/src/iter3/state.rs에 정의되어 있다). 그 정의는 다음과 같다.

```
pub struct AppState {
    pub health_check_response: String,
    pub visit_count: Mutex<u32>,
    pub db: PgPool,
}
```

app_state.db는 AppState 구조체의 db 멤버를 참조하고, 데이터베이스 함수 get_course_details_db()에 전달될 수 있는 커넥션 풀을 나타낸다.

데이터 접근 함수에 전달되는 다음 2개의 매개변수는 tutor_id와 course_id이다. 이 매개변수들은 http(s)://{domain}:{port}/{tutor-id}/{course-id}로 유입되는 HTTP 요청에서 얻을 수 있다. 요청에서 이 매개변수들을 추출하기 위해 Actix Web 프레임워크는 **추출자**extractor라 불리는 유틸리티를 제공한다. 핸들러 함수는 인수로서 추출자에 접근할 수 있다(앞에서 본 애플리케이션 상태와 유사하다). 여기에서는 HTTP 요청에서 2개의 숫자 매개변수를 추출하고자 하므로, 핸들러 함수 시그니처는 web::Path<(i32, i32)>가 된다. 이것은 기본적으로 (i32, i32) 타입의 2개의 정수를 포함하는 튜플을 반환한다. params에서 tutor-id와 course-id 값을 추출하기 위해서 다음 두 단계를 수행해야 한다.

다음 행은 (i32, i32) 형태의 튜플을 제공한다.

```
let tuple = params.0;
```

다음 2개의 행은 i32에서 tutor-id와 course-id를 추출하고 이들을 i32 타입으로 변환한다(데이터베이스 접근 함수가 기대하는 데이터 타입).

```
let tutor_id: i32 = i32::try_from(tuple.0).unwrap();
let course_id: i32 = i32::try_from(tuple.1).unwrap();
```

이제 애플리케이션 상태, tutor-id, course-id를 사용해 데이터베이스 접근 함수를 호출할 수 있다.

```
let course = get_course_details_db(&app_state.db, tutor_id, course_id).await;
```

마지막으로 데이터베이스 함수로부터 반환되는 Course 타입의 값을 얻어서 JSON 타입으로 직렬화한 뒤 HTTP 응답에 성공 상태 코드와 함께 삽입한다. 이 모든 작업이 한 행으로 완료된다(러스트가 강력한 이유가 바로 이것이다!).

```
HttpResponse::Ok().json(course)
```

다른 2개의 핸들러 함수는 방금 확인한 구조와 거의 유사하다.

handlers.rs 소스 파일 안에는 헬스 체크와 단위 테스트를 위한 다른 핸들러 함수가 있다. 이 함수들은 이전 이터레이션에서 변하지 않는다. 이번 이터레이션에서는 데이터베이스 접근에 집중하기 위해 에러 핸들링에 관한 부분은 제외했다.

4.4.3 데이터베이스 기반 웹 서비스를 위한 main() 함수 작성하기

데이터베이스 접근 및 핸들러 함수를 작성했다. 웹 서비스를 테스트하기 전에 코드의 마지막 조각을 완성하자. 다음 코드를 $PROJECT_ROOT/src/bin/iter3.rs의 main() 함수에 추가한다.

예제 4.10 이터레이션 3의 main() 함수

```
use actix_web::{web, App, HttpServer};
use dotenv::dotenv;
use sqlx::postgres::PgPool;
use std::env;
use std::io;
use std::sync::Mutex;

#[path = "../iter3/db_access.rs"]
mod db_access;
#[path = "../iter3/handlers.rs"]
mod handlers;
#[path = "../iter3/models.rs"]
```

```
mod models;
#[path = "../iter3/routes.rs"]
mod routes;
#[path = "../iter3/state.rs"]
mod state;

use routes::*;
use state::AppState;

#[actix_rt::main]
async fn main() -> io::Result<()> {
    dotenv().ok();

    let database_url = env::var("DATABASE_URL").expect(
      "DATABASE_URL is not set in .env file");
    let db_pool = PgPool::connect(&database_url).await.unwrap();

    let shared_data = web::Data::new(AppState {          ◀── AppState를 만든다. db 필드에 애플리케이션 상태의
        health_check_response: "I'm good. You've already asked me ".to_string(),    일부로 커넥션 풀을 저장하고 있다.
        visit_count: Mutex::new(0),
        db: db_pool,
    });
                      app 인스턴스를 만든다.
    let app = move || {          ◀──
        App::new()
                .app_data(shared_data.clone())          ◀── app 상태를 애플리케이션 인스턴스에 주입한다.
                .configure(general_routes)          ┐
                .configure(course_routes)          ┘── 라우트를 구성한다.
    };
                                          Actix 웹서버를 시작하고 만들어진 Actix 웹 애플리케이션 인스턴스를
                                          로드한다. 로컬호스트에서 실행되는 서버를 3000번 포트에
                                          바인딩한다. await 키워드는 Actix 웹서버의 비동기 특성을 나타낸다.
    // HTTP server를 시작한다.
    HttpServer::new(app).bind("127.0.0.1:3000")?.run().await          ◀──
}
```

이제 웹 서비스를 테스트할 수 있다. 다음 명령으로 자동화 테스트를 실행하자.

```
cargo test --bin iter3
```

다음과 같이 3개의 테스트가 성공적으로 실행될 것이다.

```
running 3 tests
test handlers::tests::post_course_success ... ok
test handlers::tests::get_all_courses_success ... ok
test handlers::tests::get_course_detail_test ... ok
```

cargo test 명령어를 한 번 이상 실행하면, 프로그램은 에러와 함께 종료될 것이다. 같은 course_id의 레코드를 두 번 삽입하려고 하기 때문에 발생하는 에러이다. 이를 피하기 위해서는 psql 셸에 로그인해서 다음 명령어를 실행한다.

```
delete from ezy_course_c4 where course_id=3;
```

테스트 함수에서 course_id 값이 3인 레코드를 삽입하고 있다. 따라서 이 데이터베이스 레코드를 삭제하면 테스트를 다시 실행할 수 있다.

delete SQL 구문을 스크립트 파일에 넣으면 보다 쉽게 실행할 수 있다. $PROJECT_ROOT/iter3-test-clean.sql 파일에 이 스크립트를 포함시켜도 좋다. 스크립트는 다음과 같이 실행한다.

```
psql -U $DATABASE_USER -d ezytutors --password < $PROJECT_ROOT/iter3-test-clean.sql
```

이제 다음 명령을 다시 실행할 수 있다.

```
cargo test --bin iter3
```

이제 서버를 실행하자.

```
cargo run --bin iter3
```

브라우저에서 tutor id 1에 대한 질의 결과를 얻는 다음 URL을 입력한다.

```
http://localhost:3000/courses/1
```

방화벽이 있다면 다음 curl 명령어를 실행할 수도 있다.

```
curl localhost:3000/courses/1
```

다음과 유사한 응답을 볼 수 있을 것이다.

```
[{"course_id":1,"tutor_id":1,"course_name":"First course",
 "posted_time":"2020-12-17T05:40:00"}, {"course_id":2,"tutor_id":1,
 "course_name":"Second course","posted_time":"2020-12-18T05:45:00"},
 {"course_id":3,"tutor_id":1,"course_name":"Third course",
 "posted_time":"2020-12-17T11:55:56.846276"}]
```

리스트에서 3개의 질의 결과를 얻을 찾을 수 있다. database.sql 스크립트에서 2개의 강의를 추가했고, 그 뒤 단위 테스트에서 1개의 새로운 강의를 추가했다.

다음으로 curl 명령을 사용해 새로운 강의를 게시하는 것을 테스트하자.

```
curl -X POST localhost:3000/courses/ \
 -H "Content-Type: application/json" \
 -d '{"tutor_id":1, "course_id":4, "course_name":"Fourth course"}'
```

Actix 웹서버는 다음과 유사한 응답을 할 것이다.

```
{"course_id":4,"tutor_id":1,"course_name":"Fourth course",
 "posted_time":"2021-01-12T12:58:19.668877"}
```

브라우저에서 다음과 같이 새롭게 게시된 강의에 관한 상세 정보를 얻어올 수 있다.

```
http://localhost:3000/courses/1/4
```

NOTE 방화벽이 있다면 이전과 마찬가지로 curl을 사용해 명령어를 실행한다

브라우저에서 다음과 유사한 결과를 볼 수 있다.

```
{"course_id":4,"tutor_id":1,"course_name":"Fourth course",
 "posted_time":"2021-01-12T12:58:19.668877"}
```

이것으로 이터레이션 3을 완료했다. 이것으로 데이터베이스 스토어를 가진 튜터 웹 서비스에 대한 3개의 API 구현을 완료했다. 새로운 강의를 게시하고, 이를 데이터베이스에 저장하고, 강의들의 리스트와 개별 강의 상세 정보를 데이터베이스에 질의하는 기능을 만들었다. 축하한다!

여러분은 이제 다양한 서비스를 구현할 수 있는 2개의 중요한 도구를 손에 넣었다. RESTful 웹 서

비스(앞 장)와 데이터베이스 지속성(이번 장)이다. 이에 관해서는 이미 알고 있을 수도 있다. 대부분의 기업 애플리케이션들은 CRUD 유형이며, 사용자들은 정보를 생성, 업데이트, 삭제 등을 할 수 있다. 앞장과 이번 장에서 다룬 도구를 갖춘다면 여러분은 이미 많은 길을 걸어갈 수 있을 것이다.

이번 장에서는 '행복한' 경로의 시나리오만 다루었다. 발생할 수 있는 어떤 에러에 관해서도 신경 쓰지 않았다. 분산된 웹 애플리케이션에서는 많은 것들이 잘못될 수 있기 때문에 이는 현실적이지 않다. 이에 관해서는 다음 장에서 살펴볼 것이다. 또한 다음 장에서는 API를 보호하는 방법에 관해서도 살펴본다.

요약

- sqlx 크레이트는 Postgres, MySQL을 포함한 여러 데이터베이스에 대한 비동기 접근을 제공한다. 이 크레이트는 커넥션 풀링으로 구현된다.
- sqlx를 사용해 Actix에서 데이터베이스에 연결할 때는 대략적으로 다음 3단계를 거친다.
  1. 웹 서비스의 main() 함수에서 sql 커넥션 풀을 만들고, 이를 애플리케이션 상태에 주입한다.
  2. 핸들러 함수 안에서 커넥션 풀에 접근해서, 이를 데이터베이스 접근 함수에 전달한다.
  3. 데이터베이스 접근 함수 안에서 쿼리를 만들고 커넥션 풀에 대해 쿼리를 실행한다.
- 이번 장에서는 3번의 이터레이션을 거쳐 3개의 API를 만들었다.
  1. 이터레이션 1에서는 데이터베이스를 설정하고, 데이터베이스에 sqlx 커넥션을 설정하고, Actix 웹서버를 사용하지 않고 순수한 러스트 프로그램을 사용해서 커넥션을 테스트했다.
  2. 이터레이션 2에서는 웹 서비스를 위한 데이터베이스 모델, 라우트, 상태, main() 함수를 설정했다.
  3. 이터레이션 3에서는 단위 테스트와 함께 3개 API에 대한 데이터베이스 접근 코드를 작성했다. 각 이터레이션의 코드 베이스는 학습 과정에서 독립적으로 구현하고 테스트했다.

에러 핸들링하기

이전 장에서 API를 사용해 강의를 게시하고 강의 정보를 얻는 코드를 작성했다. 하지만 우리가 작성하고 테스트한 것은 '행복한' 시나리오뿐이었다. 실세계에서는 많은 실패들이 발생할 수 있다. 데이터베이스 서버를 사용할 수 없거나, 사용자가 제공한 `tutor_id`가 유효하지 않거나, 웹서버에 에러가 발생할 수도 있다. 웹 서비스는 에러를 식별하고, 이들을 우아하게 처리하고, 해당 API 요청을 보낸 사용자나 클라이언트에게 의미 있는 에러 메시지를 반환해야 한다. 이를 처리하는 것이 **에러 핸들링**이며, 이번 장에서 주요하게 다룰 주제이다. 에러 핸들링은 웹 서비스의 안전성 뿐만 아니라 좋은 사용자 경험 제공을 위해서도 중요하다.

그림 5.1은 이번 장에서 도입할 에러 핸들링 접근 방식을 요약해서 나타낸다. 웹 서비스에 애플리케이션에서 발생할 수 있는 다양한 타입의 에러를 통합하는 커스텀 에러 핸들링을 추가한다. 유효하지 않은 요청이 발생하거나 서버 코드 실행 시 예상치 못한 기능 이상이 발생할 때마다, 사용자는 의미 있고 적절한 HTTP 상태 코드와 에러 메시지를 받게 된다. 이를 위해 에러 핸들링을 위한 러

스트의 핵심 기능과 Actix가 제공하는 기능들을 조합해서 사용해, 애플리케이션의 에러 핸들링을 커스터마이즈한다.

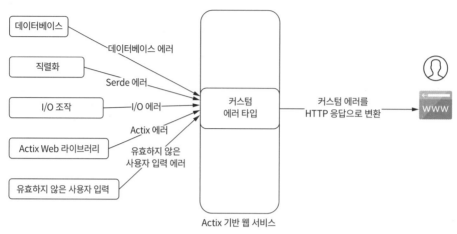

그림 5.1 **러스트에서의 통합된 에러 핸들링**

5.1 프로젝트 구조 설정하기

에러 핸들링을 추가하는 기반으로 이전 장에서 작성한 코드를 사용한다. 앞의 과정을 잘 따라 진행했다면, 4장에서 작성한 코드에서 시작해 에러 핸들링 코드를 추가할 수 있다. 혹은 https://github.com/moseskim/rust-servers-services-apps 저장소를 클론한 뒤, 4장의 이터레이션 3 코드를 사용해도 좋다.

이번 장에서 작성하는 코드는 **이터레이션 4**가 될 것이므로, 먼저 프로젝트 루트(ezytutors/tutor-db)의 src 디렉터리 아래 iter4 디렉터리를 생성하자.

이번 절에서 작성할 코드의 구조는 다음과 같다(그림 5.2).

- **src/bin/iter4.rs**: main() 함수.
- **src/iter4/routes.rs**: 라우트를 포함한다.
- **src/iter4/handlers.rs**: 핸들러 함수들을 포함한다.
- **src/iter4/models.rs**: 강의를 나태내는 데이터 구조체와 유틸리티 메서드들을 포함한다.
- **src/iter4/state.rs**: 각 애플리케이션 실행 스레드에 주입되는 디펜던시를 포함하는 애플리케이션 상태.

- **src/iter4/db_access.rs**: 데이터베이스 접근 코드. 모듈성을 위해 핸들러 함수별로 분리되어 있다.
- **src/iter4/errors.rs**: 커스텀 에러 데이터 구조체이며 에러 핸들링 함수들과 연관된다.

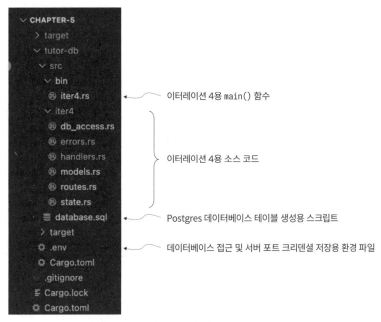

그림 5.2 **프로젝트 구조**

여기에서는 routes.rs, models.rs, 혹은 state.rs는 4장의 코드에서 변경하지 않는다. handlers. rs와 db_access.rs 파일은 4장의 코드를 수정해 커스텀 에러 핸들링을 추가한다. errors.rs는 새로 추가할 것이다.

다음 단계를 따라 이번 장에서 필요한 새로운 버전의 데이터베이스 테이블을 생성하자.

1. 이전 장에서 작성한 database.sql 스크립트를 다음과 같이 수정한다.

```
/* 테이블이 존재하면 삭제한다. */
drop table if exists ezy_course_c5;
/* 테이블을 생성한다. */
/* 노트: 마지막 필드 뒤에는 콤마를 입력하지 않는다. */
create table ezy_course_c5
(
    course_id serial primary key,
    tutor_id INT not null,
    course_name varchar(140) not null,
```

```
    posted_time TIMESTAMP default now()
);
/* 테스트를 위한 시드 데이터를 로드한다. */
insert into ezy_course_c5
    (course_id, tutor_id, course_name, posted_time)
values(1, 1, 'First course', '2021-03-17 05:40:00');
insert into ezy_course_c5
    (course_id, tutor_id, course_name, posted_time)
values(2, 1, 'Second course', '2021-03-18 05:45:00');
```

이전 장에서 작성한 스크립트와의 주요한 차이점은 테이블명을 ezy_course_c4에서 ezy_course_c5로 변경한 것이다.

2. 다음과 같이 명령줄에서 스크립트를 실행해서 테이블을 생성하고 샘플 데이터를 로드한다.

```
psql -U <user-name> -d ezytutors < database.sql
```

database.sql 파일의 올바른 경로를 지정했는지 확인하고, 비밀번호를 요청받으면 입력한다.

3. 새로운 테이블을 생성했다면, 이 테이블에 대한 권한을 데이터베이스 사용자에게 주어야 한다. 터미널의 명령 줄에서 다음 명령을 실행한다.

```
psql -U <user-name> -d ezytutors // psql 셸에 로그인한다.
GRANT ALL PRIVILEGES ON TABLE __ezy_course_c5__ to <user-name>
\q // psql 셸에서 빠져 나온다.
```

<user-name>은 여러분이 만든 사용자명으로 변경한 뒤, 명령어를 실행한다.

4. main() 함수를 작성한다. 이전 장의 src/bin/iter3.rs를 이번 장의 프로젝트 디렉터리의 src/bin/iter4.rs로 복사한다. 그리고 iter3에 대한 참조를 iter4로 변경한다. iter4.rs 파일의 내용은 최종적으로 다음과 같다.

```
use actix_web::{web, App, HttpServer};
use dotenv::dotenv;
use sqlx::postgres::PgPool;
use std::env;
use std::io;
use std::sync::Mutex;

#[path = "../iter4/db_access.rs"]
mod db_access;
#[path = "../iter4/errors.rs"]
mod errors;
```

```rust
#[path = "../iter4/handlers.rs"]
mod handlers;
#[path = "../iter4/models.rs"]
mod models;
#[path = "../iter4/routes.rs"]
mod routes;
#[path = "../iter4/state.rs"]
mod state;

use routes::*;
use state::AppState;

#[actix_rt::main]
async fn main() -> io::Result<()> {
    dotenv().ok();

    let database_url = env::var("DATABASE_URL").expect(
      "DATABASE_URL is not set in .env file");
    let db_pool = PgPool::connect(&database_url).await.unwrap();
    // App 상태를 생성한다.
    let shared_data = web::Data::new(AppState {
        health_check_response: "I'm good. You've already asked me ".to_string(),
        visit_count: Mutex::new(0),
        db: db_pool,
    });
    // 앱을 생성하고 라우트를 구성한다.
    let app = move || {
        App::new()
            .app_data(shared_data.clone())
            .configure(general_routes)
            .configure(course_routes)
    };

    // HTTP 서버를 시작한다.
    let host_port = env::var("HOST_PORT").expect(
        "HOST:PORT address is not set in .env file");
    HttpServer::new(app).bind(&host_port)?.run().await
}
```

참조된 모듈들의 경로를 src/iter4 폴더 아래로 지정한다. 또한 .env 파일에 데이터베이스 접근을 위한 환경 변수와 서버 포트 번호를 추가한다.

다음 명령어로 서버를 실행하고 온전성 테스트를 한다.

```
cargo run --bin iter4
```

이것으로 4장의 마지막 상태에서 5장을 시작하기 위한 상태를 만들었다.

이제 러스트에서의 에러 핸들링 기본에 관해 간단히 살펴보자. 이를 활용해서 웹 서비스에 대한 커스텀 에러 핸들링을 설계할 것이다.

5.2 러스트와 Actix Web에서의 에러 핸들링 기본

넓은 관점에서 볼 때, 프로그래밍 언어들은 **예외 핸들링**exception handling 또는 **반환값**return value이라는 두 가지 에러 핸들링 접근 방식 중 한 가지를 사용한다. 러스트는 후자를 사용한다. 이는 자바, 파이썬, 자바스크립트 등의 언어에서 예외 핸들링을 사용하는 것과 비교된다. 러스트에서 에러 핸들링은 언어에 의해 제공되는 신뢰성 보장의 촉진자로 간주되기 때문에, 러스트는 프로그래머가 예외를 던지기보다는 에러를 명시적으로 처리할 것을 원한다.

이 목표를 달성하기 위해, 실패할 가능성이 있는 러스트 함수들은 다음과 같이 정의된 Result 열거형을 반환한다.

```
enum Result<T, E> {
    Ok(T),
    Err(E),
}
```

러스트 함수 시그니처는 Result<T, E> 타입의 반환값을 포함한다. 여기에서 T는 성공인 경우의 반환값 타입, E는 실패인 경우의 반환값 타입이다. Result 타입을 사용함으로써 기본적으로 계산 혹은 함수는 2개의 결과 중 하나(성공적으로 계산했을 때의 값 또는 실행했을 때의 에러)를 반환할 수 있다.

한 가지 예시를 살펴보자. 다음은 문자열을 정수로 파싱한 뒤, 그 값을 제곱해서 i32 타입값으로 반환하는 함수이다. 파싱이 실패하면 ParseIntError를 반환한다.

```
fn square(val: &str) -> Result<i32, ParseIntError> {
    match val.parse::<i32>() {
        Ok(num) => Ok(i32::pow(num, 2)),
        Err(e) => Err(e),
    }
}
```

러스트 표준 라이브러리의 parse 함수는 Result 타입을 반환하며, match 구문을 사용해 그 값을 언래핑(즉, 추출)한다. 이 함수의 반환값은 Result<T, E> 패턴이며 여기에서 T는 i32, E는 ParseIntError이다.

square() 함수를 호출하는 main() 함수를 작성하자. 다음은 최종 코드이다.

```rust
use std::num::ParseIntError;

fn main() {
    println!("{:?}", square("2"));
    println!("{:?}", square("INVALID"));
}

fn square(val: &str) -> Result<i32, ParseIntError> {
    match val.parse::<i32>() {
        Ok(num) => Ok(i32::pow(num, 2)),
        Err(e) => Err(e),
    }
}
```

이 코드를 실행하면 콘솔에 다음과 같이 표시될 것이다.

```
Ok(4)
Err(ParseIntError { kind: InvalidDigit })
```

첫 번째 경우, square() 함수는 성공적으로 문자열 2를 숫자로 파싱하고, 제곱한 값을 OK() 열거형 타입에 넣어서 반환한다. 두 번째 경우, parse() 함수는 문자열에서 숫자를 추출하지 못하므로 ParseIntError 타입으로 에러를 반환한다.

다음으로 러스트가 제공하는 특별한 연산자인 ? 연산자에 관해 살펴보자. 이는 에러 핸들링을 덜 장황하게 만들기 위한 연산자이다. 앞의 코드에서 match 단서를 사용해 parse() 메서드로부터 반환된 Result 타입을 언래핑_{unwrap}했다. 이제 ? 연산자를 사용해 보일러플레이트_{boilerplate} 코드를 줄이는 방법을 살펴보자.

```rust
use std::num::ParseIntError;

fn main() {
    println!("{:?}", square("2"));
```

```
    println!("{:?}", square("INVALID"));
}

fn square(val: &str) -> Result<i32, ParseIntError> {
    let num = val.parse::<i32>()?;
    Ok(pow(num,2))
}
```

? 연산자를 사용함으로써 match 구문과 관련된 단서들이 사라졌음을 알 수 있다. 이 연산자는
Result 값에서 정수를 추출해 이를 num 변수에 저장하고자 시도한다. 성공하지 않으면 parse()
메서드에서 Error를 받고, square() 함수를 중지시킨 후 ParseIntError를 호출한 함수(여기에서
는 main() 함수)로 전달한다.

square() 함수에 추가적인 기능을 더하면서 러스트에서의 에러 핸들링에 관해 더 깊이 살펴보자.
다음 코드에는 파일을 열어서 계산된 제곱값을 쓰는 동작이 추가되어 있다.

```
use std::fs::File;
use std::io::Write;
use std::num::ParseIntError;

fn main() {
    println!("{:?}", square("2"));
    println!("{:?}", square("INVALID"));
}

fn square(val: &str) -> Result<i32, ParseIntError> {
    let num = val.parse::<i32>()?;
    let mut f = File::open("fictionalfile.txt")?;
    let string_to_write = format!("Square of {} is {}", num, pow(num, 2));
    f.write_all(string_to_write.as_bytes())?;
    Ok(i32::pow(num, 2))
}
```

이 코드를 컴파일하면 다음과 같이 에러 메시지가 출력된다.

```
the trait 'std::convert::From<std::io::Error>' is not implemented for 'std::num::ParseInt
Error'
```

이 메시지는 다소 혼란스러울 수 있지만, 골자는 File::open과 write_all 메서드가 std::io::
Error 타입의 에러를 포함한 Result 타입을 반환했고, ? 연산자를 사용했기 때문에 이것을

main() 함수로 전달해야 한다는 것이다. 하지만 square() 함수의 시그니처는 ParseIntError 타입의 에러를 반환하는 것으로 명시되어 있다. 해당 함수에서 반환되는 에러 타입이 두 가지 (std::num::ParseIntError와 std::io::Error)일 수 있지만, 함수 시그니처에는 한 가지 에러 타입만 지정했다.

이런 경우 커스텀 에러 타입을 사용한다. ParseIntError과 io::Error 타입을 추상화할 수 있는 커스텀 에러 타입을 정의하자.

```
use std::fmt;
use std::fs::File;
use std::io::Write;

#[derive(Debug)]
pub enum MyError {          ◄── 에러 변형 셋을 포함한 커스텀 에러 enum 타입을 정의한다.
    ParseError,
    IOError,
}

                                          관습적으로 러스트의 error 타입은 러스트
impl std::error::Error for MyError {}  ◄── 표준 라이브러리의 Error 타입을 구현한다.

                                          러스트의 Error 트레이트는 Debug와 Display 트레이트를 구현해야 한다.
impl fmt::Display for MyError {  ◄──       Debug 트레이트는 자동으로 유도되며, Display 트레이트는 여기에서 구현한다.
    fn fmt(&self, f: &mut fmt::Formatter) -> fmt::Result {
        match self {
            MyError::ParseError => write!(f, "Parse Error"),
            MyError::IOError => write!(f, "IO Error"),
        }
    }
}

fn main() {
    let result = square("INVALID");
    match result {  ◄──                 square 함수를 호출하고, 평가된 결과를 적절한 메시지로 출력한다.
        Ok(res) => println!("Result is {:?}",res),
        Err(e) => println!("Error in parsing: {:?}",e)
    };
}

fn square(val: &str) -> Result<i32, MyError> {
    let num = val.parse::<i32>().map_err(|_| MyError::ParseError)?;  ◄──
    let mut f = File::open("fictionalfile.txt").map_err(
      |_| MyError::IOError)?;  ◄──                            map_err 메서드를 파싱
    let string_to_write = format!("Square of {:?} is {:?}", num, i32::pow(  한 에러를 MyError 타입
      num, 2));                                               으로 파싱하고, ? 연산자
    f.write_all(string_to_write.as_bytes())                   를 통해 호출한 함수로
        .map_err(|_| MyError::IOError)?;  ◄──                 전달한다.
```

```
    Ok(i32::pow(num, 2))
}
```

한 단계 전진했다. 지금까지 러스트가 Result 타입을 사용해 에러를 반환하는 방법, ? 연산자를
사용해 보일러플레이트 코드를 줄이고 에러를 전파하는 방법, 커스텀 에러 타입을 정의해서 함수
혹은 애플리케이션 레벨에서 에러 핸들링을 통합하는 방법에 관해 살펴봤다.

이제 러스트 에러 핸들링 철학 위에 만들어진 Actix Web이 웹 서비스와 애플리케이션에 대한 에
러를 반환하는 방법을 살펴보자. 그림 5.3은 Actix의 에러 핸들링 기초를 보여준다. Actix Web은
범용의 에러 구조체인 actix_web::error::Error를 갖는다. 이 구조체는 러스트의 다른 에러 타
입과 마찬가지로 러스트 표준 라이브러리인 std::error::Error 에러 트레이트를 구현한 것이다.
러스트 표준 라이브러리의 Error 트레이트를 구현한 모든 에러 타입은 ? 연산자를 사용해 Actix
Error 타입으로 변환할 수 있다. Actix Error 타입은 이후 자동으로 HTTP 응답 메시지로 변환되
어 HTTP 클라이언트로 반환된다.

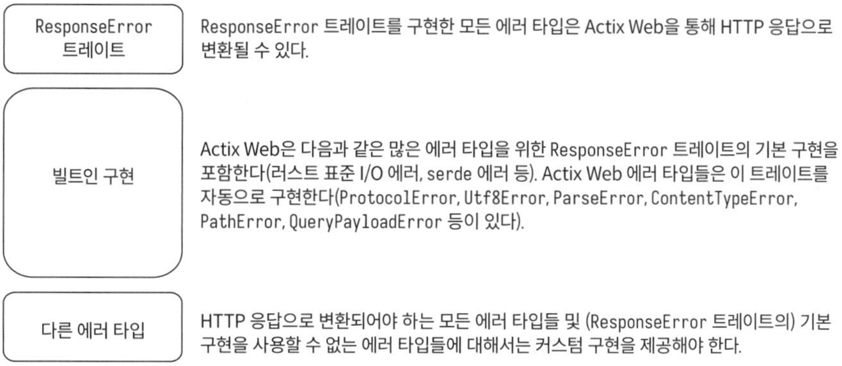

ResponseError 트레이트	ResponseError 트레이트를 구현한 모든 에러 타입은 Actix Web을 통해 HTTP 응답으로 변환될 수 있다.
빌트인 구현	Actix Web은 다음과 같은 많은 에러 타입을 위한 ResponseError 트레이트의 기본 구현을 포함한다(러스트 표준 I/O 에러, serde 등). Actix Web 에러 타입들은 이 트레이트를 자동으로 구현한다(ProtocolError, Utf8Error, ParseError, ContentTypeError, PathError, QueryPayloadError 등이 있다).
다른 에러 타입	HTTP 응답으로 변환되어야 하는 모든 에러 타입들 및 (ResponseError 트레이트의) 기본 구현을 사용할 수 없는 에러 타입들에 대해서는 커스텀 구현을 제공해야 한다.

그림 5.3 에러를 HTTP 응답으로 변환하기

Result 타입을 반환하는 기본 Actix 핸들러 함수를 살펴보자. cargo new 명령을 실행해서 새로운 cargo 프로젝트를 생성한 뒤, Cargo.toml의 디펜던시에 다음을 추가하자.

```
[dependencies]
actix-web = "3"
```

다음 코드를 src/main.rs에 추가한다.

```
use actix_web::{error::Error, web, App, HttpResponse, HttpServer};

async fn hello() -> Result<HttpResponse, Error> {          hello 핸들러 함수는 계산에 성공하면 HttpResponse,
    Ok(HttpResponse::Ok().body("Hello there!"))            실패하면 Actix Error 타입값을 반환한다.
}                                                          핸들러 함수는 OK() enum 변형에 HttpResponse를
                                                           캡슐화해서 반환한다.
#[actix_web::main]
async fn main() -> std::io::Result<()> {
    HttpServer::new(|| App::new().route("/hello", web::get().to(hello)))
        .bind("127.0.0.1:3000")?
        .run()
        .await
}
```

핸들러 함수의 시그니처는 해당 함수가 Error 타입을 반환할 수 있다고 명시하고 있지만, 핸들러 함수 자체는 매우 단순해서 에러가 발생할 가능성은 거의 없다.

다음 명령으로 프로그램을 실행한다.

```
cargo run
```

브라우저에서 다음을 입력해 hello 라우트에 연결한다.

```
http://localhost:3000/hello
```

브라우저 화면에서 다음 메시지가 표시될 것이다.

```
Hello there!
```

이제 실패할 가능성이 있는 동작을 포함하는 핸들러 함수로 대체한다.

```
use actix_web::{error::Error, web, App, HttpResponse, HttpServer};
use std::fs::File;
use std::io::Read;

async fn hello() -> Result<HttpResponse, Error> {          존재하지 않는 파일을 핸들러 함수에서 열려고
    let _ = File::open("fictionalfile.txt")?;  ◄──────     시도한다. ? 연산자는 에러를 호출한 함수로 전달
    Ok(HttpResponse::Ok().body("File read successfully"))   한다(여기에서는 Actix 웹서버 자체).
}                                                  ◄────    파일 열기에 성공하면, Success
                                                            상태 코드와 텍스트 메시를
#[actix_web::main]                                          HTTP 응답 메시지로 반환한다.
async fn main() -> std::io::Result<()> {
    HttpServer::new(|| App::new().route("/hello", web::get().to(hello)))
        .bind("127.0.0.1:3000")?
        .run()
        .await
}
```

프로그램을 다시 실행하고 브라우저에서 hello 라우트로 연결한다. 다음(과 유사한) 메시지를 확인
할 수 있다.

```
No such file or directory (os error 2)
```

사려 깊은 독자들은 다음과 같은 두 가지 질문을 떠올릴 수 있을 것이다.

1. 이 파일 조작은 앞에서 본 것처럼 std::io::Error 타입의 에러를 반환한다. 함수 시그니처가
    actix_web::error::Error일 때 핸들러 함수로부터 std::io::Error 타입의 에러를 어떻게 반
    환해야 하는가?

2. 핸들러 함수에서 Error 타입을 반환했을 때, 브라우저는 에러 메시지 텍스트를 어떻게 표시하는가?

첫 번째 질문에 대한 답, std::error::Error 트레이트를 구현한 모든 것(std::io::Error가 그렇다)은 actix_web::error::Error 타입으로 변환될 수 있다. Actix 프레임워크가 std::error::Error 트레이트를 actix_web::error::Error 이라는 자체 타입으로 구현한 것과 같다. 이를 통해 ? 기호를 사용해 std::io::Error 타입을 actix_web::error::E0rror 타입으로 변환할 수 있다. 보다 자세한 설명은 http://mng.bz/lWXy를 참조하자(책을 읽는 시점의 최신 버전은 보다 높을 수도 있다).

두 번째 질문에 대한 답, Actix Web의 ResponseError 트레이트를 구현한 모든 것은 HTTP 응답으로 변환될 수 있다. 흥미롭게도 Actix Web 프레임워크는 많은 공통 에러 타입에 대한 이 트레이트의 빌트인 구현을 포함하고 있으며 std::io::Error 역시 그 중 하나이다. 보다 자세한 설명은 http://mng.bz/D4zE를 참조하자(책을 읽는 시점의 최신 버전은 이보다 높을 수도 있다). Actix Error 타입과 ResponseError 트레이트를 조합하면 웹 서비스와 애플리케이션에 대한 Actix의 다양한 에러 핸들링을 지원할 수 있다.

이번 절에서는 hello() 핸들러 함수 안에서 std::io::Error 타입의 에러가 발생했을 때, 이 과정을 통해 HTTP 응답 메시지로 변환되는 것을 확인했다. 우리는 Actix Web의 이 기능을 활용해서 커스텀 에러 타입을 HTTP 응답 메시지로 변환할 것이다.

이를 기반으로 튜터 웹 서비스의 에러 핸들링을 구현해보자.

5.3 커스텀 에러 핸들러 정의하기

이번 절에서는 웹 서비스를 위한 커스텀 에러 타입을 정의한다. 먼저 전체적인 접근 방법을 정의하자.

1. 커스텀 에러 enum 타입을 정의한다. 이 타입은 웹 서비스 안에서 만날 수 있는 다양한 에러 타입을 캡슐화한다.
2. From 트레이트(러스트 표준 라이브러리로부터)를 구현해서 다른 에러 타입을 여러분이 작성한 커스텀 에러 타입으로 변환한다.
3. 커스텀 에러 타입에 대한 Actix의 ResponseError 트레이트를 구현한다. Actix는 이를 활용해 커스텀 에러 타입을 HTTP 응답으로 변환할 수 있다.

4. 애플리케이션 코드(예: 핸들러 함수)에서 표준 러스트 에러 타입 혹은 Actix 에러 타입 대신 커스텀 에러 타입을 반환한다.

5. 5단계는 없다. 편하게 자리에 앉아서 Actix가 핸들러 함수에서 반환된 커스텀 에러를 자동으로 HTTP 응답으로 변환해서 클라이언트에게 반환하는 것을 확인하자.

그림 5.4는 이 단계들을 나타낸다.

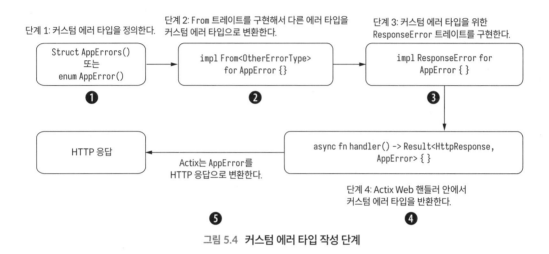

그림 5.4 **커스텀 에러 타입 작성 단계**

좋다. src/iter4/errors.rs 파일을 만드는 것부터 시작하자. 이 파일에 세 부분으로 나누어서 코드를 추가할 것이다. 그럼 파트 1부터 시작해보자.

예제 5.1 **에러 핸들링 - 파트 1**

```
use actix_web::{error, http::StatusCode, HttpResponse, Result};
use serde::Serialize;
use sqlx::error::Error as SQLxError;
use std::fmt;

#[derive(Debug, Serialize)]          웹 서비스-데이터베이스 관련 에러, Actix 서버 에러, 유효하지 않은 클라이언트
pub enum EzyTutorError {             요청으로 인한 에러의 3가지 에러 타입을 나타내는 데이터 구조체.
    DBError(String),
    ActixError(String),
    NotFound(String),
}

#[derive(Debug, Serialize)]          API 요청을 보낸 사용자 또는 클라이언트에 대한
pub struct MyErrorResponse {         적절한 에러 메시지를 표시하는 데이터 구조체.
    error_message: String,
}
```

에러 핸들링을 위한 2개의 데이터 구조체를 정의했다. EzyTutorError는 웹 서비스 안에서의 주요한 에러 핸들링 메커니즘이고, MyErrorReponse는 사용자에게 전달되는 메시지이다. 에러가 발생했을 때 전자를 후자로 변환하기 위해 EzyTutorError의 impl 블록 안에 메서드를 작성하자.

---

impl 블록

impl 블록은 개발자들이 데이터 타입과 관련된 함수를 지정할 수 있도록 러스트에서 제공하는 방법이다. 이것은 메서드-호출 구문에서 타입 인스턴스로 호출되는 함수를 정의할 수 있는 유일한 방법이다. 즉, Foo가 데이터 타입이고, foo가 Foo의 인스턴스이고, bar()가 Foo의 impl 블록에서 정의된 함수라면 bar() 함수는 foo 인스턴스에서 foo.bar()와 같이 호출할 수 있다.

impl 블록은 사용자 정의 데이터 타입과 관련된 기능들을 함께 그룹화하는 역할을 하며, 코드 유지보수를 원활하게 한다.

또한 impl 블록을 사용하면 데이터 타입의 **연관**associated 함수를 생성할 수 있다. 이 함수는 데이터 타입의 **인스턴스**가 아닌 데이터 타입 자체와 **연관된** 함수이다. 예를 들어 Foo의 새로운 인스턴스를 생성하기 위해 연관 함수 new()를 정의하고, Foo:new()로 Foo의 새로운 인스턴스를 생성할 수 있다.

예제 5.2 에러 핸들링 - 파트 2

```
impl EzyTutorError {
    fn error_response(&self) -> String {
        match self {
            EzyTutorError::DBError(msg) => {
                println!("Database error occurred: {:?}", msg);
                "Database error".into()
            }
            EzyTutorError::ActixError(msg) => {
                println!("Server error occurred: {:?}", msg);
                "Internal server error".into()
            }
            EzyTutorError::NotFound(msg) => {
                println!("Not found error occurred: {:?}", msg);
                msg.into()
            }
        }
    }
}
```

커스텀 에러 구조체 EzyTutorError에 대해 error_response()라는 메서드를 정의했다. 이 메서드는 에러가 발생했을 때 사용자에게 사용자 친화적인 메시지를 보내고자 할 때 호출할 수 있다. 여기에서는 3가지 모든 에러 타입에 대해 사용자에게 간단한 사용자 친화적인 메시지를 보내는 것을 목표로 한다.

지금까지 에러 데이터 구조체를 정의하고 커스텀 에러 구조체를 사용자 친화적인 텍스트 메시지로 변환하는 메서드를 작성했다. 그렇다면 웹 서비스에서 HTTP 클라이언트로 에러를 어떻게 전달할 수 있겠는가? HTTP 웹 서비스가 클라이언트와 통신할 수 있는 수단은 HTTP 응답 메시지뿐이다. 그렇지 않은가?

지금까지 다루지 않은 것은 서버에서 생성된 커스텀 에러 메시지를 HTTP 응답 메시지로 변환하는 방법이다. 앞선 예시에서 `actix_web::error::ResponseError` 트레이트를 사용해 이를 달성하는 방법을 확인했다. 핸들러가 ResponsError 트레이트를 구현한 에러를 반환하면, Actix Web은 해당 에러를 적절한 상태 코드와 함께 HTTP 응답으로 변환한다.

여기에서는 EzyTutorError 구조체에 대해 ResponseError 트레이트를 구현하면 된다. 이 구조체를 구현한다는 것은 트레이트에 대한 `error_response()`와 `status_code()` 메서드를 구현한다는 것을 의미한다. 다음 코드를 확인해보자.

예제 5.3 에러 핸들링 - 파트 3

```
impl error::ResponseError for EzyTutorError {
    fn status_code(&self) -> StatusCode {    ◀─── 이 메서드를 사용해서 HTTP 응답 메시지의
        match self {                              일부로 전송할 HTTP 상태 코드를 지정할 수 있다.
            EzyTutorError::DBError(msg) | EzyTutorError::ActixError(msg) => {
                StatusCode::INTERNAL_SERVER_ERROR
            }
            EzyTutorError::NotFound(msg) => StatusCode::NOT_FOUND,
        }
    }
    fn error_response(&self) -> HttpResponse {    ◀─── 이 메서드를 사용해 에러 시나리오에서의
        HttpResponse::build(self.status_code()).json(MyErrorResponse {    HTTP 응답 바디를 결정할 수 있다.
            error_message: self.error_response(),
        })
    }
}
```

NOTE 에러 코드는 Actix Web 문서(http://mng.bz/V185)에 정의되어 있다.

커스텀 에러 타입을 결정했으므로, 이것을 웹 서비스의 3개 API에 대한 데이터베이스 접근 코드와 핸들러에 적용하자.

5.4 모든 강의 정보 얻기에 대한 에러 핸들링하기

이번 절에서는 강사의 강의 리스트를 얻는 API에 대한 에러 핸들링을 통합한다. 데이터베이스 접근을 위한 기능을 포함하고 있는 db_access.rs 파일에 집중하자.

이 파일(db_access.rs)에 다음 코드를 추가한다.

```
use super::errors::EzyTutorError;
```

super 키워드는 부모 스코프(db_access 모듈에 대한), 즉 errors 모듈이 위치한 곳을 참조한다. get_courses_for_tutor_db() 함수 안의 기존 코드를 확인해보자.

```
let course_rows = sqlx::query!(
    "SELECT tutor_id, course_id, course_name,
      posted_time FROM ezy_course_c5 where tutor_id = $1",
      tutor_id
)
.fetch_all(pool)
.await
.unwrap();
```

unwrap() 메서드를 주의해서 살펴보자. 이것은 러스트에서 에러를 처리하는 지름길이다. 데이터베이스 조작에서 에러가 발생할 때마다, 프로그램 스레드는 패닉에 빠져서 종료된다. 러스트에서 unwrap() 키워드는 '동작이 성공이면 결과를 반환한다(여기에서는 강의 리스트). 에러인 경우에는 패닉에 빠져서 프로그램을 종료한다'는 의미다.

이전 장까지는 웹 서비스를 구현하는 방법을 학습하는 단계였으므로 크게 문제 되지 않는다. 하지만 프로덕션 서비스라면 이야기가 다르다. 데이터베이스 접근에서 에러가 발생할 때마다 프로그램이 패닉에 빠져서 종료되면 안 된다. 에러는 모종의 방법으로 처리되어야 한다. 에러 자체에 대해서 대응하는 방법을 안다면 그 방법대로 대응하면 된다. 그렇지 않다면 데이터베이스 접근 코드에서 발생한 에러를 이를 호출한 핸들러 함수로 전달해서 에러를 처리하는 방법을 생각해볼 수 있겠다.

에러를 전파하기 위해서는 unwrap() 키워드 대신 다음과 같이 ? 연산자를 사용할 수 있다.

```
let course_rows = sqlx::query!(
    "SELECT tutor_id, course_id, course_name,
```

```
        posted_time FROM ezy_course_c5 where tutor_id = $1",
        tutor_id
)
.fetch_all(pool)
.await?;
```

데이터베이스 꺼내기 동작의 결과에 대해 작동하는 unwrap() 메서드를 ? 연산자로 대체했다. unwrap() 동작이 러스트 컴파일러에게 에러 발생 시 패닉에 빠지도록 지시하는 반면, ? 연산자는 러스트 컴파일러에게 '에러가 발생한 경우, sqlx 데이터베이스 에러를 다른 타입으로 변환하고, 함수에서 돌아와서 해당 에러를 호출한 핸들러 함수에게 전파하라'고 지시한다. 그렇다면 ? 연산자는 데이터베이스 에러를 어떤 타입으로 변환하는가?

에러를 이런 방식으로(?를 사용해) 전파하려면 데이터베이스 메서드가 Result 타입을 반환하도록 시그니처를 변경해야 한다. 앞에서 본 것처럼, Result 타입은 에러 발생 가능성을 나타낸다. Result 타입은 어떤 계산을 수행하거나 함수를 호출했을 때 2개의 가능한 결과 중 하나를 반환하는 방법을 나타낸다. 성공인 경우에는 OK(val)을 반환하며(val은 성공적으로 계산한 결과적인 계산의 결과이다), 에러인 경우에는 Err(err)를 반환한다(err는 계산 결과 반환된 에러이다).

데이터베이스 꺼내기 함수에서 위의 두 가지 결과를 다음과 같이 정의하자.

- 데이터베이스 접근에 성공하면 강의의 벡터(Vec<Course>)를 반환한다.
- 데이터베이스 꺼내기에 실패하면 EzyTutorError 타입의 에러를 반환한다.

데이터베이스 꺼내기 동작 마지막 부분의 await? 표현식은, 데이터베이스 접근이 실패하면 sqlx 데이터베이스 에러를 EzyTutorError 타입의 에러로 변환하고 함수에서 반환하는 것으로 해석할 수 있다. 실패한 경우, 호출한 핸들러 함수는 데이터베이스 접근 함수로부터 EzyTutorError 타입의 에러를 반환받을 것이다.

다음은 db_access.rs를 수정한 코드이다. 변경된 부분은 주석으로 표기했다.

예제 5.4 한 강사의 강의들을 얻는 메서드에 대한 에러 핸들링

```
pub async fn get_courses_for_tutor_db(
    pool: &PgPool,
    tutor_id: i32,
) -> Result<Vec<Course>, EzyTutorError> {    ◀──  이 함수는 Result<T>를 반환하며, 이는 2가지 결과를
    // SQL 구문을 준비한다.                        나타낸다. 성공한 경우에는 Vec<Course>, 실패한 경우
    let course_rows = sqlx::query!(               에는 EzyTutorError 에러 타입을 나타낸다.
```

```
        "SELECT tutor_id, course_id, course_name,
          posted_time FROM ezy_course_c5 where tutor_id = $1",
          tutor_id
    )
    .fetch_all(pool)
    .await?;
    // 결과를 추출한다.

    let courses: Vec<Course> = course_rows
        .iter()
        .map(|course_row| Course {
            course_id: course_row.course_id,
            tutor_id: course_row.tutor_id,
            course_name: course_row.course_name.clone(),
            posted_time: Some(chrono::NaiveDateTime::from(course_row.posted_time.unwrap())),
        })
        .collect();
    match courses.len() {
        0 => Err(EzyTutorError::NotFound(
            "Courses not found for tutor".into(),
        )),
        _ => Ok(courses),
    }
}
```

`.await?;` 옆 주석: await.unwrap()를 await?로 대체한다. 이것은 sqlx 에러를 EzyTutorError로 변환해서, 이를 호출한 웹 핸들러 함수로 전달한다.

`match courses.len() {` 옆 주석: tutor_id에 대한 쿼리 결과가 존재하지 않으면, EzyTutorError 타입 에러를 반환하고, 사용자에 대한 메시지를 생성한다.

유효한 tutor_id에 대한 강의를 찾을 수 없을 때 반환하는 에러의 진위 여부에 관해 논의할 필요는 있다. 하지만 이 부분은 잠시 미뤄두고, 이것을 러스트에서의 에러 핸들링을 연습하는 기회로 삼아보자.

호출하는 (iter4/handler.rs 안의) 핸들러 함수가 에러 핸들링을 처리하도록 수정하자. 먼저 다음 임포트들을 추가한다.

```
use super::errors::EzyTutorError;
```

get_courses_for_tutor() 함수가 Result 타입을 반환하도록 수정한다.

```
pub async fn get_courses_for_tutor(
    app_state: web::Data<AppState>,
    web::Path(tutor_id): web::Path<i32>
) -> Result<HttpResponse, EzyTutorError> {
    let tutor_id = path.into_inner();
```

`) -> Result<HttpResponse, EzyTutorError> {` 옆 주석: 웹 핸들러 메서드 시그니처를 변경하고 Result 타입을 반환한다.

```
    get_courses_for_tutor_db(&app_state.db, tutor_id)  ◄──────    이것은 데이터베이스 접근 함수
        .await                                                    를 호출한다. 반환되는 에러는
        .map(|courses| HttpResponse::Ok().json(courses))  ◄──     핸들러 함수에 의해 Actix Web
}       데이터베이스 호출이 성공하면, map 로직이 처리되고 쿼리 결과 리스트가 반환된다.    프레임워크로 전파되며, HTTP
                                                                  응답 메시지로 변환된다.
```

강의 리스트 얻기에 대한 에러 핸들링 구현은 완료된 것으로 보인다. 다음 명령으로 코드를 컴파일하고 실행하자.

```
cargo run --bin iter4
```

컴파일러 에러가 발생할 것이다. 이 에러는 ?의 동작에 의한 것인데, 프로그램에서 발생한 모든 에러는 먼저 EzyTutorError 타입으로 변환되어야 한다. 예를 들어 sqlx를 사용한 데이터베이스 접근 시 에러가 발생한다면, sqlx는 sqlx::error::DatabaseError 타입의 에러를 반환하기 때문에 Actix는 이를 처리하는 방법을 알지 못한다. Actix가 이를 대신해줄 것이라 생각하는가? 안타깝지만, 여러분이 코드를 직접 작성해야 한다!

다음 코드를 iter4/error.rs에 추가한다.

예제 5.5 EzyTutorError를 위한 From 및 Display 트레이트 구현하기

```
impl fmt::Display for EzyTutorError {  ◄──────┐ EzyTutorError를 사용자에게 보낼 수 있는 문자열로 출력할 수 있도록 한다.
    fn fmt(&self, f: &mut fmt::Formatter) -> Result<(), fmt::Error> {
        write!(f, "{}", self)
    }
}
                                                    물음표(?) 연산자를 사용해 Actix
                                                    Web 에러를 EzyTutorError로
                                                    변환할 수 있도록 한다.
impl From<actix_web::error::Error> for EzyTutorError {  ◄──
    fn from(err: actix_web::error::Error) -> Self {
        EzyTutorError::ActixError(err.to_string())
    }
}
                                                물음표(?) 연산자를 사용해 데이터베이스 에러를
                                                EzyTutorError로 변환할 수 있도록 한다.
impl From<SQLxError> for EzyTutorError {  ◄──
    fn from(err: SQLxError) -> Self {
        EzyTutorError::DBError(err.to_string())
    }
}
```

데이터베이스 접근 코드와 핸들러 코드에 필요한 수정을 마쳤으며, 강의 리스트를 얻는 것과 관련된 에러 핸들링을 통합했다. 다음 명령어로 코드를 빌드하고 실행하자.

```
cargo run --bin iter4
```

브라우저에서 다음 URL로 접근하자.

```
http://localhost:3000/courses/1
```

여러분은 이제 강의 리스트를 볼 수 있을 것이다. 다음으로 에러 조건을 테스트하자. 유효하지 않은 tutor_id를 사용해 API에 접근해보자.

```
http://localhost:3000/courses/10
```

브라우저에 다음과 같은 메시지가 표시될 것이다.

```
{"error_message":"Courses not found for tutor"}
```

이것은 의도한 바이다. 이제 다른 타입의 에러를 시뮬레이션 해보자. 이번에는 sqlx 데이터베이스 접근 시 발생하는 에러를 시뮬레이션 한다. .env 파일에서 데이터베이스 URL을 유효하지 않은 사용자 id로 변경한다. 다음 예시를 참조하자.

```
DATABASE_URL=postgres://invaliduser:trupwd@127.0.0.1:5432/truwitter
```

다음 명령으로 웹 서비스를 재시작하자.

```
cargo run --bin iter4
```

다음 URL로 접근해보자.

```
http://localhost:3000/courses/1
```

브라우저에 다음 에러 메시지가 나타날 것이다.

```
{"error_message":"Database error"}
```

어떤 일이 발생했는지 잠시 살펴보자. 우리가 API 요청을 받아 유효하지 않은 데이터베이스 URL 을 제공하면, 웹 서비스 데이터베이스 접근 함수는 커넥션 풀로부터 커넥션을 생성하고 해당 쿼리를 실행하고자 한다. 이 동작은 실패하고 sqlx 클라이언트는 sqlx::error::DatabaseError 타입의 에러를 발생시킨다. 이 에러는 errors.rs에서의 다음 From 트레이트 구현으로 인해 EzyTutorError 커스텀 에러 타입으로 변환된다.

```
impl From<SQLxError> for EzyTutorError { }
```

EzyTutorError 타입 에러는 이후 db_access.rs의 데이터베이스 접근 함수로부터 handlers.rs의 핸들러 함수로 전파된다. 핸들러 함수는 이 에러를 받으면, 해당 에러를 Actix Web 프레임워크로 전달한다. Actix Web 프레임워크에서는 이 에러를 적절한 에러 메시지와 함께 HTTP 응답 메시지로 변환한다. 이제 이 에러 상태 코드를 어떻게 확인할 수 있는가? 명령줄 HTTP 클라이언트를 사용해 해당 URL에 접근해서 확인할 수 있다. 다음과 같이 curl 명령을 verbose 옵션과 함께 사용하자.

```
curl -v http://localhost:3000/courses/1
```

터미널에서 다음과 같은 메시지를 볼 수 있을 것이다.

```
GET /courses/1 HTTP/1.1
> Host

: localhost:3000
> User-Agent: curl/7.64.1
> Accept: */*
>
< HTTP/1.1 500 Internal Server Error
```

iter4/errors.rs 파일의 status_code() 함수로 돌아가자. 데이터베이스 및 Actix 에러가 발생했을 때, StatusCode::INTERNAL_SERVER_ERROR 상태 코드를 반환하는 것을 알 수 있다. 이것은 이후 HTTP 상태 코드 500으로 변환된다. 이것은 curl 도구가 생성한 출력과 매치한다.

다음 과정을 진행하기 전에 .env 파일에서 데이터베이스 URL의 사용자명을 올바른 값으로 변경하자. 그렇지 않으면 이후의 테스트도 실패할 것이다.

첫 번째 API에 대한 커스텀 에러 핸들링을 구현했다. 테스트 스크립트가 깨지지 않는지 확인하자. 다음 명령으로 테스트를 실행한다.

```
cargo test --bin iter4
```

컴파일러는 에러를 던질 것이다. 이것은 핸들로부터 에러 응답을 받도록 테스트 스크립트를 수정 해야 하기 때문이다. handlers.rs의 테스트 스크립트를 다음과 같이 수정하자.

예제 5.6 **강사의 모든 강의 얻기에 대한 테스트 스크립트**

```
#[actix_rt::test]
async fn get_all_courses_success() {
    dotenv().ok();
    let database_url = env::var("DATABASE_URL").expect(
      "DATABASE_URL is not set in .env file");
    let pool: PgPool = PgPool::connect(&database_url).await.unwrap();
    let app_state: web::Data<AppState> = web::Data::new(AppState {
        health_check_response: "".to_string(),
        visit_count: Mutex::new(0),
        db: pool,
    });
    let tutor_id: web::Path<i32> = web::Path::from(1);
    let resp = get_courses_for_tutor(
      app_state, tutor_id).await.unwrap();    ◄─── .unwrap()을 추가했다. 핸들러 메서드에서는 Result
    assert_eq!(resp.status(), StatusCode::OK);         타입이 반환되지만, 우리가 원하는 것은 HTTP 응답이
}                                                      므로, 그 결과를 추출해야 한다.
```

NOTE Actix Web은 물음표(?) 연산자를 사용한 에러 전파를 지원하지 않기 때문에, 직접 unwrap() 또는 expect()를 사용해 Result 타입으로부터 HTTP 응답을 추출해야 한다.

명령줄에서 다음 명령을 재실행하자.

```
cargo test get_all_courses_success --bin iter4
```

테스트는 성공적으로 실행될 것이다.

앞의 명령어에서 get_all_courses_success라는 특정한 테스트 케이스만 실행했다. cargo test --bin iter4 명령으로 전체 테스트 스위트를 실행하면, 다음과 같은 에러를 보게 될 것이다.

```
DBError("duplicate key value violates unique constraint")
```

이것은 테스트 스위트가 실행될 때마다 course_id=3인 새로운 레코드가 테이블에 삽입되기 때문이다. 테스트가 두 번째 실행되면 이 레코드 삽입이 실패한다. course_id는 테이블의 기본 키이기 때문에 동일한 course_id를 갖는 2개의 레코드가 존재할 수 없다. 이 경우에는 psql 셸에 로그인한 뒤 ezy_course_c5 테이블에서 course_id=3인 엔트리를 삭제하면 된다.

더 단순한 옵션도 있다. 테스트 스위트에 #[ignore] 애너테이션을 사용해 특정한 테스트 케이스를 Cargo 테스트 실행자가 무시하도록 할 수 있다. 다음과 같이 이 애너테이션을 사용할 수 있다.

```
#[ignore]
#[actix_rt::test]
async fn post_course_success() {
}
```

이제 cargo test --bin iter4 명령어로 전체 테스트 스위트를 실행할 수 있으며, 콘솔에 다음과 같은 내용이 표시될 것이다.

```
running 3 tests
test handlers::tests::post_course_success ... ignored
test handlers::tests::get_all_courses_success ... ok
test handlers::tests::get_course_detail_test ... ok

test result: ok. 2 passed; 0 failed; 1 ignored; 0 measured; 0 filtered out
```

post_course_success 테스트 케이스는 무시되고 다른 2개의 테스트만 실행된 것을 확인할 수 있다.

다른 2개의 API에 대해서도 같은 단계를 수행해야 한다. 즉, 데이터베이스 접근 함수, 핸들러 메서드, 테스트 스크립트를 변경한다.

5.5 강의 상세 정보 얻기에 대한 에러 핸들링하기

두 번째 API, 즉, 강의 상세 정보 얻기에 에러 핸들링을 통합하기 위해 무엇을 변경해야 할지 살펴보자. 다음은 db_access.rs를 업데이트한 데이터베이스 접근 코드이다.

예제 5.7 강의 상세 정보 얻기 함수에 대한 에러 핸들링

```
pub async fn get_course_details_db(pool: &PgPool, tutor_id: i32,
  course_id: i32) -> Result<Course,EzyTutorError> {    ◀──── 함수는 Result 타입을 반환한다. 성공인 경우에는 함수에서 course를
    // SQL 구문을 준비한다.                                     반환하고, 실패인 경우에는 EzyTutorError 타입 에러를 반환한다.
    let course_row = sqlx::query!(
        "SELECT tutor_id, course_id, course_name, posted_time
          FROM ezy_course_c5 where tutor_id = $1 and course_id = $2",
        tutor_id, course_id
    )
    .fetch_one(pool)
    .await;                                      데이터베이스에서 지정한 course_id를
    if let Ok(course_row) = course_row {    ◀──  사용할 수 없으면 커스텀 에러 메시지를 반환한다.
        // 쿼리를 실행한다.
        Ok(Course {
            course_id: course_row.course_id,
            tutor_id: course_row.tutor_id,
            course_name: course_row.course_name.clone(),
            posted_time: Some(chrono::NaiveDateTime::from(course_row.posted_time.unwrap())),
        })
    } else {
        Err(EzyTutorError::NotFound("Course id not found".into()))
    }
}
```

핸들러 함수를 업데이트하자.

```
pub async fn get_course_details(
    app_state: web::Data<AppState>,
    web::Path((tutor_id, course_id)): web::Path<(i32, i32)>
) -> Result<HttpResponse, EzyTutorError> {    ◀──  Result 타입을 반환하도록 핸들러 함수 시그니처를 변경한다.
    get_course_details_db(&app_state.db, tutor_id, course_id)
        .await                                        데이터베이스 접근 함수를 호출해서 강의
        .map(|course| HttpResponse::Ok().json(course))  ◀──  상세 정보를 얻는다. 성공하면 강의 상세
}                                                           정보를 HTTP 응답의 바디로 반환한다.
```

웹 서비스를 재시작한다.

```
cargo run --bin iter4
```

유효한 URL로 접근한다.

```
http://localhost:3000/courses/1/2
```

이전에 본 것처럼 강의 상세 정보를 확인할 수 있다. 이제 유효하지 않은 강의 ID를 사용해 상세 정보에 접근해보자.

```
http://localhost:3000/courses/1/10
```

다음과 같은 에러 메시지를 볼 수 있다.

```
{"error_message":"Course id not found"}
```

handlers.rs 파일의 async fn get_course_detail_test() 테스트 스크립트를 수정해서 핸들러 함수로부터 반환되는 에러들을 얻도록 하자.

```
let resp = get_course_details(app_state, parameters).await.unwrap();
```
데이터베이스 접근 함수 호출 부분에 .unwrap()을 추가해서 Result 타입으로부터 HTTP 응답을 추출한다.

테스트를 실행한다.

```
cargo test get_course_detail_test --bin iter4
```

테스트는 성공한다. 이제 새로운 강의 게시에 대한 에러 핸들링을 통합하자.

5.6 새로운 강의 게시에 대한 에러 핸들링하기

기본적으로 앞의 다른 2개 API에서 수행한 것과 같은 단계를 따를 것이다. 즉, 데이터베이스 접근 함수, 핸들러 함수, 테스트 스크립트를 수정한다. db_access.rs 파일의 데이터베이스 접근 함수부터 시작하자.

예제 5.8 새로운 강의를 게시하는 데이터베이스 접근 함수에 대한 에러 핸들링

```
pub async fn post_new_course_db(
    pool: &PgPool,
    new_course: Course,
) -> Result<Course, EzyTutorError> {
```
함수는 Reuslt 타입을 반환한다. 데이터베이스에 성공적으로 삽입하면 새로운 강의 상세 정보를 반환하고, 실패하면 에러를 반환한다.

```
let course_row = sqlx::query!("insert into ezy_course_c5 (
  course_id, tutor_id, course_name) values ($1, $2, $3)
  returning tutor_id, course_id,course_name, posted_time",
  new_course.course_id, new_course.tutor_id, new_course.course_name))
.fetch_one(pool)
.await?;          ◄────────  ?를 사용해 sqlx 에러를 EzyTutorError 타입으로 변환하고, 호출한 핸들러 함수로 다시 전파한다.
// 결과를 꺼낸다.
Ok(Course {       ◄────────  Ok(<Course>)와 함께 Result 타입을 반환한다.
    course_id: course_row.course_id,
    tutor_id: course_row.tutor_id,
    course_name: course_row.course_name.clone(),
    posted_time: Some(chrono::NaiveDateTime::from(course_row.posted_time.unwrap())),
})
}
```

핸들러 함수를 업데이트한다.

```
pub async fn post_new_course(
    new_course: web::Json<Course>,
    app_state: web::Data<AppState>,
) -> Result<HttpResponse, EzyTutorError> {   ◄──  핸들러 함수의 반환값을 Result 타입으로 변경한다.
    post_new_course_db(&app_state.db, new_course.into())
        .await                                    데이터베이스 접근 함수 호출에 성공하면
        .map(|course| HttpResponse::Ok().json(course))  ◄──  새로운 강의 상세 정보를 반환한다. 실패하면
}                                                 Actix Web 프레임워크로 에러를 전파한다.
```

마지막으로 handlers.rs의 async fn post_course_success() 테스트 스크립트를 업데이트한다.
데이터베이스 접근 함수의 반환값에 unwrap()을 추가한다.

```
#[actix_rt::test]                       핸들러가 반환한 값에 unwrap()을 추가해서 데이터
async fn post_course_success() {        베이스 접근 함수인 post_new_course()로부터 반환
    // 모든 코드를 표시하지는 않았다.      되는 Result 타입으로부터 HTTP 응답을 추출한다.
    let resp = post_new_course(course_param, app_state).await.unwrap();
    assert_eq!(resp.status(), StatusCode::OK);   ◄──
}
```

다음 명령어로 웹 서비스를 다시 빌드하고 재시작한다.

```
cargo run --bin iter4
```

명령줄에서 다음 명령을 실행해서 새로운 강의를 게시한다.

```
curl -X POST localhost:3000/courses/ -H "Content-Type: application/json"\
  -d '{"course_id":4, "tutor_id": 1,\
  "course_name":"This is the fourth course!"}'
```

브라우저에서 다음 URL에 접근해서 새로운 강의가 추가되었는지 확인한다.

```
http://localhost:3000/courses/1/4
```

테스트를 실행한다.

```
cargo test --bin iter4
```

3개의 테스트가 모두 성공한다.

빠르게 복습해보자. 이번 장에서는 웹 서비스에서 발생하는 다양한 타입의 에러를 커스텀 에러 타입으로 변환하는 방법, 이를 HTTP 응답 메시지로 변환하는 방법, 그리고 이를 통해 서버 에러가 발생한 경우 클라이언트에게 의미 있는 메시지를 전달하는 방법을 배웠다. 또한 그 과정에서 모든 러스트 애플리케이션에 적용될 수 있는 러스트 에러 핸들링의 상세한 개념에 관해서도 살펴봤다. 무엇보다 이제 여러분은 실패를 우아하게 처리하고, 의미 있는 피드백을 사용자에게 제공하며, 견고하고 안정된 애플리케이션 서비스를 구축하는 방법을 알게 되었다. 여러분은 튜터 웹 서비스의 3개 API에 대한 에러 핸들링 구현을 완료했다. 우리가 만드는 웹 서비스는 이제 데이터베이스가 지원되고, 데이터베이스와 Actix 에러 및 사용자로부터의 유효하지 않은 입력을 처리할 수 있다! 축하한다!

튜터 웹 서비스는 이제 완전한 데이터베이스를 통해 영구적으로 데이터를 유지할 수 있는 기능을 갖추었다. 또한 기능이 발전함에 따라 더욱 세부적으로 정의할 수 있는 견고한 에러 처리 프레임워크를 구축했다. 다음 장에서는 다른 현실적인 상황을 다룰 것이다. 경영진의 제품 요구사항 변경, 사용자로부터의 추가 기능 요청 등이 포함된다. 러스트는 대규모 리팩터링 테스트를 견딜 수 있을까? 다음 장에서 함께 확인해볼 것이다.

요약

- 러스트는 견고하고 개발자 친화적인 에러 핸들링 접근 방법을 제공한다. Result 타입 및 Result 타입을 다루는 map, map_err와 같은 조합 함수, unwrap()과 expect()를 사용한 빠른 코드 프로토타이핑 옵션, ? 연산자를 사용한 보일러플레이트 코드 감소, From 트레이트를 사용한 에러 타입의 변환 등이 이에 해당한다.

- Actix Web은 러스트의 에러 핸들링 기능 위에서 구현되며, 자체적인 Error 타입과 ResponseError 트레이트를 포함한다. 러스트 프로그래머들은 이를 사용해 커스텀 에러 타입을 정의할 수 있으며, Actix Web 프레임워크는 자동으로 커스텀 에러 타입을 런타임에 의미 있는 HTTP 응답 메시지로 변환해서, 웹 클라이언트 또는 사용자에게 반환한다. 또한 Actix Web은 빌트인 From 구현을 제공하며, 이를 사용해 러스트 표준 라이브러리 에러 타입을 Actix Error 타입으로 변환할 수 있다. 또한 기본 ResponseError 트레이트 구현을 제공하며, 이를 사용해 러스트 표준 라이브러리 에러 타입을 HTTP 응답 메시지로 변환할 수 있다.

- Actix에서 커스텀 에러 핸들링을 구현하는 단계는 다음을 포함한다.
  - 커스텀 에러 타입을 나타내는 데이터 구조체를 정의한다.
  - 해당 커스텀 에러 타입이 가질 수 있는 가능한 값을 정의한다(예: database error, not found error 등).
  - 해당 커스텀 에러 타입에 대한 ResponseError 트레이트를 구현한다.
  - From 트레이트를 구현해서 다양한 에러 타입(sqlx 에러 또는 Actix Web 에러 등)을 커스텀 에러 타입으로 변환한다
  - 에러 발생 시 데이터베이스 접근 함수 및 라우트 핸들러 함수의 반환값을 변경해서 커스텀 에러 타입을 반환한다. Actix Web 프레임워크는 이 커스텀 에러 타입을 적절한 HTTP 응답으로 변환한 뒤, 에러 메시지를 HTTP 응답의 바디에 포함시킨다.

- 튜터 웹 서비스의 3개 API에 대해 커스텀 에러 핸들링을 통합했다.

6

API의 진화와
두려움 없는 리팩터링

이번 장에서 다루는 내용
- 프로젝트 구조 개편하기
- 강의 생성 및 관리를 위한 데이터 모델 개선하기
- 강사 등록과 관리 활성화하기

이전 장에서는 러스트에서의 에러 핸들링 기본 개념과 웹 서비스를 위한 커스텀 에러 핸들링 설계 방법에 관해 다루었다. 지난 몇 개 장의 내용을 통해서 Actix Web 프레임워크를 사용해 웹 서비스를 구조화하는 방법, CRUD 동작을 위해 관계형 데이터베이스와 통신하는 방법, 유입되는 데이터와 요청을 처리하는 과정에서 발생하는 에러를 처리하는 방법에 관해 기본적인 이해를 할 수 있었다. 이번 장에서는 실세계에서 피할 수 없는 대상인 **변경**change에 관해서 다룰 것이다.

실제로 사용되는 모든 웹 서비스 또는 애플리케이션은 라이프사이클이 유지되는 동안 사용자의 피드백이나 비즈니스 요구사항에 의해 계속해서 진화한다. 이런 새로운 많은 요구사항들은 현재의 웹 서비스 또는 애플리케이션에 상당한 변경을 요구한다. 이번 장에서는 러스트를 사용해 이러한 급격한 실계 빈경 및 기존 코드의 상당 부분을 재작성하는 것을 포함한 여러 상황을 다루는 방법에 관해 학습한다. 러스트 컴파일러와 러스트가 제공하는 강력한 기능들을 활용해서 이런 문제들에 손쉽게 대응할 수 있을 것이다.

이번 장에서는 두려움 없이 웹 서비스의 많은 것을 변경할 것이다. 강의를 위한 데이터 모델을 재설계하고, 강의 라우트를 추가하고, 핸들러와 데이터베이스 접근 함수를 수정하고, 테스트 케이스들을 업데이트할 것이다. 애플리케이션의 새로운 모듈을 설계 및 구현해서 강사 정보를 관리하는 동시에 강사와 강의 사이의 관계도 정의한다. 웹 서비스의 에러 핸들링 기능을 개선해서 에지 케이스들을 다룬다. 이것으로 충분하지 않다면, 프로젝트 코드와 디렉터리 구조를 완전히 변경해서 러스트 모듈 사이의 코드들을 깔끔하게 분리할 수도 있다.

지체할 시간이 없다. 바로 시작하자.

6.1 프로젝트 구조 개편하기

이전 장에서는 기본적인 강의 데이터를 생성하고 유지보수하는 데 초점을 두었다. 이번 장에서는 강의 모듈을 개선하고, 강사 정보를 생성하고 유지보수하는 기능을 추가한다. 코드베이스의 크기가 늘어날 것이므로, 프로젝트 구조에 관해서 다시 생각하는 좋은 기회가 될 것이다. 따라서 이번 절에서는 보다 크고 복잡한 애플리케이션 코드를 개발하고 유지보수 할 수 있도록 프로젝트 구조를 변경하는 작업부터 시작한다.

그림 6.1은 두 가지 뷰를 나타낸다. 그림 왼쪽의 프로젝트 구조에서 시작해, 그림 오른쪽의 프로젝트 구조로 변경할 것이다.

새로운 프로젝트 구조에서 가장 눈에 띄는 변화는 dbaccess, handlers, modules가 단일 파일이 아닌 폴더로 바뀌었다는 점이다. 강의와 강사에 데이터 베이스 접근 코드는 dbaccess 폴더에 위치한다. models와 handlers도 마찬가지이다. 이 접근 방식을 사용하면 프로젝트 구조가 복잡해져도 개별 파일의 길이를 줄이면서 여러분이 원하는 것을 빠르게 탐색할 수 있다.

시작하기 전에 프로젝트 루트 전체 경로를 가리키는 PROJECT_ROOT 환경 변수를 설정하자 (ezytutors/tutor_db).

```
export PROJECT_ROOT=<full-path-to ezytutors/tutor-db folder>
```

다음 명령으로 올바르게 설정이 되었는지 확인하자.

```
echo $PROJECT_ROOT
```

이후 **프로젝트 루트**는 $PROJECT_ROOT 환경 변수에 저장된 폴더 경로를 의미한다. 이번 장에서는 프로젝트 루트를 기준으로 다른 파일을 참조할 것이다.

그림 6.1 5장과 6장의 프로젝트 구조

코드 구조는 다음과 같다.

- **$PROJECT_ROOT/src/bin/iter5.rs**: main() 함수이다.

- **$PROJECT_ROOT/src/iter5/routes.rs**: 라우트를 포함한다. 단일 파일로 모든 라우트 정보를 포함한다.

- **$PROJECT_ROOT/src/iter5/state.rs**: 애플리케이션을 실행하는 각 스레드에 주입되는 애플리케이션 상태를 포함한다.

- **$PROJECT_ROOT/src/iter5/errors.rs**: 에러 핸들링 함수와 관련된 커스텀 에러 데이터 구조체이다.

- **$PROJECT_ROOT/.env**: 데이터베이스 접근 크리덴셜을 포함한 환경 변수이다. 이 파일은 코드

저장소에 체크인되어서는 안 된다.

- **$PROJECT_ROOT/src/iter5/dbscripts**: Postgres용 데이터베이스 테이블 생성 스크립트이다.

- **$PROJECT_ROOT/src/iter5/handlers**:

  - **$PROJECT_ROOT/src/iter5/handlers/course.rs**: 강의 관련 핸들러 함수

  - **$PROJECT_ROOT/src/iter5/handlers/tutor.rs**: 강사 관련 핸들러 함수

  - **$PROJECT_ROOT/src/iter5/handlers/general.rs**: 헬스 체크 핸들러 함수

  - **$PROJECT_ROOT/src/iter5/handlers/mod.rs**: 디렉터리 handlers를 러스트 모듈로 변환해서 러스트 컴파일러가 의존하는 파일들을 찾을 수 있도록 한다.

- **$PROJECT_ROOT/src/iter5/models**:

  - **$PROJECT_ROOT/src/iter5/models/course.rs**: 강의 관련 데이터 구조체 및 유틸리티 메서드

  - **$PROJECT_ROOT/src/iter5/models/tutor.rs**: 강사 관련 데이터 구조체 및 유틸리티 메서드

  - **$PROJECT_ROOT/src/iter5/models/mod.rs**: model 디렉터리를 러스트 모듈로 변환해서 러스트 컴파일러가 의존하는 파일들을 찾을 수 있도록 한다.

- **$PROJECT_ROOT/src/iter5/dbaccess**:

  - **$PROJECT_ROOT/src/iter5/dbaccess/course.rs**: 강의 관련 데이터베이스 접근 메서드

  - **$PROJECT_ROOT/src/iter5/dbaccess/tutor.rs**: 강사 관련 데이터베이스 접근 메서드

  - **$PROJECT_ROOT/src/iter5/dbaccess/mod.rs**: 디렉터리 dbaccess를 러스트 모듈로 변경해서 러스트 컴파일러가 의존하는 파일들을 찾을 수 있도록 한다.

5장에서 작성한 iter4 폴더를 복사하자. 여기에서 이번 장의 학습을 시작한다. 새로운 기능은 추가하지 않고 5장의 코드를 새로운 프로젝트 구조로 변경한다.

다음 단계로 진행하자.

1. $PROJECT_ROOT/src/bin/iter4.rs 파일의 이름을 $PROJECT_ROOT/src/bin/iter5.rs로 변경한다.

2. $PROJECT_ROOT/src/iter4 폴더의 이름을 $PROJECT_ROOT/src/iter5로 변경한다.

3. $PROJECT_ROOT/src/iter5 폴더 아래에 dbaccess, models, handlers라는 3개의 하위 폴더를 만든다.

4. $PROJECT_ROOT/src/iter5/models.rs 파일의 이름을 $PROJECT_ROOT/src/iter5/models/course.rs로 변경한다.

5. $PROJECT_ROOT/src/iter5/models 폴더 아래에 tutor.rs, mod.rs 파일을 만든다. 파일의 내용은 빈 상태로 유지한다.

6. $PROJECT_ROOT/src/iter5/dbaccess.rs 파일의 이름을 $PROJECT_ROOT/src/iter5/dbaccess/course.rs로 변경한다.

7. $PROJECT_ROOT/src/iter5/dbaccess 폴더 아래에 tutor.rs, mod.rs 파일을 만든다. 파일의 내용을 빈 상태로 유지한다.

8. $PROJECT_ROOT/src/iter5/handlers.rs 파일의 이름을 $PROJECT_ROOT/src/iter5/handlers/course.rs로 변경한다.

9. $PROJECT_ROOT/src/iter5/handlers 폴더 아래에 tutor.rs, general.rs, mod.rs 파일을 만든다. 파일의 내용을 빈 상태로 유지한다.

10. $PROJECT_ROOT/src/iter5/dbscripts 디렉터리를 만든다. 프로젝트 폴더의 database.sql 파일을 이 디렉터리로 옮긴 뒤에 파일 이름을 course.sql로 변경한다. 파일 내용은 이후에 변경할 것이다.

이 단계에서 프로젝트 구조가 그림 6.1(의 오른쪽)과 같은지 확인하자. 프로젝트 구조를 만들었으므로, 새로운 구조에 맞춰 기존 코드들을 수정하자.

1. $PROJECT_ROOT/src/iter5/dbaccess, $PROJECT_ROOT/src/iter5/models 폴더 아래의 mod.rs 파일에 다음 코드를 추가한다.

```
pub mod course;
pub mod tutor;
```

이 코드를 추가하면 러스트 컴파일러는 $PROJECT_ROOT/src/iter5/models, $PROJECT_ROOT/src/iter5/dbaccess 폴더의 내용을 러스트 모듈로 인식한다. 이제 Course 데이터 구조체를 다른 파일에서 아래와 같이 참조할 수 있다. 폴더 및 모듈 구조와 매우 유사하다.

```
use crate::models::course::Course;
```

2. 마찬가지로 $PROJECT_ROOT/src/iter5/handlers 폴더 아래의 mod.rs 파일에 다음 코드를 추가한다.

```
pub mod course;
pub mod tutor;
pub mod general;
```

3. $PROJECT_ROOT/src/iter5/handlers/general.rs 파일에 다음 임포트들을 추가한다.

```
use super::errors::EzyTutorError;
use super::state::AppState;
use actix_web::{web, HttpResponse};
```

다음으로 pub async fn health_check_handler(){...}을 $PROJECT_ROOT/src/iter5/handlers/course.rs에서 $PROJECT_ROOT/src/iter5/handlers/general.rs로 옮긴다.

4. main() 함수를 살펴보자. $PROJECT_ROOT/src/bin/iter5에서 모듈 선언 경로를 다음과 같이 수정한다.

```
#[path = "../iter5/dbaccess/mod.rs"]
mod dbaccess;
#[path = "../iter5/errors.rs"]
mod errors;
#[path = "../iter5/handlers/mod.rs"]
mod handlers;
#[path = "../iter5/models/mod.rs"]
mod models;
#[path = "../iter5/routes.rs"]
mod routes;
#[path = "../iter5/state.rs"]
mod state;
```

5. $PROJECT_ROOT/src/iter5/dbaccess/course.rs의 모듈 임포트 경로를 다음과 같이 수정한다.

```
use crate::errors::EzyTutorError;
use crate::models::course::Course;
```

6. $PROJECT_ROOT/src/iter5/handlers/course.rs의 모듈 임포트 경로를 다음과 같이 수정한다.

```
use crate::dbaccess::course::*;
use crate::errors::EzyTutorError;
use crate::models::course::Course;
```

7. 마지막으로 $PROJECT_ROOT/src/iter5/routes.rs의 모듈 경로를 다음과 같이 수정한다.

```
use crate::handlers::{course::*, general::*};
```

이상의 코드 리팩터링 연습에서 기존 임포트 구문은 삭제해서는 안 된다. 이들과 관련된 모듈 경로는 변경되지 않으므로 특별히 언급하지 않았다.

프로젝트 루트에서 다음 명령을 실행해서 컴파일 에러가 없는지 확인하자.

```
cargo check
```

테스트 스크립트를 실행할 수도 있다. 테스트도 성공적으로 실행될 것이다.

```
cargo test
```

에러가 발생한다면, 앞의 단계들을 다시 살펴보자. 컴파일은 에러가 없이 완료되어야 한다. 축하한다! 여러분은 방금 프로젝트 코드를 새로운 구조로 리팩터링했다!

간단히 정리해보자. 우리는 코드를 작은 여러 파일들로 나누었고, 각 파일들은 지정한 기능(소프트웨어의 단일 책임 원칙과 결을 같이 한다)을 수행한다. 다음으로 관련된 파일들을 공통 폴더 아래에 그룹화했다. 예를 들어 강사, 강의와 관련된 데이터베이스 접근 코드들은 각각의 파일로 분할되어 있지만, 이 파일들은 dbaccess라는 폴더에 함께 들어 있다. (러스트의 모듈을 사용해) 에러 핸들러 함수, 데이터베이스 접근, 데이터 모델, 라우트, 에러, 데이터베이스 스크립트, 애플리케이션 상태, 에러 핸들링의 이름 공간을 명확하게 분리했다. 이런 직관적인 프로젝트 구조와 파일명을 사용하면 하나의 코드 저장소를 리뷰하고 수정하는 개발자들 간의 협업이 가능하며, 새로운 팀 구성원의 적응 속도를 높이며, 결함 수정과 코드 개선으로 인한 릴리스 시간을 줄여준다.

그러나 이런 유형의 구조는 소규모 프로젝트에서는 과도할 수 있다. 따라서 코드 리팩터링에 관한 결정은 시간이 지남에 따라 코드와 기능이 복잡해지는 정도에 기반해서 내려야 한다.

다음 절부터는 기능 개선에 집중해본다.

6.2 강의 생성 및 관리와 관련된 데이터 모델 개선하기

이번 절에서는 강의 관련 API를 개선해본다. 러스트 데이터 모델, 데이터베이스 테이블 구조, 라우트, 핸들러 및 데이터베이스 접근 기능의 변경을 포함한다.

그림 6.2는 코드 관련 API에 대한 최종 코드 구조를 나타낸다. 그림에는 강의 관련 API 라우트 및 그와 관련된 핸들러 함수와 데이터베이스 접근 함수가 표시되어 있다.

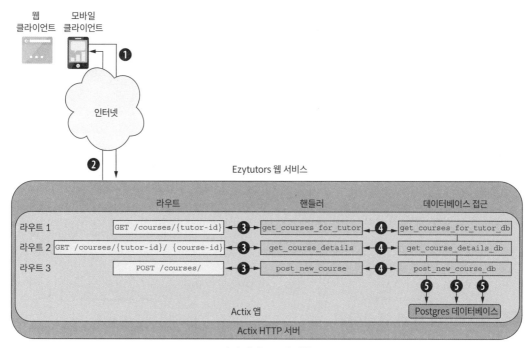

그림 6.2 강의 관련 API에 대한 코드 구조

데이터베이스 접근 함수의 이름은 일반적인 이름 규칙을 따른다. 관련된 핸들러 함수 이름에 db라는 접미사를 붙인다.

$PROJECT_ROOT/src/iter5/models/course.rs 안의 현재의 Course 데이터 모델부터 시작해보자.

```
pub struct Course {
    pub course_id: i32,
    pub tutor_id: i32,
    pub course_name: String,
    pub posted_time: Option<NaiveDateTime>,
}
```

이 데이터 구조는 지금까지 제 역할을 다했지만, 이제는 그렇지 않다. 강의를 설명하기 위한 보다 실질적인 속성들을 추가할 때가 되었다. Course 구조체에 다음을 추가하자.

- **Description**: 강의를 소개하는 텍스트 정보이다. 관심 있는 학생은 수강 여부를 결정할 수 있다.
- **Format**: 강의는 자습용 비디오 강의, e-book 포맷, 강사가 지도하는 대면 교육 등 다양한 포맷으로 제공될 수 있다.

- **Structure of course**: 강사가 강의를 설명하는 문서(PDF 포맷의 브로셔 등)를 업로드할 수 있게 한다.
- **Duration of course**: 강의의 길이. 비디오 기반 강의인 경우 녹화 시간, 대면 강의인 경우 교육 시간, e-book인 경우 권장 학습 시간으로 표기한다.
- **Price**: US 달러로 강의 가격을 지정한다.
- **Language**: 웹 앱에는 다양한 국가의 사용자들이 올 수 있으므로, 다양한 언어로 강의를 제공 하도록 허가한다.
- **Level**: 강의 대상 학생의 수준을 나타낸다. Beginner, Intermediate, Expert 중에서 선택할 수 있다.

다음 절에서 러스트 데이터 모델을 실제로 변경한다.

6.2.1 데이터 모델 변경하기

먼저 파일 임포트 변경부터 시작하자. 다음은 기존 임포트 부분이다.

```rust
use actix_web::web;
use chrono::NaiveDateTime;
use serde::{Deserialize, Serialize};
```

Course 데이터 구조체를 수정해서 우리가 저장하고자 하는 추가적인 데이터 요소를 통합하자. 다음은 $PROJECT_ROOT/src/iter5/models/course.rs에서 업데이트한 Course 데이터 구조체이다.

```rust
#[derive(Serialize, Debug, Clone, sqlx::FromRow)]
pub struct Course {
    pub course_id: i32,
    pub tutor_id: i32,
    pub course_name: String,
    pub course_description: Option<String>,
    pub course_format: Option<String>,
    pub course_structure: Option<String>,
    pub course_duration: Option<String>,
    pub course_price: Option<i32>,
    pub course_language: Option<String>,
    pub course_level: Option<String>,
    pub posted_time: NaiveDateTime,
}
```

3개의 필수 필드, course_id, tutor_id, course_name을 가진 구조체를 선언했다. 나머지 필드는 옵셔널이다(Option<T> 타입). 옵셔널로 선언된 필드는 데이터베이스 안에서 값을 가지지 않을 수도 있다.

몇 가지 트레이트는 자동으로 유도되었다. Serialize는 api 클라이언트로 course 구조체의 필드들을 재전송할 수 있다. Debug는 러스트의 소유 모델을 준수하기 위해 문자열값을 중복시킬 수 있게 도와준다. sqlx::FromRow는 데이터베이스에서 값을 읽는 동안, 데이터베이스 레코드를 Course 구조체로 자동 변환할 수 있도록 도와준다. 데이터베이스 접근 함수들을 작성할 때 이 기능들을 구현할 것이다.

Course 데이터 구조체에는 데이터베이스 레벨에서 자동 생성하고자 했던 두 개의 필드(course_id, posted_time)가 있다. 그래서, Course 레코드를 완전하게 표시하는 데는 이 필드들이 필요하지만, api 클라이언트가 새로운 레코드를 생성하기 위해서 이 값들을 보낼 필요는 없다. 그렇다면 서로 다른 Course의 표현을 어떻게 처리해야 할까?

새로운 강의를 생성하기 위해 프런트엔드와 관련된 필드만 포함하는 별도의 데이터 구조체를 만들자. 다음은 새로운 구조체인 CreateCourse이다.

```rust
#[derive(Deserialize, Debug, Clone)]
pub struct CreateCourse {
    pub tutor_id: i32,
    pub course_name: String,
    pub course_description: Option<String>,
    pub course_format: Option<String>,
    pub course_structure: Option<String>,
    pub course_duration: Option<String>,
    pub course_price: Option<i32>,
    pub course_language: Option<String>,
    pub course_level: Option<String>,
}
```

이 구조체에서 새로운 강의를 생성할 때는 tutor_id와 course_id 필드만 필수이고, 나머지 필드들은 옵셔널이다. api 클라이언트에서는 이것만 신경 쓰면 된다. 튜터 웹 서비스에서는 새로운 강의를 만드는 경우 course_id와 posted_time 필드도 필수이지만 이들은 내부적으로 자동 생성된다.

또한 Course 구조체에서는 자동 유도된 Serialize 트레이트가 있고 CreateCourse 구조체에서는 자동 유도된 Deserialize 트레이트가 있다는 점도 알 수 있다. 그 이유가 무엇일까?

이것은 CreateCourse 구조체를 사용자가 웹 서비스에 HTTP 요청 바디의 일부로 보내는 입력을 전달하기 위한 데이터 구조로 사용하기 때문이다. 따라서 Actix Web 프레임워크는 전송되어 유입되는 데이터를 CreateCourse 러스트 구조체로 역직렬화할 수 있어야 한다.

HTTP 요청에 대해 API 클라이언트는 전송을 위한 데이터 페이로드를 **직렬화**하고, 이를 받는 Actix 프레임워크에서는 애플리케이션에서 처리할 수 있는 적합한 형태로 데이터를 다시 **역직렬화**해야 한다. 정확하게 말하자면 Actix Web 프레임워크는 유입되는 데이터 페이로드를 Actix 데이터 타입인 web::Json<CreateCourse>로 직렬화하지만, 애플리케이션은 이 타입을 이해하지 못한다. 그래서 이 Actix 타입을 정규 러스트 구조체로 변환해야 한다.

러스트의 From 트레이트를 구현해서 변환 함수를 작성하고, 새로운 강의를 생성하는 새로운 HTTP 요청이 올 때마다 런타임에 이를 호출한다.

```rust
impl From<web::Json<CreateCourse>> for CreateCourse {

    fn from(new_course: web::Json<CreateCourse>) -> Self {
        CreateCourse {
            tutor_id: new_course.tutor_id,
            course_name: new_course.course_name.clone(),
            course_description: new_course.course_description.clone(),
            course_format: new_course.course_format.clone(),
            course_structure: new_course.course_structure.clone(),
            course_level: new_course.course_level.clone(),
            course_duration: new_course.course_duration.clone(),
            course_language: new_course.course_language.clone(),
            course_price: new_course.course_price,
        }
    }
}
```

이 변환은 매우 직관적이지만 변환 과정에서 에러가 발생할 가능성이 있기 때문에, From 트레이트 대신 TryFrom 트레이트를 사용한다. 예를 들어 문자열값을 정수로 변환하는 것과 같은 Result 타입을 변환하는 러스트 표준 라이브러리 함수를 호출하면, 에러가 발생할 수 있다.

먼저 러스트 표준 라이브러리에서 TryFrom 트레이트를 임포트해야 한다.

```rust
use std::convert::TryFrom;
```

다음으로 try_from() 함수를 구현하고, 처리 과정에서 문제가 발생했을 때 반환될 Error 타입을 선언한다.

```rust
impl TryFrom<web::Json<CreateCourse>> for CreateCourse {
    type Error = EzyTutorError;

    fn try_from(new_course: web::Json<CreateCourse>) -> Result<Self, Self::Error> {
        Ok(CreateCourse {
            tutor_id: new_course.tutor_id,
            course_name: new_course.course_name.clone(),
            course_description: new_course.course_description.clone(),
            course_format: new_course.course_format.clone(),
            course_structure: new_course.course_structure.clone(),
            course_level: new_course.course_level.clone(),
            course_duration: new_course.course_duration.clone(),
            course_language: new_course.course_language.clone(),
            course_price: new_course.course_price,
        })
    }
}
```

Error는 TryFrom 트레이트와 관련된 타입 플레이스홀더이다. 모든 에러 핸들링은 EzyTutorError 타입을 대상으로 할 것이므로 이 또한 EzyTutorError 타입으로 선언했다. 실패가 발생하는 경우 함수 안에서 EzyTutorError 타입의 에러를 발생시킨다.

하지만 여기에서의 목적상으로는 From 트레이트를 사용하는 것으로 충분하다. 이 변환 과정에서는 어떤 실패의 조건도 기대하지 않기 때문이다. 여기에서 TryFrom 트레이트의 사용 방법을 보인 것은 필요하게 되었을 때 사용할 수 있도록 하기 위해서이다.

이제 API 클라이언트에서 데이터를 받아 새로운 강의를 생성할 수 있게 되었다. 강의 업데이트는 어떻게 할 것인가? CreateCourse 구조체를 그대로 사용할 수 있는가? 그럴 수 없다. 왜냐하면 강의를 업데이트할 때는 tutor_id가 수정되지 않아야 한다. 강의를 생성한 강사가 다른 강사로 변경되는 것을 원하지 않기 때문이다. 게다가 CreateCourse 구조체에서는 course_name 필드가 필수이다. 강의를 업데이트할 때마다 강의명을 업데이트하도록 하기를 원하지 않는다.

강의 상세 정보를 업데이트하기에 보다 적합한 다른 구조체를 생성하자.

```rust
#[derive(Deserialize, Debug, Clone)]
```

```
pub struct UpdateCourse {
    pub course_name: Option<String>,
    pub course_description: Option<String>,
    pub course_format: Option<String>,
    pub course_structure: Option<String>,
    pub course_duration: Option<String>,
    pub course_price: Option<i32>,
    pub course_language: Option<String>,
    pub course_level: Option<String>,
}
```

모든 필드를 옵셔널로 선언했다. 이는 보다 좋은 사용자 경험을 제공한다.

UpdateCourse에 대한 From 트레이트 구현도 작성해야 한다. 구현은 CreateCourse와 유사하다.

```
impl From<web::Json<UpdateCourse>> for UpdateCourse {
    fn from(update_course: web::Json<UpdateCourse>) -> Self {
        UpdateCourse {
            course_name: update_course.course_name.clone(),
            course_description: update_course.course_description.clone(),
            course_format: update_course.course_format.clone(),
            course_structure: update_course.course_structure.clone(),
            course_level: update_course.course_level.clone(),
            course_duration: update_course.course_duration.clone(),
            course_language: update_course.course_language.clone(),
            course_price: update_course.course_price,
        }
    }
}
```

잊기 전에 앞 장에서 작성한 web::Json<Course>를 Course 구조체로 변환하는 From 트레이트를 $PROJECT_ROOT/src/iter5/models/course.rs 파일에서 삭제하자. 이제 사용자로부터 데이터를 받는 구조체와(CreateCourse, UpdateCourse) 반환하는 구조체(Course)가 다르기 때문이다.

이것으로 Course 데이터 구조체에 대한 데이터 모델 변경을 완료했다. 하지만 아직 끝나지 않았다. 새로운 필드를 추가할 수 있도록 물리적인 데이터베이스 테이블 모델을 변경해야 한다.

$PROJECT_ROOT/src/iter5/dbscripts 폴더 안의 course.sql 파일에 다음 데이터베이스 스크립트를 추가하자.

```
/* 테이블이 존재한다면 삭제한다. */

drop table if exists ezy_course_c6;

/* 테이블을 생성한다. */
/* 주의: 마지막 필드 뒤에 쉼표를 넣지 말자. */

create table ezy_course_c6
(
    course_id serial primary key,
    tutor_id INT not null,
    course_name varchar(140) not null,
    course_description varchar(2000),
    course_format varchar(30),
    course_structure varchar(200),
    course_duration varchar(30),
    course_price INT,
    course_language varchar(30),
    course_level varchar(30),
    posted_time TIMESTAMP default now()
);
```

이전 장에서 작성했던 스크립트와 비교해 주요한 변경점은 다음과 같다.

- 데이터베이스 테이블명에는 c6 접미사를 붙였다. 이는 장별로 코드를 독립적으로 테스트하기 위해서이다.

- Course 데이터 구조에서 설계한 추가적인 데이터 요소들은 테이블 생성 스크립트에 반영되어 있다.

- tutor_id와 course_name에 NOT NULL 제약 조건을 사용한 것에 주목하자. 이것은 데이터베이스에 의해 강제되며, 이 컬럼들을 사용하지 않으면 데이터베이스에 레코드를 추가할 수 없다. 또한 기본 키로 정의된 course_id와 현재 시간으로 자동 설정되는 posted_time은 데이터베이스 레벨에서 강제된다. NOT NULL 제약 조건을 갖지 않은 다른 필드들은 옵셔널 컬럼이다. 여러분이 이전의 Course 구조체를 참조한다면, 이 컬럼들이 Course 구조체 정의에서 Option<t> 타입으로 지정된 것을 알 수 있을 것이다. 이런 방식을 사용해 데이터베이스 컬럼 제약 사항을 러스트 구조체에 반영했다.

명령줄에서 다음 명령어를 사용해 데이터베이스 스크립트를 테스트할 수 있다. 스크립트 파일의 경로가 올바르게 지정되어 있는지 확인하자.

```
psql -U <user-name> -d ezytutors < <path.to.file>/course.sql
```

<user-name>과 <path.to.file>을 여러분이 설정한 값으로 변경하고 비밀번호를 요청받으면 설정한 비밀번호를 입력하자. 스크립트는 성공적으로 실행될 것이다. 스크립트 명세에 맞게 실제로 테이블이 생성되었는지 확인하기 위해 다음 명령어를 실행해서 psql 셸에 로그인해서 검증을 진행하자.

```
psql -U <user-name> -d ezytutors
\d     ◄──┘ 관계(테이블) 리스트를 출력한다.
\d+ ezy_course_c6  ◄──┘ 테이블의 컬럼명을 출력한다.
\q     ◄──┘ psql 셸에서 이탈한다.
```

새로운 테이블을 생성한 뒤 데이터베이스 사용자에게 권한을 부여해야 한다. 터미널의 명령줄에서 다음 명령을 실행하자.

```
psql -U <user-name> -d ezytutors // psql 셸에 로그인한다.
GRANT ALL PRIVILEGES ON TABLE __ezy_course_c6__ to <user-name>
\q // psql 셸에서 나간다.
```

<user-name>은 여러분이 설정한 것으로 대체한 뒤 명령어를 실행하자. 이 <user-name>은 여러분이 .env 파일에서 설정한 것과 동일하다. 이 단계는 테이블을 생성한 뒤 데이터베이스 스크립트의 일부로 실행할 수도 있다. 여러분의 목적에 맞게 선택하자.

이것으로 데이터 모델 변경을 완료했다. 다음 절에서는 API 처리 로직을 변경해서 데이터 모델 변경 내용을 적용하자.

6.2.2 강의 API 변경하기

이전 절에서 Course에 대한 데이터 모델을 개선하고, 설계한 Course의 새로운 구조체를 생성하기 위한 새로운 데이터베이스 스크립트를 생성했다.

이제 애플리케이션 로직을 수정해서 데이터 모델 변경을 통합해야 한다. 이를 검증하기 위해 프로젝트 루트에서 디옴 명령어를 실행한다.

```
cargo check
```

데이터베이스 접근과 핸들러 함수에서 에러가 발생하는 것을 알 수 있다. 이들을 수정하자.

$PROJECT_ROOT/src/iter5/routes.rs에서 시작하자. 코드를 다음과 같이 수정하자.

```rust
use crate::handlers::{course::*, general::*};
use actix_web::web;

pub fn general_routes(cfg: &mut web::ServiceConfig) {
    cfg.route("/health", web::get().to(health_check_handler));
}

pub fn course_routes(cfg: &mut web::ServiceConfig) {
    cfg.service(                          // 새로운 강의를 생성하는 HTTP POST 요청          // 제공한 강사의 모든 강의를 얻는 HTTP GET 요청
        web::scope("/courses")
            .route("/", web::post().to(post_new_course))
            .route("/{tutor_id}", web::get().to(get_courses_for_tutor))
            .route("/{tutor_id}/{course_id}", web::get().to(get_course_details))
            .route(                                       // 제공한 강의의 상세 정보를 얻는 HTTP GET 요청
                "/{tutor_id}/{course_id}",
                web::put().to(update_course_details),
            )                             // 강의 상세 정보를 업데이트하는 HTTP PUT 요청
            .route("/{tutor_id}/{course_id}", web::delete().to(delete_course)),
    );                                                    // 강의를 삭제하는 HTTP DELETE 요청
}
```

이 코드에서는 몇 가지 사항을 유념해야 한다.

- crate::handlers::course와 crate::handlers::general 모듈의 핸들러 함수를 임포트한다.

- 다양한 라우트에 대해 적절한 HTTP 메서드를 사용했다. 예를 들어 새로운 강의를 생성할 때는 post() 메서드, 강의 리스트 중 하나의 강의 정보를 얻을 때는 get() 메서드, 강의를 업데이트할 때는 put() 메서드, 강의를 삭제할 때는 delete() 메서드를 사용했다.

- {tutor_id}와 {course_id} 같은 URL 경로 매개변수를 사용해 조작할 특정한 리소스를 식별했다.

이 시점에서 강의 레코드의 생성과 업데이트를 위해 설계한 데이터 모델인 CreateCourse, UpdateCourse에 관한 의문이 생길 수 있다. 왜 이들은 라우트 정의에서는 보이지 않는가? 그것은 이 구조체들이 HTTP 요청 페이로드의 일부로 보내지기 때문이며, 이들은 자동적으로 Actix에 의해 추출되어 각 핸들러 함수에서 접근할 수 있기 때문이다. Actix Web의 라우트 선언에서는 URL 경로 매개변수, 라우트에 대한 HTTP 메서드 및 핸들러 함수의 이름만 지정된다.

다음으로 $PROJECT_ROOT/src/iter5/handlers/course.rs 안의 핸들러 함수를 살펴보자. 다음은
모듈 임포트이다.

```
use crate::dbaccess::course::*;
use crate::errors::EzyTutorError;
use crate::models::course::{CreateCourse, UpdateCourse};
use crate::state::AppState;
use actix_web::{web, HttpResponse};
```

우선 핸들러 함수는 HTTP 요청이 routes.rs에 정의된 라우트 중 하나에 도달할 때마다 호출된
다는 것을 상기하자. 예를 들어 courses의 경우 한 강사의 강의 리스트를 얻는 GET 요청이거나, 새
로운 강의를 생성하는 POST 요청일 수 있다. 유효한 강의 라우트에 관련된 핸들러 함수들은 이 파
일에 저장된다. 핸들러 함수는 이후, Course 데이터 모델과 데이터베이스 접근 함수를 사용하며 이
들은 모듈 임포트에 반영된다.

데이터베이스 접근 함수(핸들러가 이들을 호출), 커스텀 에러 타입, Course 모델로부터 데이터 구조
체, AppState(데이터베이스 커넥션 풀을 위해), 클라이언트 프런트엔드와의 HTTP 통신을 위한 Actix
유틸리티들을 임포트했다.

이제 여러 라우트에 대한 핸들러 함수들을 하나씩 작성하자. 다음은 한 강사의 모든 강의를 얻는
핸들러 메서드이다.

```
pub async fn get_courses_for_tutor(
    app_state: web::Data<AppState>,
    path: web::Path<i32>,
) -> Result<HttpResponse, EzyTutorError> {
    get_courses_for_tutor_db(&app_state.db, tutor_id)
        .await
        .map(|courses| HttpResponse::Ok().json(courses))
}
```

이 함수는 tutor_id를 참조하는 URL 경로 매개변수를 받아서, 이를 web::Path<i32> Actix 데이
터 구조체로 캡슐화한다. 이 함수는 요청받은 데이터 또는 에러 메시지를 포함한 HTTP 응답을 반
환한다.

핸들러는 차례로 get_courses_for_tutor_db 데이터베이스 접근 함수를 호출해서 데이터베이스
에 접근하고 강의 리스트를 꺼낸다. 데이터베이스 접근 함수로부터 반환된 값은 러스트의 map 구

조체를 통해 처리된다. 성공 코드와 함께 유효한 HTTP 응답 메시지가 만들어지고, 강의 리스트는 HTTP 응답 바디의 일부로 보내진다.

데이터베이스 접근 중 에러가 발생하면, 데이터베이스 접근 함수는 EzyTutorError 타입의 에러를 발생시키고, 이는 핸들러 함수로 다시 전달된다. 핸들러 함수에서 이 에러는 Actix error 타입으로 변환되어 유효한 HTTP 응답으로 클라이언트에게 전달된다. 에러 전송은 Actix 프레임워크가 처리한다. 이전 장에서 만든 EzyTutorError 타입에 대한 Actix ResponseError 트레이트가 제공된다.

다음으로 개별 강의 레코드를 얻는 코드를 살펴보자.

```
pub async fn get_course_details(
    app_state: web::Data<AppState>,
    path: web::Path<(i32, i32)>,
) -> Result<HttpResponse, EzyTutorError> {
    let (tutor_id, course_id) = path.into_inner();
    get_course_details_db(&app_state.db, tutor_id, course_id)
        .await
        .map(|course| HttpResponse::Ok().json(course))
}
```

이전 함수와 같이 이 함수도 HTTP::GET 요청에 따라 호출된다. tutor_id, course_id를 URL 경로 매개변수를 받는다는 차이점이 있다. 이들을 사용해 데이터베이스에서 하나의 강의 레코드를 고유하게 식별한다.

이 핸들러에서는 .await 키워드를 사용해 데이터베이스 접근 함수를 호출하고 있다. 우리가 사용하는 데이터베이스 접근 라이브러리 sqlx는 데이터베이스에 대한 비동기 커넥션을 사용하며, 데이터베이스와 비동기 호출을 나타내기 위해 .await 키워드를 사용한다.

계속해서 새로운 강의를 게시하는 핸들러 함수의 코드를 살펴보자.

```
pub async fn post_new_course(
    new_course: web::Json<CreateCourse>,
    app_state: web::Data<AppState>,
) -> Result<HttpResponse, EzyTutorError> {
    post_new_course_db(&app_state.db, new_course.into()?)
        .await
        .map(|course| HttpResponse::Ok().json(course))
}
```

이 핸들러 함수는 routes.rs 파일에 지정된 HTTP::POST 요청을 받았을 때 호출된다. Actix 프레임워크는 이 POST 요청의 HTTP 요청 바디를 역직렬화해서 web::Json<CreateCourse> 데이터 구조체 안의 post_new_course() 핸들러 함수가 데이터에 접근할 수 있도록 한다.

models/course.rs 파일 안에 From 트레이트 구현의 일부로 web::Json<CreateCourse>를 CreateCourse 구조체로 변환하는 변환 메서드를 작성했던 것을 기억하자. new_course.into()? 표현식을 사용해 핸들러 안에서 이를 호출했다. From 트레이트 대신 TryFrom 트레이트를 사용해 변환 함수를 구현했다면, new_course.try_into()?를 사용해 해당 변환을 호출할 것이다. ?는 변환 함수에서 에러가 반환될 수 있는 가능성을 나타낸다.

이 핸들러 함수 안에서는 새로운 강의가 생성된 뒤, 데이터베이스 접근 함수가 새롭게 생성된 강의 레코드를 반환한다. 반환된 강의 레코드는 HTTP 응답 메시지의 바디 안에 포함되어 웹 서비스로부터 되돌려진다.

다음으로 강의를 삭제하는 핸들러 함수를 살펴보자.

```
pub async fn delete_course(
    app_state: web::Data<AppState>,
    path: web::Path<(i32, i32)>,
) -> Result<HttpResponse, EzyTutorError> {
    let (tutor_id, course_id) = path.into_inner();
    delete_course_db(&app_state.db, tutor_id, course_id)
        .await
        .map(|resp| HttpResponse::Ok().json(resp))
}
```

이 핸들러 함수는 HTTP::DELETE 요청에 대한 응답으로 호출된다. 핸들러 함수는 delete_course_db 데이터베이스 접근 함수를 호출해서 강의 레코드를 데이터베이스에서 실제로 삭제한다. 삭제에 성공하면 핸들러 함수는 성공적인 삭제를 확인하는 메시지를 받고, HTTP 응답의 일부로 반환한다.

다음은 강의 상세 정보를 업데이트하는 핸들러 함수이다.

```
pub async fn update_course_details(
    app_state: web::Data<AppState>,
    update_course: web::Json<UpdateCourse>,
    path: web::Path<(i32, i32)>,
) -> Result<HttpResponse, EzyTutorError> {
```

```
        let (tutor_id, course_id) = path.into_inner();
        update_course_details_db(&app_state.db, tutor_id,
          course_id, update_course.into())
            .await
            .map(|course| HttpResponse::Ok().json(course))
}
```

이 핸들러 함수는 routes.rs 파일에 지정된 라우트로의 HTTP::PUT 요청에 대한 응답으로 호출된다. tutor_id, course_id라는 2개의 URL 경로 매개변수를 받아, 데이터베이스의 고유한 강의를 식별한다. 수정되어야 할 강의에 대한 입력 매개변수들은 HTTP 요청 바디의 일부로서 웹 프런트엔드로부터 Actix 웹서버에 전달되고, Actix는 이를 web::Json::UpdateCourse로 핸들러 함수에 전달한다.

update_course.into() 표현식을 사용했음에 주의하자. 이것은 web::json::UpdateCourse를 UpdateCourse 구조체로 변환하기 위해서이다. 이를 위해 앞에서 models/course.rs 파일 안에 From 트레이트를 구현했다.

업데이트된 강의 상세 정보는 이후 HTTP 응답 메시지의 일부로서 반환된다.

핸들러 함수들에 대한 단위 테스트 케이스들도 작성하자. handlers/course.rs 파일의 tests 모듈 안에 테스트 케이스들을 추가한다(핸들러 함수들의 코드 뒤). 모든 테스트 케이스들과 테스팅을 위한 모듈 임포트는 이 tests 모듈 블록 안에 위치해야 한다.

```
#[cfg(test)]
mod tests {
    // 여기에 테스트 케이스들을 작성한다.
}
```

모듈 임포트들을 먼저 추가하자.

```
use super::*;
use actix_web::http::StatusCode;
use actix_web::ResponseError;
use dotenv::dotenv;
use sqlx::postgres::PgPool;
use std::env;
use std::sync::Mutex;
```

한 강사의 모든 강의 얻기에 대한 테스트 케이스부터 작성하자.

```
#[actix_rt::test]
async fn get_all_courses_success() {
    dotenv().ok();          ◀── .env 파일에서 환경 변수를 로드한다.
    let database_url = env::var("DATABASE_URL").expect(
        "DATABASE_URL is not set in .env file");
    let pool: PgPool = PgPool::connect(&database_url).await.unwrap();  ◀──
    let app_state: web::Data<AppState> = web::Data::new(AppState {  ◀──
        health_check_response: "".to_string(),
        visit_count: Mutex::new(0),
        db: pool,
    });
    let tutor_id: web::Path<i32> = web::Path::from(1);  ◀──
    let resp = get_courses_for_tutor(
        app_state, tutor_id).await.unwrap();  ◀──
    assert_eq!(resp.status(), StatusCode::OK);  ◀──
}          핸들러 함수 호출의 반환값이 기대한 상태 코드인지 확인한다.
```

환경 변수에서 DATABASE_URL을 꺼낸다.
해당 변수가 설정되어 있지 않으면 코드는
에러 메시지와 함께 패닉에 빠진다.

Postgres 데이터베이스
커넥션 풀을 만든다.

Actix-Web에 의해 각 핸들러 함수에 디펜던시로 주입될 애플리
케이션 상태를 만든다. 데이터베이스 커넥션 풀은 애플리케이션
상태의 일부이며, 데이터베이스 접근 함수들이 이를 사용한다.

URL 경로 매개변수인 tutor_id를 시뮬
레이션한다. web::Path 추출자의 값을
1로 만들고 from() 메서드를 사용한다.

핸들러 함수를 호출한다.

다음은 개별 강의 얻기에 대한 테스트 케이스이다.

```
#[actix_rt::test]
async fn get_course_detail_success_test() {
    dotenv().ok();
    let database_url = env::var("DATABASE_URL").expect(
        "DATABASE_URL is not set in .env file");
    let pool: PgPool = PgPool::connect(&database_url).await.unwrap();
    let app_state: web::Data<AppState> = web::Data::new(AppState {
        health_check_response: "".to_string(),
        visit_count: Mutex::new(0),
        db: pool,
    });
    let parameters: web::Path<(i32, i32)> = web::Path::from((1, 2));  ◀──
    let resp = get_course_details(app_state, parameters).await.unwrap();
    assert_eq!(resp.status(), StatusCode::OK);
}
```

tutor_id와 course_id를 나타내는 경로 매개변수를 만든다.

이 테스트 함수는 이전 테스트 함수와 매우 비슷하다. 단, 이 테스트에서는 데이터베이스에서 하나의 깅의를 꺼낸다.

유효하지 않은 course_id와 tutor_id를 제공하면 어떤 일이 일어나는가? 핸들러와 데이터베이스 접근 함수에서 에러가 반환되는 경우를 처리해야 한다. 이 시나리오를 검증할 수 있는지 확인해보자.

```rust
#[actix_rt::test]
async fn get_course_detail_failure_test() {
    dotenv().ok();
    let database_url = env::var("DATABASE_URL").expect(
      "DATABASE_URL is not set in .env file");
    let pool: PgPool = PgPool::connect(&database_url).await.unwrap();
    let app_state: web::Data<AppState> = web::Data::new(AppState {
        health_check_response: "".to_string(),
        visit_count: Mutex::new(0),
        db: pool,
    });
    let parameters: web::Path<(i32, i32)> = web::Path::from((1, 21));
    let resp = get_course_details(app_state, parameters).await;
    match resp {
        Ok(_) => println!("Something wrong"),
        Err(err) => assert_eq!(err.status_code(),
        StatusCode::NOT_FOUND),
    }
}
```

구체적으로는 Result<T, E> 타입을 반환하는 핸들러 함수를 호출한다.

match 구문을 사용해 핸들러 함수가 성공을 반환하는지, Error를 반환하는지 확인한다. 이 테스트 케이스에서는 존재하지 않는 course-id에 대한 상세 정보를 얻으려고 시도하므로, 에러가 반환될 것을 기대한다.

핸들러 함수로부터 반환된 에러 상태 코드가 StatusCode::NOT_FOUND 타입인지 확인한다.

다음으로 새로운 강의 게시에 대한 테스트 케이스를 작성하자.

```rust
#[ignore]
#[actix_rt::test]
async fn post_course_success() {
    dotenv().ok();
    let database_url = env::var("DATABASE_URL").expect(
      "DATABASE_URL is not set in .env file");
    let pool: PgPool = PgPool::connect(&database_url).await.unwrap();
    let app_state: web::Data<AppState> = web::Data::new(AppState {
        health_check_response: "".to_string(),
        visit_count: Mutex::new(0),
        db: pool,
    });
    let new_course_msg = CreateCourse {
        tutor_id: 1,
        course_name: "Third course".into(),
        course_description: Some("This is a test course".into()),
        course_format: None,
        course_level: Some("Beginner".into()),
        course_price: None,
        course_duration: None,
        course_language: Some("English".into()),
        course_structure: None,
    };
    let course_param = web::Json(new_course_msg);
```

생성될 강의의 속성들을 나타내는 데이터 구조체를 만든다.

만들어진 CreateCourse 구조체를 web::Json 객체에 캡슐화해서 클라이언트 API 호출 시 발생하는 상황을 시뮬레이션한다.

```
    let resp = post_new_course(course_param, app_state).await.unwrap();
    assert_eq!(resp.status(), StatusCode::OK);
}
```

나머지 코드들도 이전 테스트 케이스들과 크게 다르지 않다. 테스트 케이스 맨 위에 #[ignore]를 사용한 것에 주목하자. cargo test 커맨드는 이 테스트 케이스가 호출되었을 때마다 무시한다. 온전성 확인을 위한 테스트 케이스를 실행할 때마다 새로운 테스트 케이스를 만들고 싶지 않을 것이기 때문이다. 이러한 경우 #[ignore] 애너테이션을 사용할 수 있다.

다음은 강의 업데이트하기에 대한 테스트 케이스이다.

```
#[actix_rt::test]
async fn update_course_success() {
    dotenv().ok();
    let database_url = env::var("DATABASE_URL").expect("DATABASE_URL is not set in .env
file");
    let pool: PgPool = PgPool::connect(&database_url).await.unwrap();
    let app_state: web::Data<AppState> = web::Data::new(AppState {
        health_check_response: "".to_string(),
        visit_count: Mutex::new(0),
        db: pool,
    });
    let update_course_msg = UpdateCourse {          ◄──  이전 테스트 케이스의 CreateCourse 구조체와 마찬가지로,
        course_name: Some("Course name changed".into()),    UpdateCourse 구조체를 사용해 데이터베이스 안의 Course
                                                            레코드를 수정하기 위한 데이터 요소들을 제공한다.
        course_description: Some("This is yet another test course".into()),
        course_format: None,
        course_level: Some("Intermediate".into()),
        course_price: None,
        course_duration: None,
        course_language: Some("German".into()),
        course_structure: None,
    };
    let parameters: web::Path<(i32, i32)> = web::Path::from((1, 21));  ◄──┐
    let update_param = web::Json(update_course_msg);                      │ tutor_id와 course_id를 사용해 데이터베이
    let resp = update_course_details(app_state,                           │ 스 안의 강의 레코드를 고유하게 식별하기 위한
      update_param, parameters)                                          │ URL 경로 매개변수를 시뮬레이션한다.
        .await
        .unwrap();
    assert_eq!(resp.status(), StatusCode::OK);
}
```

마지막으로, 다음은 강의 삭제하기에 대한 테스트 케이스이다.

```
#[ignore]
#[actix_rt::test]
async fn delete_test_success() {
    dotenv().ok();
    let database_url = env::var("DATABASE_URL").expect(
      "DATABASE_URL is not set in .env file");
    let pool: PgPool = PgPool::connect(&database_url).await.unwrap();
    let app_state: web::Data<AppState> = web::Data::new(AppState {
        health_check_response: "".to_string(),
        visit_count: Mutex::new(0),
        db: pool,
    });
    let parameters: web::Path<(i32, i32)> = web::Path::from((1, 5));  ◀──
    let resp = delete_course(app_state, parameters).await.unwrap();
    assert_eq!(resp.status(), StatusCode::OK);
}
```

유효한 tutor-id와 course-id가 URL 경로 매개변수에 제공되는지 확인한 뒤에 이 테스트 케이스를 호출하라.

유효하지 않은 tutor-id 혹은 course-id를 제공하면 어떻게 되는가? 이를 확인하기 위한 테스트 케이스를 작성하자.

```
#[actix_rt::test]
async fn delete_test_failure() {
    dotenv().ok();
    let database_url = env::var("DATABASE_URL").expect("DATABASE_URL is not set in .env
file");
    let pool: PgPool = PgPool::connect(&database_url).await.unwrap();
    let app_state: web::Data<AppState> = web::Data::new(AppState {
        health_check_response: "".to_string(),
        visit_count: Mutex::new(0),
        db: pool,
    });
    let parameters: web::Path<(i32, i32)> = web::Path::from((1, 21));  ◀──
    let resp = delete_course(app_state, parameters).await;
    match resp {
        Ok(_) => println!("Something wrong"),
        Err(err) => assert_eq!(err.status_code(),
          StatusCode::NOT_FOUND),  ◀──
    }
}
```

경로 매개변수에 유효하지 않은 course-id 또는 tutor-id를 제공한다.

핸들러 함수에서 에러가 반환될 것을 기대하고, 핸들러가 반환한 에러 상태 코드와 기댓값을 비교한다.

이것을 다양한 핸들러 함수에 대한 단위 테스트 케이스 작성을 마친다. 하지만 아직 데이터베이스 접근 함수를 구현하지 않았으므로, 테스트를 실행할 수는 없다. 이제 $PROJECT_ROOT/src/iter5/dbaccess/course.rs를 살펴보자.

한 강사에 대한 모든 강의 얻기에 대한 데이터베이스 접근 함수부터 시작하자. 먼저 파일에 필요한 모든 모듈을 임포트한다.

```
use crate::errors::EzyTutorError;
use crate::models::course::*;
use sqlx::postgres::PgPool;

pub async fn get_courses_for_tutor_db(
    pool: &PgPool,
    tutor_id: i32,
) -> Result<Vec<Course>, EzyTutorError> {
    // SQL 구문을 준비한다.

    let course_rows: Vec<Course> = sqlx::query_as!(          sqlx query_as! 매크로를 사
        Course,                                              용해 쿼리를 만든다.
        "SELECT * FROM ezy_course_c6 where tutor_id = $1",
        tutor_id
    )                            SELECT 쿼리 구문을 사용해 SQL의 선택 구문과
    .fetch_all(pool)             매치하는 모든 행을 꺼낸다.
    .await?;                     내부적으로 러스트의 퓨처(futures)를 사용하는 비동기 함수를 나타낸다. 러스트에서
                                 퓨처는 늦게 평가된다. 다시 말해, .await 키워드가 호출된 뒤에만 쿼리가 실행된다.
    Ok(course_rows)             sqlx 라이브러리는 자동으로 데이터베이스의 행을 러스트의 Course 데이터 구조체로
}                               변경하고, 이 강의들의 벡터가 이 함수로부터 반환된다.
```

query_as! 매크로를 사용하면 간단하게 데이터베이스 레코드의 컬럼을 Course 데이터 구조체와 매핑할 수 있다. Course 구조체에 sqlx::FromRow 트레이트를 구현하면, 이 매핑 과정은 sqlx가 자동으로 수행한다. models 모듈에서 다음과 같이 이 트레이트를 자동 유도했다.

```
#[derive(Deserialize, Serialize, Debug, Clone, sqlx::FromRow)]
pub struct Course {
    // 필드 영역
}
```

query_as! 매크로를 사용하지 않으면 각 데이터베이스의 컬럼을 Course 구조체의 필드와 일일이 매핑해야 한다.

나음은 데이터베이스로부터 한 강의의 정보를 얻는 함수이다.

```
pub async fn get_course_details_db(
    pool: &PgPool,
```

```rust
    tutor_id: i32,
    course_id: i32,
) -> Result<Course, EzyTutorError> {
    // SQL 구문을 준비한다.
    let course_row = sqlx::query_as!(
        Course,
        "SELECT * FROM ezy_course_c6 where tutor_id = $1 and course_id = $2",
        tutor_id,
        course_id
    )
    .fetch_optional(pool)
    .await?;

    if let Some(course) = course_row {
        Ok(course)
    } else {
        Err(EzyTutorError::NotFound("Course id not found".into()))
    }
}
```

query_as! 매크로를 사용해 반환된 데이터베이스 레코드를 Course 구조체로 매핑한다.

fetch_optional은 Option 타입을 반환한다. 이는 지정된 select 구문에 맞는 레코드가 데이터베이스에 존재하지 않을 수 있음을 나타낸다.

데이터베이스에서 레코드를 찾으면 Result 타입의 OK(T) 변형에 캡슐화된 강의 상세 정보를 반환한다.

지정된 조건에 맞는 레코드를 찾지 못하면 적절한 에러 메시지와 함께 Err 타입을 반환한다. 이 에러는 호출한 함수로 다시 전달되고 HTTP 응답 메시지의 일부로서 API 클라이언트로 전달된다.

다음은 새로운 강의를 데이터베이스에 추가하는 코드이다.

```rust
pub async fn post_new_course_db(
    pool: &PgPool,
    new_course: CreateCourse,
) -> Result<Course, EzyTutorError> {
    let course_row= sqlx::query_as!(Course,"insert into ezy_course_c6 (
        tutor_id, course_name, course_description,course_duration,
        course_level, course_format, course_language, course_structure,
        course_price) values ($1,$2,$3,$4,$5,$6,$7,$8,$9) returning
        tutor_id, course_id,course_name, course_description,
        course_duration, course_level, course_format, course_language,
        course_structure, course_price, posted_time",
        new_course.tutor_id, new_course.course_name,
        new_course.course_description,
        new_course.course_duration, new_course.course_level,
        new_course.course_format, new_course.course_language,
        new_course.course_structure, new_course.course_price)
    .fetch_one(pool)
    .await?;
    Ok(course_row)
}
```

먼저, 표준 INSERT SQL 구문을 만든다. 핸들러 함수로부터 전달된 매개변수들을 사용한다.

레코드를 삽입한 뒤, fetch_one() 메서드를 호출하여 삽입된 레코드를 반환한다. query_as! 매크로를 사용했기 때문에 얻은 데이터베이스의 행은 자동으로 Course 데이터 타입으로 변환된다. 새롭게 생성된 강의는 Course 구조체의 형태로 핸들러 함수로 반환된다.

sql insert 구문에서 returning 키워드를 사용한 점에 주목하자. 이것은 Postgres 데이터베이스가 제공하는 기능으로, 이를 사용하면 동일한 INSERT 쿼리의 일부로 새롭게 삽입된 강의 상세 정보를 얻을 수 있다(별도의 SQL 쿼리를 작성할 필요가 없다).

다음으로 데이터베이스에서 강의를 삭제하는 함수를 확인하자.

```rust
pub async fn delete_course_db(
    pool: &PgPool,
    tutor_id: i32,
    course_id: i32,
) -> Result<String, EzyTutorError> {
    // SQL 구문을 준비한다.
    let course_row = sqlx::query!(          ◄─── 데이터베이스에서 지정된 강의를 삭제하기 위한 SQL 쿼리를 만든다.
        "DELETE FROM ezy_course_c6 where tutor_id = $1 and course_id = $2",
        tutor_id,
        course_id,
    )
    .execute(pool)          ◄─── 쿼리문을 실행한다. 이것은 비동기 함수이므로 쿼리는 실제로 .await()가 호출될 때만 실행된다.
    .await?;
    Ok(format!("Deleted {} record", course_row))          ◄─── 삭제를 확인하는 메시지를 반환한다.
}
```

마지막으로 강의 상세 정보를 업데이트하는 코드를 살펴보자.

```rust
pub async fn update_course_details_db(
    pool: &PgPool,
    tutor_id: i32,
    course_id: i32,
    update_course: UpdateCourse,
) -> Result<Course, EzyTutorError> {
    // 현재 레코드를 얻는다.

    let current_course_row = sqlx::query_as!(          ◄─── 지정한 기준에 맞는 레코드가 데이터베이스에 존재하는지 확인하는 SQL을 먼저 만든다.
        Course,
        "SELECT * FROM ezy_course_c6 where tutor_id = $1 and course_id = $2",
        tutor_id,
        course_id
    )
    .fetch_one(pool)          ◄─── 하나의 레코드를 꺼낸다.
    .await
    .map_err(|_err| EzyTutorError::NotFound(          ◄─── 지정한 tutor_id와 course_id에 맞는 레코드를 찾지 못하면, 에러 메시지를 반환한다.
        "Course id not found".into()))?;

    // 업데이트를 위한 매개변수를 만든다.
                                                        데이터베이스를 업데이트할 값을 만든다.

    let name: String = if let Some(name) = update_course.course_name {          ◄───
```

```
        name
    } else {
        current_course_row.course_name
    };
    let description: String = if let Some(desc) = ...
    let format: String = if let Some(format) = ...
    let structure: String = if let Some(structure) = ...
    let duration: String = if let Some(duration) = ...     소스 코드 중략. 자세한 내용은
    let level: String = if let Some(level) = ...           저장소의 코드를 확인하자.
    let language: String = if let Some(language) = ...
    let price = if let Some(price) = ...

    // SQL 구문을 준비한다.
    let course_row = sqlx::query_as!(      ◀── 데이터베이스를 업데이트할 쿼리문을 만든다.
        Course,
        "UPDATE ezy_course_c6 set course_name = $1,
            course_description = $2, course_format = $3,
            course_structure = $4, course_duration = $5, course_price = $6,
            course_language = $7, course_level = $8
            where tutor_id = $9 and course_id = $10
            returning tutor_id, course_id, course_name,
            course_description, course_duration, course_level,
            course_format, course_language, course_structure,
            course_price, posted_time ", name, description, format,
            structure, duration, price, language,level, tutor_id, course_id
        )
        .fetch_one(pool)       ◀── 업데이트한 레코드를 꺼낸다.
        .await;                              업데이트를 성공했는지 검증한다. 성공했으면 업데이트된
    if let Ok(course) = course_row {   ◀──  강의 레코드를 호출한 핸들러 함수로 반환한다.
        Ok(course)
    } else {                                                        업데이트에 실패했으면,
        Err(EzyTutorError::NotFound("Course id not found".into())) ◀── 에러 메시지를 반환한다.
    }
}
```

UpdateCourse 구조체는 옵셔널 필드들을 포함하고 있기 때문에, 먼저 API 클라이언트가 어떤 필드들을 보냈는지 검증해야 한다. 필드에 대한 새로운 값을 보냈다면, 해당 필드를 업데이트해야 한다. 그렇지 않다면 데이터베이스의 기존값을 유지해야 한다. 이를 위해 먼저 모든 필드를 포함하고 있는 현재 강의 레코드를 추출한다. 다음으로 API가 특정한 필드에 대한 값을 보냈다면, 해당 값을 사용해 데이터베이스를 업데이트하고, 그렇지 않으면 기존의 값을 사용해 업데이트한다.

이것으로 강의와 관련된 데이터 모델, 라우트, 핸들러, 테스트 케이스, 데이터베이스 접근 함수에 대한 코드 변경을 완료했다. $PROJECT_ROOT에서 다음 명령을 실행해서 컴파일 에러가 발생하는지 확인할 수 있다.

```
cargo check
```

컴파일에 성공하면 다음 명령으로 서버를 빌드하고 실행할 수 있다.

```
cargo run
```

브라우저에서 다음과 같이 HTTP::GET 관련 API를 테스트할 수 있다.

```
http://localhost:3000/courses/1    ◄─┐  tutor-id=1인 모든 강의를 얻는다.
http://localhost:3000/courses/1/2  ◄─┘  tutor-id=1, course-id=2인 강의의 상세 정보를 얻는다.
```

POST, PUT, DELETE API는 curl 또는 Postman과 같은 GUI 도구를 사용해 테스트할 수 있다. 다음 curl 명령어는 $PROJECT_ROOT의 명령줄에서 실행할 수 있다.

```
curl -X POST localhost:3000/courses -H "Content-Type: application/json" \
  -d '{"tutor_id":1, "course_name":"This is a culinary course",
  "course_level":"Beginner"}'  ◄─┐  tutor-id=1에 대해 새로운 강의를 게시한다. JSON 필드명은 CreateCourse 구조체의
                                   그것과 일치해야 한다. tutor_id, course_name은 필수이며, 다른 필드들은 옵셔널이다.
curl -X PUT localhost:3000/courses/1/5 -H "Content-Type: application/json" \
  -d '{"course_name":"This is a master culinary course",
  "course_duration":"8 hours of training", "course_format":"online"}'  ◄─┐
                                                                          tutor-id=1, course-id=5인 강의 정보를
        tutor-id=1, course-id=6으로 식별된 강의 레코드를 삭제한다.            업데이트한다. JSON 필드명은 UpdateCourse
                                                                          구조체의 그것과 일치해야 한다.
curl -X DELETE http://localhost:3000/courses/1/6  ◄─┘
```

course_id, tutor_id 값은 여러분의 데이터베이스 설정에 따라 적절하게 변경하라.

다음 명령으로 테스트 케이스를 실행하자.

```
cargo test
```

테스트 케이스 함수 선언 앞에 #[ignore] 애너테이션을 사용하면 테스트 케이스를 선택적으로 비활성화할 수 있다.

이것으로 Course 관련 기능의 변경을 마쳤다. 다음과 같은 기본적인 내용들을 다루었다.

- Course 데이터 모델을 변경하고, 추가 필드들을 추가했다. 일부 필드들은 옵셔널값이며, 구조체 멤버 선언 시 Option<> 타입을 사용해야 한다.

- 강의를 생성하고 업데이트하는 데이터 구조체를 추가했다

- 변환 메서드를 구현해서 Actix JSON 데이터 구조체를 CreateCourse, UpdateCourse 구조체로 변환했다. TryFrom과 From 트레이트를 모두 사용했다,

- 라우트를 수정해서 강의 데이터를 생성하고, 업데이트하고, 삭제하고, 꺼내는 함수를 만들었다.

- 각각의 라우트들에 대한 핸들러 함수를 작성했다.

- 각 핸들러 함수에 대한 단위 테스트 케이스들을 작성했다. 핸들러 함수로부터 성공 응답이 아닌 에러가 반환되었을 때를 위한 테스트 케이스도 작성했다.

- 각 핸들러 메서드들에 대한 데이터베이스 접근 함수를 작성했다. query_as! 매크로를 사용해 데이터베이스 레코드의 컬럼을 러스트 구조체의 필드에 매핑하는 보일러플레이트 코드를 상당히 줄였다.

혹시 벌써 지치지는 않았는가? 실세계의 웹 서비스와 애플리케이션을 작성하는 데는 당연히 상당한 작업을 요구한다. 다음 절에서는 강사에 대한 데이터 유지보수 관련 기능을 추가할 것이다.

6.3 강사 등록 및 유지 관리를 가능하게 하기

이번 절에서는 강사 관련 API를 위한 코드를 설계하고 작성한다. 여기에는 강사에 대한 데이터 모델, 데이터베이스 테이블 구조체, 라우트, 핸들러, 강사 데이터 관리에 대한 데이터베이스 접근 함수들이 포함된다.

그림 6.3은 강사 관련 API의 전체적인 코드 구조를 나타낸다. 그림에서 5개의 라우트를 확인할 수 있다. 각 라우트에는 핸들러 함수와 데이터베이스 접근 함수가 연결되어 있다.

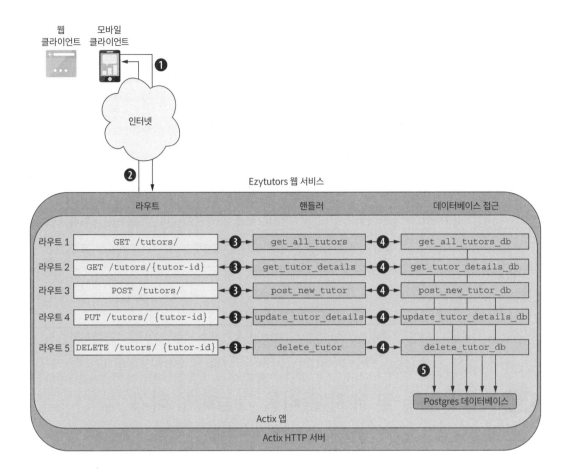

그림 6.3 강사 관련 API에 대한 코드 구조

먼저 데이터 모델과 라우트부터 살펴보자.

6.3.1 강사를 위한 데이터 모델과 라우트

$PROJECT_ROOT/src/iter5/models/tutor.rs 파일의 데이터 모델에 새로운 Tutor 구조체를 추가하자.

먼저 모듈을 임포트한다.

```
use actix_web::web;
use serde::{Deserialize, Serialize};
```

다음과 같이 구조체를 정의한다.

```
#[derive(Deserialize, Serialize, Debug, Clone)]
pub struct Tutor {
    tutor_id: i32,
    tutor_name: String,
    tutor_pic_url: String,
    tutor_profile: String
}
```

정의한 Tutor 구조체는 다음 정보들을 포함한다.

- **tutor_id**: 강사를 나타내는 고유한 ID이며 데이터베이스가 자동으로 생성한다.

- **tutor_name**: 강사의 전체 이름이다.

- **tutor_pic_url**: 강사의 사진/이미지 URL이다.

- **tutor_profile**: 강사의 간략한 이력이다.

두 개의 구조체를 더 만들자. 하나는 새로운 강의를 생성하기 위해 필요한 필드, 다른 하나는 이를 업데이트하기 위한 필드를 갖는다.

```
#[derive(Deserialize, Debug, Clone)]
pub struct NewTutor {
    pub tutor_name: String,
    pub tutor_pic_url: String,
    pub tutor_profile: String,
}

#[derive(Deserialize, Debug, Clone)]
pub struct UpdateTutor {
    pub tutor_name: Option<String>,
    pub tutor_pic_url: Option<String>,
    pub tutor_profile: Option<String>,
}
```

두 개의 구조체가 필요하다. 강사 정보를 생성할 때는 모든 필드가 필수이며, 업데이트할 때는 일부 필드가 옵셔널이기 때문이다.

Course 데이터 구조체에서 했던 것과 유사하게, web::Json<NewTutor>를 NewTutor로, web::Json <UpdateTutor>를 UpdateTutor로 변환하는 함수도 필요하다.

```
impl From<web::Json<NewTutor>> for NewTutor {
    fn from(new_tutor: web::Json<NewTutor>) -> Self {
        NewTutor {
            tutor_name: new_tutor.tutor_name.clone(),
            tutor_pic_url: new_tutor.tutor_pic_url.clone(),
            tutor_profile: new_tutor.tutor_profile.clone(),
        }
    }
}

impl From<web::Json<UpdateTutor>> for UpdateTutor {
    fn from(new_tutor: web::Json<UpdateTutor>) -> Self {
        UpdateTutor {
            tutor_name: new_tutor.tutor_name.clone(),
            tutor_pic_url: new_tutor.tutor_pic_url.clone(),
            tutor_profile: new_tutor.tutor_profile.clone(),
        }
    }
}
```

이것으로 Tutor에 대한 데이터 모델 변경을 완료했다. 다음으로 $PROJECT_ROOT/src/iter5/
routes.rs에 강사 관련 라우트를 추가한다.

```
pub fn tutor_routes(cfg: &mut web::ServiceConfig) {
    cfg.service(
        web::scope("/tutors")                                HTTP:POST를 사용해 새로운        HTTP::GET을 사용해 모든 강사의
                                                            강사를 생성하기 위한 라우트        리스트를 얻기 위한 라우트
            .route("/", web::post().to(post_new_tutor))  ◄
            .route("/", web::get().to(get_all_tutors))  ◄                          HTTP::GET을 사용해
            .route("/{tutor_id}", web::get().to(get_tutor_details))  ◄             개별 강사의 상세 정보를
            .route("/{tutor_id}", web::put().to(update_tutor_details))  ◄          얻기 위한 라우트
            .route("/{tutor_id}", web::delete().to(delete_tutor)),  ◄
    );                      HTTP::DELETE를 사용해 강사 엔트리를 삭제하기 위한 라우트          HTTP::PUT을 사용해
}                                                                               강사 상세 정보를 업데
                                                                                이트하기 위한 라우트
```

강사에 대한 핸들러 함수를 임포트하기 위해서는 모듈 임포트들을 업데이트해야 한다. $PROJECT_
ROOT/src/iter5/handlers/tutor.rs에 다음과 같이 작성한다.

```
use crate::handlers::{course::*, general::*, tutor::*};
```

main() 함수에 새로운 강사 관련 라우트를 등록해야 한다. 그렇지 않으면 Actix 프레임워크는 강
사 관련 라우트로 요청이 유입되는 것을 인식하지 못하고, 이들을 관련된 핸들러로 전달하지도 못
한다.

$PROJECT_ROOT/src/bin/iter5.rs에 다음과 같이 강사 관련 라우트를 강의 관련 라우트 뒤에 추가해서 Actix App을 만든다.

```
.configure(course_routes)
.configure(tutor_routes)
```

다음 절에서는 관련된 핸들러 함수들을 작성한다.

6.3.2 강사 관련 라우트에 대한 핸들러 함수

이미 Course에 대한 핸들러 함수를 작성하는 방법을 학습했다. 빠르게 진행하면서 차이점만 확인하자.

다음은 첫 번째 핸들러 메서드와 관련된 모듈 임포트이다. 이 핸들러는 모든 강사 정보를 꺼낸다. 이 코드를 $PROJECT_ROOT/src/iter5/handlers/tutor.rs 파일에 추가하자.

```
use crate::dbaccess::tutor::*;
use crate::errors::EzyTutorError;
use crate::models::tutor::{NewTutor, UpdateTutor};
use crate::state::AppState;

use actix_web::{web, HttpResponse};

pub async fn get_all_tutors(app_state: web::Data<AppState>) ->
  Result<HttpResponse, EzyTutorError> {
    get_all_tutors_db(&app_state.db)
        .await
        .map(|tutors| HttpResponse::Ok().json(tutors))
}

pub async fn get_tutor_details(
    app_state: web::Data<AppState>,
    web::Path(tutor_id): web::Path<i32>,
) -> Result<HttpResponse, EzyTutorError> {
    get_tutor_details_db(&app_state.db, tutor_id)
        .await
        .map(|tutor| HttpResponse::Ok().json(tutor))
}
```

다음 2개의 함수가 HTTP::GET 요청과 연결되어 있다. get_all_tutors()는 아무런 매개변수도 받지 않으며, get_tutor_detail()은 tutor_id를 경로 매개변수로 받는다. 두 함수 모두 핸들러 함수와 같은 이름에 접미사 db가 붙은 데이터베이스 접근 함수를 호출한다. 데이터베이스 접근 함수로부터 반환되는 값은 HttpResponse 메시지의 바디로 웹 클라이언트에 반환된다.

다음은 새로운 강사 엔트리를 게시하는 핸들러 함수와, 강사 상세 정보를 업데이트하는 핸들러 함수 및 데이터베이스에서 강사 엔트리를 삭제하는 핸들러 함수이다.

```
pub async fn post_new_tutor(
    new_tutor: web::Json<NewTutor>,
    app_state: web::Data<AppState>,
) -> Result<HttpResponse, EzyTutorError> {
    post_new_tutor_db(&app_state.db, NewTutor::from(new_tutor))
        .await
        .map(|tutor| HttpResponse::Ok().json(tutor))
}

pub async fn update_tutor_details(
    app_state: web::Data<AppState>,
    web::Path(tutor_id): web::Path<i32>,
    update_tutor: web::Json<UpdateTutor>,
) -> Result<HttpResponse, EzyTutorError> {
    update_tutor_details_db(&app_state.db, tutor_id,
      UpdateTutor::from(update_tutor))
        .await
        .map(|tutor| HttpResponse::Ok().json(tutor))
}

pub async fn delete_tutor(
    app_state: web::Data<AppState>,
    web::Path(tutor_id): web::Path<i32>,
) -> Result<HttpResponse, EzyTutorError> {
    delete_tutor_db(&app_state.db, tutor_id)
        .await
        .map(|tutor| HttpResponse::Ok().json(tutor))
}
```

이 세 함수는 강의에 대해서 작성했던 함수와 유사하다. 러스트의 기능적인 구문은 코드를 매우 간결하고 읽기 쉽게 만든다.

연습 삼아 이 핸들러 메서드들에 대한 테스트 케이스를 작성해도 좋다. 마음에 걸리는 부분이 있다면 강의에 대해 작성한 테스트 케이스를 참조하자. 테스트 케이스들은 깃허브의 저장소에서도 얻을 수 있지만, 책에서는 지면 관계상 설명하지 않는다.

다음 절에서는 데이터베이스 접근 계층을 다룰 것이다.

6.3.3 강사 관련 라우트에 대한 데이터베이스 접근 함수

이제 강사와 관련된 데이터베이스 접근 함수들을 살펴보자. 이 함수들은 $PROJECT_ROOT/src/ iter5/dbaccess/tutor.rs 파일에 위치한다.

다음은 강사 리스트를 얻는 데이터베이스 접근 함수 및 모듈 임포트이다.

```
use crate::errors::EzyTutorError;
use crate::models::tutor::{NewTutor, Tutor, UpdateTutor};
use sqlx::postgres::PgPool;

pub async fn get_all_tutors_db(pool: &PgPool) ->
  Result<Vec<Tutor>, EzyTutorError> {
    // SQL 구문을 준비한다.
    let tutor_rows =
        sqlx::query!("SELECT tutor_id, tutor_name, tutor_pic_url,
          tutor_profile FROM ezy_tutor_c6")
            .fetch_all(pool)
            .await?;
    // 결과를 추출한다.

    let tutors: Vec<Tutor> = tutor_rows
        .iter()
        .map(|tutor_row| Tutor {
            tutor_id: tutor_row.tutor_id,
            tutor_name: tutor_row.tutor_name.clone(),
            tutor_pic_url: tutor_row.tutor_pic_url.clone(),
            tutor_profile: tutor_row.tutor_profile.clone(),
        })
        .collect();

    match tutors.len() {
        0 => Err(EzyTutorError::NotFound("No tutors found".into())),
        _ => Ok(tutors),
    }
}
```

여기에서는 꺼낸 데이터베이스 레코드를 Tutor 구조체로 매핑할 때 query_as!를 사용하지 않는다. 대신 map 메서드 안에서 직접 매핑을 한다. query_as!를 사용해 sqlx가 자동으로 매핑을 수행하도록 하지 않고, 직접 귀찮은 작업을 해야 하는 이유를 궁금해할 수도 있다. 주된 두 가지 이유는 다음과 같다.

- query_as! 매크로는 구조체의 필드명과 데이터베이스 컬럼명이 매치해야만 작동한다. 하지만 이런 상황이 항상 만족되지 않을 수 있다.
- 다음으로 구조체에 데이터베이스 컬럼에 비해 추가된 필드가 존재할 수 있다. 예를 들어 유도되거나 계산된 필드가 필요하거나, 강사와 해당 강사의 강의 리스트를 함께 나타내는 러스트 구조체가 필요할 수도 있다. 이런 경우에는 데이터베이스-구조체 매핑을 직접 수행하는 방법을 알아야 한다. 따라서 여기에서는 학습을 위해 직접 매핑을 하는 접근 방식을 선택했다. 사용할 수 있는 개발자 도구가 많다는 것은 언제나 유용하다.

다음은 개별 강사의 상세 정보를 꺼내는 데이터베이스 함수이다.

```
pub async fn get_tutor_details_db(pool: &PgPool, tutor_id: i32) -> Result<Tutor,
EzyTutorError> {
    // SQL 구문을 준비한다.
    let tutor_row = sqlx::query!(
        "SELECT tutor_id, tutor_name, tutor_pic_url,
        tutor_profile FROM ezy_tutor_c6 where tutor_id = $1",
        tutor_id
    )
    .fetch_one(pool)
    .await
    .map(|tutor_row|
        Tutor {
            tutor_id: tutor_row.tutor_id,
            tutor_name: tutor_row.tutor_name,
            tutor_pic_url: tutor_row.tutor_pic_url,
            tutor_profile: tutor_row.tutor_profile,
        }
    )
    .map_err(|_err| EzyTutorError::NotFound("Tutor id not found".into()))?;

    Ok(tutor_row)
}
```

여기에서는 map_err를 사용한 것에 주목하자. 데이터베이스에서 레코드를 찾지 못하면 sqlx 에러가 반환되고, map_err를 사용해 EzyTutorError 타입으로 변환한 뒤, ? 연산자를 사용해 호출한 핸들러 함수로 에러를 다시 전파한다.

다음은 새로운 강사를 게시하는 함수이다.

```
pub async fn post_new_tutor_db(pool: &PgPool, new_tutor: NewTutor) ->
  Result<Tutor, EzyTutorError> {
    let tutor_row = sqlx::query!("insert into ezy_tutor_c6 (
      tutor_name, tutor_pic_url, tutor_profile) values ($1,$2,$3)
      returning tutor_id, tutor_name, tutor_pic_url, tutor_profile",
      new_tutor.tutor_name, new_tutor.tutor_pic_url,
      new_tutor.tutor_profile)
    .fetch_one(pool)
    .await?;
    // 결과를 꺼낸다.
    Ok(Tutor {
        tutor_id: tutor_row.tutor_id,
        tutor_name: tutor_row.tutor_name,
        tutor_pic_url: tutor_row.tutor_pic_url,
        tutor_profile: tutor_row.tutor_profile,
    })
}
```

ezy_tutor_c6 테이블에 새로운 강사 레코드를 삽입하는 쿼리를 만든다. 그 뒤, 삽입된 행을 꺼내고, 이를 러스트 구조체와 매핑한 뒤, 핸들러 함수로 반환한다.

강사 정보를 업데이트하고 강사 엔트리를 삭제하는 코드는 여기에서 설명하지 않는다. 연습 삼아 여러분이 직접 작성해볼 것을 권한다. 잘 모르는 부분이 있다면 코드 저장소에서 완전한 코드를 확인할 수 있다.

6.3.4 강사에 대한 데이터베이스 스크립트

API에 대한 애플리케이션 로직을 완료했다. 마지막으로 강사에 대한 데이터베이스 안에 새로운 테이블을 만든 뒤, 코드를 컴파일해야 한다(sqlx는 데이터베이스 테이블명, 컬럼에 대해 컴파일 시간에 확인을 수행하기 때문에, 이들 중 하나라도 존재하지 않거나 테이블 명세가 SQL 구문과 매치하지 않으면 실패한다).

다음 데이터베이스 스크립트를 $PROJECT_ROOT/src/iter5/dbscripts/tutor-course.sql에 넣는다.

```
/* 테이블이 이미 존재한다면 테이블을 삭제한다. */

drop table if exists ezy_course_c6 cascade;   ◄──┐  이전 버전의 테이블들을 삭제한다. 개발 단계에서는 이 방법이
drop table if exists ezy_tutor_c6;                편리하다. 데이터베이스가 프로덕션 환경에 있다면, 테이블은 새
                                                  로운 스키마로 마이그레이션해서 기존 데이터를 보호해야 한다.
/* 테이블을 생성한다. */

create table ezy_tutor_c6 (   ◄──  강사 테이블을 생성한다.
```

```
    tutor_id serial primary key,
    tutor_name varchar(200) not null,
    tutor_pic_url varchar(200) not null,
    tutor_profile varchar(2000) not null
);

create table ezy_course_c6    ◄─┐ 강의 테이블을 생성한다.
(
    course_id serial primary key,
    tutor_id INT not null,
    course_name varchar(140) not null,
    course_description varchar(2000),
    course_format varchar(30),
    course_structure varchar(200),
    course_duration varchar(30),
    course_price INT,
    course_language varchar(30),
    course_level varchar(30),
    posted_time TIMESTAMP default now(),
    CONSTRAINT fk_tutor ◄─────────────┐
        FOREIGN KEY(tutor_id)         │ ezy_course_c6의 tutor_id 컬럼을 ezy_tutor_c6의
        REFERENCES ezy_tutor_c6(tutor_id) ◄─┘ tutor_id 컬럼의 외부키로 지정한다.
    ON DELETE cascade
);                                데이터베이스 사용자에게 새롭게 생성한 테이블의 접근 권한을
                                  부여한다. <user-name>은 여러분의 것으로 변경한다.
grant all privileges on table ezy_tutor_c6 to <username>;  ◄──┘
grant all privileges on table ezy_course_c6 to <username>;
grant all privileges on all sequences in schema public to <username>;

/* 테스트를 위한 시드 데이터를 로드한다. */  ◄─┐ HTTP::GET 기반 API 테스팅을 위한 시드 데이터를 로드한다.
insert into ezy_tutor_c6 (tutor_id, tutor_name, tutor_pic_url,tutor_profile)
  values (1,'Merlene','http://s3.amazon.aws.com/pic1',
  'Merlene is an experienced finance professional');

insert into ezy_tutor_c6 (tutor_id, tutor_name, tutor_pic_url,tutor_profile)
  values (2,'Frank','http://s3.amazon.aws.com/pic2',
  'Frank is an expert nuclear engineer');

insert into ezy_course_c6
  (course_id,tutor_id, course_name,course_level, posted_time)
  values (1, 1, 'First course', 'Beginner' , '2021-04-12 05:40:00');

insert into ezy_course_c6
  (course_id, tutor_id, course_name, course_format, posted_time)
  values (2, 1, 'Second course', 'ebook', '2021-04-12 05:45:00');
```

6.3.5 강사 관련 API 실행 및 테스트하기

명령줄에서 다음 명령어로 데이터베이스 스크립트를 실행한다.

```
psql -U <user-name> -d ezytutors < <path.to.file>/tutor-course.sql
```

<user-name>과 <path.to.file>은 여러분의 것으로 바꾼 뒤, 비밀번호를 요구하는 프롬프트가 나타나면 비밀번호를 입력한다. 스크립트는 성공적으로 실행될 것이다. 스크립트에서 지정한 대로 테이블이 생성되어 있는 것을 확인하고 싶다면 다음 명령어로 psql 셸에 로그인한 뒤 확인한다.

```
psql -U <user-name> -d ezytutors
\d    ◀──┐  관계 리스트(테이블)을 표시한다.
\d+ ezy_tutor_c6     ┤
\d+ ezy_course_c6    ├───┤  테이블의 컬럼명을 표시한다.
\q    ◀──┘  psql 셸을 종료한다.
```

프로그램을 컴파일해서 에러를 확인한다. 에러들을 제거한 뒤, 서버를 빌드하고 실행하자.

```
cargo check
cargo run --bin iter5
```

다음 명령으로 먼저 자동화 테스트를 실행할 수 있다.

```
cargo test
```

테스트 스크립트를 실행하기 전에 테스트케이스에서 질의되는 데이터가 데이터베이스에 존재하는지 확인하자. 데이터가 없다면 적절하게 준비하자.

다음과 같이 curl을 사용해 강사와 관련된 CRUD API를 직접 실행할 수도 있다.

```
curl -X POST localhost:3000/tutors/ -H "Content-Type: application/json"
  -d '{"tutor_name":"Jessica",
  "tutor_pic_url":"http://tutor1.com/tutor1.pic",
  "tutor_profile":"Experienced professional"}'   ◀───  새로운 강사 레코드를 생성한다.

curl -X PUT localhost:3000/tutors/8 -H "Content-Type: application/json"
  -d '{"tutor_name":"James",
```

```
    "tutor_pic_url":"http://james.com/pic",
    "tutor_profile":"Expert in thermodynamics"}'
```
(데이터베이스에 레코드가 존재한다고 가정했을 때)
tutor_id=8에 대한 강사 레코드를 업데이트한다.

```
curl -X DELETE http://localhost:3000/tutors/8
```
(데이터베이스에 레코드가 존재한다고 가정했을 때)
tutor_id=8인 강사 레코드를 삭제한다.

브라우저에서 다음과 같이 HTTP::GET API들을 실행할 수 있다.

```
http://localhost:3000/tutors/
http://localhost:3000/tutors/2
```
데이터베이스에서 모든 강사의 리스트를 얻는다.
tutor_id=2에 대한 상세 정보를 얻는다.

연습 삼아 강의 레코드를 갖고 있는 강사를 삭제해보는 것도 좋다. 이 경우 에러 메시지를 받게 될 것이다. 강의들과 강사들은 데이터베이스의 외부 키 제약으로 연결되어 있기 때문이다. 특정한 tutor-id에 대한 모든 강의를 삭제한 뒤에는 데이터베이스에서 해당 강사를 삭제할 수 있다.

또 다른 연습으로 강사나 강의를 생성하거나 업데이트하는 과정에서 유효하지 않은 데이터를 제공해볼 수 있다(예를 들어 큰 따옴표나 중 괄호를 강사를 생성하거나 업데이트하는 JSON 데이터에서 없애는 등). 이런 명령들은 서버에서 모두 수행되지 않거나, JSON이 유효하지 않음을 나타내는 에러 메시지를 얻을 것이다. 이것은 사용자 친화적이지 않다. 이를 수정하기 위해 몇 군데를 변경하자.

ezytutors/tutor-db/src/iter5/errors.rs 파일에서 EzyTutorError라는 enum 안에 새로운 InvalidInput(String) 엔트리를 다음과 같이 추가한다.

```
#[derive(Debug, Serialize)]
pub enum EzyTutorError {
    DBError(String),
    ActixError(String),
    NotFound(String),
    InvalidInput(String),
}
```

InvalidInput(String)은 EzyTutorError 열거형이 새로운 불변량invariant인 InvalidInput을 받고, 차례로 string 값을 매개변수로 받을 수 있음을 나타낸다. API 클라이언트가 보낸 유효하지 않은 파라미터로 인해 발생하는 모든 에러에 대해 이 새로운 변형을 사용한다.

또한 같은 errors.rs 파일 안에 새로운 열거형 변형(배리언트)variant 추가에 따라 추가적으로 코드를 변경한다. error_response() 함수 안에, 다음과 같이 EzyTutorError::InvalidInput 타입을 다루는 코드를 추가하자.

```
fn error_response(&self) -> String {
    match self {
        EzyTutorError::DBError(msg) => {
            println!("Database error occurred: {:?}", msg);
            "Database error".into()
        }
        EzyTutorError::ActixError(msg) => {
            println!("Server error occurred: {:?}", msg);
            "Internal server error".into()
        }
        EzyTutorError::NotFound(msg) => {
            println!("Not found error occurred: {:?}", msg);
            msg.into()
        }
        EzyTutorError::InvalidInput(msg) => {
            println!("Invalid parameters received: {:?}", msg);
            msg.into()
        }
    }
}
```

ReponseError 트레이트 구현 안에 새로운 열거형 변형을 다루기 위한 코드를 추가한다.

```
fn status_code(&self) -> StatusCode {
    match self {
        EzyTutorError::DBError(_msg) | EzyTutorError::ActixError(_msg) => {
            StatusCode::INTERNAL_SERVER_ERROR
        }
        EzyTutorError::InvalidInput(_msg) => StatusCode::BAD_REQUEST,
        EzyTutorError::NotFound(_msg) => StatusCode::NOT_FOUND,
    }
}
```

이제 코드에서 이 새로운 에러 변형을 사용할 수 있다. 다음 코드를 $PROJECT_ROOT/src/bin/
iter5.rs에 추가하고, Actix 앱 인스턴스를 생성하는 동안, 서버로부터 받은 JSON 데이터가 유효
하지 않으면 에러를 발생시킨다.

```
let app = move || {
    App::new()
        .app_data(shared_data.clone())
        .app_data(web::JsonConfig::default().error_handler(|_err, _req| {
          EzyTutorError::InvalidInput(
            "Please provide valid Json input".to_string()).into()
```

```
    }))
    .configure(general_routes)
    .configure(course_routes)
    .configure(tutor_routes)
};
```

유효하지 않은 JSON 데이터를 제공할 때마다 여러분은 지정된 에러 메시지를 받을 것이다.

이것으로 이번 장을 마무리한다. 이번 장에서는 러스트와 Actix Web에서 코드를 리팩터링하고, 개발자로서 전체 프로세스를 완벽하게 통제하면서 기능을 추가하는 방법에 관해 살펴봤다. 리팩터링을 하는 경우 따라야 할 명시적인 일련의 단계가 있는 것은 아니지만, 일반적으로 외부(사용자 인터페이스)에서 시작하여 애플리케이션의 다양한 계층을 거쳐가는 것이 도움이 된다. 예를 들어 웹 서비스에서 새로운 정보를 요청한다면, 새로운 라우트를 정의하고, 핸들러 함수를 정의한 다음 데이터 모델과 데이터베이스 접근 함수를 정의하는 식으로 시작한다. 이로 인해 데이터베이스 스키마를 변경해야 한다면, 데이터베이스 생성 및 업데이트 스크립트와 연관된 마이그레이션 스크립트를 수정한다. 데이터베이스 접근 함수는 리팩터링 중 다른 데이터베이스로 전환해야 할 경우를 위한 추상화 계층을 제공한다.

이제 튜터 웹 서비스는 단순한 학습 목적의 예시를 넘어 보다 복잡하고, 실세계를 반영한다. 웹 서비스는 두 가지 타입의 엔티티(강사와 강의)를 가지며, 이들은 데이터베이스 레벨에서의 정의된 관계와 11개의 API 엔드포인트를 갖는다. 웹 서비스는 5개의 큰 범위의 에러 클래스, 즉 데이터베이스 관련 에러, Actix 관련 에러, 유효하지 않은 사용자 입력 매개변수, 존재하지 않는 리소스에 대한 요청 처리(not found 에러), 입력 요청에서의 좋지 않은 포맷의 JSON을 다룰 수 있다. 웹 서비스는 비동기 호출을 사용해 동시 요청들을 Actix 레이어와 데이터베이스 접근 레이어 사이에서 병목 없이 부드럽게 처리한다. 프로젝트 코드는 잘 구조화되어 있어 시간과 함께 웹 서비스를 진화시킬 수 있으며, 무엇보다 새로운 개발자들이 기존 코드 베이스에 쉽게 접근할 수 있다. 프로젝트 코드와 구성은 .env 파일을 사용해 분리했으며, .env 파일에는 데이터베이스 접근 크리덴셜과 다른 구성 정보들이 포함되어 있다. 애플리케이션 상태를 통해(state.rs) 프로젝트에 디펜던시를 주입했으며, 애플리케이션 상태는 다양한 핸들러 함수에 전파되어야 하는 더 많은 디펜던시들을 추가할 수 있는 플레이스홀더의 역할을 한다. 프로젝트 자체는 너무 많은 외부 크레이트나 마술 같은 크레이트(에러 핸들링이나 데이터베이스 함수에 대한 코드를 자동으로 생성하는 크레이트 등)를 사용하지는 않지만, 이 기본적인 지식을 사용하면 여러분들은 다른 서드파티 크레이트를 활용해 충분한 실험을 할 수 있을 것이다.

이 과정에서 여러분은 러스트 컴파일러가 여러분이 목적하는 바를 달성할 수 있도록 안내해주는 좋은 친구임을 알았을 것이다. 여러분의 또 다른 최고의 친구는 자동화된 테스트 스크립트이다. 자동화된 스크립트를 사용하면 기능상 퇴화가 없음을 보장할 수 있다.

여러분이 이 단계까지 성공적으로 따라왔다면 끈기에 박수를 보낸다! 이번 장의 학습을 통해 여러분이 직접 작성한 코드가 아니더라도, 두려움 없이 러스트 웹 코드베이스를 개선할 수 있는 자신감을 얻었기 바란다.

이것으로 1부를 마무리한다. 1부에서는 러스트를 사용해서 웹 서비스를 개발하는 것에 초점을 맞췄다. 이 책의 마지막 부분에서 웹 서비스와 애플리케이션의 프로덕션 배포를 준비하면서 몇 가지 관련된 주제에 관해 다시 살펴볼 것이다.

2부에서는 클라이언트 사이드에 관해 다룬다. 러스트와 Actix Web을 사용해서 서버-렌더드 웹 프런트엔드를 개발하는 방법에 관해 살펴볼 것이다.

요약

- 이번 장에서는 강의에 대한 데이터 모델을 개선하고, 보다 많은 강의 관련 API 라우트를 추가하고, 테스트 케이스와 함께 핸들러와 데이터베이스 접근 코드를 발전시켰다.

- 강사 레코드를 생성, 업데이트, 삭제 및 질의 기능을 추가했다. 데이터 모델과 스크립트를 만들어 강사 데이터를 저장하고, 외부 키 제약을 사용해 강사와 강의의 관계를 정의했다. 강사 관련 CRUD API에 대한 새로운 라우트를 만들고, 핸들러 함수와 데이터베이스 접근 코드 및 테스트 케이스를 작성했다.

- 핸들러 함수에서는 강사 및 강의 데이터의 생성과 업데이트를 위해 별도의 데이터 구조체를 작성하는 방법, From 트레이트와 TryFrom 트레이트를 사용해 데이터 타입을 변환하는 함수를 작성하는 방법을 살펴봤다. 또한 Option<T> 타입을 사용해 데이터 구조체의 필드를 옵셔널로 선언하는 방법과, 이를 데이터베이스의 해당하는 컬럼 정의와 매핑하는 방법도 살펴봤다.

- 데이터베이스 코드에서는 query_as! 매크로를 사용해 Course 구조체에 대해 자동 유도되는 sqlx::FromRow에 의해 생성된 보일러플레이트 코드를 단순화하고 줄이는 방법을 살펴봤다. 여기에서 데이터베이스 컬럼과 Course 구조체의 필드 사이의 매핑은 sqlx에 의해 자동으로 유도된다. 또한 query_as! 매크로를 사용할 수 업거나 사용하기 적절하지 않은 경우, 데이터베이스 레코드와 러스트 구조체 사이의 매핑을 직접 수행하는 방법도 살펴봤다.

- 러스트의 기능적 구조를 사용해 핸들러와 데이터베이스 레이어의 코드를 간결하고 높은 가독성을 갖도록 작성하는 방법을 학습했다.
- 에러 핸들링 개념에 관한 지식을 한층 강화했다. 전체 에러 관리 워크플로를 살펴보고 에러 핸들링을 세세하게 다듬어서 사용자 경험을 보다 인터랙티브하고 의미 있게 변경했다.
- 프로젝트 코드 구조를 변경해서 프로젝트 규모가 커지고 복잡해지는 것을 지원했다. 핸들러, 데이터베이스 접근 함수, 데이터 모델, 데이터베이스 스크립트가 저장되는 영역을 명확하게 분리하고 표시했다. 또한 러스트의 모듈을 사용해 강사 관련 기능과 강의 관련 기능을 포함하는 소스 파일들을 분리해서 구조화했다.
- 자동화된 테스트 스크립트들을 사용해 코드를 테스트하는 방법을 살펴봤다. 이 테스트 케이스들은 성공과 에러 조건을 모두 자동으로 처리할 수 있다. 또한 curl 명령어 혹은 브라우저를 사용해 API 시나리오를 테스트했다.

PART

II

서버 사이드
웹 애플리케이션

1부에서는 웹 애플리케이션의 비즈니스 로직 부분에 집중했다. 이를 기반으로 사용자 친화적인 사용자 인터페이스user interface, UI를 만들 수 있다. 최고의 프랙티스를 통해 비즈니스 관점에서의 데이터 처리, 데이터 영속성 등 다양한 고려 사항들이 분리되었다(사용자 식별과 인증에 관해 다룰 수 있었으나 그렇게 하지 않았다. 2부에서 다룰 것이다).

2부에서는 사용자와의 상호작용을 다룬다. 웹 애플리케이션에서 이 상호작용은 사용자 브라우저를 통해 발행하며, 이는 HTML, CSS, 자바스크립트(혹은 타입스크립트TypeScript)의 강력한 조합에 의해 가능해진다. 웹 사용자 인터페이스는 다양한 방식으로 구현할 수 있다.

스펙트럼의 한쪽 끝에는 리액트, 앵귤러, 뷰 같은 유명한 싱글 페이지 애플리케이션single-page application, SPA 프레임워크가 있다. 이런 프레임워크는 마치 데스크톱 애플리케이션과 같은 매우 풍부한 사용자 경험user experience, UX를 제공한다. 스펙트럼의 다른 한쪽 끝에는 서버 사이드 렌더링이 존재한다. 전형적인 SPA에서는 사용자가 애플리케이션과 상호작용을 시작할 때 브라우저에서 UI를 동적으로 구축한다. 서버 사이드 렌더링에서는 서버가 UI의 HTML 페이지를 '완전히 구워서fully baked' 전달한다. 이는 전달된 페이지들이 동적인 동작(예를 들어 특정 영역을 표시하거나 감추는 등)을 하지 못한다는 의미는 아니다. 단, 페이지의 구조를 서버에서 결정하기 때문에 브라우저에서 변경되지 않는다는 의미다. SPA와 서버 사이드 렌더링 모두 나름의 장단점을 가진다. 이 책에서는 템플릿 기반 서버 사이드 렌더링을 도입한다. 러스트에 국한된 접근 방법 중 가장 직관적이기 때문이다.

2부의 내용을 학습하고 나면 여러분은 서버 사이드 렌더링을 사용해 웹 애플리케이션의 UI를 만들기 위해 필요한 탄탄한 기반을 얻게 될 것이다. 또한 서버 사이드 렌더링과 리치 웹 애플리케이션 접근 방식에 관한 통찰력을 얻게 될 것이다.

PART II

Server-side

web applications

## CHAPTER 7

러스트를 사용한 서버 사이드 웹 애플리케이션 개요

이번 장에서 다루는 내용

- Actix를 사용해 정적 웹페이지 제공하기
- Actix와 Tera를 사용해 동적 웹페이지 렌더링하기
- 폼을 사용해 사용자 입력 추가하기
- 템플릿을 사용해 리스트 표시하기
- 클라이언트 사이드 테스트 작성 및 실행하기
- 백엔드 웹 서비스에 연결하기

3장에서 6장까지는 러스트와 Actix Web 프레임워크를 사용해 튜터 웹 서비스를 처음부터 만들었다. 이번 절에서는 러스트를 사용해 웹 애플리케이션을 작성하는 기본에 관해 학습한다. 시스템 프로그래밍 언어를 사용해 웹 애플리케이션을 만든다는 말이 다소 이상하게 들릴 수도 있다. 하지만 그것이 바로 러스트의 힘이다. 시스템 프로그래밍은 물론 애플리케이션 프로그래밍도 쉽게 할 수 있다.

이번 장에서는 러스트를 사용해 웹 애플리케이션을 구현하는 데 필요한 개념과 도구들에 관해 살펴본다. 웹 애플리케이션을 구현하는 널리 알려진 두 가지 방법은 **서버 사이드 렌더링**server-side rendering, SSR, **싱글 페이지 애플리케이션(SPA)**이다. 이 방법들은 모두 **프로그레시브 웹 애플리케이션** progressive web application, PWA의 형태를 띨 수 있다. 이번 장에서는 SSR에 집중하고, 이후 장들에서 SPA에 관해서 다룰 것이다. PWA에 관해서는 이 책에서 다루지 않는다.

구체적으로는 7장부터 9장까지는 간단한 웹 애플리케이션을 개발하는 방법을 학습한다. 사용자는 이 웹 애플리케이션을 사용해 등록, 로그인, 리스트 및 상세 정보 확인, 웹 기반 폼을 통한 표준 CRUD 조작을 할 수 있다. 이 과정에서 Actix Web 프레임워크와 템플릿 엔진을 사용해 동적인 웹페이지를 렌더링하는 방법을 학습한다. 러스트 웹 프레임워크(Actix Web, Rocket, Warp 등)를 사용해 동일한 목적을 달성할 수 있지만, 이전 장에서 학습한 내용들을 활용하기 위해 Actix Web을 사용한다. 이 내용들을 바탕으로 이번 장을 시작해보자.

7.1 서버 사이드 렌더링 개요

SSR은 웹페이지를 서버 사이드에서 렌더링한 뒤 클라이언트(웹 브라우저 등)로 전송하는 웹 개발 기법이다. 이 접근 방식에서는 서버에서 실행되는 웹 애플리케이션이 정적 HTML 페이지(웹 디자이너가 만든)와 데이터(데이터베이스 또는 다른 웹 서비스에서 꺼낸)를 조합해서 완전히 렌더링된 웹페이지를 사용자의 브라우저에 보내 표시한다. 이런 기법을 사용하는 웹 애플리케이션을 **서버-렌더드**server-rendered 혹은 **서버 사이드**server-side 웹 애플리케이션이라 부른다. 이 접근 방식을 사용하면 웹사이트가 빠르게 로드되며, 웹페이지 콘텐츠는 최신 데이터를 반영한다. 요청이 있을 때마다 사용자 데이터의 최신 사본을 가져오기 때문이다(서버 측에서 캐싱 기법을 사용하는 경우는 예외이다). 특정 사용자의 데이터를 유지하기 위해 웹사이트는 로그인을 통해 사용자를 식별하거나, 쿠키를 사용해서 사용자에 대해 콘텐츠를 개인화한다.

웹페이지는 **정적**static이거나 **동적**dynamic일 수 있다.

- **정적** 웹페이지의 예로는 은행 웹사이트의 홈 스크린을 들 수 있다. 일반적으로 해당 페이지는 은행의 마케팅 도구이며, 은행의 서비스를 사용하는 고객들에게 유용한 링크를 제공한다. 이 페이지는 은행의 홈 페이지 URL을 방문하는 모든 사용자에게 동일한 내용을 제공한다. 이런 관점에서 이 웹페이지는 정적이다.
- **동적** 웹페이지는 여러분이 은행에 인증된 크리덴셜(사용자명과 비밀번호 등)로 로그인했을 때 볼 수 있는 것으로, 계좌 잔액이나 명세서 등이 이에 해당한다. 각 사용자는 자신의 계좌 잔액을 볼 수 있다는 관점에서 이 페이지는 동적이지만, 웹페이지는 계좌 잔액을 보는 모든 고객에게 동일하게 보여주는 은행의 로고나 공통적인 스타일(색상, 폰트, 레이아웃 등)과 같은 정적 컴포넌트들을 포함할 수도 있다.

정적인 웹페이지를 만드는 방법은 알고 있다. 웹 디자이너는 HTML 및 CSS 스크립트를 직접 또는 이를 돕는 여러 도구들을 사용해 만들 수 있다. 하지만 **정적** 웹페이지를 **동적** 웹페이지로 변경하려면 어떻게 해야 하는가? 여기에서는 **템플릿 엔진**template engine을 사용한다(그림 7.1은 동적 웹페이지를 렌더링하는 데 관여하는 다양한 컴포넌트를 나타낸다).

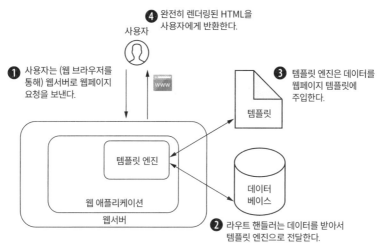

그림 7.1 서버 사이드 렌더링 웹페이지

템플릿 엔진은 정적 웹페이지를 동적 웹페이지로 변환하는 주요한 도구 중 하나이다. **템플릿** 엔진은 템플릿 파일을 입력으로 받고 HTML 파일을 출력으로 생성한다. 이 과정에서 템플릿 엔진은 (웹 애플리케이션으로부터 전달받은) 데이터를 **템플릿** 파일에 담아서 HTML 파일을 생성한다. 이 과정은 두 가지 측면에서 동적이다. 첫 번째, 데이터는 요청에 따라 로드된다. 두 번째, 데이터는 데이터를 요청한 개별 사용자에 맞춰서 제공된다.

이번 장에서 구현할 예시에 관해 간단히 소개한다. 이러한 예시들은 브라우저 기반의 사용자 인터페이스에서 데이터를 보거나 유지할 수 있는 모든 웹 애플리케이션에서 수행되는 가장 일반적인 작업들이다.

- 7.2절에서는 Actix Web을 사용해 정적 웹페이지를 제공하는 방법에 관해 살펴본다.
- 7.3절에서는 Tera를 사용해 동적 웹페이지를 생성하는 방법에 관해 살펴본다. Tera는 웹 개발 세계에서 인기 있는 템플릿 엔진이다.
- 7.4절에서는 HTML 폼을 사용해 사용자의 입력을 받는 방법에 관해 학습한다.
- 7.5절에서는 Tera HTML 템플릿을 사용해서 정보 목록을 표시하는 방법에 관해 학습한다.
- 7.6절에서는 클라이언트 사이드의 테스트를 작성하는 방법에 관해 학습한다. 앞서 서버 사이드 웹서버를 위한 자동화 테스트를 작성하는 방법에 관해 학습했다.

- 7.7절에서는 HTTP 클라이언트를 사용해 프런트엔드 웹 애플리케이션과 백엔드 서비스를 연결하는 방법에 관해 학습한다.

러스트를 사용해 서버 사이드 웹 애플리케이션을 개발할 때는 다음 도구와 컴포넌트들을 사용한다.

- **Actix 웹서버**: 서버의 특정한 포트에서 실행되는 웹 애플리케이션을 호스트하고, 요청들을 웹 애플리케이션이 제공하는 핸들러 함수로 전달한다.
- **웹 애플리케이션**: 러스트로 작성되고 Actix 웹서버에 배포된다. 브라우저로부터의 요청에 대한 응답으로 컨텐츠를 제공한다. 다양한 HTTP 요청 타입에 대해 응답하는 핵심 핸들러 로직을 포함한다.
- **Tera**: 파이썬 세계에서 유명한 템플릿 엔진이며 러스트로 포팅되었다.
- **백엔드 tutor 웹 서비스**: 이전 절에서 개발한 서비스로 데이터베이스로부터 데이터를 꺼내고, 데이터베이스 인터랙션을 관리한다. 웹 애플리케이션은 데이터베이스 자체를 직접 다루지 않고, 튜터 웹 서비스와 통신하면서 데이터를 꺼내고, 트랜잭션을 수행한다.
- **Actix Web 프레임워크의 내장 HTTP 클라이언트**: 튜터 웹 서비스와 통신하기 위해 사용한다.

이를 바탕으로 첫 번째 예시부터 시작해보자.

7.2 Actix를 사용해 정적 웹페이지 제공하기

이전 장에서 Actix 웹서버를 사용해 튜터 웹 서비스를 호스팅했다. 이번 장의 첫 번째 절에서는 Actix를 사용해 정적 웹페이지를 제공한다. 웹 애플리케이션 개발에서의 'Hello World' 프로그램이라고 생각하면 좋을 것이다.

먼저 프로젝트 구조를 설정하자.

1. 6장의 저장소에서 ezytutors 워크스페이스를 복사해서 이번 장에서 작업한다.
2. cargo new tutor-web-app-ssr을 실행해서 새로운 러스트 Cargo 프로젝트를 만든다.
3. ezytutors 워크스페이스 아래의 tutor-db 폴더명을 tutor-web-service로 변경한다. 이렇게 함으로써 워크스페이스 아래 2개 저장소를 각각 '웹 서비스'와 '웹 앱'으로 구분해서 참조할 것이다.
4. 워크스페이스 폴더 안에 있는 Cargo.toml의 workspace 절을 다음과 같이 변경한다.

```
[workspace]
members = ["tutor-web-service","tutor-web-app-ssr"]
```

워크스페이스에는 2개의 프로젝트가 존재한다. 하나는 (앞에서 구현한) 튜터 웹 서비스이고 또 다른 하나는 서버 사이드에서 렌더링되는 튜터 웹 애플리케이션이다(아직 구현하지 않았다).

5. tutor-web-app-ssr 폴더로 이동한다. 이번 절에서 작성하는 코드는 여기에 위치한다. 따라서 이 폴더를 프로젝트 루트 폴더로 참조하자. 혼돈을 방지하기 위해 이번 프로젝트에서 사용하는 모든 터미널 세션에서 다음 환경 변수를 설정하자.

```
export $PROJECT_ROOT=.
```

6. Cargo.toml에 다음 디펜던시를 추가하자.

```
[dependencies]
actix-web = "4.2.1"
actix-files="0.6.2"
```

actix-web은 핵심적인 Actix Web 프레임워크이며, actix-files 웹서버를 통해 정적 파일을 제공하도록 돕는다.

7. $PROJECT_ROOT 아래 static 폴더를 생성한다. $PROJECT_ROOT/static 안에 static-web-page.html 파일을 만들고 다음 HTML 코드를 입력한다.

```
<!DOCTYPE html>
<html>
<head>
  <title>XYZ Bank Website</title>
</head>
<body>
  <h1>Welcome to XYZ bank home page!</h1>
  <p>This is an example of a static web page served from Actix Web server.</p>
</body>
</html>
```

이것은 간단한 정적 웹페이지이다. Actix 서버를 사용해 이 페이지를 제공하는 방법을 곧 확인할 수 있을 것이다.

8. $PROJECT_ROOT/src 폴더 아래에 bin 폴더를 만든다. $PROJECT_ROOT/src/bin 폴더 아래에 static.rs 파일을 새로 만들고 다음 코드를 추가한다.

```
                                    actix_files를 임포트한다. actix_files는 디스크로부터
                                    정적 파일들을 보내는 서비스를 제공한다.
use actix_files as fs;    ◀──
use actix_web::{error, web, App, Error, HttpResponse, HttpServer, Result};

#[actix_web::main]
```

```
async fn main() -> std::io::Result<()> {        ◀─── Result 타입을 반환하는 메인 함수
    let addr = env::var("SERVER_ADDR").unwrap_or_else(|_|
      "127.0.0.1:8080".to_string());
    println!("Listening on: {}, open browser and visit have a try!", addr);
    HttpServer::new(|| {
        App::new().service(fs::Files::new(
            "/static", "./static").show_files_listing())  ◀───
    })                                             actix_files 서비스를 웹 애플리케이션
    .bind(addr)?   ◀──┐ 웹서버를 포트에 바인딩한다.    에 등록한다. show_files_listing()를
    .run()   ◀─────── 웹서버를 실행한다.             설정해야만 하위 디렉터리가 사용자에게
    .await   ◀───┐                                         표시된다.
}              await 키워드는 비동기 조작을 트리거하고, 해당
               future가 성공적으로 완료될 때까지 대기한다.
```

main() 함수의 반환값으로 Result 타입이 필요하다. ? 연산자를 사용해 에러를 전파하는 모든 함수들은 Result 타입을 반환해야 하기 때문이다. Result<()>라는 반환값은 성공한 경우 단위 타입 ()이 반환되고, 에러인 경우에는 Error 타입이 main() 함수로부터 반환된다는 것을 나타낸다.

또한 여기에서는 /static 라우트를 등록해서 /static 라우트로 시작하는 리소스 요청을 프로젝트 루트 폴더 안의 ./static 하위 폴더에서 제공해야 함을 지정했다.

정리하면 이 프로그램은 새로운 웹 애플리케이션을 생성하고, 서비스를 해당 웹 애플리케이션에 등록해서 /static으로 시작하는 라우트에 대한 GET 요청이 웹서버에 전송되면 파일 시스템(디스크)로부터 파일들을 제공한다. 웹 애플리케이션은 이후 웹서버에 배포되고, 웹서버가 시작된다.

1. cargo run --bin static으로 웹서버를 실행한다.
2. 브라우저에서 다음 URL로 접속한다.

```
http://localhost:8080/static/static-web-page.html
```

브라우저에 웹페이지가 나타날 것이다.

우리가 방금 어떤 작업을 했는지 이해해보자. 우리는 Actix 웹서버로부터 정적인 웹페이지를 제공하는 프로그램을 작성했다. 특정한 정적 파일을 요청하면 actix_files 서비스는 /static 폴더 안에서 그것을 찾고, 이를 브라우저에 반환하며 사용자에게 표시된다.

이것은 정적 페이지의 예시이다. 이 페이지의 콘텐츠는 이 페이지를 요청한 사용자의 신원과 관계없이 동일하기 때문이다. 다음 절에서는 Actix를 사용해 동적 웹페이지를 구축하는 방법의 예를 살펴볼 것이다.

7.3 Actix와 Tera를 사용해 동적 웹페이지 렌더링하기

사용자마다 맞춤 콘텐츠를 보여주고 싶을 때는 어떻게 해야 할까? 동적으로 콘텐츠를 제공하는 HTML 페이지를 어떻게 작성할 것인가? 동적 웹페이지로 표시한다고 해서 모든 사용자별로 별도의 콘텐츠가 보여질 필요는 없지만, 부분적으로 정적인 부분과 동적인 부분이 함께 보여져야 할 것이다.

그림 7.1에서 서버 사이드 렌더링에 관한 일반적인 형태를 봤다. 그림 7.2는 Actix와 Tera 템플릿 엔진을 사용해 동적 웹페이지의 서버 사이드 렌더링을 구현할 수 있음을 보여준다. 그림에서는 로컬 데이터베이스에서 동적 웹페이지를 위한 데이터 소스 역할을 하지만, 외부 웹 서비스에서도 데이터를 얻어올 수도 있다. 사실, 이 책에서는 이 설계 접근 방식을 택할 것이다.

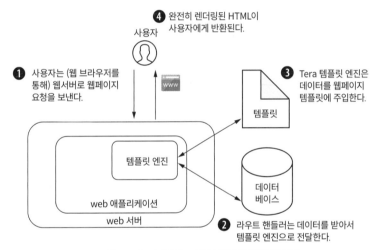

그림 7.2 **Actix와 Tera를 사용한 동적 웹페이지**

Tera 템플릿 포맷을 따라 HTML 파일을 정의한다. 다음은 매우 간단한 템플릿 예시이다. $PROJECT_ROOT/static/iter1/index.html에 다음을 추가한다.

```
<!DOCTYPE html>
<html>

<head>
    <title>XYZ Bank Website</title>
</head>

<body>
```

```
    <h1>Welcome {{ name }}, to XYZ bank home page!</h1>
    <p>This is an example of a dynamic web page served with Actix and
      Tera templates.</p>
</body>
</html>
```

{{name}} 템플릿 변수를 사용했다. Tera는 브라우저를 통해 이 웹페이지가 요청되면 런타임에 이 태그를 사용자의 실제 이름으로 대체한다. Tera는 이 정보를 여러분이 원하는 모든 곳에서 (파일, 데이터베이스, 하드코딩된 값 등) 꺼낼 수 있다.

NOTE Tera 템플릿 포맷에 관한 자세한 정보는 https://keats.github.io/tera/docs/를 참조한다.

Tera를 사용해 동적인 웹페이지 요청에 대응할 수 있도록 앞에서 작성했던 프로그램을 수정하자. $PROJECT_ROOT/Cargo.toml 파일에 다음 디펜던시를 추가한다.

```
tera = "1.17.0"
serde = { version = "1.0.144", features = ["derive"] }
```

템플릿 지원을 위한 tera 크레이트, 웹 브라우저와 웹서버 사이에서 커스텀 데이터 구조체를 직렬화/역직렬화하기 위한 serde 크레이트를 추가했다.

$PROJECT_ROOT/src/bin 폴더 아래에 앞에서 작성했던 static.rs의 내용을 새로운 iter1.rs 파일로 복사한다. 다음으로 코드를 다음과 같이 수정하자.

```
use tera::Tera;

#[actix_web::main]
async fn main() -> std::io::Result<()> {

    println!("Listening on: 127.0.0.1:8080, open browser and visit
      have a try!");
    HttpServer::new(|| {
        let tera = Tera::new(concat!(
            env!("CARGO_MANIFEST_DIR"),
            "/static/iter1/**/*"
        ))
        .unwrap();

        App::new()
```

새로운 Tera 인스턴스를 만든다. Tera 템플릿의 위치는 /static/iter1/ 디렉터리로 지정하자. 앞에서 tera 템플릿 태그 {{name}}를 포함하고 있는 index.html을 여기에 두었다.

```
            .data(tera)          ◄─────  Tera 인스턴스를 애플리케이션의 디펜던시로 주입한다.
                                          모든 라우트 핸들러 안에서 Tera에 접근할 수 있게 된다.
            .service(fs::Files::new(                          /static 라우트에서
              "/static", "./static").show_files_listing())  ◄─  정적 파일을 제공한다.
            .service(web::resource("/").route(web::get().to(index)))  ◄─┐
        })                                                              │
        .bind("127.0.0.1:8080")?        / 라우트에서 index 핸들러를 호출해서 동적 페이지를 제공한다.
        .run()
        .await
}
```

index 핸들러를 작성하자.

```
async fn index(tmpl: web::Data<tera::Tera>) -> Result<HttpResponse, Error> {
    let mut ctx = tera::Context::new();    ◄─┐
    ctx.insert("name", "Bob");    ◄─┐         index 핸들러에 전달된 인수의 일부분으로, Tera 인스
    let s = tmpl    index 핸들러 안에서 name 변수에 값을 할당한다.   턴스에 접근한다. 새로운 Tera Context 객체를 만든
        .render("index.html", &ctx)  ◄─────  다. 이 객체를 사용해 웹페이지에 데이터를 주입한다.
        .map_err(|_| error::ErrorInternalServerError("Template error"))?;
                index 핸들러 함수에서 HTTP 응답을 반환한다. 구성된 동적 웹페이지를 HTTP 응답 바디의 일부로서 전달한다.
    Ok(HttpResponse::Ok().content_type("text/html").body(s))  ◄─┐
}
                                        index 핸들러 함수에서 HTTP 응답을 반환한다.
                                        구성된 동적 웹 페이지를 HTTP 응답 바디의 일부로 전달한다.
```

cargo run --bin iter1 명령으로 서버를 실행한다. 그 뒤 웹 브라우저에서 다음 URL로 접근한다.

```
http://localhost:8080/
```

웹페이지에 다음 메시지가 표시될 것이다.

```
Welcome Bob, to XYZ bank home page!
```

간단한 예시이지만 Actix를 사용해 동적 웹페이지를 구성하는 방법의 개념을 충분히 제공한다. 앞에서 살펴본 Tera 웹사이트에서는 if와 for 루프와 같은 제어 구문을 포함해 템플릿의 요소로 사용될 수 있는 많은 기능들을 소개한다. 흥미가 있다면 살펴보길 바란다.

지금까지 정적 웹(HTML) 페이지와 동적 HTML 페이지를 렌더링하는 방법을 살펴봤다. 하지만 지금까지 구현한 예시에서는 그저 한 명의 사용자에게 어떤 정보를 표시하는 것만 다루었다. Actix로 사용자 입력을 받는 HTML을 작성할 수 있을까? 다음 절에서 이에 관해 살펴보자.

7.4 폼을 사용해 사용자 입력 추가하기

이번 절에서는 매우 간단한 폼을 사용해 사용자 입력을 받는 웹페이지를 만든다.

$PROJECT_ROOT/static/iter2 폴더를 만들고 폴더 아래에 새로운 form.html을 생성하자. 이 HTML 코드는 강사의 이름을 받는 하나의 폼을 포함하고 있으며, 입력된 강사의 이름을 POST 요청을 사용해 Actix 웹서버에 제출한다.

```html
<!doctype html>
<html>

<head>
    <meta charset=utf-8>
    <title>Forms with Actix & Rust</title>
</head>

<body>
    <h3>Enter name of tutor</h3>
    <form action=/tutors method=POST>
        <label>
            Tutor name:
            <input name="name">
        </label>
        <button type=submit>Submit form</button>
    </form>

    <hr>
</body>
</html>
```

HTML의 <input> 요소를 사용해 강사 이름에 대한 사용자 입력을 받는다. <button> 태그를 사용해 폼을 웹서버로 제출한다. 이 폼은 <form action=""> 속성에 지정한 대로 HTTP POST 요청에 캡슐화되어서 웹서버의 /tutors로 전송된다.

$PROJECT_ROOT/static/iter2 폴더 아래에 두 번째 HTML 파일인 user.html을 만들자. 앞의 폼에서 사용자가 제출한 이름을 표시하는 데 사용한다.

```html
<!DOCTYPE html>
<html>
```

```
<head>
    <meta charset="utf-8" />
    <title>Actix web</title>
</head>

<body>
    <h1>Hi, {{ name }}!</h1>
    <p>
        {{ text }}
    </p>
</body>

</html>
```

이 HTML 파일은 템플릿 변수 {{name}}을 갖는다. 이 페이지가 사용자에게 표시될 때, 템플릿 변수 {{name}}의 값은 이전 폼에서 사용자가 입력한 실제 tutor name(강사 이름)으로 대체된다.

이 POST 요청을 처리할 수 있는 라우트와 핸들러를 추가하자. $PROJECT_ROOT/src/bin 폴더에 새로운 iter2.rs 파일을 추가하자. 이 파일에 다음 코드를 입력한다.

```
... // 간결함을 위해 임포트 부분은 생략했다. 전체 코드는 깃허브 저장소의 소스를 확인하라.

// 애플리케이션 상태에 Tera 템플릿을 저장한다.
async fn index(          ◀─── index 핸들러 함수는 / 라우트로 HTTP 요청이
    tmpl: web::Data<tera::Tera>      들어왔을 때 호출된다. 이것은 사용자가 강사 이름
) -> Result<HttpResponse, Error> {   을 입력할 수 있는 폼을 표시한다.
    let s = tmpl
        .render("form.html", &tera::Context::new())  ◀─── 새로운 Tera 콘텍스트 객체와 함께 form.html
        .map_err(|_| error::ErrorInternalServerError("Template error"))?;  을 렌더링한다. form.html 파일에는 어떤 템플
                                                          릿 변수도 포함되지 않으므로 콘텍스트에 아무
    Ok(HttpResponse::Ok().content_type("text/html").body(s))  런 데이터를 삽입하지 않는다.
}

#[derive(Serialize, Deserialize)]  ◀─── 직렬화할 수 있는 구조체인 Tutor를 사용해 폼에서 얻을 데이터를 나타낸다.
pub struct Tutor {                       이것은 커스텀 데이터 구조체이며, 원하는 대로 구조체를 정의할 수 있다.
    name: String,                        단순함을 위해 이 구조체에서는 강사 이름만 정의한다.
}

                          이 두 번째 핸들러 함수는 사용자가 강사 이름을
async fn handle_post_tutor(  ◀─── 입력하고 submit 버튼을 누르면 호출된다.
    tmpl: web::Data<tera::Tera>,
    params: web::Form<Tutor>,
) -> Result<HttpResponse, Error> {
    let mut ctx = tera::Context::new();
    ctx.insert("name", &params.name);      사용자가 제출한 폼 데이터(즉, 강사 이름)를 핸들러 함수에
    ctx.insert("text", "Welcome!");   ◀─── 서 접근할 수 있다. 이는 Actix의 web::Form<T> 추출자를
                                           통해 이루어지며, 여기에서 T는 Tutor 구조체를 나타낸다.
```

```
        let s = tmpl
            .render("user.html", &ctx)
            .map_err(|_| error::ErrorInternalServerError("Template error"))?;

    Ok(HttpResponse::Ok().content_type("text/html").body(s))
}

#[actix_web::main]
async fn main() -> std::io::Result<()> {    ◄━━┃ main 함수는 Actix 서버를 설정하고 실행한다.

    println!("Listening on: 127.0.0.1:8080");
    HttpServer::new(|| {
        let tera = Tera::new(concat!(
            env!("CARGO_MANIFEST_DIR"),
            "/static/iter2/**/*"
        ))
        .unwrap();

        App::new()                    Tera 템플릿은 웹 애플리케이션에 주입된다. Actix Web 프레임워크
            .data(tera)  ◄━━━━┃       에 의해 웹 핸들러 함수들은 이 템플릿에 매개변수로 접근할 수 있다.
            .configure(app_config)
    })
    .bind("127.0.0.1:8080")?
    .run()
    .await
}                                          웹 애플리케이션 라우트는 app_config
                                           객체에 모아진다. 라우트를 구성하는 또
fn app_config(config: &mut web::ServiceConfig) {  ◄━━┃ 다른 방법이기도 하다.
    config.service(
        web::scope("")
            .service(web::resource("/").route(web::get().to(index)))
            .service(web::resource("/tutors").route(web::post().to(handle_post_tutor)))
    );
}
```

추출자는 Actix가 제공하는 유틸리티 함수이며, 핸들러는 이를 사용해 HTTP 요청으로 보내지는 매개변수들을 추출할 수 있다. 앞에서 form.html 템플릿 안에 name이라는 입력 필드를 정의했다. 사용자가 폼에 내용을 입력하고 submit 버튼을 누르면, 브라우저는 폼에 사용자가 입력한 값을 포함하는 요청 바디로 구성된 HTTP POST 요청을 생성한다. 핸들러 함수는 Actix의 web::Form<T> 추출자를 사용해 name 매개변수의 값에 집근할 수 있다.

정리하면 위 코드에서 사용자가 / 라우트에 접근하면, 하나의 폼을 포함한 form.html이 사용자에게 표시된다. 사용자가 폼 안에 이름을 입력하고 submit 버튼을 누르면, /tutors 라우트로 POST

요청이 생성되고, 이는 다른 핸들러 함수인 handle_post_tutor를 호출한다. 이 핸들러에서는 web::Form 추출자를 사용해 사용자가 입력한 이름에 접근할 수 있다. 핸들러는 이 이름을 새로운 Tera의 Context 객체에 주입한다. 이후 콘텍스트 객체와 함께 Tera의 render 함수가 호출되고, 사용자에게 user.html 페이지를 보여준다.

다음 명령으로 웹서버를 실행한다.

```
cargo run --bin iter2
```

브라우저에서 다음 URL에 접근한다.

```
http://localhost:8080/
```

가장 먼저 폼이 표시된다. 이름을 입력하고 Submit form 버튼을 클릭하자. 여러분이 입력한 이름을 포함한 두 번째 HTML이 표시될 것이다.

이것으로 사용자의 입력을 받아서 처리하는 방법에 대한 설명을 마친다. 다음 절에서는 템플릿 엔진의 또 다른 공통 기능인 리스트 표시 기능에 관해 살펴본다.

7.5 템플릿을 사용해 리스트 표시하기

이번 절에서는 웹페이지에서 동적으로 데이터 요소의 리스트를 표시하는 방법을 학습한다. 튜터 웹 애플리케이션에서 사용자는 강사들이나 강의들의 리스트를 보고 싶어 할 것이다. 사용자는 시스템에 존재하는 모든 강사의 목록 또는 특정한 기준에 따른 일부 강사의 목록 등을 보고 싶어 할 수 있으므로, 이 리스트는 동적이다. 마찬가지로 사용자는 사이트에서 수강할 수 있는 모든 강의들의 리스트 또는 특정 강사의 강의 리스트를 보고 싶어 할 수 있다. Actix와 Tera를 사용해 이 정보들을 어떻게 표시할 수 있을까?

$PROJECT_ROOT/static 폴더 아래에 iter3 폴더를 만든다. 폴더 안에 새로운 list.html 파일을 만들고, 다음 HTML 코드를 추가한다.

```
<!DOCTYPE html>
<html>
```

```
<head>
    <meta charset="utf-8" />
    <title>Actix web</title>
</head>

<body>
    <h1>Tutors list</h1>
    <ol>
        {% for tutor in tutors %}
        <li>
            <h5>{{tutor.name}}</h5>
        </li>
        {% endfor %}
    </ol>
</body>

</html>
```

순서가 있는 리스트(ordered list)를 표시한다.

이 Tera 템플릿 제어 구문은 강사 리스트의 각 아이템에 대해 루프를 돌면서 지정된 동작을 수행한다. 강사의 리스트를 포함하는 tutor 객체는 핸들러 함수에 의해 템플릿으로 전달된다.

HTML 리스트 아이템으로 각 tutor를 표시한다.

강사의 이름을 표시한다.

for 루프 블록 끝

앞선 코드는 for 루프를 사용한 Tera 템플릿 제어 구문의 예시이다. 강사 리스트를 포함하는 tutors 객체는 핸들러 함수에 의해 템플릿으로 전달된다. 이 템플릿 제어 구문은 강사 리스트의 각 아이템에 대한 루프를 돌고 액션을 수행한다. 다른 Tera 템플릿 제어 구문의 리스트는 공식 사이트(tera.netlify.app)를 참조하자.

우리는 템플릿 제어 구문(for 루프 사용)을 포함한 HTML 파일을 작성했다. 이 제어 구문은 리스트의 각 tutor에 대핸 루프를 돌면서 강사의 이름을 웹페이지에 표시한다. 다음으로 handler 함수를 작성해서 이 로직을 구현하고, 웹서버를 위한 main 함수를 작성하자.

$PROJECT_ROOT/src/bin 폴더 아래에 iter3.rs 파일을 만들고 다음 코드를 추가하자.

```
use actix_files as fs;
use actix_web::{error, web, App, Error, HttpResponse, HttpServer, Result};
use serde::{Deserialize, Serialize};
use tera::Tera;

#[derive(Serialize, Deserialize)]
    pub struct Tutor {
    name: String,
}

async fn handle_get_tutors(tmpl: web::Data<tera::Tera>) ->
    Result<HttpResponse, Error> {
```

직렬화할 수 있는 커스텀 데이터 구조체를 만들고 tutor 데이터 구조체를 정의한다. tutor 구조체는 단순함을 위해 강사의 이름만 포함한다.

handle_get_tutors는 tutors 라우트로 HTTP GET 요청이 유입되었을 때 호출되는 핸들러 함수이다.

```
    let tutors: Vec<Tutor> = vec![          ◄──────    강사들의 리스트를 목(mock) 데이터(편의상 하드코딩된 데
        Tutor {                                         이터)를 로드한다. 이번 장의 후반 절에서 이 목 데이터를 웹
            name: String::from("Tutor 1"),              서비스에서 얻은 실제 데이터로 치환할 것이다.
        },
        ...         ◄──────    코드 중략. 전체 코드는 깃허브 저장소를 참조한다.
    ];
    let mut ctx = tera::Context::new();     ◄──────    새로운 Tera 콘텍스트 객체를 만든다.
    ctx.insert("tutors", &tutors);      ◄──────    tutors 리스트를 Tera의 Context객체에 주입한다.
    let rendered_html = tmpl
        .render("list.html", &ctx)      ◄──────    list.html을 목 데이터를 포함한 Context 객체와 함께 렌더링한다.
        .map_err(|_| error::ErrorInternalServerError("Template error"))?;

    Ok(HttpResponse::Ok().content_type("text/html").body(rendered_html))
}

#[actix_web::main]
async fn main() -> std::io::Result<()> {
    println!("Listening on: 127.0.0.1:8080");
    HttpServer::new(|| {
        let tera = Tera::new(concat!(
            env!("CARGO_MANIFEST_DIR"),
            "/static/iter3/**/*"
        ))
        .unwrap();

        App::new()
            .data(tera)
            .service(fs::Files::new(
              "/static", "./static").show_files_listing())
            .service(web::resource("/tutors").route(web::get().to(
              handle_get_tutors)))      ◄──────    handle_get_tutors 핸들러를 호출하기 위한 라우트
    })
    .bind("127.0.0.1:8080")?
    .run()
    .await
}
```

앞선 코드에는 강사 데이터를 하드코딩했다. 이번 장의 후반에서는 목 데이터를 웹 서비스에서 얻는 실제 데이터로 대체할 것이다.

다음 명령으로 서버를 실행한다.

```
cargo run --bin iter3
```

브라우저에서 다음 URL로 접속한다.

```
http://localhost:8080/tutors
```

화면에 강사들의 리스트가 표시된다. 처음 강사 리스트를 본 감흥이 사라지고 나면 이 웹페이지는 특별한 감명이나 매력을 주지 못할 것이다. 아마도 몇 가지 CSS를 웹페이지에 추가하고 싶어질 것이다. 물론, 이 작업도 쉽게 할 수 있다. 다음은 이 목적을 설명하는 간단한 CSS이다. /static 폴더의 styles.css 파일에 이 코드를 입력하자. 앞서 main 함수에서 이 폴더를 정적 애셋의 소스로 선언했다.

```css
/* css */
ul {
    list-style: none;
    padding: 0;
}
li {
    padding: 5px 7px;
    background-color: #FFEBCD;
    border: 2px solid #DEB887;
}
```

$PROJECT_ROOT/iter3 폴더 아래의 list.html 파일 안에서 html의 head 블록에 CSS 파일을 다음과 같이 추가한다.

```html
<head>
    <meta charset="utf-8" />
    <link rel="stylesheet" type="text/css" href="/static/styles.css" />
    <title>Actix web</title>
</head>
```

웹서버를 재 실행하고 웹 브라우저에서 /tutors 라우트를 방문하자. 이제 웹페이지에 CSS 스타일이 반영되었을 것이다. 이것은 아주 아름다운 웹페이지는 아니겠지만, 적어도 여러분은 웹페이지에 직접 스타일을 추가할 수 있는 방법을 이해했다.

하지만 여러분이 나와 같다면, 그리고 직접 커스텀 CSS를 작성하고 싶지 않다면, 다음과 같이 여러분이 선호하는 CSS 프레임워크를 임포트할 수 있다. 여기에서는 list.html의 HEAD 섹션을 변경해서 유명한 모던 CSS 라이브러리인 tailwind.css를 임포트하자. Bootstrap, Foundation, Bulma와 같은 다른 CSS 프레임워크를 선택할 수도 있다.

```
<!DOCTYPE html>
<html>

<head>
    <meta charset="utf-8" />
    <title>Actix web</title>
    <link href="https://unpkg.com/tailwindcss@^1.0/dist/tailwind.min.css"
      rel="stylesheet">
</head>

<body>
    <h1 class="text-2xl font-bold mt-8 mb-5">Tutors list</h1>
    <ul class="list-disc list-inside my-5 pl-2">
        {% for tutor in tutors %}
        <ol class="list-decimal list-inside my-5 pl-2">
            <h5 class="text-1xl font-bold mb-4 mt-0">{{tutor.name}}</h5>
        </ol>
        {% endfor %}
    </ul>
</body>

</html>
```

서버를 다시 컴파일하고 실행하자. 이번에는 분명 좀 더 여러분의 마음에 드는 무언가가 나타났을 것이다.

이 책에서는 CSS 스타일에 많은 시간을 사용하지 않을 것이지만, CSS는 웹페이지에 통합된 부분이므로, Actix와 템플릿을 통해 그것을 어떻게 사용하는지 알아두는 것은 중요하다.

지금까지 여러 가지 방법으로 Actix와 Tera를 사용해 웹페이지에서 동적 콘텐츠를 표시하는 방법에 관해 살펴봤다. 이제 속도를 올려서 프런트엔드 웹 애플리케이션을 개발하는 데 보다 중요한 측면에 집중해보자. 바로 자동화 테스트와 통합 테스트이다. 백엔드 튜터 웹 서비스에 대한 테스트 케이스를 작성할 수 있었던 것과 마찬가지로, 러스트에서 Actix와 Tera를 사용해 프런트엔드 웹 애플리케이션에 대한 테스트 케이스를 작성할 수 있을까? 다음 절에서 알아보자.

7.6 클라이언트 사이드 테스트 작성 및 실행하기

이번 절에서는 새로운 애플리케이션 코드는 작성하지 않는다. 대신 앞에서 작성했던 핸들러 함수 중 하나를 재사용하면서 핸들러에 대한 단위 테스트 케이스를 작성하는 방법을 학습한다.

`iter2.rs` 파일에 작성한 코드를 사용하자. 구체적으로는 다음 핸들러 함수에 초점을 둘 것이다.

```
async fn handle_post_tutor(
    tmpl: web::Data<tera::Tera>,
    params: web::Form<Tutor>,
) -> Result<HttpResponse, Error> {
    let mut ctx = tera::Context::new();
    ctx.insert("name", &params.name);
    ctx.insert("text", "Welcome!");
    let s = tmpl
        .render("user.html", &ctx)
        .map_err(|_| error::ErrorInternalServerError("Template error"))?;

    Ok(HttpResponse::Ok().content_type("text/html").body(s))
}
```

다음과 같이 명령줄에서 curl POST 요청을 보내 이 핸들러를 호출할 수 있다.

```
curl -X POST localhost:8080/tutors -d "name=Terry"
```

이 핸들러 함수에 대한 단위 테스트 케이스를 작성하자. `$PROJECT_ROOT/Cargo.toml`에 다음 섹션을 추가한다.

```
[dev-dependencies]
actix-rt = "2.2.0"
```

actix-rt는 Actix 비동기 런타임이며, 비동기 테스트 함수를 실행하기 위해 필요하다.

`$PROJECT_ROOT/src/bin/iter2.rs` 파일의 끝에 다음 테스트 코드를 추가한다(관습적으로, 러스트 단위 테스트 케이스들은 소스 파일의 끝에 위치한다).

```
#[cfg(test)]          ◀──── 테스트 케이스를 위한 표준 러스트 애너테이션
mod tests {           ◀──── 표준 러스트 tests 모듈 시작
    use super::*;
    use actix_web::http::{header::CONTENT_TYPE, HeaderValue, StatusCode};
    use actix_web::web::Form;
                              이 애너테이션 이후의 함수가 Actix 런타임에 의해
                              실행돼야 하는 테스트 함수임을 Actix 런타임에게 알린다.
    #[actix_rt::test]  ◀────
    async fn handle_post_1_unit_test() {
```

```
    let params = Form(Tutor {                    ◄──────  Tutor 객체를 생성하고 이를 Actix의 web::Form 추출자에
        name: "Terry".to_string(),                        내장시켜 사용자 엔트리를 시뮬레이션한다.
    });
    let tera = Tera::new(concat!(    ◄────  새로운 Tera 인스턴스를 만든다.
        env!("CARGO_MANIFEST_DIR"),
        "/static/iter2/**/*"
    ))
    .unwrap();                                              Tera 인스턴스를 웹 애플리케이션에
                                                            디펜던시로 주입한다.
    let webdata_tera = web::Data::new(tera);  ◄───
    let resp = handle_post_tutor(                           Tera 인스턴스, Form 매개변수와 함께 핸들러
        webdata_tera, params).await.unwrap();  ◄──         함수를 호출한다. 이것은 사용자가 폼을 제출한
                                                            상황을 시뮬레이션한 것이다.

    assert_eq!(resp.status(), StatusCode::OK);  ◄───  반환 상태 코드를 확인한다.
    assert_eq!(
        resp.headers().get(CONTENT_TYPE).unwrap(),  ◄───  반환 콘텐츠 타입을 확인한다.
        HeaderValue::from_static("text/html")
    );
    }
}
```

$PROJECT_ROOT에서 다음 명령으로 테스트를 실행한다.

```
cargo test --bin iter2
```

테스트는 성공할 것이다.

여기에서는 핸들러 함수를 직접 호출해서 단위 테스트 케이스를 작성했다. 핸들러 함수의 시그니처를 알고 있으므로 이렇게 할 수도 있다. 단위 테스트 케이스라면 이렇게 해도 충분하지만, 폼 데이터를 사용해 HTTP 요청을 던지는 웹 클라이언트는 어떻게 시뮬레이션할 수 있겠는가?

이것은 통합 테스팅의 영역이다. 통합 테스트 케이스를 작성해서 사용자 폼 제출을 시뮬레이션하자. $PROJECT_ROOT/src/bin/iter2.rs의 tests 모듈에 다음 코드를 추가하자.

```
use actix_web::dev::{HttpResponseBuilder, Service, ServiceResponse};
use actix_web::test::{self, TestRequest};

// 통합 테스트 케이스
#[actix_rt::test]
async fn handle_post_1_integration_test() {
    let tera = Tera::new(concat!(
        env!("CARGO_MANIFEST_DIR"),
```

```
        "/static/iter2/**/*"
))
.unwrap();

let mut app = test::init_service(App::new().data(tera).configure(
  app_config)).await;

let req = test::TestRequest::post()
    .uri("/tutors")
    .set_form(&Tutor {
        name: "Terry".to_string(),
    })
    .to_request();
let resp: ServiceResponse = app.call(req).await.unwrap();
assert_eq!(resp.status(), StatusCode::OK);
assert_eq!(
    resp.headers().get(CONTENT_TYPE).unwrap(),
    HeaderValue::from_static("text/html")
);
}
```

> init_service()를 사용해 테스팅을 위한 Actix Service를 만든다. 이 서비스에 HTTP 메시지를 보내서 웹서버에 요청을 보내는 웹 클라이언트를 시뮬레이션할 수 있다. 일반적인 앱 빌더를 매개변수로 받으므로, 일반적인 Actix 웹 애플리케이션에서 했던 것처럼 Tera 인스턴스와 애플리케이션 라우트를 전달할 수 있다.

> HTTP 요청 메시지는 TestRequest::post()를 사용해 구성된다. 이를 사용해 테스트 서버에 일반적인 POST 요청을 보낸다.

> to_request()는 TestRequest::post() 빌더에 전달된 매개변수를 정규 포맷의 HTTP 요청 메시지로 변환한다.

> 테스트 서버는 HTTP 요청 메시지와 함께 호출된다

> 예상한 상태 코드인지 확인한다.

> 예상한 콘텐츠 타입인지 확인한다.

Actix는 빌트인 서비스, 모듈, 함수의 형태로 테스팅을 풍부하게 제공하며, 이를 사용해 단위 테스트와 통합 테스트를 작성할 수 있다.

$PROJECT_ROOT에서 테스트를 실행한다.

```
cargo test --bin iter2
```

단위 테스트와 통합 테스트 모두 성공하는 것을 확인할 수 있다.

이것으로 이번 절의 주제인 Actix와 Tera를 사용해 프런트엔드 웹 앱에 대한 단위 테스트와 통합 테스트를 작성하는 방법에 관한 학습을 마친다. 튜터 웹 애플리케이션을 개발하면서 이번 절에서 학습한 내용을 활용해서 실제 테스트 케이스를 작성할 것이다.

7.7 백엔드 웹 서비스에 연결하기

이전 절에서는 목 데이터를 사용해 웹페이지에 강사들의 리스트를 표시했다. 이번 절에서는 목 데이터 대신 백엔드 튜터 웹 서비스에서 데이터를 꺼내 웹페이지에 표시한다. 기술적으로, Actix 웹 애플리케이션으로 데이터베이스와 직접 통신할 수 있지만, 그것은 우리가 원하는 방식이 아니다.

무엇보다 웹 서비스에 이미 존재하는 데이터베이스 접근 로직을 중복시키고 싶지 않기 때문이다. 또한 데이터베이스 접근 크리덴셜을 웹 서비스와 웹 애플리케이션에 동시에 노출시키고 싶지 않다. 이것은 보안(해킹) 공격이 발생할 수 있는 가능성을 증가시킬 수 있기 때문이다.

백엔드 튜터 웹 서비스는 다양한 REST API를 제공한다. 웹 애플리케이션에서 웹 서비스와 통신하기 위해서는 웹 애플리케이션 안에 내장될 수 있는 HTTP 클라이언트가 필요하다. 이 목적을 위해 사용할 수 있는 다른 외부 크레이트가 있지만, 여기에서는 Actix Web 프레임워크의 빌트인 HTTP 클라이언트를 사용한다. 또한 웹 서비스로부터 반환되는 JSON 데이터를 파싱하고 해석할 방법이 필요하다. 이를 위해 serde_json 크레이트를 사용한다.

$PROJECT_ROOT/Cargo.toml에 다음을 추가하자.

```
serde_json = "1.0.64"
```

이제 튜터 웹 서비스에 GET 요청을 보내고 강사 리스트를 얻어올 수 있도록 연결하는 코드를 작성하자. $PROJECT_ROOT/src/bin 폴더 아래에 새로운 iter4.rs 파일을 생성하고, iter3.rs의 내용을 복사한다. 여기에서 시작하자.

serde_json 크레이트를 사용하면 유입되는 HTTP 응답의 JSON 페이로드를 강한 타입의 데이터 구조체로 역직렬화할 수 있다. 여기에서 우리는 튜터 웹 서비스가 보낸 JSON을 Vec<Tutor> 타입으로 변환해보겠다. 또한 유입되는 JSON 데이터에 매치하도록 Tutor 구조체의 구조를 정의할 것이다. $PROJECT_ROOT/src/bin/iter4.rs 파일에서 정의된 Tutor의 이전 버전을 제거하고, 다음 코드로 대체한다.

```
#[derive(Serialize, Deserialize, Debug)]
pub struct Tutor {
    pub tutor_id: i32,
    pub tutor_name: String,
    pub tutor_pic_url: String,
    pub tutor_profile: String,
}
```

같은 소스 파일의 handle_get_tutors 핸들러 함수 안에서 튜터 웹 서비스에 연결해서 강사 리스트를 얻자. 이렇게 함으로써 하드코딩된 값들을 제거할 수 있다. actix_web 클라이언트 모듈을 임포트하고, handler_get_tutors 핸들러 함수의 코드를 다음과 같이 수정하자.

```
use actix_web::client::Client;

async fn handle_get_tutors(tmpl: web::Data<tera::Tera>) -> Result<HttpResponse, Error> {
    let client = Client::default();        ◄── 웹 서비스와 통신하기 위한 Actix Web HTTP 클라이언트를 만든다.

    // 요청 빌더를 생성하고 요청을 보낸다.

    let response = client                          URL 엔드포인트를 포함한 GET 요청을 만든다.
            .get("http://localhost:3000/tutors/") ◄── URL 엔트포인트는 적절하게 조정한다.
            .send()          ◄──── HTTP 요청을 서버로 보낸다.
            .await                                   unwrap() 키워드를 사용해 (지름길로) 네트워크
            .unwrap()  ◄─────────────────────        응답 결과를 추출했다. 튜터 웹 애플리케이션을 작
            .body()  ◄────── HTTP 응답에서 응답의 body()를 추출한다.  성할 때, 에러들을 프로덕션에 준하는 방법으로 처
            .await          여기에는 강사 리스트가 포함되어 있다.      리할 것이다. unwrap은 현재 프로세스를 종료시키
            .unwrap();  ◄─────────────────────       므로 프로덕션에서의 사용에 적합하지 않지만, 소
                                                     프트웨어 개발 초기 단계를 단순화해준다.

                          응답의 body()를 바이트로 얻는다. 이것을 str 슬라이스로 변환한다.
    let str_list = std::str::from_utf8(&response.as_ref()).unwrap();  ◄──
    let tutor_list: Vec<Tutor> = serde_json::from_str(str_list).unwrap();  ◄──
    let mut ctx = tera::Context::new();
                                          serde_json 크레이트를 사용해 앞에서 얻은 str
                                          슬라이스를 Tutor 객체의 벡터로 역직렬화한다.
    ctx.insert("tutors", &tutor_list);  ◄──
    let rendered_html = tmpl                역직렬화된 tutor 리스트를 Tera context 객체로 전달한다.
        .render("list.html", &ctx)
        .map_err(|_| error::ErrorInternalServerError("Template error"))?;

    Ok(HttpResponse::Ok().content_type("text/html").body(rendered_html))
}
```

비동기 네트워크 요청을 위해서는 await 키워드가 필요하다. (← .await, .await)

Tera 템플릿의 렌더링과 관련된 나머지 코드는 이전에 살펴본 것과 유사하다.

다음으로 새로운 $PROJECT_ROOT/static/iter4 폴더를 만든다. 이 폴더 아래에 $PROJECT_ROOT/static/iter3 폴더의 list.html를 복사한다. list.html 파일의 템플릿 변수 {{tutor.name}}을 {{tutor.tutor_name}}으로 바꾼다. 튜터 웹 서비스에서 반환되는 것은 데이터 구조체이기 때문이다.

다음은 iter4 폴더 아래의 업데이트된 list.html 파일이다.

```
<!DOCTYPE html>
<html>
```

```
<head>
    <meta charset="utf-8" />
    <title>Actix web</title>
    <link href="https://unpkg.com/tailwindcss@^1.0/dist/tailwind.min.css"
      rel="stylesheet">
</head>

<body>
    <h1 class="text-2xl font-bold mt-8 mb-5">Tutors list</h1>
    <ul class="list-disc list-inside my-5 pl-2">
        {% for tutor in tutors %}
        <ol class="list-decimal list-inside my-5 pl-2">
            <h5 class="text-1xl font-bold mb-4 mt-0">{{tutor.tutor_name}}</h5>
        </ol>
        {% endfor %}
    </ul>
</body>

</html>
```

또한 $PROJCT_ROOT/static/iter4 폴더의 Tera 템플릿을 찾도록 iter4.rs의 main() 함수를 수정하자. 다음은 업데이트된 main() 함수이다.

```
#[actix_web::main]
async fn main() -> std::io::Result<()> {
    println!("Listening on: 127.0.0.1:8080!");
    HttpServer::new(|| {
        let tera = Tera::new(concat!(env!("CARGO_MANIFEST_DIR"),
          "/static/iter4/**/*")).unwrap();

        App::new()
            .data(tera)
            .service(fs::Files::new("/static", "./static").show_files_listing())
            .service(web::resource("/tutors").route(web::get().to(handle_get_tutors)))
    })
    .bind("127.0.0.1:8080")?
    .run()
    .await
}
```

지금까지 튜터 웹 서비스로부터 강사 리스트를 얻고(이터레이션 3에서 사용한 하드코딩된 값 대신), 이를 사용해 list.html에서 강사 리스트를 표시하도록 구현했다. list.html 파일은 클라이언트의 HTTP 요청이 라우트 /tutors로 유입되었을 때 렌더링된다.

이를 테스트하려면 ezytutors 워크스페이스 아래 tutor-web-service 폴더로 이동한 뒤, 새 터미널에서 서버를 실행해보자. 이 서버는 localhost:3000을 리스닝한다. 다음 명령으로 서버를 테스트할 수 있다.

```
cargo run --bin iter5
```

iter5는 튜터 웹 서비스를 위해 구현한 마지막 이터레이션(6장)이다.

이제 다른 터미널에서 $PROJECT_ROOT로 이동해서 다음 명령으로 튜터 웹 앱을 실행해보자.

```
cargo run --bin iter4
```

이제 튜터 웹 서비스는 로컬호스트의 3000번 포트, 튜터 웹 앱은 로컬호스트의 8080번 포트에서 실행되고 있다. 사용자가 8080번 포트를 사용해 /tutor 라우트에 방문하면, 이 요청은 웹 앱의 웹 핸들러에 전달되고, 이는 튜터 웹 서비스를 호출해서 강사 리스트를 얻는다. 튜터 웹 앱 핸들러는 이 데이터를 Tera 템플릿에 넣은 뒤 사용자에게 웹페이지를 표시한다.

브라우저에서 다음 URL에 방문하면 이를 테스트할 수 있다.

```
localhost:8080/tutors
```

웹페이지에는 튜터 웹 서비스에서 얻은 강사들의 이름 리스트가 표시된다. 여기까지 왔다면 축하한다! 만약 에러가 발생했다면 코드가 마지막으로 동작한 부분까지 거슬러 올라가서, 이번 장의 적절한 설명을 따라 코드를 차례대로 변경해보기 바란다.

Actix를 사용해 클라이언트 사이드 애플리케이션 개발의 핵심적인 부분을 학습했다. 다음 장에서는 이번 장에서 학습한 내용을 활용해 튜터 웹 애플리케이션 코드를 작성한다.

요약

- 러스트를 사용해 백엔드 **웹 서비스**는 물론 프런트엔드 **웹 애플리케이션**도 구현할 수 있다.
- 서버 사이드 렌더링(SSR)은 서버에서 완전히 렌더링된 웹페이지를 만들어서 브라우저로 전송하는 웹 아키텍처 패턴이다. SSR은 일반적으로 웹페이지에 정적, 동적 콘텐츠를 섞어서 제공한다.

- Actix Web과 Tera 템플릿 엔진은 러스트 기반 웹 애플리케이션의 SSR을 구현할 수 있는 강력한 도구이다.
- Tera 템플릿 엔진은 인스턴스화되어 웹 애플리케이션의 main() 함수에 주입된다. Actix Web 프레임워크는 모든 핸들러가 Tera 인스턴스에 접근할 수 있도록 만들어준다. 차례로 라우트 핸들러 함수들은 Tera 템플릿을 사용해서 동적인 웹페이지들을 만들고, 만들어진 페이지들은 HTTP 응답 바디에 포함되어 클라이언트 브라우저로 다시 전송된다.
- HTML 폼을 사용해서 사용자의 입력을 받고, 그 입력을 Actix 웹 애플리케이션의 라우트로 전송했다. 이에 해당하는 라우트 핸들러는 해당 HTTP 요청을 처리하고 동적 웹페이지를 포함하는 HTTP 응답을 반환한다.
- Tera 템플릿이 제공하는 제어 흐름 기능을 사용해서 웹페이지에 정보 목록을 표시했다. 리스트의 콘텐츠는 로컬 데이터베이스 혹은 외부 웹 서비스로부터 얻은 뒤 웹페이지 템플릿에 삽입된다.
- Actix Web 클라이언트는 Actix 웹 애플리케이션 프런트엔드와 Actix 웹 서비스 백엔드 사이에서 통신하는 HTTP 클라이언트로 사용할 수 있다.

8

CHAPTER _____

템플릿을 사용해 강사 등록하기

. . . .

이번 장에서 다루는 내용

- 강사 등록 기능 설계하기
- 프로젝트 구조 설정하기
- 등록 폼 표시하기
- 등록 제출 처리하기

. . . .

이전 장에서는 Actix를 사용해 서버 사이드 웹 애플리케이션을 개발하기 위한 기본에 관해 살펴 봤다. 이번 장에서는 Actix와 Tera를 사용한 강사 등록 폼을 만들면서 템플릿을 다루는 상세한 방법에 관해 학습한다.

템플릿과 폼은 웹 애플리케이션에서 중요한 기능이다. 이 기능들을 사용해서 등록, 로그인sign-in, 사용자 프로파일 등록, 지불 정보 또는 규제 목적의 KYCknow-your-customer 세부 정보, 데이터에 대한 CRUD 동작을 수행한다. 사용자 입력을 얻는 과정에서는 입력을 검증하고 에러가 발생한 경우에는 사용자에게 적절한 피드백을 제공해야 한다. 폼이 데이터 업데이트를 포함할 때는, 폼에 기존 정보를 담아서 시용지에게 표시하고, 시용지기 이를 변경할 수 있도록 해야 한다. 또한 멋진 형태를 위해서 스타일링 요소들을 추가해야 한다. 폼을 제출하면 폼 데이터는 HTTP 요청으로 직렬화되고, 이후 해당 폼 데이터를 처리하고 저장하기 위한 적절한 핸들러를 호출해야 한다. 마지막으로 사용자는 폼 제출 성공에 대한 피드백을 받고, 선택적으로 다음 화면으로 이동해야 한다. 이번 장에서는 Actix Web, Tera 템플릿 엔진과 몇 가지 컴포넌트들을 사용해 이 모든 것들을 수행하는 방법을 학습한다.

이번 장에서는 강사를 등록할 수 있는 HTML 템플릿과 관련 코드를 작성한다. 그림 8.1은 강사 등록 폼을 나타낸다.

등록을 위해 여섯 개의 필드(username, password, password confirmation, tutor name, tutor image URL, brief tutor profile)값을 받는다. 처음 3개의 필드는 사용자 관리 기능, 다른 3개의 필드는 데이터베이스에 새로운 강사 정보를 생성하기 위해 튜터 웹 서비스에 요청을 보내기 위해 사용한다. 먼저 프로젝트 코드 구조와 기본 뼈대를 설정하자.

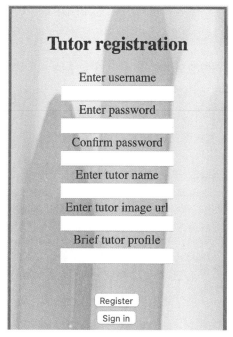

그림 8.1 강사 등록 폼

8.1 초기 웹 애플리케이션 작성하기

가장 먼저 7장의 코드를 클론한다. 이를 기반으로 코드 구조를 구현한다.

tutor-web-app-ssr 폴더가 프로젝트 루트가 된다. 따라서 PROJECT_ROOT 환경 변수를 /path-to-folder/ezytutors/tutor-web-app-ssr로 설정하자. 이후에는 이 폴더를 $PROJECT_ROOT로 참조한다.

\$PROJECT_ROOT 아래의 코드 구조를 다음과 같이 정리한다.

1. \$PROJECT_ROOT/src 폴더 아래에 iter5 폴더를 생성한다. 이 폴더에는 데이터 모델, 라우트 핸들러 함수, 커스텀 에러 타입 및 애플리케이션 상태에 대한 정의, 데이터베이스 SQL 스크립트를 포함한다.

2. \$PROJECT_ROOT/static 폴더 아래에 iter5 폴더를 생성한다. 이 폴더는 HTML/Tera 템플릿을 포함한다.

3. \$PROJECT_ROOT/bin 폴더 아래에 iter5-ssr.rs 파일을 생성한다. 이것은 main 함수이며 Actix 웹서버를 설정하고 시작시킨다(우리가 구현하는 웹 애플리케이션을 제공한다).

4. \$PROJECT_ROOT/src/iter5 폴더 아래에 다음 파일들을 작성한다.

   - **routes.rs**: HTTP 요청을 받을 수 있는 웹 애플리케이션의 라우트를 저장한다.

   - **model.rs**: 데이터 모델 정의를 포함한다.

   - **handlers.rs**: 다양한 라우트와 관련된 핸들러 함수를 포함하며 유입되는 HTTP 요청을 처리한다.

   - **state.rs**: 애플리케이션 상태를 나타내는 데이터 구조체를 저장한다. 이 구조체는 핸들러에 주입된다(디펜던시 주입).

   - **errors.rs**: 커스텀 에러타입 및 사용자에 대한 적절한 에러 메시지를 만드는 관련 함수들을 포함한다.

   - **dbaccess.rs**: 강사 데이터를 읽고 쓰기 위해 데이터베이스에 접근하는 함수들을 포함한다.

   - **dbscripts/user.sql**: \$PROJECT_ROOT/src/iter5 폴더 아래에 dbscripts 폴더를 만들고, 그 아래 user.sql 파일을 생성한다. 이 파일은 데이터베이스 테이블을 생성하기 위한 SQL 스크립트를 포함한다.

   - **mod.rs**: \$PROJECT_ROOT/src/iter5 디렉터리를 다른 파일에 임포트될 수 있는 러스트 모듈로 설정한다.

이제 코드를 작성해보자. 먼저, \$PROJECT_ROOT/src/iter5/routes.rs에서 라우트를 정의하자.

```
use crate::handler::{handle_register, show_register_form};  ◄──── 핸들러 함수를 임포트해서 등록 폼을
use actix_files as fs;  ◄──────                                    표시하고, 폼 제출을 처리한다. 이 함수에
use actix_web::web;            actix_files를 사용해 정적 파일을 제공한다.   대한 코드를 곧 작성할 것이다.

                                            서비스 구성을 생성하고 라우트와 관련된 핸들러를 지정한다.
pub fn app_config(config: &mut web::ServiceConfig) {  ◄──────
```

```
config.service(
    web::scope("")
        .service(fs::Files::new(
            "/static", "./static").show_files_listing())    ◄────
        .service(web::resource("/").route(web::get().to(
            show_register_form)))    ◄────
        .service(web::resource("/register").route(web::post().to(
            handle_register))),    ◄────
    );
}
```

/static 접두사를 가진 라우트의 정적 리소스에 대한 HTTP 요청
대응은 $PROJECT_ROOT 아래의 /static 폴더에서 제공한다.

GET 요청에 대한 응답에서 등록 폼을 표시하기 위한 인덱스 라우트

등록 폼 제출에 대한 POST 요청을
처리하는 라우트

이를 바탕으로 $PROJECT_ROOT/src/iter5/model.rs에서 모델을 정의하자. 다음 데이터 구조체를
models.rs에 추가한다.

예제 8.1 데이터 모델

```
use serde::{Deserialize, Serialize};
#[derive(Serialize, Deserialize, Debug)]
pub struct TutorRegisterForm {    ◄────  강사 등록 폼에서 얻을 상세 정보를 갖는 구조체
    pub username: String,
    pub password: String,
    pub confirmation: String,
    pub name: String,
    pub imageurl: String,
    pub profile: String,
}


#[derive(Serialize, Deserialize, Debug)]
pub struct TutorResponse {    ◄────  튜터 웹 서비스로부터의 응답을 저장하는 구조체.
    pub tutor_id: i32,                  새로운 강사 생성에 대한 응답으로 얻는다.
    pub tutor_name: String,
    pub tutor_pic_url: String,
    pub tutor_profile: String,
}


#[derive(Serialize, Deserialize, Debug, sqlx::FromRow)]
pub struct User {    ◄────  인증 처리를 위한 사용자 크리덴셜을 저장하는 구조체
    pub username: String,
    pub tutor_id: i32,
    pub user_password: String,
}
```

이제 $PROJECT_ROOT/src/iter5/state.rs에 상태를 저장하자.

```
use sqlx::postgres::PgPool;

pub struct AppState {
    pub db: PgPool,
}
```

AppState는 데이터베이스 접근 함수에 의해 사용되는 Postgres 커넥션 풀 객체를 갖는다. AppState는 Actix Web에 의해 각 핸들러 함수에 주입된다. 뒤에서 Actix 애플리케이션 인스턴스를 생성하면서 이를 구성하는 방법에 관해 살펴볼 것이다.

`$PROJECT_ROOT/src/iter5` 폴더 아래에 `error.rs` 파일을 생성하고, 커스텀 에러 타입을 정의하자. 이것은 튜터 웹 서비스에서의 에러 정의와 거의 비슷하지만, 몇 가지 사소한 차이가 있다.

예제 8.2 **커스텀 에러 타입**

```
use ...  ◄──┐ 코드 중략. 전체 코드는 깃허브 저장소를 참조한다.

#[derive(Debug, Serialize)]
pub enum EzyTutorError {  ◄──┐ 커스텀 에러 타입 EzyTutorError를 정의한다.
    DBError(String),
    ActixError(String),
    NotFound(String),
    TeraError(String),
}
#[derive(Debug, Serialize)]                  에러 타입 MyErrorResponse를 정의하고
pub struct MyErrorResponse {  ◄──┐          응답을 사용자에게 반환한다.
    error_message: String,
}                                            커스텀 에러 타입을 위한 러스트의 표준 에러 트레이트를
impl std::error::Error for EzyTutorError {}  ◄──┐ 구현한다. 이를 통해 Actix를 사용해 커스텀 에러 타입을
                                             HTTP 응답으로 변환할 수 있다.

impl EzyTutorError {  ◄──┐                  튜터 웹 애플리케이션에서 발생할 수 있는 다양한 에러
    fn error_response(&self) -> String {    타입에 대한 (사용자로의) 에러 응답 메시지를 만든다.
        match self {
            EzyTutorError::DBError(msg) => {
                println!("Database error occurred: {:?}", msg);
                "Database error".into()
            }
            EzyTutorError::ActixError(msg) => { ... }
            EzyTutorError::TeraError(msg) => { ... }    코드 중략. 전체 코드는 깃허브
            EzyTutorError::NotFound(msg) => { ... }     저장소를 참조한다.
        }
    }
}
```

```
impl error::ResponseError for EzyTutorError {           ◄───  Actix의 ResponseError 트레이트를 구현한다.
    fn status_code(&self) -> StatusCode {                     이것은 EzyTutorError를 HTTP 응답으로 변환
        match self {                                          하는 방법을 지정한다.
            EzyTutorError::DBError(_msg)
            | EzyTutorError::ActixError(_msg)
            | EzyTutorError::TeraError(_msg) =>
                StatusCode::INTERNAL_SERVER_ERROR,
            EzyTutorError::NotFound(_msg) => StatusCode::NOT_FOUND,
        }
    }
    fn error_response(&self) -> HttpResponse {
        HttpResponse::build(self.status_code()).json(MyErrorResponse {
            error_message: self.error_response(),
        })
    }
}
                                                        러스트 표준 라이브러리로부터 Display 트레이트를 구현한다.
                                                  ◄───  이는 EzyTutorError에 대해 에러를 출력할 수 있도록 한다.
impl fmt::Display for EzyTutorError {
    fn fmt(&self, f: &mut fmt::Formatter) -> Result<(), fmt::Error> {
        write!(f, "{}", self)
    }
}
                                                        Actix Web의 Error 트레이트를 구현한다.
                                                        EzyTutorError는 이를 통해 ? 연산자를
impl From<actix_web::error::Error> for EzyTutorError {  ◄───  사용해 전자를 후자로 변환할 수 있다.
    fn from(err: actix_web::error::Error) -> Self {
        EzyTutorError::ActixError(err.to_string())
    }
}
                                                        코드 중략. 전체 코드는 깃허브 저장소를 참조한다.
                                                        sqlx error 트레이트를 구현한다. EzyTutorError
                                                        는 이를 통해 ? 연산자를 사용해 전자를 후자로 변환
impl From<SQLxError> for EzyTutorError { ... }  ◄───    할 수 있다.
```

이것으로 라우트, 데이터 모델, 애플리케이션 상태 및 에러 타입을 정의했다. 다음으로 다양한 핸들러 함수에 대한 뼈대를 작성하자. 작성 내용이 많지는 않지만, 이 코드 구조를 기반으로 이후 절의 내용들을 구현할 것이다.

$PROJECT_ROOT/src/iter5/handler.rs에 다음을 추가한다.

```
use actix_web::{Error, HttpResponse, Result};
                                                        사용자에게 등록 폼을 표시하는 핸들러 함수이다.
pub async fn show_register_form() -> Result<HttpResponse, Error> {  ◄───
    let msg = "Hello, you are in the registration page";
    Ok(HttpResponse::Ok().content_type("text/html").body(msg))
}
                                                        등록 요청을 처리하는 핸들러 함수이다.
pub async fn handle_register() -> Result<HttpResponse, Error> {  ◄───
```

```
        Ok(HttpResponse::Ok().body(""))
    }
```

앞에서 볼 수 있듯 핸들러 함수는 많은 것을 하지는 않는다. 하지만 추가적인 개발을 진행할 수 있는 초기 코드 구조를 만들기에 충분하다.

마지막으로 main() 함수를 작성하자. 이 함수는 웹 애플리케이션을 관련된 라우트 구성으로 설정하고, 웹서버를 기동한다. 다음 코드를 $PROJECT_ROOT/bin/iter5-ssr.rs에 추가한다.

예제 8.3 main() 함수

```
#[path = "../iter5/mod.rs"]
mod iter5;
use iter5::{dbaccess, errors, handler, model, routes, state::AppState};
use routes::app_config;                          웹 애플리케이션과 웹서버를          애플리케이션에
use actix_web::{web, App, HttpServer};           설정하기 위한 핵심 Actix 모듈       특화된 코드를
                                                                                임포트하기 위한
use dotenv::dotenv;          환경 변수를 다루기 위한 패키지                         모듈 정의
use std::env;
use sqlx::postgres::PgPool;     ◄──── sqlx Postgres 커넥션 풀을 임포트한다.


use tera::Tera;


#[actix_web::main]
async fn main() -> std::io::Result<()> {
    dotenv().ok();           ◄──── 러스트 표준 라이브러리에서 env 모듈을 임포트해서 환경 변수를 읽는다.
    // HTTP 서버를 시작한다.
    let host_port = env::var("HOST_PORT").expect(
      "HOST:PORT address is not set in .env file");  ◄──
    println!("Listening on: {}", &host_port);            .env 파일로부터 host, post 및
    let database_url = env::var("DATABASE_URL").expect(  데이터베이스 접근 크리덴셜을
        "DATABASE_URL is not set in .env file");         임포트한다.

    let db_pool = PgPool::connect(&database_url).await.unwrap();   새로운 Postgres 커넥션 풀을
    // AppState를 만든다.                                          생성하고, 이를 애플리케이션
    let shared_data = web::Data::new(AppState { db: db_pool });  ◄─ 상태에 내장시킨다.

    HttpServer::new(move || {   ◄──── 라우트, 애플리케이션 상태 및 테라를 사용해 Actix 웹 애플리케이션을 구성한다.
        let tera = Tera::new(concat!(env!("CARGO_MANIFEST_DIR"),
          "/static/iter5/**/*")).unwrap();

        App::new()
            .data(tera)
            .app_data(shared_data.clone())
            .configure(app_config)
    })
```

```
    .bind(&host_port)?
    .run()
    .await
}
```

┐ 웹서버를 host, post 구성에 바인딩한 뒤 실행한다.

몇 가지 작업을 더 수행해야 한다. 먼저, $PROJECT_ROOT 폴더의 Cargo.toml 파일에 dotenv 패키
지를 추가하자. Cargo.toml 파일의 형태는 다음과 같이 된다.

```
[dependencies]
actix-web = "4.2.1"
actix-files="0.6.2"
tera = "1.17.0"
serde = { version = "1.0.144", features = ["derive"] }
serde_json = "1.0.85"
awc = "3.0.1"
sqlx = {version = "0.6.2", default_features = false, features =
  ["postgres","runtime-tokio", "macros"]}
rust-argon2 = "1.0.0"
dotenv = "0.15.0"

[dev-dependencies]
actix-rt = "2.7.0"
```

$PROJECT_ROOT 폴더 안의 .env 파일에 호스트할 IP 주소, 포트 번호, 데이터베이스 상세 정보를
다음과 같이 설정한다.

```
HOST_PORT=127.0.0.1:8080
DATABASE_URL=postgres://ssruser:mypassword@127.0.0.1:5432/ezytutor_web_ssr
```

DATABASE_URL에서는 데이터베이스 접근을 위해 사용자명(ssruser)과 비밀번호(mypassword)를 지
정한다. 또한 Postgres 데이터베이스 프로세스들이 실행되고 있는 포트 번호와 연결할 데이터베이
스명(ezytutor_web_ssr)도 지정한다. 다음 절에서 이에 관해 더 자세히 살펴볼 것이다.

마지막으로 $PROJECT_ROOT/src/iter5 폴더 아래의 mod.rs 파일에 다음 항목을 추가한다. 이는
우리가 정의한 함수와 데이터 구조체를 익스포트하는 코드이며, 이로써 애플리케이션의 모든 위치
에서 이들을 임포트하고 사용할 수 있게 된다.

```
pub mod dbaccess;
pub mod errors;
pub mod handler;
pub mod model;
pub mod routes;
pub mod state;
```

테스트할 준비가 되었다. $PROJECT_ROOT에서 다음을 실행한다.

```
cargo run --bin iter5-ssr
```

Actix 웹서버가 기동되고 .env 파일에 지정된 host:port 조합을 리스닝하는 것을 확인할 수 있다.

브라우저에서 다음 URL 라우트에 접근해보자(포트 번호는 여러분이 만든 .env 파일 설정에 따라 변경하자).

```
localhost:8080/
```

브라우저 화면에 다음과 같은 메시지가 출력될 것이다.

```
Hello, you are in the registration page
```

이제 기본 프로젝트 구조를 만들었고, 사용자에게 등록 폼을 표시할 로직을 구현할 준비가 되었다.

8.2 등록 폼 표시하기

이전 장에서 튜터 웹 서비스에 대해 강사 정보를 추가, 업데이트, 삭제하는 API를 구현하고, 명령줄 도구를 사용해 이 API들을 테스트했다. 이번 장에서는 다음 두 가지 기능을 추가하기 위한 작업을 할 것이다.

- 강사들이 등록할 수 있는 웹 사용자 인터페이스를 제공한다.
- (사용자 관리를 위해)사용자 크리덴셜을 로컬 데이터베이스에 저장한다.

두 번째 항목의 사용자 관리는 다양한 방법으로 수행할 수 있다. 백엔드 웹 서비스에 직접 구현하거나, 프런트엔드 웹 애플리케이션에서 처리할 수도 있다.

이번 장에서는 후자의 접근 방식을 선택한다. 이것은 백엔드 웹 서비스와 프런트엔드 웹 애플리케이션 사이의 책임의 분리를 구현하는 방법을 보이기 위해서이다(설계적인 선택이다). 이 모델에서 백엔드 웹 서비스는 강사와 강의 데이터를 저장하고 규칙을 적용하는 핵심적인 비즈니스 및 데이터 접근 로직을 담당하며, 프런트엔드 웹 애플리케이션은 사용자 인증과 세션 관리 기능을 담당한다. 이 설계에서 튜터 웹 서비스는 방화벽 뒤의 신뢰할 수 있는 영역trusted zone에서 실행되며, 신뢰할 수 있는 프런트엔드 웹 애플리케이션에서만 HTTP 요청을 받는다.

그림 8.2는 강사 등록 작업 흐름 나타내며, 이 작업 흐름은 여러 단계를 거친다.

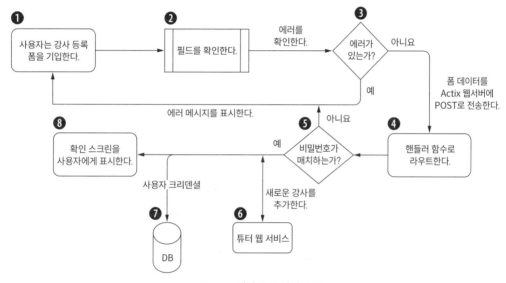

그림 8.2 강사 등록 작업 흐름

1. 사용자는 랜딩 페이지 URL에 방문한다. 웹 브라우저는 인덱스 라우트 /에 GET 요청을 보내고, Actix 웹서버는 이 요청을 show_register_form() 핸들러에 전달한다. 이 함수는 웹 브라우저에 HTTP 응답으로 등록 폼을 전송한다. 강사 등록 폼이 사용자에게 표시된다.

2. 사용자는 등록 폼에 기입을 시작한다. 유효하지 않은 사용자 입력이 있을 수 있으며, 이들은 수정되어야 한다(예: 비밀번호가 최소 길이를 만족하지 않는 등). 이 사용자와 어떻게 통신할 것인가?

3. HTML 명세에서는 매번 서버를 거치지 않고, 브라우저 자체에서 실행되는 몇 가지 기본적인 검증 기능을 제공한다. 이를 사용해 필수 필드 확인, 필드 길이 확인을 수행하고, 사용자 입력에서 에러가 발생한 경우에는 웹 브라우저 안에서 사용자에게 즉시 피드백을 제공한다.

4. 사용자는 등록 폼 기입을 마치고 제출한다. POST 요청이 Actix 웹서버의 /register 라우트로 전송된다. Actix Web 프레임워크는 이 요청을 handle_register() 웹 핸들러에 보낸다.

5. handle_register() 함수는 password와 password_confimation 필드가 일치하는지 확인한다. 일치하지 않으면, 적절한 에러 메시지와 함께 등록 폼을 사용자에게 다시 표시한다. 이것은 사용자 입력을 이전 단계와 같이 브라우저 안에서 검증하지 않고, 서버 측에서 검증한다(커스텀 jQuery나 자바스크립트를 사용해 브라우저에서 검증을 수행할 수 있지만, 이 책에서는 그 방법을 사용하지 않는다. 자바스크립트를 사용하지 않고 러스트만으로 완전한 웹 애플리케이션을 작성할 수 있음을 보이기 위해서이다. 여러분이 자바스크립트를 다룰 줄 안다면 이 방법을 선택해도 좋다).

6. 비밀번호가 일치하면 handle_register() 함수는 백엔드 튜터 웹 서비스에 POST 요청을 전송하고, 데이터베이스에 새로운 강사 엔트리를 생성한다.

7. 사용자가 등록 폼에 제공한 username과 password는 튜터 웹 애플리케이션의 로컬 데이터베이스에 저장되고(튜터 웹 서비스가 아니라), 향후 사용자 인증을 위해 사용된다.

8. handle_register() 함수는 확인 페이지를 HTTP 응답으로 웹페이지에 반환한다.

이제 무엇을 구현할 것인지 이해했다. 강사 등록을 위한 정적 애셋과 템플릿부터 시작하자.

$PROJECT_ROOT/static/iter5 폴더 안에 register.html 파일을 만들고, 다음 코드를 추가하자.

예제 8.4 등록 템플릿

```
<!doctype html>
<html>

<head>
    <meta charset=utf-8>
    <title>Tutor registration</title>          <head> 섹션은 외부 CSS 파일인 tutor-styles.css 파일을 참조한다.
    <link rel="stylesheet" href="/static/tutor-styles.css">  ◄
</head>          <body> 섹션은 2개의 <form> 요소를 갖는다. 첫 번째 form은 6개의 데이터 엔트리 필드(<input> 요소)와 하나의 제
                 출 버튼(type=submit인 <button> 요소)를 갖는다. 데이터 엔트리 필드명은 username, password, confirmation,
                 name, imageurl, profile이다. 두 번째 <form> 요소는 사용자를 로그인 페이지로 이동시키기 위해 사용한다.
<body>   ◄
    <div class="header">
        <h1>Welcome to EzyTutor</h1>
        <p>Start your own online tutor business in a few minutes</p>
    </div>
    <div class="center">
        <h2>
            Tutor registration
        </h2>                               <input> 요소의 minlength와 maxlength 속성은 필드
        <form action=/register method=POST>  ◄  길이를 강제한다. 모든 검증 에러들은 브라우저 안에서 적절
                                                한 사용자 메시지와 함께 처리된다.
```

```html
            <label for="userid">Enter username</label><br>
            <input type="text" name="username" value="{{current_username}}"
                autocomplete="username" minlength="6"
                    maxlength="12" required><br>
            <label for="password">Enter password</label><br>
            <input type="password" name="password" value="{{current_password}}"
                autocomplete="new-password"
                    minlength="8" maxlength="12" required><br>
            <label for="confirm">Confirm password</label><br>
            <input type="password" name="confirmation" value="
                {{current_confirmation}}" autocomplete="new-password"
                    minlength="8" maxlength="12" required><br>
            <label>Enter tutor name</label><br>
            <input type="text" name="name" value="{{current_name}}"
                maxlength="12" required><br>
            <label for="imageurl">Enter tutor image url</label><br>
            <input type="text" name="imageurl" value="{{current_imageurl}}"
                maxlength="30"><br>
            <label for="profile">Brief tutor profile</label><br>
            <input type="text" name="profile" value="{{current_profile}}"
                maxlength="40"><br>
            <label for="error">
                <p style="color:red">{{error}}</p>
            </label>
            <br>
            <button type=submit id="button1">Register</button>
        </form>
        <form action=/signinhome method=GET>
            <button type=submit id="button2">Sign in</button>
        </form>
    </div>
    <div id="footer">
        (c)Photo by Author
    </div>

</body>
</html>
```

주석:

`<input>` 요소의 required 속성은 해당 필드가 필숫값임을 나타낸다. 이 역시 브라우저에 의해 강제된다

`<input>` 요소의 value 속성은 필드에 미리 정의된 값을 적용할 때 사용한다. 폼이 웹서버에 제출된 뒤 에러가 발생한 경우, 사용자에게 이전에 입력한 값을 다시 표시해줄 때 유용하다. Tera 템플릿 변수 구문에서는 변수 이름을 중괄호 2개({{ }})로 감싸는 것에 주의하자.

`<label>` 요소는 서버 사이드 검증 중(즉, 핸들러 함수 안에서) 발생하는 에러 메시지를 표시하기 위해 사용한다.

첫 번째 폼의 `<form action=/register method=POST>`는 폼이 제출되면, 폼에 입력된 값을 사용해 HTML POST 요청이 만들어지는 것을 의미한다. 이 POST 요청은 웹서버의 /register 라우트로 제출된다.

이제 $PROJECT_ROOT/static 폴더 아래에 tutor-styles.css 파일을 생성하고, 다음 스타일링을 추가하자.

예제 8.5 CSS 스타일

```css
.header {
    padding: 20px;
    text-align: center;
```

```css
    background: #fad980;
    color: rgb(48, 40, 43);
    font-size: 30px;
}

.center {
    margin: auto;
    width: 20%;
    min-width: 150px;
    border: 3px solid #ad5921;
    padding: 10px;
}

body, html {
    height: 100%;
    margin: 0;
    font-kerning: normal;
}

h1 {
    text-align: center;
}

p {
    text-align: center;
}

div {
    text-align: center;
}

div {
    background-color: rgba(241, 235, 235, 0.719);
}

body {
    background-image: url('/static/background.jpg');
    background-repeat: no-repeat;
    background-attachment: fixed;
    background-size: cover;
    height: 500px;
}

#button1, #button2 {
    display: inline-block;
}

#footer {
```

```
    position: fixed;
    padding: 10px 10px 0px 10px;
    bottom: 0;
    width: 100%;
    /* 푸터의 높이 */
    height: 20px;
}
```

이 코드는 매우 표준적인 CSS 구조이며, 강사 등록 폼을 표시하는 랜딩 페이지를 위한 최소한의
스타일링을 제공한다. 여러분이 CSS에 친숙하다면, 여러분만의 스타일링 혹은 페이지를 만들어보
는 것도 좋을 것이다.

CSS 파일에서는 백그라운드 이미지로 /static/background.jpg를 참조한다. 이번 장의 저장소에
서 해당 이미지를 확인할 수 있다. 이미지 파일을 $PROJECT_ROOT/static 폴더에 다운로드하자. 여
러분이 원하는 다른 이미지를 사용해도 좋다(혹은 사용하지 않아도 된다).

이제 show_register_form() 핸들러 함수를 작성할 준비가 되었다. $PROJECT_ROOT/src/iter5/
handler.rs 파일의 코드를 다음과 같이 업데이트한다.

예제 8.6 등록 폼을 표시하는 핸들러 함수

```
use actix_web::{web, Error, HttpResponse, Result};      ┐  actix_web의 web 모듈과 커스텀 에러 타입을
use crate::errors::EzyTutorError;                       ┘  포함하도록 모듈 임포트들을 업데이트한다.

pub async fn show_register_form(tmpl: web::Data<tera::Tera>) ->
  Result<HttpResponse, Error> {                              핸들러 함수에 web::Data<tera::Tera> 매개변수를
    let mut ctx = tera::Context::new(); ◄──┐               추가했다. 애플리케이션 인스턴스가 만들어지면 main()
    ctx.insert("error", "");                                함수의 핸들러에 주입된다.
    ctx.insert("current_username", "");
    ctx.insert("current_password", "");                   새로운 Tera Context 객체를 만든다. 이 객체를 사용해
    ctx.insert("current_confirmation", "");               HTML 템플릿에 선언된 템플릿 변수의 값을 설정한다.
    ctx.insert("current_name", "");          ┐
    ctx.insert("current_imageurl", "");      ├ 템플릿 변수들을 초기화한다.
    ctx.insert("current_profile", "");       ┘
    let s = tmpl
        .render("register.html", &ctx)  ◄──┤ register.html 템플릿을 렌더링한다.
        .map_err(|_| EzyTutorError::TeraError("Template error".to_string()))?;

    Ok(HttpResponse::Ok().content_type("text/html").body(s)) ◄──┐
}        완전히 구성된 register.html 파일(및 템플릿 변수를 위해 생성된 값)을 HTTP 응답의 일부분으로 반환한다.
```

이제 빠르게 테스트를 해볼 수 있다. $PROJECT_ROOT에서 다음 명령어로 Actix 서버를 실행하자.

```
cargo run --bin iter5-ssr
```

앞에서 설명한 단계를 모두 따랐다면, 브라우저에서 다음 URL에 방문했을 때 등록 폼을 표시하는 랜딩 페이지를 볼 수 있을 것이다(포트 번호는 .env 파일에 여러분이 설정한 번호로 변경한다).

```
localhost:8080/
```

위에서 설명한 단계를 잘 따랐다면 등록 폼이 포함된 랜딩 페이지를 볼 수 있을 것이다. 여러분은 성공적으로 강사 등록 폼을 표시했다. 이제 사용자의 입력을 받고 완료된 폼을 Actix 웹서버로 다시 보내면 된다. 다음 절에서는 이를 수행하는 방법에 관해 살펴보자.

8.3 등록 제출 처리하기

이전 절에서 등록 폼을 표시하는 방법을 살펴봤다. 등록 폼에 값을 입력해보자. 특별히 다음 조작을 해보기를 바란다.

- 아무런 값도 입력하지 않은 상태에서 Register 버튼을 클릭해보자. 여러분이 사용하는 브라우저에 따라 'Please fill in this field', 혹은 이와 유사한 메시지를 볼 수 있을 것이다. HTML 템플릿에서 모든 필드들을 required로 설정했기 때문이다.
- HTML 템플릿에서 minlength, maxlength를 설정한 입력 필드에 대해서는 입력이 조건을 만족하지 못한 경우, 브라우저에 에러 메시지가 표시될 것이다.

이것들은 HTML 명세 자체에 의해 활성화된 브라우저 자체의 검증이다. 아직 이러한 검증에 대한 커스텀 코드는 전혀 작성하지 않았다.

그러나 이 브라우저 자체 검증만 사용해서는 보다 복잡한 검증 규칙을 구현할 수 없다. 이러한 규칙은 서버 사이드 핸들러 함수에서 구현되어야 한다. 강사 등록 폼의 검증 규칙 예시로는 password와 password_confirmation 필드값이 같아야 한다는 것을 들 수 있다(앞에서 설명한 것처럼, 이 비밀번호 확인 검증은 jQuery나 자바스크립트를 사용해 브라우저 안에서 수행할 수 있지만, 이 책에서는 순수한 러스트의 접근 방식을 사용한다).

이전 절에서 본 등록 워크플로를 다시 생각해보자. 핸들러 함수에서는 다음과 같은 핵심 단계들도 수행해야 한다.

1. password와 password_confirmation 필드가 매치하는지 확인해야 한다. 매치하지 않으면 등록 폼을 적절한 에러 메시지와 함께 사용자에게 반환한다. 사용자가 이전에 입력한 값들도 등록 폼과 함께 전달되어야 하며, 값이 유실되어서는 안 된다.

2. password 확인이 성공한다면 POST 요청을 백엔드 튜터 웹 서비스에 전송해서 새로운 강사를 생성한다. 여기에서는 튜터 웹 서비스와 통신하기 위한 HTTP 클라이언트로 (Actix Web 생태계의) awc 크레이트를 사용한다.

3. 웹 서비스는 새롭게 생성된 강사 레코드의 세부 정보를 반환하며, 여기에는 데이터베이스에서 생성된 tutor-id가 포함된다. 이 tutor-id는 튜터 웹 서비스 안에서의 고유한 강사 레코드를 나타낸다. 웹 애플리케이션은 이 값을 기억해 두었다가 나중에 사용한다(예를 들어 웹 서비스에 강사의 사용자 프로필을 요청하거나, 강사의 강의 리스트를 얻는 등). 이 정보는 웹 애플리케이션의 어딘가에 저장해야 한다.

4. 사용자가 등록 폼에 입력한 username, password 역시 웹 애플리케이션 안에 기록되고, 이를 사용해 이후 강사를 인증해야 한다.

tutor-id, username, paasword를 저장할 때는 Postgres 데이터베이스를 사용한다. 어떤 데이터베이스를 사용해도 관계없지만(또는 Postgres보다 경량의 키-값 스토어를 사용할 수도 있지만), 이전 장에서 Actix와 함께 Postgres를 사용하는 방법을 이미 학습했으므로 여기에서는 Postgres를 선택했다. 러스트 및 Actix를 다른 데이터 스토어에 대해 설정하고 사용하는 방법을 추가로 학습할 필요가 없을 것이다. sqlx 및 Actix를 사용해 postgres를 설정하고 사용하는 방법이 잘 기억나지 않는다면 4장의 내용을 다시 한번 복습하길 바란다.

비밀번호를 순수한 텍스트 형식으로 데이터베이스에 저장하는 것은 안전하지 않은 접근 방식이며 프로덕션에서는 더욱 권장하지 않는다. 여기에서는 서드파티 크레이트인 argon2를 사용해 순수한 텍스트 형식이 아닌 비밀번호의 해시를 데이터베이스에 저장한다.

이번 장을 시작하면서 이미 sqlx, awc, argon2 크레이트를 Cargo.toml에 추가했다.

```
sqlx = {version = "0.3.5", default_features = false, features =
  ["postgres","runtime-tokio", "macros"]}
rust-argon2 = "0.8.3"
awc = "2.0.3"
```

데이터베이스 계층을 살펴보자. 등록된 사용자와 사용자의 크리덴셜을 저장할 때에만 데이터베이스가 필요하다. 앞서 model.rs 파일에 User 구조체를 다음과 같이 정의했다.

```
#[derive(Serialize, Deserialize, Debug, sqlx::FromRow)]
pub struct User {
    pub username: String,
    pub tutor_id: i32,
    pub user_password: String,
}
```

데이터베이스에 사용자 정보를 저장할 테이블을 생성하자. $PROJECT_ROOT/src/iter5 안에 이미 dbscripts/user.sql 파일을 생성했으므로, 이 파일에 다음 코드를 입력하자.

```
drop table if exists ezyweb_user;     ◄── 테이블이 이미 존재한다면 삭제한다.

create table ezyweb_user   ◄──        ezyweb_user 데이터베이스 테이블을 생성한다. username은 기본 키이다.
(                                      tutor_id는 강사 레코드 생성 시 튜터 웹 서비스에서 반환되는 ID이며, 여기에
    username varchar(20) primary key,  저장한다. 사용자 비밀번호는 사용자가 등록 폼에 입력한 비밀번호의 해시이다.
    tutor_id INT,
    user_password CHAR(100) not null
);
```

psql 셸 프롬프트에 로그인하자. 프로젝트 루트에서 다음 명령을 실행한다.

```
                       새로운 데이터베이스를 생성한다.
create database __ezytutor_web_ssr__;   ◄──            새로운 사용자를 만든다. username, password는
create user __ssruser__ with password 'mypassword';  ◄──  여러분이 원하는 값으로 설정한다.
grant all privileges on database ezytutor_web_ssr to ssruser;   ◄──  새롭게 생성한 사용자에게 데이터
                                                                     베이스의 권한을 부여한다.
```

psql에서 로그아웃한 뒤, 다시 로그인해서 크리덴셜이 작동하는지 확인한다.

```
psql -U $DATABASE_USER -d ezytutor_web_ssr -- password
\q
```

여기에서 $DATABASE_USER는 데이터베이스에 생성된 사용자명을 가리킨다.

마지막으로 psql 셸을 종료하고, 프로젝트 루트에서 다음 명령을 실행해서 데이터베이스 테이블을 생성한다. 그 전에 환경 변수 $DATABASE_USER에 데이터베이스 사용자를 설정해서 편하게 재사용할 수 있도록 하자.

```
psql -U $DATABASE_USER -d ezytutor_web_ssr < src/iter5/dbscripts/user.sql
```

psql 셸에 다시 로그인해서 다음 명령어를 실행해 테이블이 올바르게 생성되었는지 확인하자.

```
\d+ ezyweb_user
```

생성된 테이블과 관련된 메타데이터를 볼 수 있다. Postgres와 관련된 이 작업 단계를 수행하는 데 문제가 있다면 4장을 다시 참조하자.

이제 데이터베이스 접근 함수를 작성해서 강사 데이터를 저장하고 읽을 준비가 되었다. $PROJECT_ROOT/src/iter5/dbaccess.rs에 다음 코드를 추가한다.

예제 8.7 강사 데이터를 저장하고 읽기 위한 데이터베이스 접근 함수

```
use crate::errors::EzyTutorError;        ┐
use crate::model::*;                     ├─  커스텀 에러 타입, 데이터 모델 구조체, sqlx Postgres 커넥션 풀을 임포트한다.
use sqlx::postgres::PgPool;              ┘

// 결과를 반환한다.

pub async fn get_user_record(pool: &PgPool, username: String) ->
  Result<User, EzyTutorError> {  ◄──── 데이터베이스로부터 사용자 레코드를 얻기 위한 함수.
    // SQL 쿼리를 준비한다.                 매개변수로 Postgres 커넥션 풀과 username(기본 키)를 받는다.
    let user_row = sqlx::query_as!(
        User,
        "SELECT * FROM ezyweb_user where username = $1",
        username
    )
    .fetch_optional(pool)
    .await?;

    if let Some(user) = user_row {
        Ok(user)
    } else {                                              사용자 관리를 위한 새로
        Err(EzyTutorError::NotFound("User name not found".into())))   운 사용자를 생성하는 함수.
    }                                                     Postgres 커넥션 풀과 User
}                                                         타입의 새로운 사용자를 매개
                                                          변수로 받는다. username(기
pub async fn post_new_user(pool: &PgPool, new_user: User) ->    본 키), tutor_id(백엔드 튜터
  Result<User, EzyTutorError> {  ◄─────                  웹 서비스에서 반환됨), user_
    let user_row= sqlx::query_as!(User,"insert into ezyweb_user (  password(해시값)을 갖는 새로
    username, tutor_id, user_password) values ($1,$2,$3)   운 사용자를 생성한다.
    returning username, tutor_id, user_password",
```

```
        new_user.username, new_user.tutor_id, new_user.user_password)
    .fetch_one(pool)
    .await?;

    Ok(user_row)
}
```

이제 이러한 데이터베이스 접근 함수는 친숙하게 작성할 수 있을 것이다. 이전 장에서 튜터 웹 서비스를 구현하면서 깊이 다루었다. 이제 등록을 수행하는 핸들러 함수를 작성하자.

등록 폼 제출을 처리하기 위해서는 어떤 핸들러 함수를 작성해야 할까? 폼이 제출되었을 때, 브라우저는 /register 라우트에 대한 HTTP POST 요청을 호출하고, route 설정에서는 이 라우트에 대한 핸들러 함수로 handle_register()를 지정했다는 것을 기억하자. $PROJECT_ROOT/src/iter5 폴더 아래의 handler.rs 파일로 이동해, handle_register() 함수를 다음과 같이 업데이트하자.

예제 8.8 등록 폼 제출을 처리하는 함수

```
use crate::dbaccess::{get_user_record, post_new_user};    ◀──────   argon2 라이브러리를 사용해 사용자가
...   ◀────────                                                    입력한 비밀번호의 해시를 만든다.
use serde_json::json;   ◀─────────    웹 클라이언트(웹 브라우저 혹은 명령줄 HTTP 클라이언트)에게 응답을 반환한다
                                      필요한 모듈이 모두 임포트되었는지 확인한다.

pub async fn handle_register(   ◀───────   handle_register() 핸들러 함수는 3개의 매개변수
    tmpl: web::Data<tera::Tera>,           (Tera 템플릿, 애플리케이션 상태, 폼 데이터)를 갖는다.
    app_state: web::Data<AppState>,
    params: web::Form<TutorRegisterForm>,
) -> Result<HttpResponse, Error> {
    let mut ctx = tera::Context::new();                데이터베이스 접근 함수를 호출해
    let s;                                             데이터베이스에 사용자가 이미 등록
    let username = params.username.clone();            되어 있는지 확인한다.
    let user = get_user_record(&app_state.db, username.to_string()).await;   ◀─────
    let user_not_found: bool = user.is_err();
    // 데이터에서 사용자를 찾지 못하면 비밀번호 검증을 진행한다.
    if user_not_found {
        if params.password != params.confirmation {      사용자가 등록되어 있지 않으면 사용자 폼에
            ctx.insert("error", "Passwords do not match");  입력한 password, password_confirmation
            ...   ◀────   코드 중략. 전체 코드는 깃허브 저장소를 참조한다.  가 매치하는지 확인하고 결과에 따라 처리한다.
            s = tmpl
                .render("register.html", &ctx)
                .map_err(|_| EzyTutorError::TeraError(
                    "Template error".to_string()))?;
        } else {   ◀───────                             사용자가 등록되어 있지 않고, 비밀번호들
            let new_tutor = json!({                      이 매치하면 매개변수들을 JSON 포맷으로
                "tutor_name": ...                        전송할 수 있도록 구성한다.
        });     코드 중략. 전체 코드는 깃허브 저장소를 참조한다.
```

```
        let awc_client = awc::Client::default();
        let res = awc_client
            .post("http://localhost:3000/tutors/")
            .send_json(&new_tutor)        ◀──── POST 요청을 튜터 웹 서비스로 보내고, 응답을 기다린다.
            .await
            .unwrap()        ◀──── 튜터 웹 서비스가 전송한 HTTP 응답 바디
            .body()                (새롭게 생성된 강사 상세 정보를 포함한다)를 가져온다.
            .await?;                                          수신한 HTTP 응답 바디에는
        let tutor_response: TutorResponse = serde_json::from_str(    강사 데이터가 bytes 포맷으로
            &std::str::from_utf8(&res)?)?;        ◀──────      포함되어 있다. 이것을 string
                                                              포맷으로 변환한다.
        s = format!("Congratulations. ...");        ◀────
        // 비밀번호를 해싱한다.                              사용자에게 되돌려 보낼 확인 메시지를 만든다.
        let salt = b"somerandomsalt";                        등록 성공 시 전송된다.
        let config = Config::default();
        let hash =
            argon2::hash_encoded(params.password.clone().as_bytes(),
                salt, &config).unwrap();
        let user = User {        ◀────
            ...        ◀──── 코드 중략. 전체 코드는        username, password 및 tutor-id를
        };                  깃허브 저장소를 참조한다.      Postgres 데이터베이스에 저장하고,
        let _tutor_created = post_new_user(                이후 인증을 위해 사용한다.
            &app_state.db, user).await?;        ◀────
        }
    } else {
        ctx.insert("error", "User Id already exists");
        ...                                              해당 사용자가 데이터베이스에 존재하면,
        s = tmpl                                         register.html 템플릿 안에 에러 메시지
            .render("register.html", &ctx)               를 포함한 템블릿 변수를 만들고, 템플릿
            ...; <2,14>                                  을 렌더링한다.
    };

    Ok(HttpResponse::Ok().content_type("text/html").body(s))    ◀──── 응답을 웹 클라이언트(웹 브라우저
}                                                              또는 명령줄 HTTP 클라이언트)로
                                                              반환한다.
```

argon2 라이브러리를 이용해 사용자가 입력한 비밀번호의 해시를 만든다.

이 코드는 간결함을 위해 다소 짧게 표시했지만, 여러 가지 모듈을 임포트했다. 데이터 모델의 데이터 구조체를 사용해 사용자 입력을 받아 이를 데이터베이스에 저장한다. AppState를 사용해 Postgres sqlx 커넥션 풀을 저장한다. argon2를 사용해서 비밀번호 해싱과 검증을 수행한다. 또한 우리가 정의한 커스텀 에러 타입을 임포트했다. 그리고 웹서버를 위해 actix_web, 직렬화/역직렬화를 위해 serde 모듈을 임포트했다.

이 예시에서 처음 등장한 것은 argon2 라이브러리를 사용해 사용자가 입력한 비밀번호를 해싱하는 것이다. 해시를 만드는 데 사용되는 솔트salt값[1]은 임의로 입력할 수 있다. 해시는 단방향 함수이

---

1 [옮긴이] https://ko.wikipedia.org/wiki/솔트_(암호학)

다. 즉 해시된 비밀번호에서 원래의 비밀번호로 원복할 수 없다는 의미다. 솔트값은 평문으로 지정해도 안전하다.

이제 이것을 테스트해보자. 먼저 백엔드 튜터 웹 서비스를 실행한다. ezytutors/tutor-web-service 폴더로 이동해서 다음 명령으로 웹 서비스를 실행한다.

```
cargo run --bin iter5
```

$PROJECT_ROOT 폴더에서 다음 명령으로 웹 애플리케이션을 실행한다.

```
cargo run --bin iter5-ssr
```

브라우저에서 localhost:8080/ URL에 접근한다. 폼에 내용을 입력하고 Register 버튼을 클릭한다. 모든 데이터를 정확하게 입력하면 화면에 다음과 같은 메시지가 표시될 것이다.

```
Congratulations. You have been successfully registered with EzyTutor and your tutor id is:
__xx__. To start using EzyTutor, please login with your credentials
```

> **사용자 인터페이스 개선하기**
>
> 사용자와의 상호작용을 처리할 때, 여기에서 제시한 해결책은 최선의 방법은 아니다. 적어도 두 가지 이유에서 그렇다. 첫 번째, 에러가 발생하는 경우 폼을 다시 만들기 위해 많은 코드를 반복해야 한다. 두 번째로, 사용자가 이 엔드포인트를 등록 엔드포인트라고 생각해 북마크를 하면, 실제로 북마크를 사용했을 때 빈 페이지가 표시된다. '/'로 리다이렉트하는 것이 더 나은 선택일 수 있다. 하지만 그렇게 수정하는 것은 간단하지 않으므로 여러분을 위한 연습으로 남겨두겠다.

같은 사용자명을 다시 등록해보자. 다음 에러 메시지와 함께 여러분이 입력한 값들이 표시된 등록 폼이 화면에 나타날 것이다.

```
User Id already exists
```

한번 더 입력해보자. 이번에는 password와 password_confirmation 필드가 매치하지 않도록 하자. 다음 에러 메시지와 함께 여러분이 입력한 값들이 표시된 등록 폼이 화면에 표시될 것이다.

이것으로 이번 절과 이번 장을 마친다. 이번 장에서는 템플릿 변수를 사용해 템플릿을 정의하는 방법, 사용자에게 등록 폼을 표시하는 방법, 브라우저 안에서 또는 핸들러 안에서 검증을 수행하는 방법, 템플릿으로부터 HTTP 요청을 보내는 방법, 백엔드 웹 서비스로 보낼 HTTP 요청을 만드는 방법, 사용자 데이터를 로컬 데이터베이스에 저장하는 방법을 학습했다. 또한 커스텀 에러 타입을 정의해서 에러 핸들링을 일원화했다. 그리고 안전을 위해 비밀번호를 해시로 만들어서 데이터베이스에 저장하는 방법을 살펴봤다.

이 애플리케이션이 프로덕션을 위한 것이라면 현재 구현에 추가할 개선 사항들이 매우 많을 것이다. 그러나 그것이 이 책의 목적은 아니다. 여기에서는 매우 직관적인 방법으로 올바른 러스트 크레이트를 사용해서 이런 애플리케이션 개발을 시작할 수 있는지 설명했다.

다음 장에서는 서버 사이드 웹 애플리케이션을 마무리하고, 사용자 로그인 및 강의 데이터 유지보수와 관련된 폼을 생성하는 주제에 관해 살펴본다.

요약

- 아키텍처 관점에서 서버-렌더드 러스트 웹 애플리케이션은 (Tera와 같은 템플릿 라이브러리를 사용해 정의되고 렌더링된) HTML 템플릿, HTTP 요청이 유입되는 라우트, HTTP 요청을 처리하는 핸들러 함수 및 데이터 저장 및 로드의 상세한 조작을 추상화하는 데이터베이스 접근 계층으로 구성된다.
- Actix 웹 애플리케이션에서는 표준 HTML 폼을 사용해 사용자 입력을 받을 수 있다. Tera 템플릿 변수를 HTML 폼에 통합함으로써 사용자에게 보다 나은 경험과 가이드를 위한 피드백을 제공할 수 있다.
- 폼에 대한 사용자 입력 검증은 브라우저 내부 또는 서버 핸들러 함수를 통해 수행할 수 있다. 일반적으로 필드 길이 확인 등의 간단한 검증은 전자를 사용하고, 보다 복잡한 검증(username이 이미 등록되어 있는지 등)은 서버 핸들러 함수를 사용해 수행한다. 사용자가 폼을 제출하면 폼과 함께 HTTP POST 요청이 브라우저를 통해 Actix 웹서버의 지정된 라우트로 전송된다.
- 커스텀 에러 타입을 정의해서 웹 애플리케이션의 에러 핸들링을 일원화할 수 있다. 사용자가 입력한 폼 데이터에 에러가 있는 경우, 이에 해당하는 Tera 폼 템플릿이 핸들러 함수에 의해 재렌더링되고 적절한 에러 메시지와 함께 브라우저로 전송된다.

- 사용자 관리와 관련된 데이터(사용자명, 비밀번호 등)는 웹 애플리케이션 내부의 로컬 데이터 스토어(이번 장에서는 Postgres 데이터베이스를 사용했다)에 저장된다. 비밀번호는 보안을 위해 일반 텍스트가 아닌 해시로 저장된다.

강의 유지보수를 위한 폼 다루기

. . . .

이번 장에서 다루는 내용

- 사용자 인증 설계하기
- HTTP 요청 라우팅하기
- HTTP POST 메서드를 사용해서 리소스 생성하기
- HTTP PUT 메서드를 사용해서 리소스 업데이트하기
- HTTP DELETE 메서드를 사용해서 리소스 삭제하기

. . . .

이전 장에서 강사 등록하기에 관해 살펴봤다. 사용자가 강사로서 등록할 때, 강사 관련 정보는 2 개의 데이터베이스에 걸쳐서 저장되었다. 강사의 이름, 이미지, 전문 영역과 같은 프로파일 상세 정 보는 백엔드 튜터 웹 서비스 안의 데이터베이스에서 유지보수된다. 사용자 ID, 비밀번호 같은 등록 상세 정보들은 웹 애플리케이션 안의 로컬 데이터베이스에 저장된다.

이번 장에서는 이전 장에서 만든 코드 위에서 구현한다. 러스트 프런트엔드 웹 앱을 작성할 것이 다. 이 웹 앱을 통해 사용자들은 애플리케이션에 로그인할 수 있고, 로컬 데이터베이스와 상호작용 할 수 있고, 백엔드 웹 서비스와 통신할 수 있다.

이번 장에서는 HTML과 자바스크립트를 사용한 웹 애플리케이션을 위한 사용자 인터페이스 작성 하는 것에 초점을 두지 않는다(이 책에서 초점을 두는 부분이 아니기도 하다). 대신 라우트, 요청 핸들 러, 데이터 모델 등 러스트에서 웹 애플리케이션을 구성하는 다른 모든 컴포넌트를 작성하는 데 초

점을 둔다. 그리고 백엔드 웹 서비스의 API를 호출하는 방법을 학습한다. 사용자 인터페이스를 사용하지 않고 명령줄 HTTP 도구를 사용해서 웹 애플리케이션의 API를 테스트할 것이다. Tera 템플릿을 사용한 웹 애플리케이션을 위한 HTML과 자바스크립트 기반 UI를 작성하는 태스크는 여러분을 위한 연습으로 남겨둔다.

먼저 로그인(인증) 기능부터 시작하자.

9.1 사용자 인증 설계하기

강사 로그인에서는 2개의 필드(username, password)를 입력받고, 이를 사용해 **강사**를 웹 애플리케이션에 인증한다. 그림 9.1은 강사 로그인 폼이다.

그림 9.2의 강사 로그인 작업 흐름을 살펴보자. 그림 9.2의 Actix 웹서버라는 용어는 프런트엔드 튜터 웹 서비스가 아니라 백엔드 웹 애플리케이션 서버를 나타낸다.

그림 9.1 강사 로그인 폼

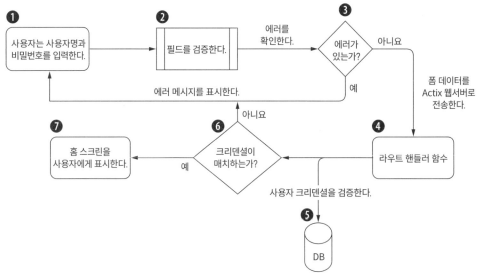

그림 9.2 강사 로그인 흐름

1. 사용자는 랜딩 페이지 URL을 방문한다. 강사 로그인 폼이 표시된다.

2. 사용자명과 비밀번호에 대한 기본 검증은 HTML 기능을 사용해서 폼 자체에서 수행한다. Actix 웹서버로는 요청을 전송하지 않는다.

3. 검증 시 에러가 발생하면, 사용자에게 피드백을 제공한다.

4. 사용자는 로그인 폼을 제출한다. POST 요청은 Actix 웹서버의 로그인 라우트로 전송되고, 요청은 관련된 라우트 핸들러로 전달된다.

5. 라우트 핸들러 함수는 로컬 데이터베이스에서 사용자 크리덴셜을 꺼내서 사용자명과 비밀번호를 검증한다.

6. 인증에 성공하지 않으면, 로그인 폼은 적절한 에러 메시지와 함께 다시 사용자에게 표시된다. 에러 메시지는 정확하지 않은 사용자명과 비밀번호에 관한 내용 등을 포함할 수 있다.

7. 사용자 인증이 성공하면, 사용자는 튜터 웹 애플리케이션의 홈 페이지로 이동한다.

이것으로 이번 장의 구현 대상을 명확하게 했다. 이제 프로젝트 코드 구조와 기본 뼈대를 설정하자.

9.2 프로젝트 구조 설정하기

먼저 8장의 ezytutors 저장소를 클론하자. 다음으로 /path-to-folder/ezytutors/tutor-web-app-ssr 폴더를 PROJECT_ROOT 환경 변수로 설정하자. 이번 장에서는 이 폴더를 $PROJECT_ROOT라 부른다.

프로젝트 루트 아래의 코드 구조는 다음과 같다.

1. $PROJECT_ROOT/src/iter5 폴더를 복사한 뒤 $PROJECT_ROOT/src/iter6으로 이름을 바꾼다.

2. $PROJECT_ROOT/static/iter5 폴더를 복사한 뒤 $PROJECT_ROOT/static/iter6으로 이름을 바꾼다. 이 폴더는 HTML 및 Tera 템플릿을 포함한다.

3. $PROJECT_ROOT/src/bin/iter5-ssr.rs 파일을 복사한 뒤 $PROJECT_ROOT/src/bin/iter6-ssr.rs로 이름을 바꾼다. 이 파일은 main() 함수를 포함하며, 이 함수는 Actix 웹서버를 설정하고 시작한다(우리가 구현하는 웹 애플리케이션을 제공한다). iter6-ssr.rs 파일에서 iter5에 대한 모든 참조를 iter6으로 변경한다.

$PROJECT_ROOT 폴더 안의 .env 파일에 HOST_PORT, DATABASE_URL 환경 변수가 올바르게 설정되어 있는지 확인한다.

이제 코딩을 시작할 준비가 되었다. 먼저 $PROJECT_ROOT/src/iter6/routes.rs에서 라우트부터 정의하자.

```
use crate::handler::{handle_register, show_register_form, show_signin_form,
    handle_signin};        ◄─── show_signin_form, handle_signin에 대한 임포트들을 추가한다.
use actix_files as fs;        │    아직 이 핸들러 함수는 작성하지 않았다.
use actix_web::web;

pub fn app_config(config: &mut web::ServiceConfig) {        /signinform 라우트를 추가한다. 이 라우트는 사용자
    config.service(                                        가 랜딩 페이지를 방문하면 로그인 폼을 표시한다.
        web::scope("")                                     핸들러 함수 show_signin_form(아직 작성하지 않음)
            .service(fs::Files::new("/static", "./static").show_files_listing())
            .service(web::resource("/").route(web::get().to(show_register_form)))
            .service(web::resource("/signinform").route(web::get().to(
                show_signin_form)))        ◄───────────────────────────────────────
            .service(web::resource("/signin").route(web::post().to(
                handle_signin)))        ◄────
            .service(web::resource("/register").route(web::post().to(
                handle_register))),        /signin 라우트를 추가한다. 이 라우트는 사용자의 로그인
    );                                     요청을 처리한다. 사용자가 사용자명과 비밀번호를 입력하
}                                          고, 로그인 폼을 제출하면 HTTP POST 요청이 트리거된다.
```

다음으로 $PROJECT_ROOT/src/iter6/model.rs에서 모델을 정의하자. model.rs 파일에 TutorSigninForm 데이터 구조체를 추가한다.

```
// 강사들이 로그인할 수 있는 폼
#[derive(Serialize, Deserialize, Debug)]
pub struct TutorSigninForm {        ◄───    사용자가 입력한 username과 password를 받을 수 있는 러스트 구조체이다.
    pub username: String,                    핸들러 함수는 이를 차용해서 처리한다.
    pub password: String,
}
```

이 프로젝트 설정 구조를 기반으로 사용자들이 로그인할 수 있는 코드를 작성하자.

9.3 사용자 인증 구현하기

라우트와 데이터 모델을 정의했다. 이제 $PROJECT_ROOT/src/iter6/handler.rs 파일 안에 사용자들이 로그인할 수 있도록 하는 핸들러 함수를 작성하자.

먼저, 임포트들을 다음과 같이 변경한다.

```
use crate::model::{TutorRegisterForm, TutorResponse,
  TutorSigninForm, User};    ◄───── 임포트 목록에 데이터 모델의 TutorSigninForm를 추가한다.
```

같은 파일에 다음 핸들러 함수를 추가한다. iter5에 대한 참조를 iter6으로 변경한다.

```
pub async fn show_signin_form(tmpl: web::Data<tera::Tera>) ->
  Result<HttpResponse, Error> {  ◄─────   이 함수는 폼 필드를 초기화하고 singin.html을 사용자에게 표시한다.
    let mut ctx = tera::Context::new();
    ctx.insert("error", "");
    ctx.insert("current_name", "");
    ctx.insert("current_password", "");
    let s = tmpl
        .render("signin.html", &ctx)
        .map_err(|_| EzyTutorError::TeraError(
          "Template error".to_string()))?;

    Ok(HttpResponse::Ok().content_type("text/html").body(s))
}
                                로그인 요청을 처리하는 함수를 위한 플레이스홀더이다.
pub async fn handle_signin(  ◄─────  이에 관해서는 뒤에서 다시 살펴본다.
    tmpl: web::Data<tera::Tera>,
    app_state: web::Data<AppState>,
    params: web::Form<TutorSigninForm>,
) -> Result<HttpResponse, Error> {

    Ok(HttpResponse::Ok().finish())
}
```

show_signin_form 핸들러 함수는 /signinform 라우트에 요청이 왔을 때 호출된다.

실제 로그인 html 폼을 설계하자. 이 폼은 사용자가 EzyTutors 웹 애플리케이션에 로그인하고자 할 때 표시된다. $PROJECT_ROOT/static/iter6 폴더 아래에 새로운 signin.html 파일을 만들고, 다음을 추가한다. 같은 폴더에 register.html이라는 다른 파일이 이미 존재하고 있다는 점에 주의하자.

예제 9.1 **Tutor 로그인 폼**

```
<!doctype html>
<html>

<head>
    <meta charset=utf-8>
```

```
            <title>Tutor registration</title>

        <style>              표준 CSS 파일이다. 간단함을 위해 코드는 중략했다(전체 코드는 깃허브 저장소를 참조하라).
            ...    ◀──────   여기에서는 설명하지 않는다.
        </style>
    </head>

    <body>
        <div class="header">
            <h1>Welcome to EzyTutor</h1>
            <p>Start your own online tutor business in a few minutes</p>
        </div>

        <div class="center">
            <h2>
                Tutor sign in              사용자가 로그인 폼을 제출하면, 브라우저
            </h2>                           가 튜터 SSR 웹 애플리케이션의 /signin
            <form action=/signin method=POST  ◀─┘  라우트에 대한 POST 요청을 만든다.

                <label for="userid">Enter username</label><br>  ◀──  username 입력 필드
                <input type="text" name="username" autocomplete="username"
                  value="{{current_name}}" minlength="6"
                    maxlength="12" required><br>
                <label for="password">Enter password</label><br>  ◀──  password 입력 필드
                <input type="password" name="password"
                  autocomplete="new-password" value="{{current_password}}"
                    minlength="8" maxlength="12" required><br>
                <label for="error">  ◀──────
                    <p style="color:red">{{error}}</p>      에러 메시지(예: 로그인에 성공하지 못한 경우 등)를
                </label><br>                                표시하기 위한 라벨
                <button type=submit id="button2">Sign in</button>  ◀──────────
            </form>              사용자는 등록 폼으로 전환할 수 있다.            사용자가 로그인 크리덴셜을 입력한 뒤
            <form action=/ method=GET  ◀──────                           로그인 폼을 제출할 수 있도록 하기 위한 버튼
                <button type=submit id="button2">Register</button>
            </form>
        </div>
        <div id="footer">
            (c)Photo by Author
        </div>


    </body>
</html>
```

$PROJECT_ROOT/static/iter6 폴더에 다른 user.html 파일을 추가한다. 이 파일은 사용자가 성
공적으로 로그인한 뒤 표시된다.

예제 9.2 **사용자 알림 화면**

```html
<!DOCTYPE html>
<html>

<head>
    <meta charset=\"utf-8\" />
    <title>{{title}}</title>
</head>

<body>
    <h1>Hi, {{name}}!</h1>
    <p>{{message}}</p>
</body>

</html>
```

마지막으로 $PROJECT_ROOT/src/bin/iter6-ssr.rs 파일의 main() 함수를 확인한다. 파일을 다음과 같이 수정하자. 다음은 임포트 부분이다.

```rust
#[path = "../iter6/mod.rs"]
mod iter6;
use actix_web::{web, App, HttpServer};
use dotenv::dotenv;
use iter6::{dbaccess, errors, handler, model, routes, state};
use routes::app_config;
use sqlx::postgres::PgPool;
use std::env;
use tera::Tera;
```

다음은 main() 함수이다.

예제 9.3 **main() 함수**

```rust
#[actix_web::main]
async fn main() -> std::io::Result<()> {
    dotenv().ok();
    // HTTP 서버를 시작한다.
    let host_port = env::var("HOST_PORT").expect(
      "HOST:PORT address is not set in .env file");
    println!("Listening on: {}", &host_port);
    let database_url = env::var("DATABASE_URL").expect(
      "DATABASE_URL is not set in .env file");
    let db_pool = PgPool::connect(&database_url).await.unwrap();
    // AppState를 구성한다.
```

```
        let shared_data = web::Data::new(state::AppState { db: db_pool });

        HttpServer::new(move || {
            let tera = Tera::new(concat!(env!("CARGO_MANIFEST_DIR"),
                "/static/iter6/**/*")).unwrap();
            App::new()
                .data(tera)
                .app_data(shared_data.clone())
                .configure(app_config)
        })
        .bind(&host_port)?
        .run()
        .await
}
```

이제 테스트를 할 수 있다. $PROJECT_ROOT에서 다음 명령을 실행하자.

```
cargo run --bin iter6-ssr
```

만약 'no implementation for u32 - usize' 에러가 발생하면 다음 명령을 실행하자.

```
cargo update -p lexical-core
```

브라우저에서 다음 라우트로 접근한다.

```
localhost:8080/signinform
```

이제 로그인 폼을 볼 수 있을 것이다. 라우트 /에 접근해도 로그인 폼을 호출할 수 있다. / 라우트
는 등록 폼을 표시하며, 여기에서 signin 폼으로 이동하는 버튼을 클릭하면 된다.

위 기능들이 잘 작동한다면 사용자의 로그인 로직을 구현하자. 다음 코드를 $PROJECT_ROOT/src/
iter6/handler.rs에 추가하자. 앞에서 생성한 같은 이름의 플레이스홀더 함수를 삭제하는 것을
잊지 말자.

예제 9.4 로그인을 위한 핸들러 함수

```
pub async fn handle_signin(
    tmpl: web::Data<tera::Tera>,
```

```
        app_state: web::Data<AppState>,
        params: web::Form<TutorSigninForm>,
) -> Result<HttpResponse, Error> {
    let mut ctx = tera::Context::new();
    let s;
    let username = params.username.clone();
    let user = get_user_record(&app_state.db,          사용자가 로그인 폼을 제출하면 데이터베이스 접근 함수를
        username.to_string()).await;    ◄────       호출해서 사용자 레코드가 존재하는지 확인한다.
    if let Ok(user) = user {
        let does_password_match = argon2::verify_encoded(
            &user.user_password.trim(),
            params.password.clone().as_bytes(),
        )
        .unwrap();                                 데이터베이스에서 사용자 레코드가 존재하지만, 사용자가 입력한
                                                   비밀번호가 데이터베이스에 저장되어 있는 것과 매치하지 않는다면,
        if !does_password_match {    ◄────         에러 메시지와 함께 로그인 폼을 사용자에게 반환한다.
            ctx.insert("error", "Invalid login");
            ctx.insert("current_name", &params.username);
            ctx.insert("current_password", &params.password);
            s = tmpl
                .render("signin.html", &ctx)
                .map_err(|_| EzyTutorError::TeraError(
                  "Template error".to_string()))?;     데이터베이스에 사용자 레코드가 존재하며, 비밀번호
        } else {    ◄────                              가 매치하면 확인 메시지를 사용자에게 반환한다.
            ctx.insert("name", &params.username);
            ctx.insert("title", &"Signin confirmation!".to_owned());
            ctx.insert(
                "message",
                &"You have successfully logged in to EzyTutor!".to_owned(),
            );
            s = tmpl
                .render("user.html", &ctx)
                .map_err(|_| EzyTutorError::TeraError(
                  "Template error".to_string()))?;
        }
    } else {    ◄────   데이터베이스에 사용자명이 존재하지 않으면, 에러 메시지와 함께 로그인 폼을 반환한다.
        ctx.insert("error", "User id not found");
        ctx.insert("current_name", &params.username);
        ctx.insert("current_password", &params.password);
        s = tmpl
            .render("signin.html", &ctx)
            .map_err(|_| EzyTutorError::TeraError(
              "Template error".to_string()))?;
    };

    Ok(HttpResponse::Ok().content_type("text/html").body(s))
}
```

이제 로그인 함수를 테스트하자. $PROJECT_ROOT에서 다음 명령어를 실행한다.

```
cargo run --bin iter6-ssr
```

브라우저에서 다음 라우트에 접근한다.

```
localhost:8080/signinform
```

현재 사용자명과 비밀번호를 입력한다. 확인 메시지를 볼 수 있을 것이다.

로그인 폼을 다시 한번 로드해보자. 이번에는 유효한 사용자명과 잘못된 비밀번호를 입력한다. 에러 메시지가 나타나는 것을 확인한다.

마지막으로 폼을 입력해보자. 이번에는 유효하지 않은 사용자명을 입력한다. 마찬가지로 에러 메시지가 나타난다.

이것으로 이번 절을 마무리한다. 지금까지 Tera 템플릿 라이브러리를 사용해서 템플릿을 정의해 동적인 웹페이지를 생성하고, 사용자에게 등록과 로그인 폼을 보여주는 방법을 확인했다. 또한 사용자가 등록과 로그인할 수 있는 코드를 구현했고, 사용자 입력에 대한 에러를 처리했다. 또한 커스텀 에러 타입을 정의해서 에러 핸들링을 일원화했다.

이제 강의 상세 정보를 관리하자. 먼저 라우팅을 구현한 뒤 리소스 유지보수를 위해 필요한 기능을 개발한다. 이제는 서비스 구현에 집중하고 폼에 관해서는 다루지 않을 것이다.

9.4 HTTP 요청 라우팅하기

이번 절에서는 강사가 강의를 유지보수 할 수 있는 기능을 추가한다. 현재 하나의 파일에 모든 핸들러 함수를 갖고 있다. 여기에 강의 유지보수를 위한 핸들러를 추가해야 한다. 따라서 먼저 핸들러 함수들을 모듈로 구조화하자. 이를 통해 여러 소스 파일로 핸들러 함수들을 분할할 수 있다.

먼저 $PROJECT_ROOT/src/iter6 폴더 아래에 새로운 handler 폴더를 만든다. 이후 $PROJECT_ROOT/src/iter6/handler.rs 파일을 $PROJECT_ROOT/src/iter6/handler로 옮긴 뒤, 이름을 auth.rs로 변경한다. 이 파일은 등록과 로그인 기능을 다루기 때문이다.

$PROJECT_ROOT/src/iter6/handler 폴더 아래에 새로운 course.rs와 mod.rs 파일 생성한다. mod.rs 파일에 다음 코드를 추가해서 handler 폴더의 파일을 구조화한다. 그 뒤 이들을 러스트 모듈로 익스포트한다.

```
pub mod auth;     ◀───── 사용자 등록과 로그인 기능을 위한 핸들러 함수를 포함한다.
pub mod course;   ◀───── 강의 유지보수 기능을 위한 핸들러 함수를 포함한다.
```

$PROJECT_ROOT/src/iter6/routes.rs 파일을 다음과 같이 수정한다.

예제 9.5 강의 유지보수에 대한 라우트 추가하기

```
use crate::handler::auth::{handle_register, handle_signin,        사용자 등록과 로그인을 위한
  show_register_form, show_signin_form};  ◀──────────────────    핸들러 함수를 임포트한다.
use crate::handler::course::{handle_delete_course, handle_insert_course,
  handle_update_course};  ◀─────────    강의 유지보수를 위한 핸들러 함수를 임포트한다
                                        (이 함수들은 아직 구현하지 않았다).
use actix_files as fs;
use actix_web::web;

pub fn app_config(config: &mut web::ServiceConfig) {  ◀──── 오리지널 라우트 정의
    config.service(
        web::scope("")
            .service(fs::Files::new("/static", "./static").show_files_listing())
            .service(web::resource("/").route(web::get().to(show_register_form)))
            .service(web::resource("/signinform").route(web::get().to(show_signin_form)))
            .service(web::resource("/signin").route(web::post().to(handle_signin)))
            .service(web::resource("/register").route(web::post().to(handle_register))),
    );
}

pub fn course_config(config: &mut web::ServiceConfig) {  ◀──  강의 유지보수를 위한 라우트 정의를 추가한다.
    config.service(
        web::scope("/courses")  ◀──── /courses는 강의 유지보수 라우트를
                                      위한 라우트 접두사이다.
            .service(web::resource("new/{tutor_id}").route(web::post().to(
                handle_insert_course)))  ◀──── /courses/new/{tutor_id} 라우트에 tutor-id에 대한 새로운 강의를 추가하는 POST 요청 라우트
            .service(  ◀────
                web::resource("{tutor_id}/{course_id}").route(web::put().to(
                handle_update_course)),    /courses/{tutor_id}/{course_id} 라우트에 tutor-id에 대한 기존 강의를 업데이트하는 PUT 요청 라우트
            )
            .service(  ◀────  /courses/delete/{tutor_id}/{course_id} 라우트에
                              tutor-id에 대한 기존 강의를 삭제하는 DELETE 요청 라우트
                web::resource("delete/{tutor_id}/{course_id}")
                    .route(web::delete().to(handle_delete_course)),
            ),
    );
}
```

{tutor_id}와 {course_id}를 경로 매개변수로 지정했다. 이 값들은 Actix Web 프레임워크에서 제공하는 **추출자**들을 사용해서 요청 경로에서 추출할 수 있다.

다음과 같이 $PROJECT_ROOT/bin/iter6-ssr.rs에 새로운 강의의 유지보수를 위한 라우트를 추가한다. 앞의 코드에서 정의한 라우트 임포트들을 다음과 같이 변경한다.

```
use routes::{app_config, course_config};
```

main() 함수에 course_config 라우트를 추가한다.

```
HttpServer::new(move || {
    let tera = Tera::new(concat!(env!("CARGO_MANIFEST_DIR"),
      "/static/iter6/**/*")).unwrap();

    App::new()
        .data(tera)
        .app_data(shared_data.clone())
        .configure(course_config)  ◄── 강의 유지보수 라우트를 추가한다. 이것은 app_config 앞에 위치한다.
                                        이 것은 모든 라우트 /courses/ 접두사와 매치한다.
        .configure(app_config)  ◄──┐ 인증(등록 및 로그인)을 위한 기존 라우트. 이것은 /courses/
    })                             └ 접두사를 갖지 않는 모든 다른 라우트에 매치한다.
    .bind(&host_port)?
    .run()
    .await
```

다음으로 $PROJECT_ROOT/src/iter6/handler/course.rs 파일에서 강의 유지보수와 관련된 플레이스홀더 핸들러 함수들을 추가한다. 백엔드 웹 서비스를 호출하는 실제 로직은 잠시 후에 작성할 것이다.

예제 9.6 강의 유지보수 핸들러 함수를 위한 플레이스홀더

```
use actix_web::{web, Error, HttpResponse, Result};
use crate::state::AppState;

pub async fn handle_insert_course(
    _tmpl: web::Data<tera::Tera>,
    _app_state: web::Data<AppState>,
) -> Result<HttpResponse, Error> {
    println!("Got insert request");
    Ok(HttpResponse::Ok().body("Got insert request"))
}

pub async fn handle_update_course(
```

```
    _tmpl: web::Data<tera::Tera>,
    _app_state: web::Data<AppState>,
) -> Result<HttpResponse, Error> {
    Ok(HttpResponse::Ok().body("Got update request"))
}

pub async fn handle_delete_course(
    _tmpl: web::Data<tera::Tera>,
    _app_state: web::Data<AppState>,
) -> Result<HttpResponse, Error> {
    Ok(HttpResponse::Ok().body("Got delete request"))
}
```

코드에서 알 수 있듯, 핸들러 함수들은 현재 메시지를 반환하는 것 이외에 다른 동작은 하지 않는다. 이번 장 후반에서 의도했던 핸들러 기능을 구현할 것이다.

변수명 앞에 언더스코어(_)가 있는 것에 주의한다. 이것은 우리가 아직 이 매개변수들을 핸들러 함수의 바디 안에서 사용하지 않을 것이기 때문이다. 변수명 앞에 언더스코어를 붙여서 컴파일러 경고를 방지한다.

위 4개 라우트에 대한 테스트를 진행하자. 다음 명령어로 서버를 실행한다.

```
cargo run --bin iter6-ssr
```

POST, PUT, DELETE 요청을 테스트하기 위해서는 명령줄에서 다음을 실행한다.

```
curl -H "Content-Type: application/json" -X POST -d '{}'\
  localhost:8080/courses/new/1

curl -H "Content-Type: application/json" -X PUT -d '{}'\
  localhost:8080/courses/1/2

curl -H "Content-Type: application/json" -X DELETE '{}'\
  localhost:8080/courses/delete/1/2
```

위 3개 HTTP 요청에 대해 서버에서 다음 메시지가 반환되는 것을 확인할 수 있다.

```
Got insert request
Got update request
Got delete request
```

이제 라우트가 올바르게 설정된 것과 HTTP 요청들이 올바른 핸들러 함수로 전달되었음을 확인했다. 다음 절에서는 핸들러 함수 안에서 강사가 강의를 추가하는 실제 로직을 구현할 것이다.

9.5 HTTP POST 메서드를 사용해 리소스 생성하기

이번 절에서는 지정한 강사가 새로운 강의를 추가하도록 한다. 이를 위해 백엔드 튜터 웹 서비스에 API 요청을 보낸다. 6장의 코드 저장소(/path-to-chapter6-folder/ezytutors/tutor-db)로 이동해서 다음 명령어로 튜터 웹 서비스를 시작한다.

```
cargo run --bin iter5
```

튜터 웹 서비스는 이제 튜터 웹 애플리케이션으로부터 요청을 받을 수 있다. $PROJECT_ROOT/src/iter6/handler/course.rs의 웹 애플리케이션에서 강의 핸들러를 위한 코드를 작성하자.

$PROJECT_ROOT/src/iter6/model.rs 파일을 다음과 같이 수정하자.

예제 9.7 **강의 유지보수를 위한 데이터 모델 변경**

```
#[derive(Deserialize, Debug, Clone)]
pub struct NewCourse {          ◄─────┐ 새로운 강의를 생성하기 위해 사용자가 제공한 데이터를 나타내는 구조체
    pub course_name: String,
    pub course_description: String,
    pub course_format: String,
    pub course_duration: String,
    pub course_structure: Option<String>,
    pub course_price: Option<i32>,
    pub course_language: Option<String>,
    pub course_level: Option<String>,
}

#[derive(Deserialize, Serialize, Debug, Clone)]
pub struct NewCourseResponse {   ◄─────┐ 새로운 강의 생성에 대해 백엔드 튜터 웹 서비스로부터 받은 응답을 나타내는 구조체
    pub course_id: i32,
    pub tutor_id: i32,
    pub course_name: String,
    pub course_description: String,
    pub course_format: String,
    pub course_structure: Option<String>,
    pub course_duration: String,
    pub course_price: Option<i32>,
    pub course_language: Option<String>,
```

```
        pub course_level: Option<String>,
        pub posted_time: String,
}
```

> 새로운 강의 생성에 대한 튜터 웹 서비스로부터 받은 JSON 데이터를 NewCourseResponse 구조체로 변환하기 위한 트레이트 구현. String(힙에 할당된) 데이터 타입 필드는 클론했지만, 정수 타입(스택에 할당된)은 클론하지 않아도 되는 것에 주의한다.

```
impl From<web::Json<NewCourseResponse>> for NewCourseResponse {
    fn from(new_course: web::Json<NewCourseResponse>) -> Self {
        NewCourseResponse {
            tutor_id: new_course.tutor_id,
            course_id: new_course.course_id,
            course_name: new_course.course_name.clone(),
            course_description: new_course.course_description.clone(),
            course_format: new_course.course_format.clone(),
            course_structure: new_course.course_structure.clone(),
            course_duration: new_course.course_duration.clone(),
            course_price: new_course.course_price,
            course_language: new_course.course_language.clone(),
            course_level: new_course.course_level.clone(),
            posted_time: new_course.posted_time.clone(),
        }
    }
}
```

다음 모듈 임포트도 추가한다. 이들은 `From` 트레이트를 구현하기 위해 필요하다.

```
use actix_web::web;
```

다음으로 새로운 강의를 생성하는 핸들러 함수를 재작성한다. `$PROJECT_ROOT/src/iter6/handler/course.rs` 안에 다음 모듈을 임포트한다.

```
use actix_web::{web, Error, HttpResponse, Result};    ◄── Actix Web 관련 임포트
use crate::state::AppState;
use crate::model::{NewCourse, NewCourseResponse, UpdateCourse,
    UpdateCourseResponse};    ◄── 튜터 웹 서비스를 위한 입력 및 출력 데이터를 저장하기 위해 생성한 2개의 러스트 구조체
use serde_json::json;    ◄── JSON 포맷과 러스트 구조체를 직렬화/역직렬화하기 위한 유틸리티를 포함하는 패키지

use crate::state::AppState;
```

`handle_insert_course` 핸들러 함수를 다음과 같이 수정한다.

예제 9.8 새로운 강의 추가를 위한 핸들러 함수

```
pub async fn handle_insert_course(    ◄── 강사에게 제공되는 새로운 강의를 등록하는 핸들러 함수
    _tmpl: web::Data<tera::Tera>,    ◄── main() 함수에 주입되는 Tera 템플릿 객체
```

```rust
    _app_state: web::Data<AppState>,
    path: web::Path<i32>,
    params: web::Json<NewCourse>,
) -> Result<HttpResponse, Error> {
    let tutor_id = path.into_inner();
    let new_course = json!({
        "tutor_id": tutor_id,
        "course_name": &params.course_name,
        "course_description": &params.course_description,
        "course_format": &params.course_format,
        "course_structure": &params.course_structure,
        "course_duration": &params.course_duration,
        "course_price": &params.course_price,
        "course_language": &params.course_language,
        "course_level": &params.course_level
    });
    let awc_client = awc::Client::default();
    let res = awc_client
        .post("http://localhost:3000/courses/")
        .send_json(&new_course)
        .await?
        .body()
        .await?;
    println!("Finished call: {:?}", res);
    let course_response: NewCourseResponse = serde_json::from_str(
        &std::str::from_utf8(&res)?)?;
    Ok(HttpResponse::Ok().json(course_response))
}
```

애플리케이션 상태 객체 → _app_state: web::Data<AppState>,

새로운 코스를 생성하기 위한 매개변수(HTTP 요청 바디의 JSON 데이터로 전송된다)에는 이 Actix 추출자를 사용해서 접근할 수 있다. HTML 폼을 통해서 HTTP 요청을 전송한다면, 이것을 web::From<NerCourse> 타입으로 변경해야 한다.

경로 매개변수인 tutor_id는 강의 생성 HTTP 요청의 일부로 전송되고, 이 Actix 추출자를 사용해서 접근할 수 있다.

HTTP 요청에서 경로 매개변수(tutor_id)와 JSON 데이터 매개변수를 추출하고, 백엔드 튜터 웹 서비스로 전달할 새로운 JSON 객체를 만든다.

튜터 웹 서비스와 통신하기 위한 Actix 웹 클라이언트(HTTP 클라이언트)를 인스턴스화한다.

HTTP POST 요청을 튜터 웹 서비스로 전송한다. 새로운 강의를 생성하기 위한 JSON 데이터를 함께 전송하고, 응답을 받는다.

튜터 웹 서비스로부터 받은 JSON 데이터(HTTP 응답의 일부)를 러스트 NewCourseReponse 데이터 구조체로 변환한다. models.rs 파일에 From 트레이트를 구현해서 이 변환 방법을 지정했다.

튜터 웹 서비스로부터 받은 HTTP 응답 데이터를 튜터 웹 앱을 통해 강의 생성 요청을 보낸 HTTP 클라이언트에게 반환한다.

앞선 코드에서는 Tera 템플릿 객체를 사용하지 않지만, 연습 삼아 Tera 템플릿을 사용해서 HTML 인터페이스를 구현해볼 것을 권한다. 애플리케이션 상태 객체를 여기에서는 사용하지 않지만, 핸들러 함수 안에서 애플리케이션 상태에 접근하는 방법을 보여주기 위해 나타냈다.

$PROJECT_ROOT에서 다음 명령을 수행해서 웹 SSR 클라이언트를 빌드하고 실행한다.

```
cargo run --bin iter6-ssr
```

curl 요청을 사용해서 새로운 강의 생성을 테스트하자. 튜터 웹 서비스가 실행되고 있어야 한다. 다른 터미널에서 다음 명령을 실행하자.

```
curl -X POST localhost:8080/courses/new/1 -d '{
```

```
  "course_name":"Rust web development",
  "course_description":"Teaches how to write web apps in Rust",
  "course_format":"Video", "course_duration":"3 hours",
  "course_price":100}' -H "Content-Type: application/json"
```

튜터 웹 서비스에 GET 요청을 보내서 새로운 강의가 추가되었는지 확인한다.

```
curl localhost:3000/courses/1
```

tutor-id=1에 대한 새로운 강의 리스트를 확인할 수 있다. 다음 절에서는 강의를 업데이트하는 핸들러 함수를 작성한다.

9.6 HTTP PUT 메서드를 사용해 리소스 업데이트하기

$PROJECT_ROOT/src/iter6/model.rs 파일에 강의를 업데이트하기 위한 데이터 구조체를 작성하자.

예제 9.9 강의 업데이트를 위한 데이터 모델 변경

```
// 강의를 업데이트한다.
#[derive(Deserialize, Serialize, Debug, Clone)]
pub struct UpdateCourse {  ◀──────    러스트 구조체. 사용자로부터 수정될 강의 정보를 담는다.
    pub course_name: Option<String>,          Option<T> 타입을 사용해서 강의 업데이트 요청의 모든
    pub course_description: Option<String>,   강의 정보를 필수로 전송하지 않아도 됨을 나타낸다.
    pub course_format: Option<String>,
    pub course_duration: Option<String>,
    pub course_structure: Option<String>,
    pub course_price: Option<i32>,
    pub course_language: Option<String>,
    pub course_level: Option<String>,
}

#[derive(Deserialize, Serialize, Debug, Clone)]
pub struct UpdateCourseResponse {  ◀──    러스트 구조체. 강의 업데이트 요청에 대해
    pub course_id: i32,                    튜터 웹 서비스로부터 받은 응답 데이터를 저장한다.
    pub tutor_id: i32,
    pub course_name: String,
    pub course_description: String,
    pub course_format: String,
    pub course_structure: String,
    pub course_duration: String,
    pub course_price: i32,
    pub course_language: String,
```

```
        pub course_level: String,
        pub posted_time: String,
}
```

> From 트레이트 구현. 튜터 웹 서비스로부터 받은 JSON 데이터를 러스트 UpdateCourseResponse 구조체로 변환한다. String(힙 할당된) 데이터 타입 필드는 클론하지만, 정수 타입(스택 할당된) 필드는 클론하지 않는 점에 주의하자.

```
impl From<web::Json<UpdateCourseResponse>> for UpdateCourseResponse {  ◄
    fn from(new_course: web::Json<UpdateCourseResponse>) -> Self {
        UpdateCourseResponse {
            tutor_id: new_course.tutor_id,
            course_id: new_course.course_id,
            course_name: new_course.course_name.clone(),
            course_description: new_course.course_description.clone(),
            course_format: new_course.course_format.clone(),
            course_structure: new_course.course_structure.clone(),
            course_duration: new_course.course_duration.clone(),
            course_price: new_course.course_price,
            course_language: new_course.course_language.clone(),
            course_level: new_course.course_level.clone(),
            posted_time: new_course.posted_time.clone(),
        }
    }
}
```

강의 생성(NewCourse, NewCourseResponse) 및 강의 업데이트(UpdateCourse, UpdateCourse Response)에서도 유사한 데이터 구조체를 정의했다. 강의 생성과 업데이트 조작에서 동일한 구조체를 재사용함으로써 코드를 최적화할 수도 있을까? 실제 제품 시나리오에서는 일부 최적화가 가능할 수도 있다. 하지만 이 예제 코드에서는, 강의를 생성할 때의 필수 필드가 강의를 업데이트할 때의 그것과 다르다고 가정했다(업데이트 시에는 필수 필드가 존재하지 않는다). 또한 생성과 업데이트를 위한 별도의 데이터 구조체를 사용하는 것이 학습 과정에서 이해하기 훨씬 쉽다.

이제 $PROJECT_ROOT/src/iter6/handler/course.rs의 강의 상세 정보 업데이트를 위한 핸들러 함수를 재작성하자.

예제 9.10 강의 업데이트를 위한 핸들러 함수

```
pub async fn handle_update_course(
    _tmpl: web::Data<tera::Tera>,
    _app_state: web::Data<AppState>,
    web::Path((tutor_id, course_id)): web::Path<(i32, i32)>,
    params: web::Json<UpdateCourse>,
) -> Result<HttpResponse, Error> {
    let update_course = json!({  ◄─── 튜터 웹 서비스에 HTTP 요청 바디의 일부로 전송할 JSON 데이터를 만든다.
        "course_name": &params.course_name,
        "course_description": &params.course_description,
```

```
            "course_format": &params.course_format,
            "course_duration": &params.course_duration,
            "course_structure": &params.course_structure,
            "course_price": &params.course_price,
            "course_language": &params.course_language,
            "course_level": &params.course_level,
        });
        let awc_client = awc::Client::default();       ◀── Actix HTTP 클라이언트의 인스턴스를 만든다.
        let update_url = format!("http://localhost:3000/courses/{}/{}",
          tutor_id, course_id);      ◀── 경로 매개변수를 사용해서 URL을 만든다.
        let res = awc_client     ◀── HTTP 요청을 튜터 웹 서비스로 전송해서 강의 상세 정보를 업데이트하고 응답을 받는다.
            .put(update_url)
            .send_json(&update_course)
            .await?
            .body()
            .await?;
        let course_response: UpdateCourseResponse = serde_json::from_str(
          &std::str::from_utf8(&res)?)?;      ◀── 튜터 웹 서비스에서 받은 JSON 응답 데이터를 러스트 구조체로 변환한다.

        Ok(HttpResponse::Ok().json(course_response))
}
```

다음 업데이트 관련 구조체를 임포트했는지 확인한다

```
use crate::model::{NewCourse, NewCourseResponse, UpdateCourse,
  UpdateCourseResponse};
```

$PROJECT_ROOT에서 다음 명령으로 웹 SSR 클라이언트를 빌드하고 실행한다.

```
cargo run --bin iter6-ssr
```

curl 요청을 사용해서 앞에서 만든 강의 정보를 업데이트해보자. 튜터 웹 서비스가 실행되고 있어야 한다. 새로운 터미널에서 다음 명령어를 실행한다. tutor-id, course-id는 여러분이 만든 새로운 강의의 정보로 대체하자.

```
curl -X PUT localhost:8080/courses/1/27 -d '{
    "course_name":"Rust advanced web development",
    "course_description":"Teaches how to write advanced web apps in Rust",
    "course_format":"Video", "course_duration":"4 hours",
    "course_price":100}' -H "Content-Type: application/json"
```

튜터 웹 서비스에 GET 요청을 전송해서 강의 상세 정보가 업데이트되었는지 확인하자(course_id 1은 여러분이 강의를 업데이트한 tutor_id로 대체한다).

```
curl localhost:3000/courses/1
```

강의 상세 정보가 업데이트된 것을 확인할 수 있다. 이제 강의를 삭제해보자.

9.7 HTTP DELETE 메서드를 사용해 리소스 삭제하기

$PROJECT_ROOT/src/iter6/handler/course.rs에서 강의를 삭제하기 위한 핸들러 함수를 업데이트한다.

예제 9.11 강의를 삭제하기 위한 핸들러 함수

```
pub async fn handle_delete_course(
    _tmpl: web::Data<tera::Tera>,
    _app_state: web::Data<AppState>,          경로 매개변수에 대한 Actix 추출자. tutor_id와 course_id
    path: web::Path<(i32, i32)>,              는 삭제할 특정한 강의를 고유하게 식별한다.
) -> Result<HttpResponse, Error> {
    let (tutor_id, course_id) = path.into_inner();
    let awc_client = awc::Client::default();  튜터 웹 서비스와 통신할 Actix HTTP
                                              클라이언트를 인스턴스화한다.
    let delete_url = format!("http://localhost:3000/courses/{}/{}",
        tutor_id, course_id);                 경로 매개변수를 사용해서
                                              URL을 만든다.
    let _res = awc_client.delete(delete_url).send().await?;
    Ok(HttpResponse::Ok().body("Course deleted"))   DELETE HTTP 요청을 튜터 웹
}                              호출자에게 확인을 반환한다.   서비스로 전송한다.
```

$PROJECT_ROOT에서 다음 명령으로 튜터 웹 앱을 빌드하고 실행한다.

```
cargo run --bin iter6-ssr
```

다음 명령으로 삭제 요청을 실행한다. tutor_id와 course_id는 여러분이 설정한 값으로 변경해야 한다.

```
curl -X DELETE localhost:8080/courses/delete/1/19
```

튜터 웹 서비스에 대해 다음 쿼리를 실행해서 해당 강의가 삭제되었는지 확인한다(tutor_id는 여

러분이 설정한 값으로 변경해야 한다).

```
curl localhost:3000/courses/1
```

튜터 웹 서비스에서 강의가 삭제된 것을 확인할 수 있어야 한다.

지금까지 러스트로 작성된 웹 클라이언트 프런트엔드에서 강의를 추가, 업데이트, 삭제하는 방법을 살펴봤다. 연습 삼아, 다음의 추가적인 태스크들도 수행해볼 것을 권장한다.

- 강사의 강의 리스트를 얻는 새로운 라우트를 구현한다.
- 강의 생성, 업데이트, 삭제를 위한 HTML/Tera 템플릿을 생성한다.
- 유효하지 않은 사용자 입력에 대한 에러 핸들링을 추가한다.

이 모든 것들이 잘 작동한다면 애플리케이션을 완성할 준비가 끝났다. 스스로를 축하하자. 프로젝트의 가장 어려운 부분을 마쳤다!

이것으로 이번 장 및 러스트를 사용한 웹 애플리케이션 개발에 관한 절을 마무리한다. 다음 장에서는 러스트를 사용한 비동기 서버와 관련된 다소 어려운 주제에 관해 살펴볼 것이다.

요약

- 이번 장에서는 러스트를 사용해서 백엔드 웹 서비스와 통신하는 웹 애플리케이션 프로젝트를 구성하고 작성하는 방법을 학습했다.
- 사용자 인증 기능을 설계하고 구현했다. 사용자는 HTML 폼을 통해 크리덴셜을 입력하고, 이들을 로컬 데이터베이스에 저장했다.
- 사용자 입력에 대한 에러 핸들링에 관해 다루었다.
- HTTP 요청 핸들러, 데이터베이스 상호작용 로직, 데이터 모델, 웹 UI/HTML 템플릿을 포함하는 웹 프런트앤드 애플리케이션 프로젝트를 구조화하고, 코드를 모듈화하는 방법에 관해 다루었다.
- HTTP POST, PUT, DELETE 메서드 요청에 대한 응답으로 데이터베이스의 특정 데이터를 생성, 업데이트, 삭제하는 코드를 작성했다. 또한 HTTP 요청의 일부로 전송된 매개변수들을 추출하는 방법을 이해했다.

- 또한 HTTP 요청을 만들어 백엔드 웹 서비스에 대한 API를 호출하고, 전달받은 응답을 해석하는 방법을 학습했다(직렬화와 역직렬화 포함).

- 정리하면 러스트를 사용해서 웹 애플리케이션을 구현하는 방법을 배웠다. 이 웹 애플리케이션은 백엔드 서비스와 통신할 수 있고, 로컬 데이터베이스와 상호작용할 수 있으며 유입되는 HTTP 요청에 대한 응답으로 기본적인 데이터 생성, 업데이트, 삭제 조작을 수행할 수 있다.

고급 주제: 비동기 러스트

3부에서는 세 가지 고급 주제를 다루며, 이 주제들은 지금까지 구현한 튜터 웹 서비스나 웹 애플리케이션과는 직접적으로 관계가 없다. 하지만 복잡한 러스트 서버를 구현하고 프로덕션 환경에서 사용할 수 있도록 준비하는 데 흥미를 가진 이들에게는 중요한 주제다.

10장에서는 전적으로 비동기 프로그래밍에 관해 다룬다. 비동기(또는 async) 프로그래밍이 새로운 것은 아니지만, 현대 시스템에서 여전히 매우 중요한 이슈로 남아 있어 오늘날에도 뜨거운 주제이다. 비동기 프로그래밍은 데이터 처리 액티비티가 시간에 따라 크게 다르거나 시스템에 대기 시간이 있는 경우 컴퓨팅 자원을 최대한 활용할 수 있도록 하는 기술이다. 분산 시스템일수록 비동기 프로그래밍은 더욱 중요하다. 먼저 비동기 프로그래밍과 밀접한 관계가 있는 동시성 프로그래밍에 대해 간단히 복습한 뒤, 본격적으로 비동기 프로그래밍에 관해 살펴볼 것이다. 퓨처future와 같은 러스트가 제공하는 비동기 프리미티브에 대해 살펴보고 첫 번째 원칙으로부터 러스트를 사용해서 비동기 프로그램을 작성하는 방법에 관해 알아본다.

11장에서는 보다 복잡한 P2P 아키텍처의 세계를 다룬다. P2P는 EzyTutors처럼 간단하고 트래픽이 적은 웹 애플리케이션 프로그램에 필수적이지는 않으나, 독자 여러분들에게 고급 분산 아키텍처에서 러스트가 가진 막대한 잠재력을 알릴 가치가 있다고 생각했다. P2P 서버들은 이 책의 1부에서 봤던 웹서버들과는 전혀 다르다. 11장에서는 특정한 애플리케이션 종류에서 P2P 아키텍처를 사용해서 얻을 수 있는 장점에 관해 살펴본다.

12장에서는 러스트 기반 웹 애플리케이션의 배포에 관해 살펴본다. 컨테이너는 매우 성숙한 기술이며 클라우드와 기업 데이터 센터 모두에서 널리 사용되고 있다. 컨테이너가 제공하는 유연성과 이점은 굳이 설명할 필요가 없다(격리, 보안, 실행 시간 등). 대규모 분산 애플리케이션을 사용하는 복잡한 환경에서, 컨테이너들은 쿠버네티스Kubernetes 혹은 순수한 쿠버네티스를 넘어 오픈시프트OpenShift와 같은 설루션을 사용해 조정되어야 한다. 12장에서는 간단한 콘텍스트에서 도커를 사용하면서도 이러한 이점을 활용하는 방법을 살펴본다. 도커 컴포즈를 사용해서 EzyTutors를 빌드하고 배포한다. 도커 컴포즈는 도커를 위한 기본 조정 도구이다.

3부를 읽고 나면, 여러분은 러스트를 사용해서 다양한 유형의 비동기 애플리케이션을 개발하고, 도커를 사용해 모든 종류의 러스트 서버 혹은 애플리케이션을 배포하는 방법에 관해 알게 될 것이다.

PART III

Advanced topic:

Async Rust

## CHAPTER 10

비동기 러스트 이해하기

이번 장에서 다루는 내용

- 비동기 프로그래밍 개념 소개
- 동시성 프로그램 작성하기
- 비동기 러스트 깊이 살펴보기
- 퓨처 이해하기
- 커스텀 퓨처 구현하기

이전 장들에서는 러스트를 사용해 웹 서비스와 웹 애플리케이션을 구현하는 방법을 다루었다. 이들을 구현하기 위해 Actix Web 프레임워크를 사용해서 네트워크 통신을 다루었다. 대부분 Actix 웹서버에 대한 HTTP 요청은 단일한 브라우저 창이나 명령줄 터미널에서 제출했다. 하지만 수만 명의 사용자들이 동시에 강사나 강의 등록을 시도하면 어떤 일이 벌어질까? 좀 더 넓은 관점에서, 현대 웹서버들은 수만 개의 동시 요청을 어떻게 처리하는가? 이에 대해서 알아보자.

이번 장에서는 웹 애플리케이션 구현의 내부를 다시 들여다보면서 비동기 러스트가 무엇인지, 왜 사용해야 하는지, 실제로 어떻게 작동하는지 이해할 것이다. 이번 장을 학습하고 나면 여러분은 Actix(및 다른 유사한 모던 웹 프레임워크)가 사용자의 요청에 대한 응답을 부드럽게 제공하면서, 무거운 동시 부하를 처리하는 마법에 관해 이해하게 될 것이다.

그래서 이번 장에서는 우리가 앞에서 만든 웹 애플리케이션을 다시 살펴보고, 그 내부를 확인하면서 비동기 러스트가 무엇인지, 왜 비동기 러스트를 사용해야 하는지, 실제로 어떻게 작동하는지 알아본다. 이번 장을 마치고 나면 Actix(및 다른 모든 웹 프레임워크들)가 사용자의 요청에 신속하게 응답하면서도 무거운 동시 부하를 처리하기 위해 수행하는 마법에 관해 더 잘 이해하게 될 것이다.

[NOTE] 이번 장과 이후 장들에서는 고급 주제를 다룬다. 이 주제들은 러스트의 비동기 프로그래밍에 관해 깊이 이해하고 싶은 사람들을 대상으로 한다. 그러나 러스트를 사용해서 웹 프로그래밍을 하기 위해 이번 장의 내용을 반드시 숙지할 필요는 없다. 지금은 이번 장의 내용을 건너뛰고, 비동기에 관해 자세히 알고 싶어졌을 때 다시 확인해도 좋다.

그럼 동시성 프로그래밍의 몇 가지 기본 개념부터 살펴보자.

[10.1] 비동기 프로그래밍 개념 소개

컴퓨터 과학에서 **동시성**concurrency이란 프로그램의 다른 부분들을 순서에 관계없이 또는 동시에 실행하면서, 최종 결과에 영향을 주지 않는 능력이다.

엄밀하게 말하자면 프로그램을 순서에 관계없이 부분적으로 실행하는 능력은 **동시성**, 여러 태스크를 동시에 실행하는 것은 **병렬성**parallelism이다. 하지만 실질적으로 동시성과 병렬성은 함께 사용되며 동시에 도달하는 여러 요청들을 효과적이고 안전하게 처리하는 전체적인 결과를 달성한다. 그림 10.1은 이 차이를 나타낸다. 하지만 이번 장에서는 동시성이라는 의미를 폭넓게 해석해 이 두 측면을 모두 포함한다.

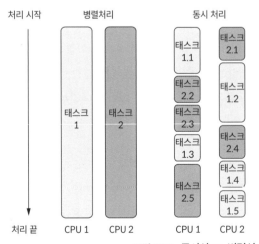

그림 10.1 **동시성 vs. 병렬성**

프로그램의 일부를 순서에 관계없이 실행해야 하는 이유가 궁금할 수도 있다. 결국, 프로그램이란 위에서 아래로, 구문 단위로 실행되는 것이 아니던가?

동시성 프로그래밍을 하는 이유에는 두 가지 주된 요인이 있다. 하나는 수요 측demand side, 다른 하나는 공급 측supply side이다.

- **수요 측(사용자 수요):** 프로그램이 보다 빠르게 실행되기를 기대하며, 이로 인해 소프트웨어 개발 자들은 동시성 프로그래밍 기법을 고려하게 된다.
- **공급 측(하드웨어 공급):** 컴퓨터(데이터 센터의 고사양 서버뿐만 아니라 여러분이나 필자와 같은 최종 사용자에게 판매되는 컴퓨터를 포함)의 여러 CPU(또는 CPU의 멀티 코어)를 사용함으로써 소프트웨어 개발자들은 멀티 코어/프로세서를 통해 얻을 수 있는 기회를 활용해 전체적으로 빠르고 효율적으로 실행할 수 있다.

하지만 동시 프로그램을 설계하고 코딩하는 것은 복잡한 태스크이다. 어떤 태스크를 동시에 수행할 것인지 가장 먼저 결정해야 한다. 개발자들은 코드의 어떤 부분이 동시에 실행되어야 하는 것을 어떻게 결정하는가? 그림 10.1을 다시 살펴보자. 2개의 태스크(태스크 1, 태스크 2)가 실행되어야 한다. 태스크 1과 태스크 2가 러스트 프로그램의 2개의 함수라고 가정하자. 이를 시각화하는 가장 쉬운 방법은 태스크 1을 CPU 1, 태스크 2를 CPU 2에 스케줄링하는 것이다. 이것이 병렬처리parallel processing의 예이다. 하지만 이 방법이 가용 CPU 시간을 활용하는 가장 효율적인 모델인가?

그렇지 않을 수도 있다. 이를 더 잘 이해하기 위해 소프트웨어 프로그램이 수행하는 모든 처리를 크게 두 가지(**CPU 중심 태스크**CPU-intensive task와 **I/O 중심 태스크**I/O-intensive task)로 분류해보자(사실, 실세계의 대부분의 코드는 이 두 가지가 조합되어 있다). CPU 중심 태스크에는 유전자 시퀀싱, 비디오 인코딩, 그래픽 처리 및 블록체인 암호 증명 계산 등이 있다. I/O 중심 태스크에는 파일 시스템이나 데이터베이스로부터의 데이터 접근, 네트워크 TCP/HTTP 요청 처리 등이 있다.

CPU 중심 태스크에서 대부분의 작업은 메모리의 데이터에 접근하고, 프로그램 명령과 데이터를 스택에 로드하고 이들을 실행하는 것이다. 여기에서는 어떤 동시성이 가능한가? 간단한 프로그램 예시를 살펴보자. 이 프로그램은 숫자 리스트를 받고, 각 숫자의 제곱근을 계산한다. 프로그래머는 하나의 함수를 작성할 수 있다.

- 이 함수는 메모리에 로드된 숫자 리스트의 참조를 받는다.
- 리스트를 순서대로 반복한다.

- 각 숫자의 제곱근을 계산한다.

- 그 결과를 메모리에 다시 쓴다.

이것은 순차 처리sequential processing의 예이다. 다중 프로세서(코어)를 사용할 수 있는 컴퓨터라면, 프로그래머는 각 숫자를 읽고, 다음에 사용할 수 있는 CPU나 코어에 제곱근 처리를 위해 전송하여, 각 숫자들이 독립적으로 처리되도록 프로그램 구조를 만들 수도 있다. 간단한 예시이기는 하지만, 프로그래머들이 복잡한 계산 중심computation-intensive 태스크에 대해 여러 프로세서/코어를 활용할 수 있는 기회를 얻는 것에 대한 아이디어를 얻을 수 있다.

I/O 중심 태스크의 어떤 부분에서 동시성의 기회가 발생하는지 살펴보자. 웹 서비스와 애플리케이션에서의 HTTP 요청 처리는 CPU 중심보다 I/O 중심인 예시이다.

웹 애플리케이션에서 데이터는 데이터베이스에 저장되고, HTTP POST, GET, PUT, DELETE 요청에 각각 해당하는 모든 Create, Read, Update, Delete 조작에서는 웹 애플리케이션과 데이터베이스 사이의 데이터 전달을 필요로 한다. 프로세서는 데이터를 디스크로부터 읽거나, 데이터를 디스크에 쓰는 동안 대기해야 한다. 디스크 기술이 발전하기는 했지만, 디스크 접근은 여전히 느리다(디스크에는 수 밀리초 이내에 접근할 수 있는 반면, 메모리에는 수 나노초 이내에 접근할 수 있다). 만약 애플리케이션이 Postgres 데이터베이스에서 10,000개의 사용자 레코드를 얻으려고 시도한다면, 운영체제에 디스크 접근을 위한 호출을 하고, CPU는 그 시간 동안 '대기'하게 된다. 코드의 일부분에서 프로세서를 대기하게 만든다면, 프로그래머에게는 어떤 옵션이 있는가? 프로세서가 다른 태스크를 수행하도록 할 수 있다. 이것이 프로그래머가 동시 프로그램을 설계할 수 있는 기회의 예이다.

웹 애플리케이션에서 또 다른 '지연' 및 '대기'를 유발하는 요소로는 네트워크 요청 처리를 들 수 있다. HTTP 모델은 매우 단순하다. 클라이언트는 원격 서버와 커넥션을 생성하고 요청을 발행한다(HTTP 요청 메시지로 전송된다). 서버는 해당 요청을 처리하고, 응답을 발송한 뒤 커넥션을 닫는다. 프로세서가 이전 요청을 제공(처리)하는 동안 새로운 요청이 들어왔을 때 문제가 발생한다. 예를 들어 GET 요청을 받아 tutor 1의 강의 집합을 얻는 도중, tutor 2의 새로운 강의를 POST하는 새로운 요청이 도착했다고 가정하자. 첫 번째 요청이 완전히 처리될 때까지 두 번째 요청이 큐에서 대기해야 하는가? 아니면 두 번째 요청을 다른 가용 코어/프로세서에 스케줄링해야 하는가? 이것이 우리가 동시 프로그래밍의 필요성을 인식하는 시점이다.

NOTE HTTP/2 요청-응답 사이클과 핸드셰이크의 수를 최소화하기 위해 개선되었다. HTTP/2에 대한 더 자세한 내용은 배리 폴라드Barry Pollard의 《HTTP/2 in Action》(에이콘출판사, 2020)를 참조하라.

지금까지 프로그래머들이 계산 중심 태스크와 I/O 중심 태스크에서 동시성 프로그래밍 기법을 사용할 수 있는 기회들에 관한 몇 가지 예시를 살펴봤다. 다음으로 동시 프로그램을 작성하는 데 사용할 수 있는 도구들에 관해 살펴보자.

그림 10.2는 프로그래머들이 CPU에서의 실행을 위해 코드를 구조화할 때 선택할 수 있는 여러 옵션을 나타낸다. 보다 구체적으로는 **동기**synchronous 처리와 두 가지 **동시**concurrent 처리(**멀티스레딩** multi-threading과 **비동기**asynchronous 처리)의 차이점을 나타낸다. 실행할 3개의 태스크(태스크 1, 태스크 2, 태스크 3)가 있을 경우를 예로 들어 차이점을 설명한다.

태스크 1은 세 부분을 포함한다고 가정한다.

- **part 1**: 입력 데이터 처리하기
- **part 2**: 블로킹 조작
- **part 3**: 태스크에서 반환할 데이터 패키징하기

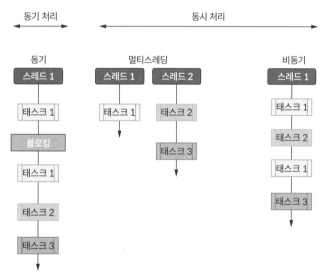

그림 10.2 **동기, 비동기, 멀티스레딩**

블로킹 조작은 실행 중인 현재 스레드가 외부 조작(예: 큰 파일 또는 데이터베이스에서 읽기)이 완료되기를 기다리느라 블록된다는 의미다. 이 태스크들을 세 가지 프로그래밍 모드(즉, 동기 처리, 멀티스레드 처리 및 비동기 처리)에서 어떻게 다루는지 살펴보자.

동기 처리에서는 프로세서가 part 1을 완료한 뒤, 블로킹 조작의 결과를 기다린 뒤, 태스크의 part 3을 실행한다.

멀티스레드 모드에서는 블로킹 조작을 포함한 태스크 1이 별도의 운영체제 스레드에서 실행되고, 프로세서는 다른 태스크를 다른 스레드에서 실행할 수 있다.

비동기 모드에서는 비동기 런타임(Tokio 등)이 프로세서에 대한 태스크 스케줄링을 관리한다. 이 경우, 프로세서는 태스크 1을 I/O 대기로 블록되는 지점까지 수행한다. 이 지점에서 비동기 런타임은 두 번째 태스크를 스케줄링한다. 첫 번째 태스크에서 블로킹 조작이 완료되면, 프로세서에서는 다시 스케줄링된 내용을 실행한다.

상위 수준에서 봤을 때 이것이 동기 처리가 다른 두 가지 동시 처리와 다른 점이다. 특정한 유스케이스에서 어떤 접근 방식이 최선인지, 어떤 계산을 해야 하는지는 프로그래머가 결정할 몫이다.

이제 두 번째 예시의 웹서버를 살펴보자. 이 서버는 여러 네트워크 요청을 동시에 받는다. 두 가지 유형의 동시 처리 기법이 어떻게 적용되는지 살펴보자.

동시성에 관한 첫 번째 접근 방식은 운영체제 본래의 스레드를 사용하는 것을 포함한다(그림 10.3). 이 경우에는 웹서버 프로세서 안에서 새로운 스레드를 생성해서 유입되는 각각의 요청을 처리한다. 러스트 표준 라이브러리는 std::thread 모듈을 통해 훌륭한 빌트인 멀티스레딩을 지원한다.

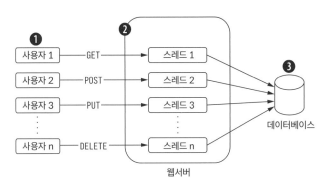

❶ 사용자들의 여러 HTTP 요청이 동시에 웹서버로 전달된다.

❷ 유입되는 각각의 요청에 대해, 별도의 운영체제 스레드가 생성되어 유입되는 요청을 처리한다.

❸ 운영체제는 프로세서/코어에 대한 실행 스레드를 스케줄링한다. 이 스레드들은 데이터베이스에 요청을 하고 사용자에게 응답을 반환한다.

그림 10.3 HTTP 요청 처리에서의 멀티스레딩

이 모델에서는 프로그램(웹서버) 연산을 여러 스레드에 분산한다. 이는 성능을 개선할 수 있는데, 그것은 스레드가 동시에 실행될 수 있기 때문이다. 그러나 그렇게 간단하지는 않다. 멀티스레딩은 다음을 포함해 새로운 복잡성이 더해지기 때문이다.

- 스레드의 실행 순서를 예측할 수 없다unpredictable.
- 여러 스레드가 메모리의 같은 데이터에 접근하고자 할 때 데드락deadlock이 발생할 수 있다.
- 경쟁 상태race condition가 발생할 수 있다. 이는 한 스레드가 메모리의 데이터를 읽고 그에 대한 계산을 하는 동안, 다른 스레드가 그 값을 업데이트하려고 시도하는 경우에 발생한다.

멀티스레드 프로그램을 작성하기 위해서는 단일 스레드에 비해 세심한 설계가 필요하다.

멀티스레딩에는 또 다른 어려움이 있다. 그것은 프로그래밍 언어에 의해 구현되는 스레딩 모델 threading model의 타입이다. 스레딩 모델은 두 가지로 분류할 수 있다. **1:1 스레드 모델**에서는 언어 스레드당 하나의 운영체제 스레드가 존재하며, **M:N 모델**에서는 M개의 그린green(유사quasi) 스레드당 N개의 운영체제 스레드가 존재한다. 러스트의 표준 라이브러리는 1:1 스레드 모델을 구현한다. 하지만, 새로운 네트워크 요청에 대해 무한대로 스레드를 생성할 수 있다는 것을 의미하지는 않는다. 일반적으로 모든 운영체제는 스레드 수에 제한을 갖고 있으며, 이는 서버의 스택 크기 및 사용 가능한 가상 메모리 등의 영향을 받기 때문이다. 또한 여러 스레드와 관련된 콘텍스트 스위칭 비용도 존재한다. CPU가 한 스레드에서 다른 스레드로 이동할 때는 현재 스레드의 로컬 데이터, 프로그램 포인터를 저장해야 하며, 다음 스레드의 로컬 데이터와 프로그램 포인터를 로드해야 하기 때문이다. 전체적으로 운영체제 스레드를 사용하면 콘텍스트 스위칭 비용이 발생하고, 스레드를 관리하기 위한 운영체제 비용도 발생한다.

따라서 멀티스레딩은 몇몇 시나리오에는 적합하지만, 동시 처리가 필요한 모든 상황에 완전한 해결책은 아니다. 동시성 프로그래밍에 대한 두 번째 접근 방식(메인스트림 프로그래밍 언어에서 지난 수년 동안 유명세를 얻은)은 비동기 프로그래밍(줄여서 **async**라고 부른다)이다. 웹 애플리케이션에서 비동기 프로그래밍은 클라이언트 사이드와 서버 사이드 모두에서 사용될 수 있다. 서버에서의 비동기 웹 요청 처리 과정은 그림 10.4와 같다.

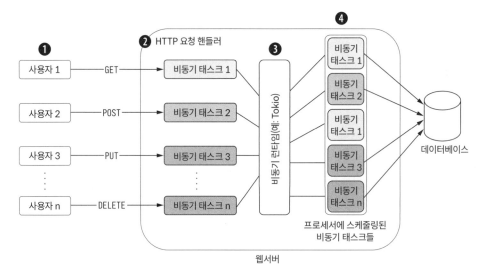

① 사용자들은 HTTP 요청을 웹서버로 동시에 보낸다.

② 유입되는 요청마다 새로운 비동기 태스크가 프로세스에서 실행된다.

③ 비동기 태스크들은 비동기 런타임(예: Tokio)에 의해 관리된다.

④ 비동기 런타임은 프로세서(코어)의 실행에 대한 비동기 태스크들을 스케줄링한다. 태스크 1이 데이터베이스 조작 완료를 대기하는 경우, 비동기 런타임은 다음 태스크가 실행되도록 스케줄링한다. 태스크 1의 블로킹 조작이 완료되면, 비동기 런타임이 알림을 받고, 태스크 1을 프로세서에서 다시 스케줄링해서 완료한다.

그림 10.4 **비동기 HTTP 요청 처리**

그림 10.4는 비동기 프로그램을 API 서버/웹 서비스에서 사용해서 유입되는 여러 요청을 서버 사이드에서 동시에 처리하는 방법을 나타낸다. 여기에서 각 HTTP 요청은 비동기 웹서버가 받으며, 이를 처리하기 위한 새로운 비동기 태스크를 실행한다. 여러 비동기 태스크를 사용 가능한 CPU(들)에 스케줄링하는 작업은 비동기 런타임이 처리한다.

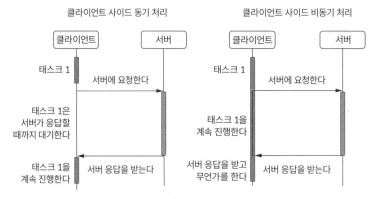

그림 10.5 **클라이언트 사이드 비동기 처리**

그림 10.5는 클라이언트 사이드에서의 비동기를 나타낸다. 브라우저 안에서 실행되는, 파일을 서버에 업로드하는 자바스크립트 애플리케이션의 예를 생각해보자. 동시성이 없다면, 파일 업로드가 완료되고 서버로부터 응답을 받을 때까지 사용자는 멈춘 화면을 보게 될 것이고, 사용자는 이 시간 동안 아무것도 할 수 없을 것이다. 클라이언트 사이드의 비동기로 인해, 브라우저 기반 UI는 이전 요청에 대한 서버의 응답을 기다리는 동안 사용자 입력을 계속 처리할 수 있다.

지금까지 몇 가지 예시를 통해 동기, 멀티스레드 및 비동기 프로그래밍의 차이를 살펴봤다. 실제 코드에서 이 기법들을 구현하는 방법을 살펴보자.

10.2 동시 프로그램 작성하기

이번 절에서는 러스트를 사용해서 동기, 멀티스레드, 비동기 프로그램을 작성하는 방법에 관해 살펴본다. 동기 처리를 나타내는 간단한 코드에서 바로 시작해보자.

다음 명령어를 실행해 새로운 프로젝트를 시작하자.

```
cargo new --bin async-hello
cd async-hello
```

src/main.rs에 다음 코드를 추가한다.

```rust
fn main() {
    println!("Hello before reading file!");
    let file_contents = read_from_file();
    println!("{:?}", file_contents);
    println!("Hello after reading file!");
}

fn read_from_file() -> String {
    String::from("Hello, there")
}
```

간단한 러스트 프로그램이다. read_from_file() 함수는 파일을 읽고 그 내용을 반환하는 것을 시뮬레이션한다. 이 함수는 main() 함수에서 호출된다. main() 함수에서 read_from_file() 함수는 동기적으로 호출한다. 즉 main() 함수는 호출된 함수가 실행을 끝내고 반환할 때까지 대기했다가, main() 프로그램의 나머지 부분을 계속 진행한다.

다음 명령어를 실행해 프로그램을 실행한다.

```
cargo run
```

터미널에서 다음 메시지가 출력될 것이다.

```
Hello before reading file!
"Hello, there"
Hello after reading file!
```

이 프로그램에 특별한 점은 없다. 타이머를 추가해서 파일을 읽는 동안 발생하는 지연을 시뮬레이션 해보자. src/main.rs 파일을 다음과 같이 수정하자.

```
use std::thread::sleep;        ◄──────── 표준 라이브러리에서 sleep 함수를 임포트한다.
use std::time::Duration;   ◄──────
                                  └────── Duration 데이터 타입을 임포트한다.
fn main() {
    println!("Hello before reading file!");
    let file_contents = read_from_file();
    println!("{:?}", file_contents);
    println!("Hello after reading file!");
}

// 파일 읽기를 시뮬레이션하는 함수
fn read_from_file() -> String {
    sleep(Duration::new(2, 0));   ◄──── 현재 스레드를 2초 동안 중지한 뒤, 함수로부터 반환한다.
    String::from("Hello, there")
}
```

코드에서는 표준 라이브러리에서 sleep 함수를 임포트했다. sleep은 지정한 시간 동안 현재 스레드를 중지시킨다. 러스트 표준 라이브러리의 sleep() 함수는 블로킹 함수이다. 즉, sleep() 함수 안에 지정된 시간 동안 현재 스레드의 실행을 블록시킨다. 이것은 파일 읽기의 지연에 관한 볼품없는 시뮬레이션이지만, 지연을 시뮬레이션하기 위한 목적을 달성하기에는 충분하다.

main() 함수는 여전히 read_from_file() 함수를 동기적으로만 호출한다. 즉, 호출된 함수가 완료될 때까지 기다린 뒤 (주입된 지연을 포함해) 파일 내용을 출력한다.

다음 명령어를 실행해 프로그램을 실행한다.

```
cargo run
```

지정한 타이머만큼의 시간이 흐른 뒤 터미널에서 마지막 출력 구문을 확인할 수 있을 것이다.

다른 계산을 추가해보자. src/main.rs 파일의 프로그램을 다음과 같이 수정하자.

```
use std::thread::sleep;
use std::time::Duration;

fn main() {
    println!("Hello before reading file!");
    let file1_contents = read_from_file1();      ◄── file1을 읽는 함수에 지연을 시뮬레이션하는 함수를 호출한다.
    println!("{:?}", file1_contents);
    println!("Hello after reading file1!");
    let file2_contents = read_from_file2();      ◄── file2을 읽는 함수에 지연을 시뮬레이션하는 함수를 호출한다.
    println!("{:?}", file2_contents);
    println!("Hello after reading file2!");
}

// 파일 읽기를 시뮬레이션하는 함수
fn read_from_file1() -> String {
    sleep(Duration::new(4, 0));
    String::from("Hello, there from file 1")
}

// 파일 읽기를 시뮬레이션하는 함수
fn read_from_file2() -> String {
    sleep(Duration::new(2, 0));
    String::from("Hello, there from file 2")
}
```

프로그램을 다시 실행하자. 첫 번째 함수를 실행하는 과정에서 4초, 두 번째 함수를 실행하는 과정에서 2초, 총 6초가 지연되는 것을 볼 수 있을 것이다. 조금 더 나은 방법은 없을까?

두 파일은 별도이므로, 두 파일을 동시에 읽을 수는 없을까? 여기에서 동시 프로그래밍 기법을 사용할 수 있을까? 물론 네이티브 운영체제 스레드를 사용해서 이 목적을 달성할 수 있다. src/main.rs 파일의 코드를 다음과 같이 수정하자.

```
use std::thread;
use std::thread::sleep;
use std::time::Duration;
```

```
fn main() {
    println!("Hello before reading file!");
    let handle1 = thread::spawn(|| {       ◄─────┐  파일 1을 읽는 새로운 스레드를 실행한다.
        let file1_contents = read_from_file1();
        println!("{:?}", file1_contents);
    });
    let handle2 = thread::spawn(|| {       ◄────┐  파일 2를 읽는 새로운 스레드를 실행한다.
        let file2_contents = read_from_file2();
        println!("{:?}", file2_contents);
    });
    handle1.join().unwrap();      ◄────┐  첫 번째 스레드 실행이 종료되기 전에 main 스레드가 종료되는 것을 방지한다.
    handle2.join().unwrap();      ◄────┐  두 번째 스레드 실행이 종료되기 전에 main 스레드가 종료되는 것을 방지한다.
}

// 파일 읽기를 시뮬레이션하는 함수
fn read_from_file1() -> String {
    sleep(Duration::new(4, 0));
    String::from("Hello, there from file 1")
}

// 파일 읽기를 시뮬레이션하는 함수
fn read_from_file2() -> String {
    sleep(Duration::new(2, 0));
    String::from("Hello, there from file 2")
}
```

프로그램을 다시 실행한다. 이번에는 2개 함수의 실행이 완료되는 데 6초보다 짧게 걸리는 것을 볼 수 있다. 왜냐하면 별도로 실행되는 운영체제 스레드가 각 파일을 읽기 때문이다. 멀티스레딩을 사용한 동시성이 작동하는 것을 확인했다.

하나의 스레드로 2개의 파일을 동시에 처리할 수 있는 다른 방법이 있다면 어떻겠는가? 비동기 프로그래밍 기법을 사용해서 이에 관해 조금 더 살펴보자.

러스트 표준 라이브러리는 그 자체로 단순한 멀티스레드 프로그램을 작성하는 데 필요한 프리미티브 타입을 포함한다(물론, Rayon과 같은 외부 라이브러리들은 추가적인 기능들을 제공한다). 그러나 러스트 표준 라이브러리가 제공하는 필수 요소들은 비동기 프로그램을 작성하고 실행하는 데 충분하지 않으며, 이를 위해서는 외부 비동기 라이브러리들을 사용해야 한다. 이번 장에서는 Tokio 비동기 런타임을 사용해서 러스트에서 비동기 프로그램을 작성하는 방법을 학습한다.

다음 코드를 cargo.toml에 추가한다.

```
[dependencies]
tokio = { version = "1", features = ["full"] }
```

src/main.rs를 다음과 같이 수정한다.

```
use std::thread::sleep;
use std::time::Duration;
                            컴파일러에 Tokio를 비동기 런타임으로 추가하도록 지시한다.
#[tokio::main]    ◀
async fn main() {    ◀      main 함수를 비동기로 선언한다.
    println!("Hello before reading file!");

    let h1 = tokio::spawn(async {
        let _file1_contents = read_from_file1();
    });
                                                Tokio 런타임이 관리하는 새로운 비동기 태스크를
                                                실행한다. 태스크는 Tokio 런타임 구성에 따라 현재
                                                스레드 또는 다른 스레드에서 실행될 수 있다.
    let h2 = tokio::spawn(async {
        let _file2_contents = read_from_file2();
    });
    let _ = tokio::join!(h1, h2);    ◀
}                                        main() 함수는 여러 동시 브랜치를 대기하며, 모든 브랜치가 완료되면
                                         반환한다. 앞에서 봤던 멀티스레딩 예시의 join 구문과 유사하다.

// 파일 읽기를 시뮬레이션하는 함수
async fn read_from_file1() -> String {
    sleep(Duration::new(4, 0));
    println!("{:?}", "Processing file 1");
    String::from("Hello, there from file 1")
}
                                        함수는 async 접두사를 갖는다. 이 접두사는
                                        Tokio 런타임에 의해 비동기 태스크로 스케줄링
                                        되고 동시에 실행될 수 있음을 나타낸다.
// 파일 읽기를 시뮬레이션하는 함수
async fn read_from_file2() -> String {
    sleep(Duration::new(2, 0));
    println!("{:?}", "Processing file 2");
    String::from("Hello, there from file 2")
}
```

이전의 멀티스레드 예시와 유사한 점이 많다. 새로운 async 태스크들은 새롭게 시작된 스레드와
유사하다. join! 매크로는 모든 비동기 태스크가 완료될 때까지 대기한 뒤, main() 함수의 실행을
완료한다.

여기에서 몇 가지 눈에 띄는 차이를 발견할 수 있을 것이다. main() 함수를 포함해 모든 함수 앞에
는 async라는 접두사가 붙어 있다. #[tokio::main]라는 애너테이션이 붙은 것도 큰 차이이다. 이

개념들에 대해서는 곧 자세히 살펴볼 것이다. 우선 프로그램을 실행해보자.

cargo run 명령어로 프로그램을 실행하자. 다음 메시지가 터미널에 출력될 것이다.

```
Hello before reading file!
```

이 문장은 main() 함수에서 출력된다. 하지만 read_from_file1()과 read_from_file2()의 프린트 구문은 출력되지 않는다. 즉, 이 함수들은 아직 실행조차 되지 않았다는 것이다. 그 이유는 러스트에서 비동기 함수들은 게으르기lazy 때문이다. 이들은 .await 키워드로 활성화된 뒤에만 실행된다.

.await 키워드를 추가한 뒤 두 함수를 다시 호출하자. src/main.rs 파일의 코드를 다음과 같이 변경하자.

```rust
use std::thread::sleep;
use std::time::Duration;

#[tokio::main]
async fn main() {
    println!("Hello before reading file!");
    let h1 = tokio::spawn(async {
        let file1_contents = read_from_file1().await;   ◀──────┐
        println!("{:?}", file1_contents);                       │
    });                                                         │
                                          .await 키워드를 추가해서 함수를 호출한다.
    let h2 = tokio::spawn(async {                               │
        let file2_contents = read_from_file2().await;   ◀──────┘
        println!("{:?}", file2_contents);
    });
    let _ = tokio::join!(h1, h2);
}

// 파일 읽기를 시뮬레이션하는 함수
async fn read_from_file1() -> String {
    sleep(Duration::new(4, 0));
    println!("{:?}", "Processing file 1");
    String::from("Hello, there from file 1")
}

// 파일 읽기를 시뮬레이션하는 함수
async fn read_from_file2() -> String {
    sleep(Duration::new(2, 0));
```

```
    println!("{:?}", "Processing file 2");
    String::from("Hello, there from file 2")
}
```

프로그램을 다시 실행한다. 터미널에는 다음과 같이 출력된다.

```
Hello before reading file!
"Processing file 2"
"Hello, there from file 2"
"Processing file 1"
"Hello, there from file 1"
```

어떤 일이 벌어졌는지 확인해보자. main() 함수에서 두 함수가 호출되었고, 이 함수들은 Tokio 런타임에서 별도의 비동기 태스크로 실행되며, 두 함수는 동시에 실행되도록 스케줄링된다(2개의 다른 스레드에서 2개의 함수를 실행하는 것과 유사하다). Tokio 런타임 설정에 따라 이 2개의 태스크들은 현재 스레드 또는 다른 스레드에 스케줄링 될 수 있다. 또한 read_from_file2()가 read_from_file1() 보다 먼저 완료되는 것을 확인할 수 있다. 전자의 sleep() 시간이 2초인데 반해, 후자의 sleep() 시간은 4초이기 때문이다. 그렇기 때문에 main() 함수에서 read_from_file1()이 read_from_file2()보다 빨리 실행되었더라도, 비동기 런타임은 read_from_file2()를 먼저 실행한다. 이 함수가 sleep 시간 이후 read_from_file1() 보다 먼저 깨어나기 때문이다.

이번 절에서는 간단한 예시들을 통해 러스트에서 동기, 멀티스레드, 비동기 프로그램을 작성하는 방법에 관해 살펴봤다. 다음 절에서는 비동기 러스트의 세계에 뛰어들어보자.

10.3 비동기 러스트 자세히 살펴보기

앞에서 본 것처럼 비동기 프로그래밍을 사용함으로 여러 태스크를 하나의 운영체제 스레드에서 동시에 실행할 수 있다. 하지만 어떻게 이것이 가능한가? 하나의 CPU는 한 순간에 하나의 명령셋만 처리할 수 있지 않은가?

이것은 CPU가 다른 외부 이벤트 혹은 액션을 완료하는 것을 대기하는 코드 실행 상황을 활용해서 달성할 수 있다. 이러한 예시로는 파일을 디스크에서 읽거나 디스크에 쓰기 위해 대기하는 것, 네트워크 커넥션에 바이트들이 도착할 때까지 대기하는 것, 타이머가 완료될 때까지 기다리는 것(이전 절에서 본 예시와 같이) 등을 들 수 있다. 그래서 코드 조각 혹은 함수가, 디스크 하위시스템이나 네트워크 소켓의 데이터를 기다리며 유휴idle 상태가 되면, (Tokio와 같은) 비동기 런타임은 해당 프로세서에 실행을 계속할 수 있는 다른 비동기 태스크를 스케줄링한다. 디스크 또는 I/O 하위 시스템에서 시스템 인터럽트가 도착하면, 비동기 런타임은 이를 인식하고, 원래 태스크의 실행이 계속되도록 스케줄링한다.

일반적인 가이드라인으로 I/O 중심 프로그램(프로그램의 진행 정도는 I/O 하위시스템의 속도에 따라 다르다)들은 비동기 태스크 실행의 좋은 후보가 될 수 있다. 반대로 CPU 중심 프로그램(복잡한 숫자 이동의 경우처럼, 프로그램의 진행 정도는 CPU 속도에 따라 다르다)은 비동기 태스크 실행에 적절하지 않다. 이것은 일반적인 가이드라인이므로 언제나 예외는 있다.

웹 개발에서는 많은 네트워크 I/O, 파일 및 데이터베이스 I/O를 다루므로, 올바르게 사용한다면, 비동기 프로그래밍을 통해 전체적인 프로그램 실행 속도를 높이고 사용자에 대한 응답 시간을 개선할 수 있다. 여러분의 웹서버가 10,000개 이상의 동시 커넥션을 처리해야 한다고 생각해보자. 멀티스레딩을 통해서 커넥션마다 별도의 OS 스레드를 생성하는 것은 시스템 리소스 소비 관점에서 그 비용이 너무나 높을 것이다. 실제로, 초기 웹서버들은 이 모델을 사용했지만, 웹 확장 시스템에서는 한계에 부딪혔다. 그렇기 때문에 Actix Web 프레임워크(및 다른 많은 러스트 프레임워크)는 비동기 런타임을 프레임워크 안에 구현했다. 사실, Actix Web은 비동기 태스크 실행을 위해 내부적으로 Tokio 라이브러리(일부 수정 및 개선한 버전)를 사용한다.

async와 .await 키워드는 비동기 프로그래밍을 위한 러스트 표준 라이브러리의 빌트인 프리미티브 셋을 나타낸다. 이들은 특별한 러스트의 구문으로 비동기 코드를 마치 동기 코드처럼 보이도록 쉽게 작성할 수 있게 도와준다.

그러나 러스트 비동기의 핵심은 **퓨처**future라 불리는 개념이다. 퓨처는 단일 최종값single eventual value으로 비동기 계산(혹은 함수)를 통해 생성된다. 러스트의 비동기 함수들은 하나의 퓨처를 반환한다. 퓨처는 기본적으로 유예된deferred 계산을 나타낸다.

자바스크립트의 프로미스

자바스크립트의 프로미스promise는 러스트의 퓨처와 유사한 개념이다. 브라우저 안에서 사바스크립트 코드가 실행되고, 사용자가 URL을 얻거나 이미지를 로드하는 요청을 하면, 해당 요청은 현재 스레드를 블록하지 않는다. 사용자는 계속해서 웹페이지와 상호작용할 수 있다. 이것은 자바스크립트 엔진이 네트워크 페치fetch 요청에 대한 비동기 처리를 사용함으로써 달성된다.

러스트의 퓨처는 자바스크립트의 프로미스보다 저수준의 개념이다. 러스트의 퓨처는 준비를 위해 대기할 수 있는 어떤 것이며, 자바스크립트의 프로미스는 보다 높은 시맨틱스를 갖는다(예: 프로미스는 거부될 수 있다). 하지만 여기에서 논의하는 콘텍스트에서는 이런 비유가 유용하다.

우리가 작성한 이전 프로그램이 실제로 퓨처를 사용한다는 의미인가? 짧게 대답하면 그렇다. 프로그램을 재작성해서 퓨처의 유용성을 확인해보자.

```rust
use std::thread::sleep;
use std::time::Duration;
use std::future::Future;

#[tokio::main]
async fn main() {
    println!("Hello before reading file!");

    let h1 = tokio::spawn(async {
        let file1_contents = read_from_file1().await;
        println!("{:?}", file1_contents);
    });

    let h2 = tokio::spawn(async {
        let file2_contents = read_from_file2().await;
        println!("{:?}", file2_contents);
    });
    let _ = tokio::join!(h1, h2);
}

// 파일 읽기를 시뮬레이션하는 함수
fn read_from_file1() -> impl Future<Output=String> {    ◄───
    async {    ◄───
        sleep(Duration::new(4, 0));
        println!("{:?}", "Processing file 1");
        String::from("Hello, there from file 1")
    }
}                          함수의 바디는 async 블록 안에 포함된다.

// 파일 읽기를 시뮬레이션하는 함수
fn read_from_file2() -> impl Future<Output=String> {    ◄───
    async {    ◄───
        sleep(Duration::new(3, 0));
        println!("{:?}", "Processing file 2");
        String::from("Hello, there from file 2")
    }
}
```

함수의 반환값은 Future 트레이트를 구현한 어떤 것이다.

프로그램을 실행하면 이전과 같은 결과를 볼 수 있다.

```
Hello before reading file!
"Processing file 2"
"Hello, there from file 2"
"Processing file 1"
"Hello, there from file 1"
```

프로그램의 주요 변경사항은 read_from_file1(), read_from_file2() 안에 있다. 첫 번째 차이점은 함수의 반환값이 String에서 impl Future<Output=String>으로 변경되었다는 점이다. 이것은 함수가 퓨처, 보다 구체적으로는 Future 트레이트를 구현한 어떤 것을 반환한다는 것을 나타낸다.

async 키워드는 비동기 블록 또는 함수를 정의한다. 함수 또는 코드 블록에 이 키워드를 사용하면 컴파일러는 해당 코드를 퓨처를 생성하는 어떤 것으로 변환한다. 다음 2개 함수의 시그니처는 유사하다.

```
async fn read_from_file1() -> String {
    sleep(Duration::new(4, 0));
    println!("{:?}", "Processing file 1");
    String::from("Hello, there from file 1")
}
```

```
fn read_from_file1() -> impl Future<Output=String> {
    async { sleep(Duration::new(4, 0));
        println!("{:?}", "Processing file 1");
        String::from("Hello, there from file 1")
    }
}
```

첫 번째 코드에서 async를 사용한 것은 두 번째 코드에 대한 구문적 설탕syntactic sugar일 뿐이다.

Future 트레이트의 형태를 살펴보자.

```
pub trait Future {
    type Output;
    fn poll(self: Pin<&mut Self>, cx: &mut Context<'_>) -> Poll<Self::Output>;
}
```

퓨처는 비동기 계산을 나타낸다. Output 타입은 퓨처가 성공적으로 계산을 했을 때 반환하는 데이터 타입을 나타낸다. 예시에서는 String 데이터 타입을 함수에서 반환하므로, 함수의 반환값을 impl Future<Output=String>으로 지정했다.

poll 메서드는 비동기 프로그램이 기능을 하는 데에 매우 중요하다. 이 메서드는 비동기 런타임에 의해 호출되며, 비동기 계산이 완료되었는지 확인한다. poll 함수는 enum 타입의 데이터를 반환하며, 다음 중 하나의 값을 갖는다.

```
Poll::Pending  ◄──────  퓨처가 아직 준비되지 않았다면 poll 함수는 이 값을 반환한다.
Poll::Ready(val)  ◄──────  성공적으로 종료했다면 poll 함수는 이 퓨처값을 함께 반환한다.
```

그렇다면 누가 poll 함수를 호출하는가? 러스트의 퓨처는 게으르다. 앞에서 다음 명령어 구문이 실행되지 않았던 것을 보았다.

```
let h1 = tokio::spawn(async {
    let _file1_contents = read_from_file1();
});
```

러스트의 퓨처는 지속적으로 그들이 완료되었는지 확인해줄 누군가를 필요로 한다. 마치 마이크로 매니징을 수행하는 프로젝트 매니저와 같은 존재 말이다! 이 역할은 비동기 런타임의 일부인 **비동기 실행자**async executor가 수행한다. 퓨처 실행자는 퓨처 셋을 받아 이들에 대해 poll 함수를 호출하면서 완료되도록 한다.

우리 예시에서는 Tokio 라이브러리가 가진 퓨처 실행자가 이 기능을 수행한다. 이를 위해 함수에 async 키워드로 애너테이션을 하는 것이다.

```
async fn read_from_file1() -> String {
    sleep(Duration::new(4, 0));
    println!("{:?}", "Processing file 1");
    String::from("Hello, there from file 1")
}
```

또는 함수 안에 async 코드 블록을 작성해서 같은 효과를 거둘 수도 있다.

```
fn read_from_file1() -> String {
    async {
        sleep(Duration::new(4, 0));
        println!("{:?}", "Processing file 1");
        String::from("Hello, there from file 1")
    }
}
```

함수 또는 코드 블록 앞에 async 키워드를 붙이면, Tokio 실행자에게 완료되어야 할 퓨처가 반환되었음을 알린다. 하지만 어떻게 Tokio 실행자는 비동기 함수가 언제 값을 반환할 준비가 되었는지 알 수 있을까? 비동기 함수를 반복적으로 폴링해야 하는가? Tokio 실행자가 이를 수행하는 방법을 이해하기 위해, 먼저 다음 절에서 퓨처에 관해 조금 더 자세히 살펴보자.

10.4 퓨처 이해하기

퓨처를 잘 이해하기 위해, Tokio 비동기 라이브러리의 구체적인 예를 살펴보자. 그림 10.6은 Tokio 런타임, 실행된 태스크, 퓨처의 관계를 나타낸다.

Tokio 런타임은 비동기 태스크를 관리하고, 실행을 위해 프로세서에 스케줄링하는 컴포넌트이다. 프로그램에는 여러 비동기 태스크가 실행될 수 있다. 각 비동기 태스크는 하나 이상의 퓨처를 가질 수 있으며, 퓨처가 실행할 준비가 되면

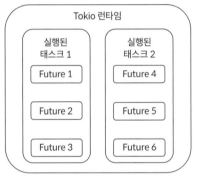

그림 10.6 **Tokio 실행자**

Poll::Ready를 반환하고 외부 이벤트(네트워크 패킷 도착 또는 데이터베이스로부터의 값 반환 등)를 대기하고 있다면 Poll::Pending을 반환한다.

이전 절에서 작성한 main() 프로그램은 2개의 비동기 태스크를 실행하며, 이것은 (더미) 퓨처를 시뮬레이션한 것이다. 이번 절과 다음 절에서 작성할 코드를 통해 퓨처가 작동하는 방법을 더 잘 이해할 수 있을 것이다. 이번 절에서는 퓨처의 구조를 살펴보고, 다음 절에서는 커스텀 비동기 타이머를 퓨처로 구현한다. 프로그램은 그림 10.7과 같은 형태가 될 것이다.

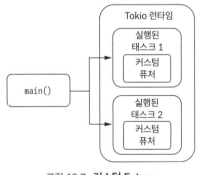

그림 10.7 **커스텀 Future**

커스텀 퓨처를 작성하는 목적은 무엇인가? 바로 퓨처의 동작을 이해하는 가장 좋은 방법이기 때문이다. 자, 작성해보자.

src/main.rs 파일을 다음과 같이 수정하자.

```rust
use std::future::Future;          // 퓨처를 폴링하기 위해서 Pin<T>라는 특별한 타입을 사용해 고정되어야 한다.
use std::pin::Pin;
use std::task::{Context, Poll};   // Context는 비동기 태스크의 콘텍스트를 포함하며,
use std::thread::sleep;           // 현재 태스크를 깨우는 데 사용될 수 있다. Poll은 enum
use std::time::Duration;          // 타입으로 값을 사용할 수 있는지 없는지를 나타낸다.

struct ReadFileFuture {}          // 커스텀 구조체를 생성한다. 이 구조체는 Future 트레이트를 구현한다.

impl Future for ReadFileFuture {  // Future 트레이트를 커스텀 구조체에 대해 구현한다.
    type Output = String;         // 퓨처를 사용할 수 있게 되었을 때, 퓨처로부터 반환되는 값의 데이터 타입을 지정한다.

    fn poll(self: Pin<&mut Self>, _cx: &mut Context<'_>) ->
        Poll<Self::Output> {      // Future 트레이트의 일부인 poll() 함수를 구현한다.
            println!("Tokio! Stop polling me");
            Poll::Pending
        }
}

#[tokio::main]
async fn main() {
    println!("Hello before reading file!");

    let h1 = tokio::spawn(async {
        let future1 = ReadFileFuture {};
        future1.await
    });                           // main() 함수 안에서 퓨처의 커스텀 구현을 호출한다.

    let h2 = tokio::spawn(async {
        let file2_contents = read_from_file2().await;
        println!("{:?}", file2_contents);
    });
    let _ = tokio::join!(h1, h2);
}

// 파일 읽기를 시뮬레이션하는 함수
fn read_from_file2() -> impl Future<Output = String> {
    async {
        sleep(Duration::new(2, 0));
        println!("{:?}", "Processing file 2");
        String::from("Hello, there from file 2")
    }
}
```

여기에서 새로운 개념인 Pin을 도입했다. 퓨처는 비동기 런타임에 의해 반복적으로 폴링돼야 하기 때문에, 메모리의 특정 영역에 퓨처를 고정pinning하는 것은 비동기 블록 안의 코드의 안전한 기능을 보장하기 위해 필요하다. 이것은 다소 어려운 개념이므로, 여기에서는 러스트에서 퓨처를 작성하는 데 필요한 요소라는 정도만 이해하자.

Tokio 실행자는 퓨처의 최종값을 해석하기 위해 poll() 함수를 호출한다(예시에서는 String 타입이다). 퓨처값을 사용할 수 없으면, 현재 태스크는 Waker 컴포넌트와 함께 등록되고, 퓨처로부터의 값을 사용할 수 있게 되면 Waker 컴포넌트는 Tokio 런타임에 해당 퓨처에 대한 poll() 함수를 호출하도록 알린다. poll() 함수는 퓨처가 아직 준비되지 않았다면 Poll::Pending, future_value를 함수에서 사용할 수 있으면 Poll::Ready(future_value)를 반환한다. 그림 10.8은 프로그램 실행 단계의 순서를 나타낸다.

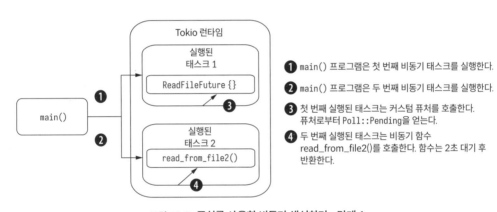

그림 10.8 퓨처를 사용한 비동기 생성하기 - 단계 1

퓨처 vs. Future

퓨처와 Future를 혼동할 수 있다. 퓨처는 미래의 어떤 시점에 값을 반환하는 비동기 계산임을 기억하자. 퓨처는 Future 타입(혹은 Future 트레이트를 구현한 어떤 것)을 반환한다. 그러나 값을 반환하기 위해 퓨처는 비동기 런타임 실행자에 의해 대기해야 한다.

이번 절에서 main() 함수의 변경 내용을 이전 절과 비교해보자. 주요한 (다분히 의도된) 변경은 비동기 함수 read_from_file1() 호출을 impl Future<Output-String> 타입을 반환하는 퓨처로 바꾼 것이다. 이와 함께 future가 impl Future<Output=String> 타입을 반환하도록 수정했다.

프로그램을 실행하면 터미널에서 다음과 같이 출력된다.

```
Hello before reading file!
Tokio! Stop polling me
"Processing file 2"
"Hello, there from file 2"
```

또한 이 프로그램은 종료되지 않고, 중단된 상태로 무언가를 기다리는 것을 알 수 있다.

그림 10.8을 다시 보면서 어떤 일이 발생하는지 이해해보자. main() 함수는 2개의 비동기 계산 ReadFileFuture{}와 read_from_file2()를 호출한다. Future를 반환하는 이 2개의 호출은, Tokio 런타임에서 별개의 비동기 태스크로서 실행된다. Tokio 실행자(Tokio 런타임의 일부)는 먼저 첫 번째 퓨처를 폴링하며, 이 퓨처는 Poll::Pending을 반환한다. 다음으로 두 번째 퓨처를 폴링하며, sleep 이후 Poll::Ready를 반환하는 것을 기다린다. 그래서 이에 해당하는 출력 구문이 터미널에 표시된다. 이후 Tokio 런타임은 첫 번째 퓨처가 실행을 위해 스케줄링 될 수 있는 상태가 되기를 기다린다. 하지만 poll 함수에서는 무조건 Poll::Pending을 반환하므로 이 상황은 발생하지 않는다. 퓨처가 종료되면, Tokio 런타임은 이를 다시 호출하지 않는다. 그렇기 때문에 두 번째 함수는 정확하게 한 번만 실행된다.

Tokio 실행자는 첫 번째 퓨처를 언제 다시 폴링해야 할지 어떻게 알 수 있을까? 반복적으로 폴링하면 될까? 그렇지 않다. 만약 그렇다면 poll 함수 안에서 print 구문이 여러 차례 실행되는 것을 터미널에서 볼 수 있었을 것이다. 하지만 출력은 한 번만 수행된다.

Tokio(및 러스트 비동기 설계)는 Waker 컴포넌트를 사용해서 이를 처리한다. async 실행자에 의해 폴링되는 태스크가 값을 반환할 준비가 되어 있지 않으면, 해당 태스크는 Waker와 함께 등록되고, Waker에 대한 핸들이 해당 태스크와 관련된 Context 객체에 저장된다. Waker는 wake() 메서드를 가지며, 이 메서드를 사용해서 비동기 실행자에게 관련된 태스크를 깨워야 한다는 것을 알릴 수 있다. wake() 메서드가 호출되면, Tokio 실행자는 해당 태스크에 대해 poll() 함수를 호출해서 비동기 태스크를 다시 기다려야 한다는 것을 전달한다.

실제로 어떻게 작동하는지 살펴보자. src/main.rs의 poll() 함수를 다음과 같이 수정하자.

```
impl Future for ReadFileFuture {
    type Output = String;
```

```
fn poll(self: Pin<&mut Self>, cx: &mut Context<'_>) ->
    Poll<Self::Output> {    ◄── 이 태스크와 관련된 Context 객체는 poll 함수에서 사용할 수 있다.
        println!("Tokio! Stop polling me");
        cx.waker().wake_by_ref();    ◄── Waker 인스턴스에 대한 wake_by_ref() 함수가 호출된다.
        Poll::Pending                이는 차례로 Tokio 런타임에게 해당 비동기 태스크를 실행을 위해
    }                                다시 스케줄링 할 준비가 되었음을 알린다.
}
```

그림 10.9는 이 흐름을 나타낸다.

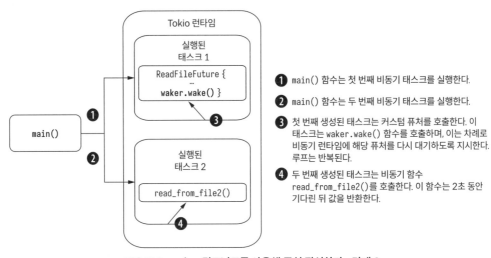

그림 10.9 **waker 컴포넌트를 사용해 퓨처 작성하기 - 단계 2**

프로그램을 다시 실행하면, poll() 함수가 계속해서 호출되는 것을 볼 수 있다. 이것은 우리가 호출하는 대기 함수인 Waker 인스턴스의 wake_by_ref() 함수가, 비동기 실행자에게 해당 함수를 다시 대기하도록 요청하며, 이 사이클이 반복되기 때문이다. wake_by_ref() 함수는 Waker와 관련된 태스크를 깨운다.

프로그램을 실행하면 프로그램이 종료될 때까지 터미널에 다음과 같은 구문이 계속해서 출력되는 것을 볼 수 있다.

```
Tokio! Stop polling me
Tokio! Stop polling me
Tokio! Stop polling me
Tokio! Stop polling me
Tokio! Stop polling me
```

```
Tokio! Stop polling me
Tokio! Stop polling me
Tokio! Stop polling me
...
```

이 시점에서 여러분은 Waker 컴포넌트가 무엇인지 궁금하지 않은가? 그리고 이것은 어떻게 Tokio 생태계에 맞는가? 그림 10.10은 기반 하드웨어 및 운영체제 콘텍스트에서 Tokio의 다양한 컴포넌트에 대한 것을 보여준다.

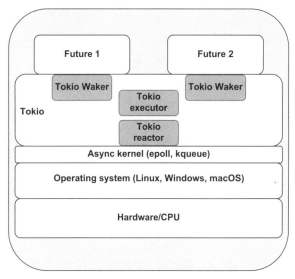

그림 10.10 **Tokio 컴포넌트**

Tokio 런타임은 운영체제(커널) 메서드, 예를 들어 epoll과 같이 네트워크로부터 파일을 읽거나, 네트워크에 파일을 쓰는 I/O 조작을 시작하는 메서드를 이해해야 한다.

Tokio 런타임은 I/O 조작의 일부로서 이벤트가 발생되었을 때 비동기 핸들러를 호출한다. 커널로부터 이러한 이벤트를 리스닝하고, 다른 Tokio 런타임과 통신하는 Tokio 런타임의 컴포넌트는 대응자reactor이다.

Tokio 실행자는 퓨처를 받고, 퓨처의 poll() 함수를 호출해서 퓨처를 종료한다. 이 과정은 퓨처가 진행될 때마다 이루어진다.

어떻게 퓨처는 실행자에게 진행할 준비가 되었음을 나타내는가? 이들은 Waker 컴포넌트의 wake() 함수를 호출한다. Waker 컴포넌트는 실행자에게 전보를 전달하고, 다음으로 퓨처를 큐로 되돌리고,

poll() 함수를 다시 호출한다. 이 동작은 퓨처가 완료될 때까지 계속된다.

다음은 파일에서 내용을 읽는 것을 예시로, 다양한 Tokio 컴포넌트들이 함께 작동하는 액티비티의 흐름을 간단히 나타냈다.

1. 프로그램의 main 함수는 Tokio 런타임에 비동기 태스크 1을 실행한다.
2. 비동기 태스크 1은 하나의 퓨처를 가지며, 이는 큰 파일로부터 데이터를 읽는다.
3. 파일에서 내용을 읽는 요청은 커널의 파일 하위 시스템으로 전달된다.
4. 그러는 동안 Tokio 런타임에 의해 비동기 태스크 2가 스케줄링된다.
5. 비동기 태스크 1과 관련된 파일 조작이 완료되면, 파일 하위 시스템은 운영체제 인터럽트를 트리거하고, 이는 이벤트로 변환된다. Tokio 대응자는 이를 인식한다.
6. Tokio 대응자는 비동기 태스크 1에게 파일 조작을 통해 얻은 데이터가 준비됐음을 알린다.
7. 비동기 태스크 1은 등록된 Waker 컴포넌트에게 값을 출력할 준비가 되었음을 알린다.
8. Waker 컴포넌트는 Tokio 실행자에게 비동기 태스크 1과 관련된 poll() 함수를 호출하라고 알린다.
9. Tokio 실행자는 비동기 태스크 1을 처리하기 위해 스케줄링하고, poll() 함수를 호출한다.
10. 비동기 태스크 1은 값을 출력한다.

정리하면 퓨처는 비동기 방식으로 I/O 조작을 수행하며, Tokio 대응자로부터 I/O 이벤트에 관한 정보를 전달받는다. I/O 이벤트를 받으면, 퓨처는 진행할 준비를 하고 Tokio Waker 컴포넌트를 호출한다. Waker 컴포넌트는 Tokio 실행자에게 해당 퓨처가 진행할 준비가 되었음을 알리고, Tokio 실행자는 실행을 위해 퓨처를 스케줄링하고 해당 퓨처에 대한 poll() 함수를 호출한다.

이를 바탕으로 코딩 연습을 계속하자. 앞의 프로그램을 수정해서 poll() 함수가 유효한 값을 반환하도록 한 뒤, 어떤 일이 벌어지는지 확인해보자. src/main.rs 파일 안의 poll() 함수를 다음과 같이 수정한다.

```rust
use std::future::Future;
use std::pin::Pin;
use std::task::{Context, Poll};
use std::thread::sleep;
use std::time::Duration;
```

```
struct ReadFileFuture {}

impl Future for ReadFileFuture {
    type Output = String;

    fn poll(self: Pin<&mut Self>, cx: &mut Context<'_>) ->
        Poll<Self::Output> {
            println!("Tokio! Stop polling me");
            cx.waker().wake_by_ref();
            Poll::Ready(String::from("Hello, there from file 1"))  ◄──
    }
}

#[tokio::main]
async fn main() {
    println!("Hello before reading file!");

    let h1 = tokio::spawn(async {
        let future1 = ReadFileFuture {};
        println!("{:?}", future1.await);
    });

    let h2 = tokio::spawn(async {
        let file2_contents = read_from_file2().await;
        println!("{:?}", file2_contents);
    });
    let _ = tokio::join!(h1, h2);
}

// 파일로부터 읽기를 시뮬레이션하는 함수
fn read_from_file2() -> impl Future<Output = String> {
    async {
        sleep(Duration::new(2, 0));
        String::from("Hello, there from file 2")
    }
}
```

poll() 함수에서는
Poll::Pending 대신
유효한 문자열값과 함께
Poll::Ready를 반환한다.

터미널에서는 이제 다음과 같이 출력될 것이다.

```
Hello before reading file!
Tokio! Stop polling me
"Hello, there from file 1"
"Hello, there from file 2"
```

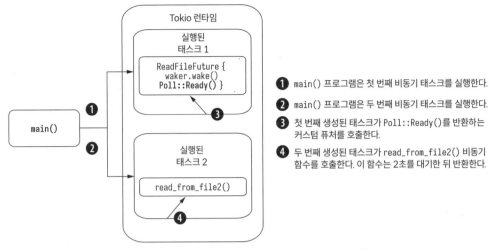

Tokio 런타임

실행된 태스크 1

```
ReadFileFuture {
  waker.wake()
  Poll::Ready() }
```

실행된 태스크 2

```
read_from_file2()
```

`main()`

❶ `main()` 프로그램은 첫 번째 비동기 태스크를 실행한다.

❷ `main()` 프로그램은 두 번째 비동기 태스크를 실행한다.

❸ 첫 번째 생성된 태스크가 `Poll::Ready()`를 반환하는 커스텀 퓨처를 호출한다.

❹ 두 번째 생성된 태스크가 `read_from_file2()` 비동기 함수를 호출한다. 이 함수는 2초를 대기한 뒤 반환한다.

그림 10.11 `Poll::Ready`를 사용한 커스텀 퓨처 - 단계 3

2개의 비동기 태스크를 완전히 실행한 후 동작을 성공적으로 마치기 때문에 프로그램은 이제 중단 상태에 빠지지 않는다.

다음 절에서는 이 프로그램에서 한 걸음 더 나아가 퓨처를 개선해서 비동기 타이머 기능을 구현한다. 시간이 모두 지나면 Waker는 Tokio 런타임에게 관련된 태스크가 다시 폴링 할 수 있도록 준비가 되었음을 전달한다. Tokio 런타임이 이 함수를 두 번째 대기할 때 함수로부터 값을 받는다.

이를 통해 퓨처가 작동하는 방법에 관해 더 잘 이해할 수 있을 것이다.

10.5 커스텀 퓨처 구현하기

비동기 타이머를 나타내는 새로운 퓨처를 만들자. 이 타이머는 다음을 수행한다.

1. 종료 시간을 받는다.
2. 런타임 실행자에 의해 폴링될 때마다 다음을 확인한다.
   - (현재 시간) >= (종료 시간)이면, `String` 값과 함께 `Poll::Ready`를 반환한다.
   - (현재 시간) < (종료 시간)이면, 종료 시간이 될 때까지 sleep 한 뒤 Waker에 대한 wake() 호출을 트리거한다. Waker는 비동기 런타임 실행자에게 태스크를 다시 스케줄링하고 실행하도록 알린다.

그림 10.12는 이 시나리오에 대한 커스텀 퓨처의 로직을 나타낸다.

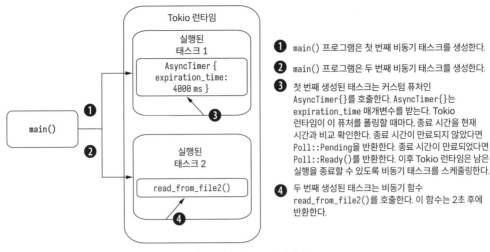

Tokio 런타임

실행된
태스크 1

AsyncTimer {
    expiration_time:
        4000 ms }

❶ main() 프로그램은 첫 번째 비동기 태스크를 생성한다.

❷ main() 프로그램은 두 번째 비동기 태스크를 생성한다.

❸ 첫 번째 생성된 태스크는 커스텀 퓨처인
AsyncTimer{}를 호출한다. AsyncTimer{}는
expiration_time 매개변수를 받는다. Tokio
런타임이 이 퓨처를 폴링할 때마다, 종료 시간을 현재
시간과 비교 확인한다. 종료 시간이 만료되지 않았다면
Poll::Pending을 반환한다. 종료 시간이 만료되었다면
Poll::Ready()를 반환한다. 이후 Tokio 런타임은 남은
실행을 종료할 수 있도록 비동기 태스크를 스케줄링한다.

❹ 두 번째 생성된 태스크는 비동기 함수
read_from_file2()를 호출한다. 이 함수는 2초 후에
반환한다.

그림 10.12 **퓨처 - 단계 4**

src/main.rs 파일을 다음과 같이 수정한다.

```rust
use std::future::Future;
use std::pin::Pin;
use std::task::{Context, Poll};
use std::thread::sleep;
use std::time::{Duration, Instant};

struct AsyncTimer {          ← 퓨처 타입 AsynTimer와 종료 시간을 저장할 변수를 정의한다.
    expiration_time: Instant,
}

impl Future for AsyncTimer {    ← AsyncTimer에 대해 Future 트레이트를 구현한다.
    type Output = String;       ← 퓨처로부터의 출력값의 String 타입을 지정한다.

    fn poll(self: Pin<&mut Self>, cx: &mut Context<'_>) ->
      Poll<Self::Output> {      ← poll() 함수를 구현한다.     poll() 함수 안에서 먼저 current_
        if Instant::now() >= self.expiration_time {       time >= expiration_time인지 확
            println!("Hello, it's time for Future 1");     인한다. 그렇다면, Poll::Ready를
            Poll::Ready(String::from("Future 1 has completed"))   String 값과 함께 반환한다.
        } else {
            println!("Hello, it's not yet time for Future 1. Going to sleep");
            let waker = cx.waker().clone();
            let expiration_time = self.expiration_time;
            std::thread::spawn(move || {    ← current_time < expiration_time이면,
                let current_time = Instant::now();    요청된 시간만큼 스레드를 sleep시킨다.
                if current_time < expiration_time {
                    std::thread::sleep(expiration_time - current_time);
                }
```

```
                waker.wake();   ◄─────┐   wake() 함수를 호출한다. 이 함수는 비동기 실행자에
            });                       │   게 태스크의 실행을 다시 스케줄링 하도록 명령한다.
            Poll::Pending
        }
    }
}

#[tokio::main]
async fn main() {
    let h1 = tokio::spawn(async {
        let future1 = AsyncTimer {   ◄─────┐   main() 함수에서 타이머를 위한 종료 시간과 함께 퓨처 타입을 초기화한다.
            expiration_time: Instant::now() + Duration::from_millis(4000),
        };
        println!("{:?}", future1.await);
    });

    let h2 = tokio::spawn(async {
        let file2_contents = read_from_file2().await;
        println!("{:?}", file2_contents);
    });
    let _ = tokio::join!(h1, h2);
}

// 파일에서 읽기를 시뮬레이션하는 함수
fn read_from_file2() -> impl Future<Output = String> {
    async {
        sleep(Duration::new(2, 0));
        String::from("Future 2 has completed")
    }
}
```

여기에서는 커스텀 퓨처를 구현하고, main 함수 안에서 이를 호출했다. 또한 앞에서 구현했던 두 번째 퓨처인 read_from_file2()의 호출을 유지했다. 두 퓨처는 결과적으로 하나의 타이머를 구현한 것이지만, 첫 번째 퓨처는 완전히 비동기적 방식으로 타이머 기능을 구현한 것이고, 두 번째 퓨처는 비동기 타이머를 시뮬레이션한 것임을 알아두자(내부적으로 std::thread::sleep()이라는 동기 호출을 사용했다).

프로그램을 실행하면 터미널에 다음과 같이 출력될 것이다.

```
Hello, it's not yet time for Future 1. Going to sleep
"Future 2 has completed"
Hello, it's time for Future 1
"Future 1 has completed"
```

어떤 일이 발생했는지 분석해보자. 그림 10.13은 이벤트의 시퀀스를 나타낸다.

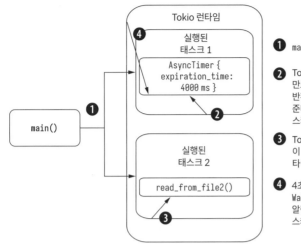

그림 10.13 종료 타이머와 waker 컴포넌트를 가진 커스텀 퓨처 – 단계 5

1. `main()` 함수에서, 비동기 런타임에 스케줄링된 첫 번째 비동기 계산은 `AsyncTimer` 퓨처의 호출이다. `AsyncTimer`는 커스텀 퓨처의 구현이다. 이를 future 1이라 부르자.

2. 비동기 실행자는 future 1에 대해 `poll()` 함수를 호출한다. 종료 시간이 아직 만료되지 않았으므로, 첫 번째 문장인 "`Hello, it's not yet time for Future 1. Going to sleep`"이 터미널에 출력된다. `poll()` 함수는 새로운 스레드를 실행하고, 스레드를 sleep 시킨다. 이 poll 함수는 이후 `Poll::Pending`을 반환한다. 이를 통해 실행자는 이 비동기 함수가 아직 값을 출력할 준비가 되지 않았으므로, 다른 태스크의 실행을 스케줄링 할 수 있음을 인식한다.

3. 그동안 비동기 런타임은 태스크 `read_from_file2()`의 실행을 스케줄링한다. 이 함수는 현재 스레드를 2초 동안 멈추었다가 `Poll::Ready`를 String 값과 함께 반환한다. 이 퓨처에서 반환한 문장 "`Future 2 has completed`"가 터미널에 출력된다.

4. 그동안 첫 번째 퓨처는 값을 출력할 준비가 된다. 이 비동기 태스크와 관련된 Waker에 대해 `wake()` 함수를 호출하고, 차례로 비동기 실행자는 future 1이 값을 출력할 준비가 되었으므로 다시 실행을 위해 스케줄링 할 수 있음을 인식한다. 실행자는 future 1에 대해 `poll()` 함수를 호출하고, 이 함수는 `Poll::Ready`를 문자열값과 함께 반환한다. 터미널에 2개의 문장("`Hello, it's time for Future 1`", "`Future 1 has completed`")이 출력된다.

이번 장에서 다룬 예시를 통해 여러분이 비동기 함수가 작동하는 방법, 러스트에서 이들을 구현하는 방법에 관해 잘 이해했기를 바란다. 많은 경우 직접 퓨처를 구현조차 하지 않고, Tokio와 같은 비동기 런타임이나 Actix Web과 같은 고수준의 프레임워크들이 제공하는 개발 친화적인 API를 사용하기도 한다. 하지만 내부적으로 비동기 퓨처가 작동하는 방법을 이해하는 것은 상당한 도움이 된다.

퓨처와 비동기 프로그래밍은 효율적이고 강건한 분산 애플리케이션을 구현할 때의 핵심 매커니즘이다. 여러분은 이제 좋은 기반을 다졌으며, 이 기반 위에서 여러분은 다양한 비동기 애플리케이션이나 컴포넌트를 표준적이고 매우 뛰어난 가독성을 갖도록(결과적으로 유지보수 할 수 있도록) 구현할 수 있다!

다음 장에서는 비동기 러스트를 사용해서 네트워크 프로젝트를 구현할 것이다.

요약

- 동시성은 한 프로그램의 서로 다른 부분을 순서에 관계없이, 동시에, 최종 결과에 영향을 주지 않고 실행하는 능력이다. 반면, 여러 태스크를 동시에 실행하는 것은 병렬성이다.

- 멀티스레딩과 비동기는 동시성 프로그래밍 모델이다. 멀티스레딩은 네이티브 운영체제 스레드를 사용하며, CPU에서의 태스크 스케줄링은 운영체제가 담당한다. 비동기는 비동기 런타임(이번 징에서는 Tokio를 사용했다)을 사용한다. 비동기 런타임은 하나의 운영체제 스레드에 대한 여러 태스크의 스케줄링을 담당한다. Tokio는 자체적인 스레드(그린 스레드) 구현을 사용해 이를 수행한다. 그린 스레드는 운영체제 스레드와 비교해 보다 가벼운 스레드이다.

- 퓨처는 비동기 계산이며 미래 시점에서의 값을 반환할 수 있다. Future는 퓨처가 반환하는 타입이며, Poll::Pending 혹은 Poll::Ready(future_value) 중 하나의 값을 갖는다.

- Tokio 비동기 실행자(Tokio 런타임)이 폴링하는 태스크가 값을 반환할 준비가 되지 않으면, 해당 태스크는 Waker에 등록된다. Waker는 wake() 메서드를 가지고 있으며, 이 메서드는 비동기 실행자에게 관련된 태스크가 깨어나야 함을 알린다. wake() 메서드가 호출되면 Tokio 실행자는 태스크의 poll() 함수를 호출함으로써 해당 비동기 태스크를 다시 폴링할 시점이라는 정보를 받는다.

11

비동기 러스트를 사용해
P2P 노드 구현하기

. . . .

이번 장에서 다루는 내용

- **P2P 네트워크 소개**
- **libp2p 네트워킹의 핵심 아키텍처 이해하기**
- **피어 노드 사이에서 ping 명령어 교환하기**
- **P2P 네트워크에서 피어 발견하기**

. . . .

앞 장에서는 일반적인 비동기 프로그래밍의 기본과 러스트를 사용한 비동기 코드 작성 방법에 관해 다루었다. 이번 장에서는 저수준의 P2P 네트워킹 라이브러리를 사용해 간단한 예제 P2P 애플리케이션을 작성하고 러스트를 사용한 비동기 프로그래밍을 구현한다.

하지만 P2P에 관해 학습해야 하는 이유는 무엇인가? P2P는 CPU, 네트워크 대역폭, 저장소 등의 컴퓨팅 자원을 서로 다른 컴퓨터 사이에서 공유할 수 있도록 해주는 네트워킹 기술이다. P2P는 오늘날 온라인 사용자들 사이에서 파일(음악, 이미지, 및 기타 디지털 미디어)을 공유하는 데 보편적으로 활용된다. 비트토렌트, 그누텔라Gnutella 등은 파일 공유 P2P 애플리케이션으로 유명하다. P2P 애플리케이션들은 중앙 서버 혹은 중개 서버를 사용해서 여러 클라이언트를 연결하지 않는다. 무엇보다 중요한 것은, 이 애플리케이션들은 사용자의 컴퓨터를 클라이언트와 서버로 동시에 사용함으로써 중앙 서버의 계산 부하를 없앴다는 점이다.

과연 P2P 네트워크는 어떻게 작동하며 어떻게 다른가? P2P 네트워크 이면에 있는 기본 개념에 대해 살펴보자.

NOTE 이번 장의 내용은 libp2p 문서(https://libp2p.io/)에 크게 의존하고 있다. 코드 예시에서는 libp2p 프로토콜에 대한 러스트 구현을 사용했다. 해당 코드는 https://github.com/libp2p/rust-libp2p에서 확인할 수 있다.

11.1 P2P 네트워크 소개

기업이나 웹 안에 배포된 전통적인 분산 시스템들은 **클라이언트/서버**client/server 패러다임을 사용한다. 웹 브라우저와 웹서버는 클라이언트/서버 시스템의 좋은 예이다. 이 시스템에서 웹 브라우저(클라이언트)는 웹서버(서버)에 정보를 요청하거나(예: GET 요청), 웹서버가 호스팅하는 특정한 자원에 대한 계산을 요청(예: POST/PUT/DELETE 요청)한다. 이후 웹서버는 해당 클라이언트가 인증된 클라이언트인지 결정한 뒤, 정보를 받거나 요청된 계산을 수행한다.

P2P 네트워크는 전혀 다른 종류의 분산 시스템이다. P2P에서는 노드node(피어peer)의 집합이 서로 직접 통신함으로써 전체적으로 하나의 공통된 서비스를 제공한다. 여기에는 중앙의 조정자나 관리자가 존재하지 않는다. P2P 시스템에는 파일 공유 네트워크(IPFS, 비트토렌트 등), 블록체인 네트워크(비트코인Bitcoin, 이더리움Ethereum 등)이 속한다. P2P 시스템의 각 노드(피어)는 클라이언트(다른 노드에 대해 정보를 요청한다)이자 서버(클라이언트의 요청에 대응해 데이터를 수신/저장하거나 필요한 계산을 수행한다)로서 동시에 작동할 수 있다. P2P 네트워크의 모든 노드들은 동일하지 않아도 된다. 클라이언트/서버 네트워크와 P2P 네트워크를 구분하는 핵심적인 차이는, P2P 네트워크에는 고유한 특권을 가진 전용의 서버들이 존재하지 않는다는 점이다. 공개된, 특권이 없는 P2P 네트워크에서는 모든 노드가 P2P 노드와 관련된 모든 혹은 부분적인 서비스 셋을 제공할 수 있다.

클라이언트/서버 네트워크와 비교해 P2P 네트워크는 승인이 필요하지 않고permissionless, 장애가 발생해도 기능을 수행할 수 있고fault-tolerant, 검열에 강한censorship-resistant 전혀 다른 애플리케이션을 구현할 수 있게 한다.

- **승인이 필요하지 않다:** 어떤 서버도 클라이언트가 정보에 접근하는 것을 끊을 수 없다. 데이터와 상태들은 여러 노드에 복제되기 때문이다.
- **장애가 발생해도 기능을 수행할 수 있다:** 중앙 서버와 같은 단일 실패 지점이 존재하지 않는다.
- **검열에 강하다:** 블록체인과 같은 네트워크를 생각해보자.

P2P 컴퓨팅에서는 자원을 보다 효율적으로 사용할 수 있다. 클라이언트/서버 컴퓨팅에서는 네트워크의 끝단에 존재하는 클라이언트에서 사용할 수 있는 모든 네트워크 대역폭, 스토리지, 프로세싱 파워를 완전히 활용하지 못한다.

그림 11.1은 클라이언트/서버와 P2P 네트워크의 차이를 나타낸다. P2P 네트워크 콘텍스트에서는 노드와 피어를 같은 의미로 사용한다.

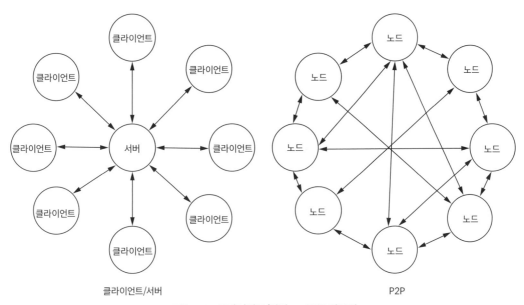

그림 11.1 **클라이언트/서버 vs. P2P 컴퓨팅**

P2P 시스템은 전통적인 클라이언트/서버 시스템에 비해 구현하기가 어렵다. P2P 시스템을 구현하기 위한 기술적 요구사항에는 다음 항목들이 포함된다.

- **전송**transport: P2P 네트워크의 각 피어들은 다른 프로토콜(예: HTTP(S), TCP, UDP 등)을 사용할 수 있다.
- **피어 신원**peer identity: 각 피어는 연결 대상 혹은 메시지 전송 대상 피어의 신원을 알아야 한다.
- **보안**security: 각 피어는 서드파티가 메시지를 가로채거나 수정할 위험이 없이, 안전한 방법으로 다른 피어들과 통신할 수 있어야 한다.
- **피어 라우팅**peer routing: 각 피어는 다양한 경로로 다른 피어로부터 메시지를 받을 수 있다(IP 프로토콜에서 데이터 패킷이 분산되는 것과 유사하다). 이는 각 피어들은 메시지가 자신의 것이 아닌 경우, 해당 메시지를 다른 피어에게 전달할 수 있어야 한다.

- **메시징**messaging: P2P 네트워크는 일대일 메시지 혹은 그룹 메시지(게시/구독 패턴)을 보낼 수 있어야 한다.
- **스트림 멀티플렉싱**stream multiplexing: P2P 네트워크는 하나의 공통 커뮤니케이션 링크를 통해 여러 정보 스트림을 지원해야 한다. 이를 통해 여러 노드 사이에 동시 커뮤니케이션이 가능하다.

각 요구사항에 관해 자세히 살펴보자.

11.1.1 전송

TCP/IP와 UDP 프로토콜은 모든 곳에 존재하며 네트워크 애플리케이션을 작성하는 데 널리 활용된다. 그러나 HTTP(TCP 위에 계층화됨)과 QUIC(UDP 위에 계층화됨)과 같은 고수준의 다른 프로토콜도 존재한다. P2P 네트워크의 각 피어는 다른 노드에 대한 연결을 시작할 수 있어야 하고, 네트워크에 존재하는 피어들의 다양성 때문에 상이한 프로토콜을 통해 유입되는 커넥션을 받을 수 있어야 한다.

11.1.2 피어 신원

고유한 도메인명(예: www.rust-lang.org 등은 이후 DNS를 사용해서 서버의 IP 주소로 변환된다)으로 서버를 식별할 수 있는 웹 개발 도메인과 달리, P2P 네트워크의 노드들은 다른 노드들이 연결할 수 있는 고유한 신원이 필요하다. P2P 네트워크의 노드들은 공개 키public key와 개인 키private key 쌍(비대칭 공개 키 암호화)을 사용해서 다른 노드와 보안 연결을 수립한다. P2P 네트워크에서 노드의 신원을 PeerId라 부른다. 이것은 해당 노드의 공개 키의 암호화 해시값이다.

11.1.3 보안

노드는 암호화 키 쌍과 PeerId를 사용해서 다른 피어들과 안전하고, 인증된 통신 채널을 수립한다. 하지만 이것은 보안의 한 측면일 뿐이다. 노드들은 인증을 위한 프레임워크를 구현해야 한다. 이 프레임워크에서는 노드들이 수행할 수 있는 동작의 종류를 규정한다. 또한 네트워크 수준의 보안 위협도 존재한다. 여기에는 시빌 공격Sybil attack(한 노드가 네트워크에서 우위를 점하기 위해 서로 다른 신원을 가진 여러 노드를 묶는 것) 또는 이클립스 공격eclipse attack(악의적인 노드 그룹이 결탁해 특정 노드가 합법적인 노드들에 접근하지 못하도록 막는 것)등이 포함된다.

11.1.4 피어 라우팅

P2P 네트워크의 노드는 가장 먼저 통신할 대상 피어를 찾아야 한다. 이를 위해서는 피어 라우팅

테이블을 유지해야 한다. 이 테이블은 네트워크에 존재하는 다른 피어에 대한 참조를 포함한다. 그러나 동적으로 변하는(노드가 네트워크에 추가되고 삭제되는 경우) 수천 개의 노드가 존재하는 P2P 네트워크에서는 특정한 하나의 노드가 네트워크에 존재하는 모든 노드에 대한 완전하고 정확한 라우팅 테이블을 유지하기 매우 어렵다. 피어 라우팅은 자신에게 필요한 메시지가 아닌 경우, 해당 메시지를 도착 노드로 전달하는 기능을 제공한다.

11.1.5 메시징

P2P 네트워크의 노드는 특정 노드로 메시지를 보낼 수 있고, 동시에 **브로드캐스트**broadcast 메시징 프로토콜에 참여할 수도 있다. 그 예로 발행/구독publish/subscribe을 들 수 있다. 한 노드가 특정한 주제에 대해 흥미가 있다고 등록하면(구독), 어떤 노드가 해당 주제에 대한 메시지를 보내게 되면(발행) 해당 주제를 구독한 모든 노드가 그 메시지를 받게 된다. 이 기술은 전체 네트워크에 메시지 콘텐츠를 전송할 때 사용한다. 발행/구독은 분산된 시스템에서 송신자와 수신자 사이에서의 메시징을 위한 구조적 패턴으로 잘 알려져 있다.

11.1.6 스트림 멀티플렉싱

앞서(11.1.1절) P2P 네트워크 안의 노드가 다양한 전송을 지원하는 방법에 관해 살펴봤다. 스트림 멀티플렉싱은 정보의 여러 스트림을 하나의 공통 통신 링크를 통해 전달하는 방법이다. P2P에서는 이를 사용해 복수의 독립적인 '논리적' 스트림을 사용해 공통의 P2P 전송 계층을 공유한다. 이것은 하나의 노드가 여러 다른 피어들과 복수의 통신 스트림을 가질 가능성과 두 개의 노드 사이에 많은 동시 연결이 존재할 수 있는 가능성을 고려할 때 대단히 중요하다. 스트림 멀티플렉싱을 사용하면 피어들 사이에 커넥션을 수립하는 부하를 최적화할 수 있다. 멀티플렉싱은 백엔드 서비스 개발에서 일반적으로 사용된다. 하나의 클라이언트는 하나의 서버와 하나의 기반 네트워크 연결을 수립하고, 해당 네트워크 연결을 통해 여러 스트림(각 스트림의 고유의 포트 번호를 갖는다)을 멀티플렉싱한다.

이번 절에서는 P2P 시스템 설계와 관련된 몇 가지 기본적인 개념들에 관해 살펴봤다. 다음 절에서는 P2P 네트워킹에 사용되는 유명한 러스트 라이브러리에 관해 살펴본다. 또한 이 라이브러리를 사용해서 몇 가지 비동기 러스트 코드를 작성해본다.

11.2 libp2p 네트워킹의 핵심 아키텍처 이해하기

P2P 애플리케이션을 위한 네트워킹 계층을 직접 구현하는 것은 대단히 어려운 태스크이다. 누군가 어려운 일을 이미 해뒀다면, 굳이 바퀴를 재발명할 필요는 없다. 그래서 여기에서는 libp2p라 불리는 저수준 P2P 네트워킹 라이브러리를 사용할 것이다. 이 라이브러리를 사용하면 보다 쉽게 P2P 애플리케이션을 구현할 수 있다.

libp2p는 프로토콜의 모듈러 시스템, 다시 말해 P2P 애플리케이션 개발을 가능하게 하는 명세와 라이브러리이다. libp2p는 집필 시점을 기준으로 Go, 자바스크립트, 러스트 언어를 지원한다. libp2p는 IPFS Filecoin, Polkadot과 같은 여러 유명한 프로젝트에서 사용되었다.

그림 11.2는 libp2p의 핵심 모듈을 나타낸 것으로, 이들을 사용해 강건한 P2P 네트워크를 구축할 수 있다.

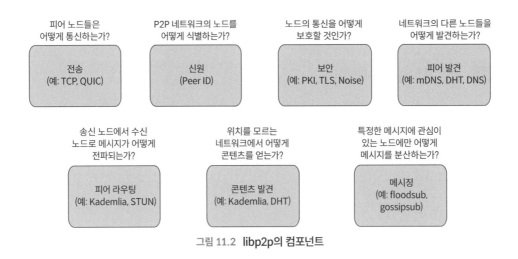

그림 11.2 libp2p의 컴포넌트

- **전송**: 한 피어 노드에서 다른 피어 노드로의 실제 데이터 전송 및 수신을 책임진다.
- **신원**: libp2p는 공개 키 암호화public key cryptography, PKI를 기본적인 노드 신원으로 사용한다. 암호화 알고리즘을 사용해서 각 노드에 대한 고유한 피어 ID를 생성한다.
- **보안**: 노드들은 자신의 비밀 키를 사용해서 메시지에 서명한다. 그리고 노드 사이의 전송 커넥션은 안전한 암호화된 채널로 업그레이드될 수 있다. 이를 통해 원거리의 피어노 서로를 신뢰할 수 있으며, 어떤 서드 파티도 노드 사이의 통신을 가로챌 수 없다.
- **피어 발견**: libp2p 네트워크에서 서로를 찾고 통신할 수 있도록 한다.
- **피어 라우팅**: 한 피어가 다른 피어에 대한 정보를 사용해서 통신할 수 있도록 한다.

- **콘텐츠 라우팅**: 피어 노드가 다른 피어로부터 콘텐츠의 조각을 얻도록 한다. 그러나 피어 노드들은 어떤 피어가 그 조각을 가지고 있는지 알지 못한다.
- **메시징**: 특정한 주제에 흥미를 가진 피어 그룹에 메시지를 보낼 수 있도록 한다.

이번 장에서는 러스트를 사용해서 libp2p 프로토콜의 하위 셋을 활용해 P2P 애플리케이션을 구현하는 방법을 학습한다. 코드 예시를 사용해서 러스트 libp2p 라이브러리의 핵심적인 기본 사항에 관해 살펴보자.

11.2.1 피어 ID 및 키 페어

가장 먼저 P2P 노드에 대한 피어 ID와 키 페어를 생성하는 것부터 살펴보자. P2P 노드들은 암호화 키 페어를 사용해서 메시지에 서명을 한다. 피어 ID는 고유한 피어의 신원을 나타내며 이를 사용해 P2P 네트워크의 노드를 고유하게 식별한다.

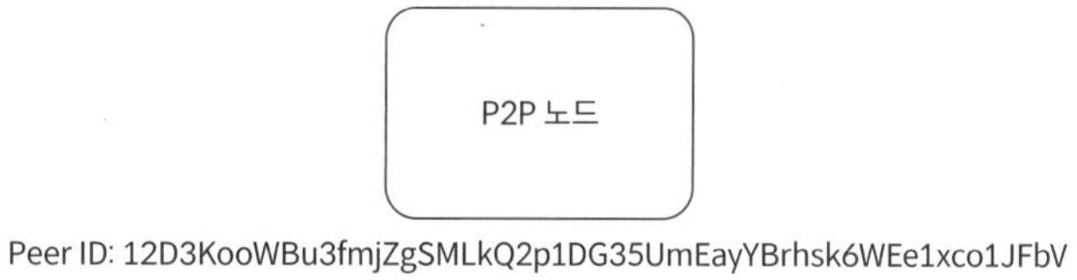

Peer ID: 12D3KooWBu3fmjZgSMLkQ2p1DG35UmEayYBrhsk6WEe1xco1JFbV

P2P 노드는 암호화되어 생성된 고유한 피어 ID에 의해 식별된다.

그림 11.3 **P2P 노드의 신원**

cargo new p2p-learn 명령어를 실행해 새로운 프로젝트를 시작한다. Cargo.toml에 다음 엔트리를 추가한다.

```
libp2p = "0.42.2"
tokio = { version = "1.16.1", features = ["full"] }
```
여러분이 이 책을 읽는 시점에서
최신 버전의 라이브러리를 사용하라.

src 폴더 아래에 bin 폴더를 생성한다. src/bin/iter1.rs 파일을 만들고 다음 코드를 추가한다.

identity 모듈은 노드에 대한 새로운 무작위 키 페어를 생성한다.
PeerId 구조체는 노드의 공개 키로부터 피어 ID를 생성하는 메서드를 포함하고 있다.

```
use libp2p::{identity, PeerId};

#[tokio::main]
async fn main() {
    let new_key = identity::Keypair::generate_ed25519();
    let new_peer_id = PeerId::from(new_key.public());
    println!("New peer id: {:?}", new_peer_id);
}
```

애너테이션은 컴파일러에게 Tokio가 비동기인 것을 지정한다.

async 키워드는 main() 함수가 Tokio를 통해 실행되어야 할 async 코드를 포함하고 있음을 나타낸다.

ED25519 타입의 키 페어를 생성한다. 키 페어는 하나의 비밀 키와 하나의 공개 키로 구성된다. 비밀 키는 공유되지 않는다.

키 페어의 공개 키로부터 피어 ID를 생성한다. libp2p 에서는 공개 키를 직접 사용하는 것이 아니라 공개 키의 해시값을 사용해서 피어를 식별한다.

NOTE ED25519 키 페어 타입은 타원형 곡선 기반 공개 키 시스템으로 비밀번호 없이 서버와 연결하는 SSH 인증에서 널리 사용된다.

공개 키와 비밀 키는 무엇인가?

암호화된 신원은 공개 키 인프라스트럭처public key infrastructure(PKI)를 사용한다. PKI는 사용자, 장치, 애플리케이션을 고유하게 식별하는 목적으로 널리 사용되며 엔드-투-엔드 통신의 안전을 보장한다. PKI는 두 개의 서로 다른 암호화 키를 생성한다. 이것이 하나의 공개 키와 하나의 비밀 키를 포함한 **키 페어**이다. 키 페어는 다양한 형태로 적용되지만, P2P 네트워크의 경우, 노드들은 키 페어를 사용해 자신과 다른 노드들을 식별한다. 공개키는 네트워크의 다른 노드들과 공유될 수 있지만, 비밀 키는 절대로 노출되어서는 안 된다.

전통적인 서버 접근에서 키 페어 사용의 좋은 예를 확인할 수 있다. 예를 들어 데이터 센터 혹은 클라우드에서 호스팅 되는 원격 서버에 (SSH를 사용해서) 접근하고 싶다면, 비밀번호 대신 키 페어를 사용해서 접근을 설정할 수 있다. 이 예시에서 사용자는 키 페어를 생성할 수 있고, 원격 서버에 공개 키를 설정해서 사용자의 접근을 보장한다. 하지만 원격 서버는 어떻게 그 공개 키의 소유자를 식별할 수 있을까? 이를 위해 (SSH를 통해) 원격 서버에 접속할 때, 사용자는 비밀 키(서버에 저장된 공개키와 관련된 비밀 키)를 지정해야 한다. 비밀 키는 원격 서버에 절대로 전달되지 않으나, SSH 클라이언트(로컬 서버에서 동작)는 사용자의 비밀 키를 사용해서 원격 SSH 서버에 자신을 인증한다.

비밀 키와 공개 키는 디지털 서명의 암호화/복호화 등 다양하게 사용되지만, 이 책에서는 다루지 않는다.

---

cargo run --bin iter1 명령으로 프로그램을 실행한다. 터미널에서 다음과 같은 내용을 확인할 수 있다.

```
New peer id: PeerId("12D3KooWBu3fmjZgSMLkQ2p1DG35UmEayYBrhsk6WEe1xco1JFbV")
```

libp2p에서 피어의 신원은 해당 피어의 라이프타임 전체에서 안전하며 검증 가능하다. 그러나 libp2p는 피어의 **신원**과 그 **위치**를 구분한다. 앞에서 설명한 것처럼, 피어의 신원은 피어 ID이다. 피어의 위치는 네트워크 주소이며, 이를 통해 피어에 도달할 수 있다. 예를 들어 TCP, 웹소켓, QUIC 혹은 다른 프로토콜을 통해 피어에 도달할 수 있다. libp2p는 이 네트워크 주소를 **멀티어드레스**multiaddress(multiaddr)라 불리는 스스로 설명하는 네트워크 주소로 인코딩한다. 따라서 libp2p에서 멀티어드레스는 피어의 위치를 나타낸다. 다음 절에서는 멀티어드레스를 사용하는 방법에 관해 살펴본다.

11.2.2 멀티어드레스

사람들은 연락처 정보를 공유할 때 전화번호, 소셜 미디어 프로필, (상품을 받아야 할 경우) 물리적인 위치 주소를 사용한다. P2P 네트워크의 노드가 자신들의 연락처 정보를 공유할 때는, 멀티어드레스를 보낸다. 멀티어드레스는 네트워크 주소와 그들의 피어 ID로 구성된다.

노드에 대한 멀티어드레스의 피어 ID 다음과 같이 표현된다.

```
/p2p/12D3KooWBu3fmjZgSMLkQ2p1DG35UmEayYBrhsk6WEe1xco1JFbV
```

문자열 12D3KooWBu3fmjZgSMLkQ2p1DG35UmEayYBrhsk6WEe1xco1JFbV는 노드의 피어 ID를 나타낸다. 앞 절에서 피어 ID 생성 방법에 관해 학습했다.

멀티어드레스의 네트워크 주소 컴포넌트(전송 주소라고도 부른다)의 형태는 다음과 같다.

```
/ip4/192.158.1.23/tcp/1234
```

이것은 IPv4를 전송 프로토콜로 사용하며, 해당 IP 주소는 192.159.1.23이고 TCP 포트 1234번을 리스닝하고 있음을 나타낸다.

노드의 완전한 멀티어드레스는 피어 ID와 네트워크 주소를 조합한 것으로 그 형태는 다음과 같다.

```
/ip4/192.158.1.23/tcp/1234/p2p/12D3KooWBu3fmjZgSMLkQ2p1DG35UmEayYBrhsk6WEe1xco1JFbV
```

피어들은 이 멀티어드레스를 이 형태로 다른 피어들과 교환한다.

libp2p 라이브러리는 내부적으로 이 '이름 기반' 주소인 /ip4/192.158.1.23을 DNS 프로토콜을 사용해서 정규 IP 주소로 변환한다(그림 11.4).

신원: 노드들은 P2P 노드의 신원을 사용해 P2P 네트워크 안에 존재하는 개별 노트들을 식별하고 지정한다.

P2P 노드

Peer ID:

신원 12D3KooWByvE1LD4W1oaD2AgeVWAEu9eK4RtD3GuKU1jVEZUvzNm

멀티어드레스 /ip4/192.158.1.23/tcp/1234/p2p/12D3KooWByvE1LD4W1oaD2AgeVWAEu9eK4RtD3GuKU1jVEZUvzNm

멀티어드레스: 피어 노드들은 이를 사용해서 P2P 네트워크 안에 존재하는 개별 노드들과 연결을 수립한다. libp2p 프로토콜은 이 멀티어드레스를 정규 IP 주소로 변환한다.

그림 11.4 P2P 노드의 멀티어드레스

다음 절에서는 코드에서 멀티어드레스를 사용하는 방법에 관해 살펴본다.

11.2.3 스웜과 네트워크 동작

스웜swarm은 libp2p에서 사용하는 P2P 노드 안의 네트워크 관리자 모듈이다. 스웜은 주어진 노드로부터 다른 노드로의 활성/비활성 연결을 유지하고, 열려 있는 모든 하위스트림substream을 관리한다.

그림 11.5는 스웜의 구조와 콘텍스트를 나타낸 것이다. 이 절에서 이에 관해 보다 자세히 설명한다.

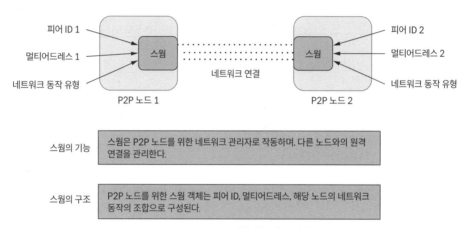

그림 11.5 **P2P 노드를 위한 네트워크 관리**

이전 예시를 확장해보자. src/bin/iter2.rs 파일을 만들고 다음 코드를 추가한다.

```
use libp2p::swarm::{DummyBehaviour, Swarm, SwarmEvent};       스웜은 libp2p의 노드와 관련된
                                                              네트워크 관리자 컴포넌트이다.
use libp2p::futures::StreamExt;      노드 사이의 데이터 스트림을 교환하는 데 사용된다.
use libp2p::{identity, PeerId};
use std::error::Error;

#[tokio::main]
async fn main() -> Result<(), Box<dyn Error>> {
    let new_key = identity::Keypair::generate_ed25519();
    let new_peer_id = PeerId::from(new_key.public());
    println!("local peer id is: {:?}", new_peer_id);           스웜과 연결하기 위해
                                                              더미 네트워크 동작을 생성한다.
    let behaviour = DummyBehaviour::default();
                                                                   새로운 키 페어를
                                                                   사용해서 전송을 구성한다.
    let transport = libp2p::development_transport(new_key).await?;
    let mut swarm = Swarm::new(transport, behaviour, new_peer_id);
                                                                 전송, 네트워크 동작,
    swarm.listen_on("/ip4/0.0.0.0/tcp/0".parse()?)?;            피어 ID를 사용해서
                                                                 새로운 스웜을 만든다.
    loop {                                                유입되는 연결에 대한 멀티어드레스를 리스닝한다.
```

```
match swarm.select_next_some().await {        ◄── 이벤트 확인을 위해 스웜은 지속적으로 폴링해야 한다.
    SwarmEvent::NewListenAddr { address, .. } => {   ◄── 새로운 리스닝 주소를 만드는
        println!("Listening on local address {:?}", address)   이벤트를 리스닝한다.
    }
    _ => {}
    }
}
}
```

다른 노드와 통신하기 위해서는 먼저 스웜 네트워크 관리자를 만들어야 한다. 스웜은 저수준 인터페이스를 나타내며, libp2p 네트워크에 대한 세세한 통제를 제공한다. 스웜은 해당 노드의 전송, 네트워크 동작, 피어 ID를 조합해서 만든다. 전송과 피어 ID에 관해서는 앞에서 살펴봤으므로, 여기에서는 네트워크 동작에 관해 살펴본다.

전송은 네트워크를 통해 바이트를 전송하는 방법을 명시하는 반면, 네트워크 동작은 어떤 바이트를 누구에게 보내는지 명시한다. libp2p에서의 네트워크 동작에는 ping(노드가 ping 메시지를 어디로 전달하고, 어디에서 받는가를 나타낸다), mDNS(네트워크상의 다른 피어 노드를 발견하는 데 사용된다), Kademlia(피어 라우팅 및 콘텐트 라우팅 기능에 사용된다) 등이 있다. 예시에서는 단순함을 위해 우선 더미 네트워크 동작으로 시작한다. 하나의 실행 중인 노드는 여러 네트워크 동작을 가질 수 있다.

앞선 코드의 마지막 부분의 swarm.select_next_some().await를 보자. await 키워드는 비동기 태스크를 스케줄링하기 위해 사용된다. 이 태스크는 프로토콜과 연결을 기다리다가, 준비가 되면 스웜 이벤트를 수신한다. 처리할 것이 없으면 이 태스크는 유휴 상태가 되고 스웜은 Poll::Pending을 출력한다. 이것은 비동기 러스트에 대한 실제적인 또 다른 예시이다.

한 가지 알아 두어야 할 점은 이 코드가 **libp2p** 네트워크의 모든 노드에서 실행된다는 것이다. 클라이언트와 서버의 코드베이스가 다른 클라이언트/서버 모델과의 분명한 차이다.

예시 코드를 실행해보자. 여러분의 컴퓨터에서 2개의 터미널 세션을 만들자. 첫 번째 터미널에서 프로젝트의 루트 디렉터리로 이동해 다음 명령을 실행한다.

```
cargo run --bin iter2
```

첫 번째 노드에 대해 여러분의 터미널에 다음과 같은 내용이 출력될 것이다.

```
local peer id is: PeerId("12D3KooWByvE1LD4W1oaD2AgeVWAEu9eK4RtD3GuKU1jVEZUvzNm")
Listening on local address "/ip4/127.0.0.1/tcp/
       55436"         유입되는 연결과 스트림에 대해 해당 노드가 리스닝하는 로컬 주소가 출력된다.
Listening on local address "/ip4/192.168.1.74/tcp/55436"
```
노드를 위해 생성된
새로운 피어 ID가
출력된다.

두 번째 터미널에서 프로젝트 루트 디렉터리로 이동해 다음 명령을 실행한다.

```
cargo run --bin iter2
```

두 번째 노드에 대해 여러분의 터미널에 다음과 같은 내용이 출력될 것이다.

```
local peer id is: PeerId("12D3KooWQiQZA5zcLzhF86kuRoq9f6yAgiLtGqD5bDG516kVzW46")
Listening on local address "/ip4/127.0.0.1/tcp/55501"
Listening on local address "/ip4/192.168.1.74/tcp/55501"
```

여기에서도 node2가 리스닝하는 로컬 주소를 확인할 수 있다(터미널에 출력된다).

여기까지 잘 진행되었다면, 잘 시작한 것이다. 하지만 이 코드에서 특별한 일이 일어나지는 않는다. 2개의 노드를 시작시키고 서로 리스닝하도록 설정했을 뿐이다. 하지만 연결이 성공적으로 수립되었는지, 두 노드가 서로 통신할 수 있는지 알지 못한다. 다음 절에서는 이 코드를 개선해서 두 노드 사이에 ping 명령을 교환하도록 한다.

11.3 피어 노드 사이에서 ping 명령 교환하기

src/bin/iter3.rs 파일을 새로 만들고 다음 코드를 추가한다.

```
use libp2p::swarm::{Swarm, SwarmEvent};
use libp2p::futures::StreamExt;
use libp2p::ping::{Ping, PingConfig};
use libp2p::{identity, Multiaddr, PeerId};
use std::error::Error;

#[tokio::main]
async fn main() -> Result<(), Box<dyn Error>> {
    let new_key = identity::Keypair::generate_ed25519();
    let new_peer_id = PeerId::from(new_key.public());
    println!("local peer id is: {:?}", new_peer_id);
```

노드 사이에 ping 메시지를 가능하게 하는 새로운 네트워크 동작을 인스턴스화한다. Ping은 libp2p의 내장 네트워크 동작이다.

```
let transport = libp2p::development_transport(new_key).await?;
let behaviour = Ping::new(PingConfig::new().with_keep_alive(true));   ◄
let mut swarm = Swarm::new(transport, behaviour, new_peer_id);
swarm.listen_on("/ip4/0.0.0.0/tcp/0".parse()?)?;   ◄

if let Some(remote_peer) = std::env::args().nth(1) {
    let remote_peer_multiaddr: Multiaddr = remote_peer.parse()?;
    swarm.dial(remote_peer_multiaddr)?;
    println!("Dialed remote peer: {:?}", remote_peer);
}

loop {
    match swarm.select_next_some().await {   ◄
        SwarmEvent::NewListenAddr { address, .. } => {
            println!("Listening on local address {:?}", address)
        }
        SwarmEvent::Behaviour(event) => println!
          ("Event received from peer is {:?}", event),   ◄
        _ => {}
    }
}
```

/ip4/0.0.0.0/tcp/0은 설정된 전송(TCP)이 리스닝하는 주소이다.

이 코드 블록은 로컬 노드에서 원격 노드로 나가는 연결을 나타낸다.

스웜은 루프에서 폴링하며 설정된 네트워크 동작을 트리거한다.

로컬 노드가 ping 메시지를 보내면, 원격 노드는 pong 메시지로 응답한다. 이 이벤트를 수신하면 터미널에 출력된다.

listen_on() 메서드에서 0.0.0.0은 로컬 머신의 모든 IPv4 주소를 나타낸다. 예를 들어 호스트가 1개의 IP 주소 192.168.1.2, 10.0.0.1을 가지고 있고, 해당 호스트에서 실행되는 서버가 0.0.0.0을 리스닝한다면 두 IP 모두에 접근할 수 있다. 포트 번호 0은 사용 가능한 포트를 무작위로 선택한다는 의미이다.

원격 노드 멀티어드레스는 명령줄 매개변수에서 파싱된다. 이후 로컬 노드는 이 멀티어드레스에 있는 원격 노드에 연결을 만든다.

이제 2개의 노드에서 이 P2P 예시를 빌드하고 테스트하자. 컴퓨터에서 2개의 터미널 세션을 만든다. 첫 번째 터미널에서 프로젝트 루트 디렉터리로 이동해 다음 명령을 실행한다.

```
cargo run --bin iter3
```

이것을 node 1이라고 부르자. 첫 번째 노드에서 다음과 같은 터미널 출력을 확인할 수 있다.

```
local peer id is: PeerId("12D3KooWByvE1LD4W1oaD2AgeVWAEu9eK4RtD3GuKU1jVEZUvzNm")
Listening on local address "/ip4/127.0.0.1/tcp/55872"
Listening on local address "/ip4/192.168.1.74/tcp/55872"
```

이 시점에는 연결할 원격 노드가 존재하지 않으므로, 로컬 노드는 새로운 연결이 만들어질 멀티어드레스와 관련된 리스닝 이벤트만 출력한다. Ping 네트워크 동작은 로컬 노드에 설정되었음에도 불구하고 아직 활성화되지 않았다. 이제 두 번째 노드를 시작하자.

두 번째 터미널에서 프로젝트 루트 디렉터리로 이동해 다음 명령을 실행한다. 명령줄 매개변수에 첫 번째 노드의 멀티어드레스를 지정하자.

```
cargo run --bin iter3 /ip4/127.0.0.1/tcp/55872
```

이것을 node 2라고 부르자. 이 시점에서 node 2가 시작되었고 리스닝하는 로컬 주소를 출력한다. 원격 노드 멀티어드레스가 지정되었으므로 node 2는 node 1과 연결을 수립하고, 이벤트들을 리스닝하기 시작한다. node 2로부터 유입되는 연결을 받고, node 1은 node 2로 ping 메시지를 보낸다. 그리고 node 2는 pong 메시지로 응답한다. 이 동작은 시간 간격마다 반복된다(약 15초마다). 또한 P2P 노드는 Tokio 런타임을 통해 비동기 러스트를 사용하며, 원격 노드로부터 유입되는 복수의 데이터 스트림과 이벤트를 처리하는 동시 태스크들을 실행한다.

이번 절에서는 P2P 노드들이 서로 ping 메시지를 주고받는 방법에 관해 살펴봤다. 이 예시에서 node 2와 node 1을 연결했다. 이때 node 1이 리스닝하는 멀티어드레스를 지정했다. 하지만 P2P 네트워크에서는 노드들이 동적으로 추가되고 제거된다. 다음 절에서는 피어 노드들이 P2P 네트워크에서 서로를 발견하는 방법에 관해 살펴본다.

11.4 피어 발견하기

이번에는 P2P 노드가 시작될 때, 자동으로 네트워크의 다른 노드를 발견하도록 코드를 작성해본다.

```
use libp2p::{
    futures::StreamExt,
    identity,
    mdns::{Mdns, MdnsConfig, MdnsEvent},
    swarm::{Swarm, SwarmEvent},
    PeerId,
```

```
};
use std::error::Error;

#[tokio::main]
async fn main() -> Result<(), Box<dyn Error>> {
    let id_keys = identity::Keypair::generate_ed25519();
    let peer_id = PeerId::from(id_keys.public());     ◄───── 노드의 PeerId를 생성한다.
    println!("Local peer id: {:?}", peer_id);

    let transport = libp2p::development_transport(id_keys).await?;   ◄───── 전송을 생성한다.

    let behaviour = Mdns::new(MdnsConfig::default()).await?;   ◄───── mDNS 네트워크 동작을 생성한다.

    let mut swarm = Swarm::new(transport, behaviour, peer_id);   ◄─────
    swarm.listen_on("/ip4/0.0.0.0/tcp/0".parse()?)?;
                                                          주어진 전송을 통해 연결을 수립하는
                                                          Swarm을 생성한다. mDNS 네트워크 동
                                                          작 자체는 UDP를 사용하므로 실제로는
                                                          어떤 연결도 시작하지 않는다.
    loop {
        match swarm.select_next_some().await {
            SwarmEvent::NewListenAddr { address, .. } => {
                println!("Listening on local address {:?}", address)
            }
            SwarmEvent::Behaviour(MdnsEvent::Discovered(peers)) => {
                for (peer, addr) in peers {
                    println!("discovered {} {}", peer, addr);
                }
            }
            SwarmEvent::Behaviour(MdnsEvent::Expired(expired)) => {
                for (peer, addr) in expired {
                    println!("expired {} {}", peer, addr);
                }
            }
            _ => {}
        }
    }
}
```

멀티캐스트 DNS(mDNS)는 RFC 6762(https://datatracker.ietf.org/doc/html/rfc6762)에 정의된 프로
토콜이며, 호스트명을 IP 주소로 해결한다. libp2p에서는 이를 사용해 네트워크의 다른 노드들을
발견한다. libp2p에 구현된 mDNS 네트워크 동작은 자동으로 로컬 네트워크의 libp2p 노드들을
발견한다.

코드를 빌드하고 실행해서 어떻게 작동하는지 확인하자.

```
cargo run --bin iter4
```

이것을 node 1이라 부른다. node 1의 터미널창에서 다음과 같은 내용이 출력될 것이다.

```
Local peer id: PeerId("12D3KooWNgYbVg8ZyJ4ict2N1hdJLKoydB5sTqwiWN2SHtC3HwWt")
Listening on local address "/ip4/127.0.0.1/tcp/50960"
Listening on local address "/ip4/192.168.1.74/tcp/50960"
```

이 예시에서 node 1은 TCP 포트 50960을 리스닝한다.

두 번째 터미널에서 같은 명령어로 프로그램을 실행한다. 이전 예시와 달리 이번에는 node 1의 멀티어드레스를 지정하지 않는다.

```
cargo run --bin iter4
```

이것을 node 2라 부른다. node 2의 터미널창에서 다음과 같은 내용이 출력될 것이다.

```
Local peer id: PeerId("12D3KooWCVVb2EyxB1WdAcLeMuyaJ7nnfUCq45YNNuFYcZPGBY1f")
Listening on local address "/ip4/127.0.0.1/tcp/50967"
Listening on local address "/ip4/192.168.1.74/tcp/50967"
discovered 12D3KooWNgYbVg8ZyJ4ict2N1hdJLKoydB5sTqwiWN2SHtC3HwWt /ip4/
    192.168.1.74/tcp/50960
discovered 12D3KooWNgYbVg8ZyJ4ict2N1hdJLKoydB5sTqwiWN2SHtC3HwWt /ip4/
    127.0.0.1/tcp/50960
```

node 2는 node 1이 50960 포트를 리스닝하고 있는 것을 발견한다. 한편 node 2 자체는 50967 포트에 대한 새로운 이벤트와 메시지를 리스닝한다.

세 번째 노드(node 3)을 다른 터미널에서 시작한다. 다음과 같은 내용이 출력될 것이다.

```
cargo run --bin iter4
```

node 3의 터미널창에서 다음과 같은 내용이 출력될 것이다.

```
Local peer id: PeerId("12D3KooWC95ziPjTXvKPNgoz3CSe2yp6SBtKh785eTdY5L2YK7Tc")
Listening on local address "/ip4/127.0.0.1/tcp/50996"
Listening on local address "/ip4/192.168.1.74/tcp/50996"
discovered 12D3KooWCVVb2EyxB1WdAcLeMuyaJ7nnfUCq45YNNuFYcZPGBY1f  /ip4/
    192.168.1.74/tcp/50967
```

```
discovered 12D3KooWCVVb2EyxB1WdAcLeMuyaJ7nnfUCq45YNNuFYcZPGBY1f   /ip4/
    127.0.0.1/tcp/50967
discovered 12D3KooWNgYbVg8ZyJ4ict2N1hdJLKoydB5sTqwiWN2SHtC3HwWt   /ip4/
    192.168.1.74/tcp/50960
discovered 12D3KooWNgYbVg8ZyJ4ict2N1hdJLKoydB5sTqwiWN2SHtC3HwWt   /ip4/
    127.0.0.1/tcp/50960
```

node 3은 node 1(50960번 포트를 리스닝한다)과 node 2(50967번 포트를 리스닝한다)를 모두 발견한다.

사소해 보일지도 모르지만, 여러분은 node 3에게 2개의 다른 노드가 어디에서 실행되는지 알리지 않았음을 기억하자. mDNS 프로토콜을 사용해, node 3은 로컬 네트워크의 다른 libp2p 노드들을 발견하고 이들과 연결할 수 있다.

연습

추가적인 코드 챌린지를 찾는 독자들을 위해 libp2p를 사용해서 구현할 수 있는 몇 가지 P2P 애플리케이션을 소개한다.

- 간단한 P2P 채팅 애플리케이션을 구현한다.
- 분산 P2P 키-값 스토어를 구현한다.
- (IPFS 같은) 분산 파일 저장 네트워크를 구현한다.

`libp2p` 라이브러리에서 제공하는 미리 구현된 코드 예시를 참조해서 이 연습 애플리케이션을 작성할 수 있다. libp2p 코드 저장소는 https://libp2p.io/를 참조한다.

이것으로 이번 장을 마무리한다. 다음(마지막) 장에서는 프로덕션 배포를 위해 러스트 서버와 앱들을 준비하는 방법을 학습한다.

요약

- 클라이언트/서버 모델에서, 클라이언트와 서버는 별도의 두 가지 소프트웨어를 나타낸다. 서버는 데이터와 관련된 계산을 관리하며, 클라이언트는 서버에게 데이터를 보내거나 서버가 관리하는 자원에 대한 계산을 수행하도록 요청한다. P2P 네트워크에서 통신은 피어 노드 사이에서 발생하며, 각 피어 노드는 클라이언트와 서버의 역할을 모두 수행한다. 클라이언트/서버와 P2P 네트워크의 가장 핵심적인 차이는 P2P 네트워크에는 고유한 권한을 가진 전용 서버가 없다는 점이다.

- libp2p는 P2P 애플리케이션 개발을 가능하게 하는 프로토콜, 명세, 라이브러리의 모듈러 시스템이다. libp2p의 핵심 아키텍처 컴포넌트는 전송, 신원, 보안, 피어 발견, 피어 라우팅, 콘텐트 라우팅과 메시징이다.

- 코드 예시를 사용해서 다른 노드들이 특정 노드를 고유하게 식별하는 데 사용하는 고유한 peerId를 생성하는 방법에 관해 살펴봤다.

- 또한 멀티어드레스의 기본에 관해 살펴보고 이들이 P2P 네트워크를 통해 노드와 통신하는 완전한 경로를 나타내는 방법에 관해 살펴봤다. 노드의 피어 ID는 해당 노드의 전체 멀티어드레스의 한 부분이다.

- 그리고 노드들 사이에서 ping-pong 메시지를 교환하는 러스트 프로그램을 작성했다. 이 예시를 통해 노드에 대한 스웜 네트워크 관리 객체를 설정해 P2P 네트워크의 특정한 이벤트를 리스닝하고 반응하도록 했다.

- 마지막으로 또 다른 러스트 프로그램을 작성하면서 장을 마무리했다. 이 프로그램을 통해 피어 노드들이 mDNS 프로토콜을 사용해 P2P 네트워크에서 서로를 발견하는 방법을 살펴봤다.

도커를 사용해 웹 서비스 배포하기

이전 장에서 러스트를 사용하여 웹 서비스와 웹 애플리케이션을 구축하는 방법을 학습했다. 또한 비동기 프로그래밍에 대해 자세히 살펴보고, P2P 아키텍처에 관한 내용도 다루었다. 로컬 개발 환경에서 개발한 것들을 테스트했다. 이들은 단지 첫 번째 단계에 불과하다. 궁극적인 목표는 일반적으로 프로덕션 환경에 배포하는 것이다.

이번 마지막 장에서는 **컨테이너화**containerization라 불리는 인기 있는 기술을 사용해 소프트웨어를 패키징하는 것에만 초점을 맞춘다. 이것은 인기 있는(이제는 거의 주류가 된) 프로덕션 배포 방법이다. 이 방법은 애플리케이션 구성 요소와 디펜던시를 컨테이너에 패키징하는 것을 포함한다. 이 컨테이너는 클라우드를 포함한 여러 환경에 배포할 수 있다. 이미 대부분의 개발 워크스테이션에 설치된 컨테이너를 사용하는 것의 이점 중 하나는 애플리케이션이 다른 컨테이너와 깔끔하게 분리되어 있기 때문에, 호환되지 않는 라이브러리로 인한 위험을 피할 수 있다는 것이다.

이번 장에서는 우리가 구현한 러스트 웹 서비스를 컨테이너화하기 위해 필요한 세부적인 단계를 살펴본다. 웹 서비스를 도커 컨테이너로 사용할 수 있게 되면, 그것은 프로덕션 배포 관점에서 봤을 때 다른 프로그래밍 언어로 작성된 여느 웹 서비스 혹은 애플리케이션과 아무런 차이가 없다. 도커 컨테이너를 배포하기 위한 가이드라인과 옵션들을 모두 적용할 수 있다.

NOTE 프로덕션 배포는 이 책의 범위를 벗어나는 여러 측면을 포함한다. 인프라스트럭처 벤더 선택, 소프트웨어 패키징, 비밀 정보 구성, 모니터링 및 디버깅을 위한 구성 가능한 로그 추가, 웹 서비스 API 엔드포인트에 응용 수준 보안 추가, 서버 수준 보안(TLS, CORS) 추가, 접근 자격 증명 및 키와 같은 비밀 정보 보호, 모니터링 도구 및 경고 설정, 데이터베이스 백업 추가 등이 포함된다. 이 책에서는 애플리케이션이나 서비스를 프로덕션에 준비하고 배포하기 위해 필요한 모든 고려 사항들에 관해 철저하게 안내하거나 관련된 모범 사례를 열거하는 것을 목적으로 하지 않는다. 이것은 러스트에 특화된 주제가 아닐 뿐만 아니라, 이 주제에 관해 매우 잘 설명한 다른 공개 자료나 책들이 많기 때문이다.

소프트웨어를 컨테이너로 패키징하는 것은 그 자체로 다른 주제이다. 이번 장에서는 그 표면만 살펴볼 수 있다. 컨테이너라는 흥미로운 세계에 관해 깊이 알고 싶다면 제프 니콜로프Jeff Nickoloff와 스티븐 쿠엔즐리Stephen Kuenzli가 쓴 《Docker in Action, Second Edition》(Manning, 2019), 엘턴 스톤먼Elton Stoneman이 쓴 《도커 교과서》(길벗, 2022) 같은 책들을 읽어보기 바란다.

컨테이너는 고립된 환경에서 배포되기보다는 고도의 오케스트레이션이 필요한 클러스터에 배포되는 경우가 증가하고 있으며, 쿠버네티스는 현재 가장 인기 있는 컨테이너 오케스트레이터이다. 매닝에서 출간한 여러 책들을 통해 쿠버네티스에 관한 최신 정보를 얻을 수 있다. 예를 들어 마르코 룩샤Marko Lukša가 쓴 《쿠버네티스 인 액션(재출간판)》, 윌리엄 데니스William Denniss가 쓴 《Kubernetes for Developers》가 매닝에서 출간될 예정이다.

이 책에서는 쿠버네티스를 사용하지 않으며(이를 설명하는 데 많은 지면이 필요하고, 꼭 쿠버네티스를 사용해야 하는 것도 아니기 때문이다), 보다 간단한(하지만 덜 강력한) 솔루션인 도커 컴포즈를 사용한다. 도커 컴포즈는 진정한 컨테이너 오케스트레이터가 제공하는 모든 기능이 필요하지 않은 개발 환경에 사용할 수 있는 흥미로운 솔루션이다.

프로덕션 배포 라이프사이클에 관한 개요부터 시작해보자.

12.1 서버와 앱의 프로덕션 배포 개요

이번 절에서는 두 가지 주제에 관해 개괄적으로 다루어본다. 소프트웨어 수명 주기에서 프로덕션 배포가 적합한 부분과 배포를 위한 컨테이너 기술로서 도커의 역할에 관해 살펴본다.

12.1.1 소프트웨어 배포 수명 주기

소프트웨어 배포 수명 주기는 여러 단계를 포함한다. 개발자의 단위 테스트 및 통합 테스트, 그리고 릴리스 준비 및 배포로 이어진다. 릴리스 버전이 배포 및 실행된 후에는 시스템이 모니터링되고, 핵심 매개변수들이 측정되며 최적화 작업이 수행된다.

프로덕션 배포 수명 주기의 구체적인 단계는 팀과 데브옵스 기술에 따라 다양하다. 그림 12.1은 일반적으로 수행되는 대표적인 단계들을 나타냈다.

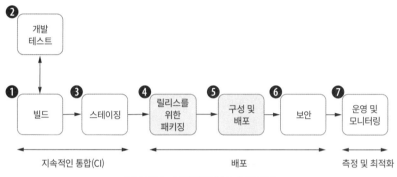

그림 12.1 프로덕션 배포 수명 주기

조직에 따라 사용되는 실제 개발 단계나 용어는 다를 수 있지만, 넓은 관점에서 개념적으로 공통의 이해를 얻기 위해 다음 용어들을 사용한다.

1. **빌드**build: 소프트웨어가 작성되고(또는 수정되고) 개발자들은 로컬에서 바이너리를 만든다. 대부분의 경우, 이것은 개발 빌드(디버깅을 원활하게 하고 빌드 시간이 짧다)이며, 프로덕션 빌드(바이너리 크기를 최적화하지만 대부분의 프로그래밍 언어에서 빌드 시간이 길다)와 대비된다.

2. **개발 테스트**dev test: 개발자들은 로컬 개발 환경에서 단위 테스트를 수행한다.

3. **스테이징**staging: 코드는 소프트웨어 릴리스에 포함되는 다른 브랜치들과 병합되고 스테이징 환경으로 배포된다. 이 단계에서는 다른 개발자들이 작성한 코드와 모듈들에 대한 통합 테스트 integration test를 수행한다.

4. **릴리스를 위한 패키지**package for release: 통합 테스트가 성공한 뒤, 최종 프로덕션 빌드를 만든다. 패키징 방법에는 바이너리를 배포하는 방법에 대한 결정이 포함된다(예: 스탠드얼론 바이너리로 배포, 컨테이너 또는 퍼블릭 클라우드 서비스에 배포 등). 이번 장에서는 러스트 웹 서비스를 위한 도커 빌드를 만드는 것에 초점을 둔다.

5. **구성 및 배포**configure and deploy: 프로덕션 바이너리 파일은 대상 환경(예: 가상 머신)에 배포되며, 필요한 구성과 환경 매개변수를 설정한다. 이 단계에서는 프로덕션 인프라스트럭처에 존재하는 추가 컴포넌트와의 연결을 수행한다. 예를 들어 바이너리는 로드 밸런서나 리버스 프록시 등과 함께 사용해야 할 수 있다. 이번 장에서는 도커 컴포즈를 사용해서 웹 서비스를 실행하는 데 필요한 도커 컴포넌트의 도커 컨테이너 셋의 구성, 자동화 빌드, 시작 및 중지 프로세스를 일원화한다.

6. **보안**secure: 이 단계에서는 인증(예: 사용자 및 API 인증), 허가(사용자 및 그룹 권한 설정), 네트워크 및 서버 보안(예: 방화벽, 암호화, 시크릿 저장, TLS 종료, 인증서, CORS, IP 포트 바인딩 등) 등 추가적인 보안 요구사항을 구성한다.

7. **운영 및 모니터링**operate and monitor: 이 단계에서는 서버/바이너리가 시작되어 네트워크 요청을 받는다. 네트워크, 서버, 애플리케이션 및 클라우드 모니터링 도구를 사용해서 서버의 성능을 측정한다. 이런 도구에는 Nagios, Prometheus, Kibana, Grafana 등이 있다.

데브옵스 도구를 배포하는 조직에서는 **지속적인 통합**, **지속적인 전달**, **지속적인 배포** 프랙티스와 도구들을 사용해서 이 단계의 많은 부분을 자동화한다. 이 용어들에 관해 더 자세히 알고 싶다면 공개된 다양한 자료들을 확인하면 된다.

이번 장에서는 이 주제들의 일부 및 러스트 프로그래밍 언어의 콘텍스트에서 이들을 수행하는 방법에 관해 한정적으로 다룰 것이다. 특히 **4. 릴리스를 위한 패키징**, **5. 구성 및 배포**에 관해 다룬다. 후자에서는 리눅스 우분투 가상 머신에 도커 컨테이너를 배포하는 방법만 다룬다. 도커 컨테이너는 모든 클라우드 제공자에 배포할 수 있다(클라우드 공급자들은 배포에 필요한 별도의 단계를 제공한다).

구체적으로 다음을 학습한다.

- **릴리스 바이너리를 빌드하고 패키징하기**: 러스트 서버를 빌드해서 도커 이미지를 만든다. 이 이미지는 컨테이너 런타임을 갖는 모든 호스트에 배포할 수 있다. Dockerfile을 작성하는 방법, 도커 볼륨과 네트워크를 생성하는 방법, 환경 변수를 구성하는 방법, 다단계 도커 빌드를 수행하는 방법, 최종 도커 이미지의 크기를 줄이는 방법을 학습한다.
- **웹 서비스를 구성하고 배포하기**: 도커 컴포즈를 사용해서 웹 서비스와 Postgres 데이터베이스 컨테이너의 런타임 구성을 정의하는 방법, 둘 사이의 디펜던시를 정의하는 방법, 런타임 환경 변수를 구성하는 방법, 도커 빌드를 시작하는 방법, 간단한 명령을 통해 도커 컨테이너를 시작하고 중지하는 방법을 학습한다.

먼저 도커에 관해 간단하게 살펴보자.

12.1.2 도커 컨테이너 기본

컨테이너 기술은 소프트웨어를 만들고, 배포하고, 관리하는 방법을 통째로 바꾸었으며, 이것은 개발 및 IT 운영 팀 사이의 차이를 연결함으로써 데브옵스 자동화를 가능하게 했다. **도커**Docker는 컨테이너 기술을 활성화한 기업명인 동시에 소프트웨어 제품명이기도 하다(www.docker.com).

도커 컨테이너들은 완전히 고립된 환경으로 각자의 프로세스, 네트워킹 인터페이스, 볼륨 마운트를 갖는다. 모든 도커 컨테이너들은 동일한 운영체제 커널을 공유한다. 도커 컨테이너의 가장 중요한 점은 컨테이너들이 동일한 운영체제의 커널을 공유한다는 점이다. 전통적인 VM들은 물리적인 소프트웨어를 추상화한 것으로 하나의 물리적 서버를 여러 논리적 서버로 바꾼다. 하이퍼바이저를 사용해 여러 가상 머신을 하나의 머신에서 실행한다. 각 가상 머신은 해당 운영체제의 완전한 사본을 포함한다. 반면 컨테이너는 애플리케이션 레이어를 추상화한 것으로 코드와 디펜던시를 함께 패키징 한다. 여러 컨테이너가 하나의 동일한 물리적 머신에서 실행되며 다른 컨테이너들과 OS 커널을 공유한다(보다 자세한 내용은 https://www.docker.com/resources/what-container/를 참조하라).

그림 12.2는 도커 컨테이너가 하드웨어 인프라스트럭처에 적용되는 모습을 간단하게 나타냈다. 도커 컨테이너들은 모든 소프트웨어 애플리케이션(웹 서비스, 웹 애플리케이션, 데이터베이스 또는 메시징 시스템 등)이 될 수 있다. 도커 컨테이너는 (가상 머신에 비해) 경량이며 매우 빠르게 시작 및 종료할 수 있다. 또한 소프트웨어 애플리케이션 및 관련된 모든 디펜던시(서드파티 크레이트 및 기타 라이브러리)의 관점에서 볼 때 필요한 모든 것을 자체적으로 포함한다.

그림12.2 **도커 개요**

도커 컨테이너의 흥미로운 점의 하나로 도커 호스트는 우분투 운영체제에서 실행될 수 있지만, 도커 컨테이너는 Debian 운영체제에서 실행되는 웹 서비스로 캡슐화되어 있다는 점이 있다. 이는 개발과 배포 과정에서 큰 유연함을 제공한다.

이런 측면이 소프트웨어 개발팀과 운영팀 사이의 연결을 어떻게 용이하게 하는가? 전통적인 소프트웨어 개발에서는 개발팀이 소프트웨어 컴포넌트와 관련된 구성(웹 서비스 코드 저장소, 빌드 명령, 설정해야 할 사전 조건에 관한 설명, Postgres 데이터베이스 스크립트, 시크릿이 포함된 환경 파일 등)을 전달한다. 운영팀은 해당 설명을 따라 웹 서비스를 빌드하고 프로덕션 환경에 배포한다. 개발자들은 프로덕션 환경과 다른 환경에서 코드를 빌드하고 테스트할 가능성이 높다. 운영팀은 해당 소프트웨어에 친숙하지 않을 수 있고, 결과적으로 개발팀이 해결해야 하는 문제들에 부딪힐 수 있다.

도커 컨테이너는 이 문제를 해결한다. 개발자들은 Dockerfile에 인프라스트럭처 구성, 환경 설정을 위한 명령, 디펜던시 다운로드 및 연결을 위한 명령, 바이너리를 빌드하는 명령을 명시한다. Dockerfile은 YAML 구문으로 작성된 텍스트 파일이다. 이를 사용해 기본 도커 이미지, 사용할 환경 변수, 마운트할 파일시스템 볼륨, 노출할 포트와 같은 매개변수들을 지정할 수 있다.

이 Dockerfile은 이후 Dockerfile에 명시한 규칙에 따라 커스터마이즈된 도커 이미지로 빌드된다. 도커 이미지는 일종의 템플릿으로 이를 사용해 여러 컨테이너 런타임을 인스턴스화할 수 있다 (도커 **이미지**와 도커 **컨테이너**의 관계는 객체 지향 프로그래밍 언어에서의 클래스와 객체의 관계와 유사하다).

개발자들은 도커 이미지를 도커 컨테이너로 인스턴스화한 뒤 소프트웨어 애플리케이션을 테스트한다. 그 후 프로덕션 배포를 위해 해당 도커 이미지를 소프트웨어 운영팀에 전달한다. 전달된 도커 이미지는 모든 하드웨어 인프라스트럭처(도커 호스트)에서 동일하게 실행됨을 보장하며, 운영팀은 보다 쉽게 프로덕션 환경에 해당 소프트웨어 애플리케이션을 배포하고 인스턴스화할 수 있다. 따라서 도커는 소프트웨어 애플리케이션을 프로덕션에 배포하는 과정에서 발생하는 마찰과 사람의 실수를 극적으로 줄인다.

이번 장의 내용을 진행하기 위해서는 여러분의 개발 머신 또는 서버(macOS, 윈도우, 리눅스)에 도커 개발 환경을 설치해야 한다. 설치 방법은 https://docs.docker.com/get-docker/를, 도커에 관한 더 많은 정보는 https://docs.docker.com/get-started/overview/를 참조하라.

다음 절에서는 첫 번째 도커 컨테이너를 작성하고 컨테이너 크기를 최적화해본다.

12.2 첫 번째 도커 컨테이너 작성하기

이번 절에서는 도커 설치를 확인하고, Dockerfile을 작성하고, Dockerfile을 도커 이미지로 빌드하고, 다단계 빌드를 사용해 최종 도커 이미지의 크기를 최적화한다.

도커 설치 확인부터 시작하자.

12.2.1 도커 설치 확인하기

여러분의 개발 서버에 프로젝트 폴더를 만들고 이번 절의 코드를 따라 진행한다.

터미널에서 다음 명령어로 도커 설치를 확인한다.

```
docker --version
```

터미널에 다음과 같은 응답이 나타날 것이다.

```
Docker version 20.10.16, build aa7e414
```

공식 도커 이미지를 테스트해보자.

```
docker pull hello-world
```

다음과 같은 출력이 나타날 것이다.

```
Using default tag: latest
latest: Pulling from library/hello-world
2db29710123e: Pull complete
Digest: sha256:80f31da1ac7b312ba29d65080fddf797dd76acfb870e677f390d5acba9741b17
Status: Downloaded newer image for hello-world:latest
docker.io/library/hello-world:latest
```

이제 로컬 개발 서버에서 이 도커 이미지를 사용할 수 있는지 확인한다.

```
docker images
```

다음과 같은 출력이 나타날 것이다.

```
REPOSITORY    TAG      IMAGE ID        CREATED        SIZE
hello-world   latest   feb5d9fea6a5    8 months ago   13.3kB
```

여러분의 로컬 개발 서버에서 지정된 도커 ID로 도커 이미지 hello-world를 사용할 수 있음을 확인할 수 있다. 도커 이미지 크기도 확인하자. 도커 이미지 크기 최적화에 관해서는 이번 장 후반부에서 살펴본다.

앞에서 언급한 것처럼 도커 이미지는 도커 컨테이너 인스턴스를 만들기 위한 템플릿이다. 도커 이미지를 인스턴스화하면 어떤 일이 일어나는지 확인하자.

```
docker run hello-world
```

도커 환경에 문제가 없다면, 다음 메시지가 나타날 것이다.

```
Hello from Docker!
This message shows that your installation appears to be working correctly.

To generate this message, Docker took the following steps:

1. The Docker client contacted the Docker daemon.
2. The Docker daemon pulled the "hello-world" image from the Docker Hub. (amd64)
3. The Docker daemon created a new container from that image which runs the executable that
produces the output you are currently reading.
4. The Docker daemon streamed that output to the Docker client, which sent
   it to your terminal.

To try something more ambitious, you can run an Ubuntu container with:
  $ docker run -it ubuntu bash

Share images, automate workflows, and more with a free Docker ID:
  https://hub.docker.com/

For more examples and ideas, visit:
  https://docs.docker.com/get-started/
```

이 공식 도커 이미지는 'Hello from Docker!' 메시지를 출력한다. 그것이 전부이다.

다른 사람이 만든 도커 이미지를 사용하는 것도 유용하다. 그러나 여러분만의 도커 이미지를 작성하는 것은 더욱 흥미롭다. 다음 절에서 도전해보자.

12.2.2 간단한 도커 컨테이너 작성하기

다음 명령어를 실행해서 새 프로젝트를 시작한다.

```
cargo new --bin docker-rust
cd docker-rust
```

현재 위치를 프로젝트 루트 폴더로 사용하겠다.

Cargo.toml에 Actix Web 디펜던시를 추가하자.

```
[dependencies]
actix-web = "4.2.1"
```

다음 코드를 src/main.rs에 추가하자.

```rust
use actix_web::{get, web, App, HttpResponse, HttpServer, Responder};

#[get("/")]
async fn gm() -> impl Responder {
    HttpResponse::Ok().body("Hello, Good morning!")
}

async fn hello() -> impl Responder {
    HttpResponse::Ok().body("Hello there!")
}

#[actix_web::main]
async fn main() -> std::io::Result<()> {
    HttpServer::new(|| {
        App::new()
            .service(gm)
            .route("/hello", web::get().to(hello))
    })
    .bind(("0.0.0.0", 8080))?
    .run()
    .await
}
```

먼저 (도커를 사용하지 않는) 일반적인 방법으로 서버를 빌드하고 실행하자.

```
cargo run
```

브라우저 창에서 다음을 테스트하자.

```
localhost:8080
localhost:8080/hello
```

브라우저 창에는 앞의 2개의 GET 요청에 대해 다음 메시지들이 나타날 것이다.

```
Hello, Good morning!
Hello there!
```

웹 서비스가 작동하는 것을 확인했다. 이제 도커를 사용해서 이 웹 서비스를 **컨테이너화**하자. 그림 12.3은 우리가 만들 것을 나타낸다.

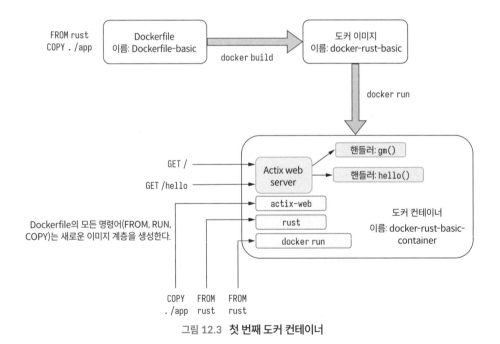

그림 12.3 첫 번째 도커 컨테이너

프로젝트 루트에 새 파일 Dockerfile-basic을 만들고 다음을 추가한다.

```
# 메인 rust 도커 이미지를 사용한다.
FROM rust

# app을 도커 이미지에 복사한다.
COPY . /app

# 작업 디렉터리를 설정한다.
WORKDIR /app

# 앱을 빌드한다.
RUN cargo build --release

# 애플리케이션을 시작한다.
CMD ["./target/release/docker-rust"]
```

다음 명령어를 실행해 도커 이미지를 빌드한다.

```
docker build -f Dockerfile-basic . -t docker-rust-basic
```

다음과 같이 끝나는 일련의 메시지가 표시된다.

```
=> => exporting layers                                                  0.8s
=> => writing image
   sha256:20fe6699b10e9945a1f0072607da46f726476f82b15f9fbe3102a68becb7e1a3 0.1s
=> => naming to docker.io/library/docker-rust-basic
```

다음 명령어로 빌드된 도커 이미지를 확인할 수 있다.

```
docker images
```

터미널에서 다음과 유사한 내용이 출력될 것이다.

```
REPOSITORY          TAG       IMAGE ID       CREATED         SIZE
docker-rust-basic   latest    20fe6699b10e   9 seconds ago   1.32GB
```

docker-rust-basic이라는 이름을 가진 도커 이미지가 생성되고, 도커 이미지 ID가 부여되었음을 확인할 수 있다. 이 도커 이미지의 크기는 1.32GB이며, 모든 계층과 해당 계층의 디펜던시를 모두 포함한다. 예를 들어 이 이미지 중 러스트 도커 이미지는 러스트 컴파일러, 그리고 최종 애플리케이션을 실행하는 데 필요하지 않은 모든 중간 빌드 아티팩트를 포함한다. 하지만 첫 번째 이터레이션에서 큰 크기의 도커 이미지를 얻는 것은 지극히 일반적인 현상이다. 도커 이미지를 정의하고 올바른 방향으로 만들어 내는 것이 최우선 사항이었기 때문이다. 도커 이미지의 크기를 줄이는 방법에 관해서는 뒤에서 살펴본다.

다음 명령으로 도커 컨테이너 안의 웹서버를 실행하자.

```
docker run -p 8080:8080 -t docker-rust-basic
```

브라우저 윈도우에서 다음을 테스트하자.

```
localhost:8080
localhost:8080/hello
```

각각의 요청에 대한 응답 메시지가 브라우저 창에 표시될 것이다.

지금까지 두 가지 버전(즉, cargo run을 사용한 기본 버전과 도커화한 버전)을 테스트했다. 하지만 아직 끝나지 않았다. 웹 서비스의 도커 이미지 크기가 1.32GB라는 문제는 여전히 남아 있다. 도커 바이너리들은 경량일 것으로 기대되지만, 이 대단히 간단한(그리고 사소한) 러스트 서비스를 도커화한 버전의 크기는 너무 크다. 이것을 고칠 수 있을까? 다음 절에서 함께 살펴보자.

12.2.3 다단계 도커 빌드

이번 절에서는 도커 이미지의 크기를 줄여본다. 그림 12.4는 이번 절에서 우리가 수행할 작업을 나타낸다.

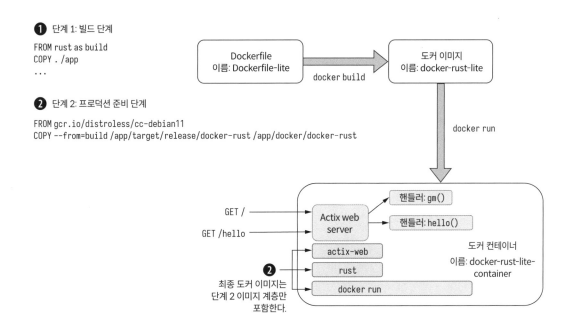

① 단계 1: 빌드 단계

```
FROM rust as build
COPY . /app
...
```

② 단계 2: 프로덕션 준비 단계

```
FROM gcr.io/distroless/cc-debian11
COPY --from=build /app/target/release/docker-rust /app/docker/docker-rust
```

Dockerfile
이름: Dockerfile-lite

docker build

도커 이미지
이름: docker-rust-lite

docker run

GET /

GET /hello

Actix web
server

핸들러: gm()

핸들러: hello()

actix-web

rust

docker run

도커 컨테이너
이름: docker-rust-lite-
container

②
최종 도커 이미지는
단계 2 이미지 계층만
포함한다.

① 빌드 단계: 러스트 컴파일러와 중간 빌드 아티팩트를 포함한다.

② 프로덕션 준비 단계: 프로덕션 애플리케이션을 실행하는 데 필요하지 않은 파일들을 배제한다.

그림 12.4 **도커 컨테이너**

프로젝트 루트에 새 파일 Dockerfile-lite를 만들고 다음을 추가한다.

```
# 메인 rust 도커 이미지를 사용한다.
FROM rust as build

# app을 도커 이미지에 복사한다.
COPY . /app

# 작업 디렉터리를 설정한다.
WORKDIR /app

# 앱을 빌드한다.
RUN cargo build --release

# google distroless를 런타임 이미지로 사용한다.
FROM gcr.io/distroless/cc-debian11

# 빌더에서 앱을 복사한다.
COPY --from=build /app/target/release/docker-rust /app/docker-rust
WORKDIR /app

# 애플리케이션을 시작한다.
CMD ["./docker-rust"]
```

다음 명령어를 실행해서 도커 이미지를 빌드한다.

```
docker build -f Dockerfile-lite . -t docker-rust-lite
```

다음 명령어를 실행해서 빌드된 도커 이미지를 확인한다.

```
docker images
```

터미널에는 다음과 같이 출력될 것이다.

```
REPOSITORY          TAG       IMAGE ID        CREATED          SIZE
docker-rust-lite    latest    40103591baaf    12 seconds ago   31.8MB
```

도커 이미지의 크기가 31.8MB로 줄어든 것을 확인할 수 있다. 결과를 분석하기 전에 이 도커 이미지가 실제로 작동하는지 확인하자. 다음 명령어를 실행해서 도커 이미지를 실행한다.

```
docker run -p 8080:8080 -t docker-rust-lite
```

다음 명령어로 실행 중인 컨테이너를 확인한다.

```
docker ps
```

목록에서 docker-rust-lite를 확인할 수 있을 것이다.

브라우저 창에서 다음을 테스트하자.

```
localhost:8080
localhost:8080/hello
```

브라우저 창에 각 요청에 대한 응답 환영 메시지가 표시되는 것을 확인할 수 있을 것이다.

여기서 우리는 **다단계**multi-stage 빌드라 불리는 기술을 사용했다. 다단계 도커 빌드는 여러 단계를 거쳐 하나의 도커 이미지를 만든다. 다단계 빌드를 통해 얻을 수 있는 주요한 장점은 개발 빌드 이후에 정리를 수행하고, 최종 도커 이미지 안에서 불필요한 파일들을 제거함으로써 최종 바이너리의 크기를 줄인다는 것이다. 개발자들은 이를 활용해 다양한 대상 운영체제 환경을 위한 바이너리의 여러 버전을 생성하는 프로세스를 자동화할 수 있다. 동시에 보안과 캐싱 측면에서의 장점도 제공한다.

도커 다단계 빌드에서는 여러 FROM 구문을 사용해서 해당 단계에 필요한 특정한 이미지를 참조한다. 각 단계는 AS 키워드를 사용해서 지정할 수 있다. Dockerfile-lite 예시에서 본 것처럼, 여기에서는 두 단계를 갖는다. 첫 번째 빌드 단계에서는 릴리스 바이너리를 빌드한다. 두 번째 빌드 단계에서는 google distroless를 런타임 이미지로 사용해서, 앞에서 생성한 릴리스 바이너리를 복사한다. 그 결과 작은 크기의 도커 이미지를 얻는다.

그림 12.5은 두 단계로 구성된 도커 다단계 빌드의 예시를 나타낸다. 하나의 도커파일에서 두 개의 빌드 단계를 정의한다. 첫 번째 빌드 단계에서는 개발 관련 아티팩트를 포함한 개발 빌드 도커 이미지를 만든다. 두 번째 빌드 단계에서는 불필요한 파일들을 배제해서 작은 크기의 프로덕션용 도커 이미지를 빌드한다. 다단계 도커 빌드에 관한 보다 자세한 내용은 https://docs.docker.com/build/building/multi-stage/를 참조하라.

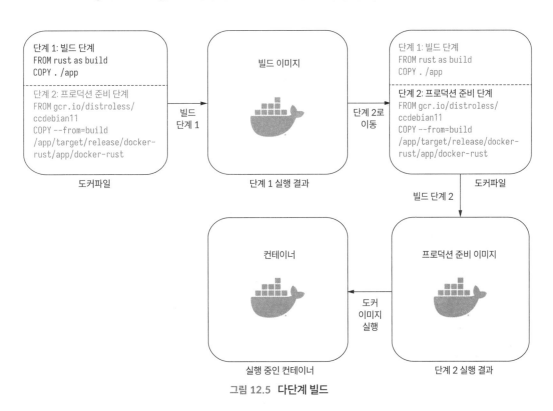

그림 12.5 다단계 빌드

정리하면 그림 12.3에서는 한 단계, 그림 12.4에서는 두 단계에 걸쳐 도커 이미지를 만들었다. 두 번째(마지막) 단계에서는 첫 번째 도커 이미지에 존재하는 모든 개발 도구와 아티팩트를 제외시켰다.

이제 도커를 사용해서 러스트 Actix 프로그램을 빌드하고 최적화하는 방법에 관해 이해했다. EzyTutors 웹 서비스로 눈을 돌려보자.

12.3 데이터베이스 컨테이너 빌드하기

EzyTutors 웹 백엔드는 API를 제공하는 웹 서비스와 Postgres 데이터베이스로 구성된다. 그림 12.6은 두 개의 컴포넌트를 도커 컨테이너로 패키징하는 방법과 이 서비스로 요청을 보내는 모바일 및 웹 클라이언트를 나타낸다.

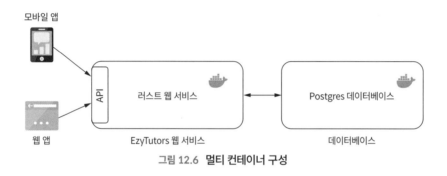

그림 12.6 **멀티 컨테이너 구성**

먼저 Postgres 데이터베이스를 도커화하자. EzyTutors 웹 서비스를 패키지하는 방법은 다음 절에서 살펴본다.

그런데 데이터베이스를 도커 컨테이너로 패키징해서 얻을 수 있는 실질적인 이점이 있는 것일까? 그렇다. 우리는 머신에 따라 특정한 하드웨어 환경에 묶이지 않고 쉽게 바꿀 수 있는 데이터베이스를 원하기 때문이다. 또한 결국 데이터베이스와 웹 서비스를 하나의 유닛으로 조작(시작, 중지 등)하기를 원하며 데이터베이스를 컨테이너로 패키징하면 이를 훨씬 쉽게 달성할 수 있다.

그럼 시작해보자.

12.3.1 Postgres 데이터베이스 패키징하기

먼저 이 책의 깃 저장소를 클론한다. chapter12/tutor-db로 이동하자. 이곳이 웹 서비스의 프로젝트 루트 폴더이다.

우분투 서버(혹은 여러분이 원하는 운영체제)에 도커 컴포즈를 설치한다. https://docs.docker.com/compose/install/ 문서를 참조할 수 있다. 우분투인 경우, docker compose version 명령어로 설치 상태를 확인할 수 있다. 명령을 실행하면 다음과 같이 출력된다.

```
Docker Compose version v2.5.0
```

새로운 도커 네트워크를 만들어서 튜터 웹 서비스와 Postgres 데이터베이스 컨테이너를 연결한다.

```
docker network create tutor-network
docker network ls
```

다음과 같은 결과를 확인할 수 있을 것이다.

```
6fc670fb70ba   bridge          bridge   local
75d560b02bbe   host            host     local
7d2c59b2f3a5   none            null     local
e230e1a9c55d   tutor-network   bridge   local
```

도커 볼륨은 도커 컨테이너에 의해 생성되며, 도커 컨테이너가 사용하는 데이터를 저장하는 좋은 방법이다. 볼륨 드라이버volume driver를 사용해 손쉽게 백업할 수 있어, 호스트나 클라우드 공급자에 데이터를 저장할 수 있다. 볼륨의 콘텐츠는 도커 컨테이너의 수명 주기 외부에 존재한다. 보다 자세한 정보는 https://docs.docker.com/storage/volumes/를 참조하라.

다음과 같이 도커 볼륨을 만든다.

```
docker volume create tutor-data
docker volume ls
```

다음과 같은 출력을 확인할 수 있다.

```
DRIVER    VOLUME NAME
local     tutor-data
```

도커 호스트에서 PostgreSQL 데이터베이스 인스턴스가 실행되고 있다면 종료한다.

```
systemctl status postgresql
systemctl stop postgresql
```

새로운 도커 컴포즈 파일인 docker-compose.yml 파일을 만들고 다음 내용을 추가한다.[1]

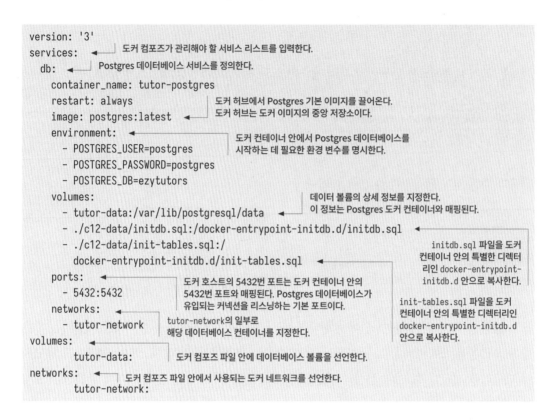

앞의 코드에서 services: 키워드 아래의 모든 엔트리는 분리된 도커 컨테이너를 의미한다. 예시의 경우, 우리는 도커 컴포즈에게 데이터베이스명이 db이며, db 서비스를 실행하기 위해 별도의 도커 컨테이너가 필요하다는 것을 전달했다.

volumes: 키워드 아래, 도커 호스트의 tutor-data 볼륨은 도커 컨테이너 안의 /var/lib/postgresql/data(Postgres의 기본 데이터베이스 폴더)에 매핑된다. initdb.sql은 데이터베이스와 사용자를 생성하고, 권한을 부여하는 데이터베이스 스크립트를 포함한다. init-tables.sql은 데이터베이스 테이블을 생성하고, 초기 테스트 데이터를 로드하는 데이터베이스 스크립트를 포함한다.

---

1 [옮긴이] 12장 깃 저장소를 클론했다면 이미 docker-compose.yml 파일이 들어 있을 텐데, 그 파일은 사용하지 않는다(해당 파일은 12.5절에서 api: 부분을 추가해서 완성한 전체 버전이다).

이제 Postgres 도커 이미지를 빌드하고 실행한다.

```
docker compose up -d
docker ps
```

다음과 같은 출력이 표시된다.

```
CONTAINER ID   IMAGE            COMMAND                  CREATED         |
d43b6ae99846   postgres:latest  "docker-entrypoint.s..."  4 seconds ago  |
| STATUS          PORTS                                      NAMES
| Up 1 second   0.0.0.0:5432->5432/tcp, :::5432->5432/tcp    tutor-postgres
```

도커 컨테이너 tutor-postgres가 도커 이미지 postgres:latest로부터 인스턴스화되었다.

데이터베이스와 테이블이 생성되고 테스트 데이터가 로드되었는지 확인하자. 먼저 도커 컨테이너
에 연결한다.

```
docker exec -it d43b6ae99846 /bin/bash     ◀──┤ 도커 컨테이너 셸에 연결한다.
psql postgres://postgres:postgres@localhost:5432/ezytutors  ◀────┤ Postgres 도커 컨테이너 안의
\list  ◀──┤ psql 셸에 로그인한 상태이므로 모든 데이터베이스를 리스팅한다.        psql 셸에 로그인한다.
```

다음과 같은 출력을 확인할 수 있을 것이다.

```
psql (12.11 (Ubuntu 12.11-0ubuntu0.20.04.1), server 14.3 (Debian 14.3-1.pgdg110+1))
WARNING: psql major version 12, server major version 14.
Some psql features might not work.
Type "help" for help.

ezytutors=# \list
                                List of databases
   Name    |  Owner   | Encoding|  Collate   |   Ctype    |   Access privileges
-----------+----------+---------+------------+------------+----------------------
 ezytutors | postgres | UTF8    | en_US.utf8 | en_US.utf8 |
 postgres  | postgres | UTF8    | en_US.utf8 | en_US.utf8 |
 template0 | postgres | UTF8    | en_US.utf8 | en_US.utf8 | =c/postgres          +
           |          |         |            |            | postgres=CTc/postgres
 template1 | postgres | UTF8    | en_US.utf8 | en_US.utf8 | =c/postgres          +
           |          |         |            |            | postgres=CTc/postgres
(4 rows)
```

데이터베이스 ezytutors가 표시된 것을 확인할 수 있다. 이것은 도커 컨테이너 안의 /docker-entrypoint-initdb.d 폴더 안에 initdb.sql을 두었기 때문이다. 이 폴더 안에 있는 모든 스크립트는 컨테이너가 시작될 때 자동으로 실행된다.

\q를 입력해서 psql 셸을 벗어난다. 다음으로 도커 배시bash 셸에서도 exit를 입력해 도커 컨테이너에서 벗어난다.

또 다른 방법으로 데이터베이스에 접근할 수도 있다. 도커 컨테이너에 연결한 상태에서 거기서 psql을 실행하는 것이다.

```
docker ps
docker exec -it 0027d5c1cfaf /bin/bash
psql -U postgres
\list
```

다음과 같은 출력을 확인할 수 있어야 한다.

```
bash-5.1# psql -U postgres
psql (11.16)
Type "help" for help.

postgres=# \list
                                List of databases
   Name    |  Owner   | Encoding|  Collate   |   Ctype    |   Access privileges
-----------+----------+---------+------------+------------+-----------------------
 ezytutors | postgres | UTF8    | en_US.utf8 | en_US.utf8 | =Tc/postgres         +
           |          |         |            |            | postgres=CTc/postgres+
           |          |         |            |            | truuser=CTc/postgres
 postgres  | postgres | UTF8    | en_US.utf8 | en_US.utf8 |
 template0 | postgres | UTF8    | en_US.utf8 | en_US.utf8 | =c/postgres          +
           |          |         |            |            | postgres=CTc/postgres
 template1 | postgres | UTF8    | en_US.utf8 | en_US.utf8 | =c/postgres          +
           |          |         |            |            | postgres=CTc/postgres
(4 rows)
```

두 가지 방법 중 어느 것을 사용해도 컨테이너 tutor-postgres 안의 Postgres 데이터베이스에 접근할 수 있다. 보다시피 데이터베이스 ezytutors가 생성되어 있다.

이제 사용자 truuser가 생성되었고 해당 사용자에게 권한이 할당되었는지 확인하자.[2] 도커 컨테이너 안의 셸에서 다음 명령을 실행한다.

```
psql -U truuser ezytutors
ezytutors=> \list
```

데이터베이스 ezytutors가 생성된 것을 확인할 수 있을 것이다. 혹시 데이터베이스가 생성되지 않았거나 다시 생성하려면 psql 셸에서 이하 단계들을 수행해보자.

```
postgres=# drop database ezytutors;
postgres=# \list
```

다음과 같이 출력되는 것을 확인할 수 있을 것이다.

```
postgres=# drop database ezytutors;
DROP DATABASE
postgres=# \list
                            List of databases
  Name    |  Owner  | Encoding|  Collate  |  Ctype   |  Access privileges
----------+---------+---------+-----------+----------+---------------------
 postgres | postgres| UTF8    | en_US.utf8| en_US.utf8|
 template0| postgres| UTF8    | en_US.utf8| en_US.utf8| =c/postgres        +
          |         |         |           |          | postgres=CTc/postgres
 template1| postgres| UTF8    | en_US.utf8| en_US.utf8| =c/postgres        +
          |         |         |           |          | postgres=CTc/postgres
(3 rows)
```

데이터베이스 ezytutors를 삭제했다. initdb.sql 스크립트를 완전히 새롭게 다시 시작할 것이기 때문이다.

이제 Postgres 도커 컨테이너의 docker-entrypoint-initdb.d 안에 저장한 2개의 초기화 스크립트를 실행하자.

```
postgres=# \i /docker-entrypoint-initdb.d/initdb.sql
```

터미널에 다음과 같이 출력되는 것을 확인할 수 있다.

---

2 [옮긴이] 4.2.2절에서 예시로 만든 truuser 사용자를 그대로 사용한다.

```
postgres=# \i /docker-entrypoint-initdb.d/initdb.sql
CREATE DATABASE
CREATE ROLE
GRANT
ALTER ROLE
ALTER ROLE
```

initdb.sql 스크립트는 데이터베이스를 생성하고, 새로운 사용자 truuser를 생성한 뒤, 데이터베이스 ezytutors에 대한 모든 권한을 이 사용자에게 부여한다.

\q를 실행해서 psql 셸에서 벗어난 뒤, 도커 컨테이너 **배시 셸**에서 truuser 아이디로 로그인하자.

```
psql -U truuser ezytutors
ezytutors=> \list
```

터미널에 다음과 같은 내용이 출력될 것이다.

```
ezytutors=> \list
                              List of databases
  Name     |  Owner   |Encoding| Collate   |  Ctype    |Access privileges
 ----------+----------+--------+-----------+-----------+------------------
 ezytutors|postgres  |UTF8    |en_US.utf8 |en_US.utf8 |=Tc/postgres     +
          |          |        |           |           |postgres=CTc/postgres+
          |          |        |           |           |truuser=CTc/postgres
 postgres |postgres  |UTF8    |en_US.utf8 |en_US.utf8 |
 template0|postgres  |UTF8    |en_US.utf8 |en_US.utf8 |=c/postgres      +
          |          |        |           |           |postgres=CTc/postgres
 template1|postgres  |UTF8    |en_US.utf8 |en_US.utf8 |=c/postgres      +
          |          |        |           |           |postgres=CTc/postgres
 (4 rows)
```

이제 사용자 truuser는 데이터베이스 ezytutors에 접근할 수 있다. 다음 절에서는 도커 컨테이너 안에서 데이터베이스 테이블들을 생성하는 방법에 관해 살펴볼 것이다.

12.3.2 데이터베이스 테이블 생성하기

Postgres 도커 컨테이너의 명령어 프롬프트에서 데이터베이스 테이블들이 생성되었는지 확인하자.

```
ezytutors=> \d
```

테이블의 목록을 확인할 수 있을 것이다. 하지만 Did not find any relations라는 에러가 표시된다면, 스크립트를 직접 실행해서 테이블을 생성하고 테스트 데이터를 로드해야 한다.

이제 데이터베이스 ezytutors 안에 관련된 테이블인 tutor와 course를 생성한 뒤, 이 데이터베이스 테이블들을 리스팅하자(Postgres 용어로는 관계relation라 부른다). init-tables.sql 스크립트를 실행하면 된다. 다음과 같이 출력될 것이다.

```
ezytutors=> \i /docker-entrypoint-initdb.d/init-tables.sql
psql:/docker-entrypoint-initdb.d/init-tables.sql:4: NOTICE:
  table "ezy_course_c6" does not exist, skipping
DROP TABLE
psql:/docker-entrypoint-initdb.d/init-tables.sql:5: NOTICE:
  table "ezy_tutor_c6" does not exist, skipping
DROP TABLE
CREATE TABLE
CREATE TABLE
GRANT
GRANT
INSERT 0 1
INSERT 0 1
INSERT 0 1
INSERT 0 1
ezytutors=> \d
                    List of relations
 Schema |           Name            |   Type   |  Owner
--------+---------------------------+----------+---------
 public | ezy_course_c6             | table    | truuser
 public | ezy_course_c6_course_id_seq | sequence | truuser
 public | ezy_tutor_c6              | table    | truuser
 public | ezy_tutor_c6_tutor_id_seq | sequence | truuser
(4 rows)
```

테이블을 생성했다. tutor와 course 테이블에 초기 테스트 데이터가 로드되었는지 확인하자.

```
ezytutors=> select tutor_id, tutor_name, tutor_pic_url from ezy_tutor_c6;

 tutor_id | tutor_name |         tutor_pic_url
----------+------------+-------------------------------
        1 | Merlene    | http://s3.amazon.aws.com/pic1
        2 | Frank      | http://s3.amazon.aws.com/pic2
(2 rows)
```

```
ezytutors=> select course_id, tutor_id, course_name, course_format,
course_level, from ezy_course_c6;

 course_id | tutor_id |  course_name  | course_format | course_level
-----------+----------+---------------+---------------+--------------
         1 |        1 | First course  |               | Beginner
         2 |        2 | Second course | ebook         |
(2 rows)
```

지금까지는 문제없다. 이제 테스트를 수행해볼 차례다. 컨테이너를 중지시키면 어떤 일이 발생하는 가? 컨테이너가 재시작되어도 데이터는 유지될 것인가? tutor 테이블에 새로운 레코드를 추가하고 컨테이너를 중지, 재시작한 뒤 해당 데이터가 지속되는지 확인하자.

```
ezytutors=> insert into ezy_tutor_c6 values(
  3,'Johnny','http://s3.amazon.aws.com/pic2',
  'Johnny is an expert marriage counselor');
ezytutors=> \q
exit
root@1dfd3bd87e2c:/# exit
```

psql 셸에서 q 명령으로 빠져나온 뒤 Postgres 도커 컨테이너의 배시 셸에서 exit 명령을 실행한다. 프로젝트 홈 폴더로 돌아올 것이다.

다음 명령으로 도커 컨테이너를 중지시킨다.

```
docker compose down
docker ps
```

Postgres 컨테이너는 더 이상 실행되는 상태가 아니다. 해당 컨테이너를 재시작한 뒤 실행되는 컨테이너 셸에 접근한다.

```
docker compose up -d
docker ps
docker exec -it 7e7c11273911 /bin/bash
```

다음으로 컨테이너에서 psql 클라이언트를 사용해 데이터베이스에 로그인한 뒤, tutor 테이블에 앞에서 추가한 엔트리가 존재하는지 확인한다.

```
root@7e7c11273911:/# psql -U truuser ezytutors
psql (14.3 (Debian 14.3-1.pgdg110+1))
Type "help" for help.

ezytutors=> \d
                    List of relations
 Schema |            Name              |   Type   |  Owner
--------+------------------------------+----------+----------
 public | ezy_course_c6                | table    | truuser
 public | ezy_course_c6_course_id_seq  | sequence | truuser
 public | ezy_tutor_c6                 | table    | truuser
 public | ezy_tutor_c6_tutor_id_seq    | sequence | truuser
(4 rows)

ezytutors=> select * from ezy_tutor_c6;
 tutor_id | tutor_name |         tutor_pic_url         |   tutor_profile
----------+------------+-------------------------------+--------------------
        1 | Merlene    | http://s3.amazon.aws.com/pic1 | Merlene is an ..
        2 | Frank      | http://s3.amazon.aws.com/pic2 | Frank is an ..
        3 | Johnny     | http://s3.amazon.aws.com/pic2 | Johnny is an ..
(3 rows)
```

실제로 해당 데이터는 지속된다.

이제 Postgres 데이터베이스 컨테이너를 생성하고, 생성한 데이터베이스를 초기화하고, 테스트 데이터를 로드하는 태스크를 완료했다. 이것으로 도커 Postgres 컨테이너 설정을 마무리한다.

다음 절에서는 튜터 웹 서비스를 도커화한다.

12.4 도커를 사용해서 웹 서비스 패키징하기

앞 절에서 EzyTutor Postgres 데이터베이스를 도커 컨테이너로 패키징했다. 이번 절에서는 튜터 웹 서비스를 도커 컨테이너로 패키징하는 방법에 관해 살펴본다.

먼저 Dockerfile을 만든다. 튜터 웹 서비스를 커스텀 도커 이미지로 만들 것이기 때문이다(앞 절에서 표준 Postgres 이미지를 만든 것과 반대이다). 커스텀 도커파일이 필요한 이유는 다음과 같다.

- 튜터 웹 서비스를 위해 도커 허브에서 사용할 수 있는 표준 도커 이미지가 존재하지 않는다. 튜터 웹 서비스는 우리가 만든 커스텀 코드이기 때문에 이를 컨테이너로 패키징하기 위한 순서를 도커파일에 기재해야 한다.

- 우리는 공유 라이브러리를 사용하지 않고 정적인, 스스로 모든 것을 포함한 바이너리를 만드는 방법을 지정하기 원한다. 기본적으로 러스트 표준 라이브러리는 동적으로 시스템 libc 구현에 연결된다. 우리가 만든 웹 서비스는 100% 정적 바이너리여야 하므로, 웹 서비스 도커 컨테이너 안에서 우리가 사용하는 리눅스 배포판에 대한 musl libc를 사용할 것이다.

러스트와 musl을 함께 사용하는 이유는 무엇인가?

기본적으로 러스트는 모든 러스트 코드를 정적으로 연결한다. 하지만 표준 라이브러리를 사용한다면(이 책에서 했던 것처럼), 러스트는 동적으로 시스템 libc 구현과 동적으로 연결한다. 운영체제의 차이로 인해 러스트 바이너리는 컴파일 된 환경과 다른 환경에서 실행되면 에러가 발생할 수 있다. 예를 들어 바이너리를 대상 시스템(러스트 프로그램이 배포 및 실행되는 시스템)보다 새로운 버전의 Glibc를 사용해서 빌드하면 해당 바이너리는 실행되지 않는다. 이런 문제를 피하는 방법으로는 정적으로 musl을 바이너리로 컴파일할 수 있다.

musl은 알파인 리눅스에서 사용되는 Glibc의 경량 대체재이다. musl을 정적으로 러스트 프로그램으로 컴파일 하면, Glibc에 대한 디펜던시 없이 실행되는 자급자족적 실행 파일을 얻을 수 있다. 이 책에서는 이 방법을 사용해서 러스트를 도커 컨테이너로 패키징한다. 보다 상세한 정보는 빌리암 자르William Saar의 'Shipping Linux binaries that don't beak with Rust'(http://mng.bz/44ra)를 참조하자.

먼저 튜터 웹 서비스를 위한 Dockerfile을 만든다. Dockerfile-tutor-webservice라는 이름으로 Dockerfile을 만든 뒤 다음을 입력한다.

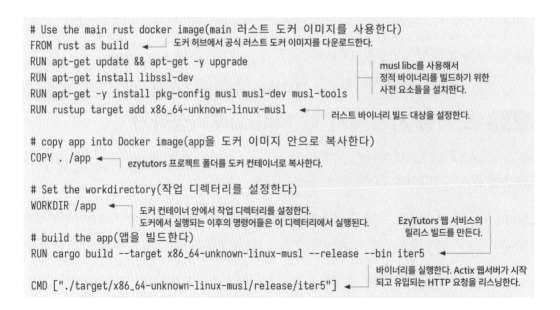

```
# Use the main rust docker image(main 러스트 도커 이미지를 사용한다)
FROM rust as build        ◀── 도커 허브에서 공식 러스트 도커 이미지를 다운로드한다.
RUN apt-get update && apt-get -y upgrade
RUN apt-get install libssl-dev                          musl libc를 사용해서
                                                        정적 바이너리를 빌드하기 위한
RUN apt-get -y install pkg-config musl musl-dev musl-tools  사전 요소들을 설치한다.
RUN rustup target add x86_64-unknown-linux-musl   ◀── 러스트 바이너리 빌드 대상을 설정한다.

# copy app into Docker image(app을 도커 이미지 안으로 복사한다)
COPY . /app  ◀── ezytutors 프로젝트 폴더를 도커 컨테이너로 복사한다.

# Set the workdirectory(작업 디렉터리를 설정한다)
WORKDIR /app  ◀── 도커 컨테이너 안에서 작업 디렉터리를 설정한다.
              도커에서 실행되는 이후의 명령어들은 이 디렉터리에서 실행된다.
                                                    EzyTutors 웹 서비스의
# build the app(앱을 빌드한다)                        릴리스 빌드를 만든다.
RUN cargo build --target x86_64-unknown-linux-musl --release --bin iter5  ◀──
                                              바이너리를 실행한다. Actix 웹서버가 시작
CMD ["./target/x86_64-unknown-linux-musl/release/iter5"]  ◀── 되고 유입되는 HTTP 요청을 리스닝한다.
```

Dockerfile을 만들었다. 이 Dockerfile에 docker build 명령어를 직접 실행할 수도 있다. 하지만 다른 방법을 사용할 것이다. 이에 관해서는 다음 절을 참조한다.

12.5 도커 컴포즈를 사용해서 도커 컨테이너 조정하기

이번 절에서는 도커 컴포즈Docker Compose를 사용해서 EzyTutors 애플리케이션을 위한 멀티 컨테이너multi-container 구성을 만든다.

도커 컴포즈를 사용하는 이유는 무엇인가?

도커 컴포즈는 클라이언트 사이드 도구로, 이를 사용하면 여러 컨테이너를 가진 애플리케이션 스택을 실행할 수 있다.

도커를 사용하면 손쉽게 개별 서비스에 대한 로컬 개발 환경을 만들 수 있다. 하지만 하나의 애플리케이션을 위해 여러 도커를 관리해야 할 때는 (EzyTutors 예시와 같이) 다소 번거롭다. 도커 컴포즈는 하나의 YAML 구성 파일 안에서 하나 이상의 도커 컨테이너의 구성을 지정할 수 있게 함으로써 이 문제를 해결한다.

도커 컴포즈를 사용하면 한 애플리케이션을 구성하는 각 도커 컨테이너에 대한 빌드 명령, 저장소 구성, 환경 변수, 네트워크 매개변수 등을 지정할 수 있다. 이를 지정하고 나면 단일 명령어 셋으로 모든 컨테이너들을 빌드, 시작, 종료할 수 있다.

앞 절에서 Postgres 데이터베이스 컨테이너를 위해 만든 도커 컴포즈 파일 안에 튜터 웹 서비스를 서비스로 추가하자. 이렇게 하면, 하나의 도커 컴포즈 파일에 튜터 웹 서비스를 빌드하고 실행하기 위해 필요하는 2개의 도커 컨테이너를 모두 갖게 된다. 또한 두 컨테이너 사이의 디펜던시도 지정할 수 있으며, 하나의 공통된 도커 네트워크를 사용해 두 컨테이너를 연결할 수도 있다. 그리고 도커 볼륨을 사용해 두 도커 컨테이너 사이에서 유지되어야 할 Postgres 데이터를 지정할 수 있다.

그림 12.7은 예시 애플리케이션을 위한 최종 도커 컴포즈 파일의 핵심 요소들을 나타낸다.

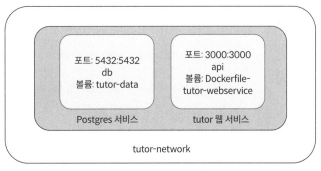

docker-compose.yml

그림 12.7 도커 컴포즈 구성

docker-compose.yml에 `tutor-webservice`를 서비스로 등록한다. 다음은 완전한 docker-compose.yml 파일이다.

```
version: '3'
services:
  db:    ◄───┘  Postgres 데이터베이스를 서비스로 지정한다(앞 절에서 정의했다).
    container_name: tutor-postgres
    restart: always
    image: postgres:latest
    environment:
      - POSTGRES_USER=postgres
      - POSTGRES_PASSWORD=postgres
      - POSTGRES_DB=ezytutors
    volumes:
      - tutor-data:/var/lib/postgresql/data
      - ./c12-data/initdb.sql:/docker-entrypoint-initdb.d/initdb.sql
      - ./c12-data/init-tables.sql:/docker-entrypoint-initdb.d/init-tables.sql
    ports:
      - 5432:5432
    networks:
      - tutor-network
  api:    ◄───┘  새로운 서비스인 api는 튜터 웹 서비스를 참조하도록 정의한다.
    restart: on-failure
    container_name: tutor-webservice
    build:    ◄───┘  api 서비스를 빌드하기 위한 명령어를 정의한다. 도커 이미지를 빌드할 도커 파일명을 포함한다.
      context: ./
      dockerfile: Dockerfile-tutor-webservice
      network: host          api 서비스를 빌드하고 실행하면 도커 호스트 셀 환경에서
    environment:    ◄───┘     도커 컴포즈 파일로 환경 변수들이 전달된다.
      - DATABASE_URL=${DATABASE_URL}
      - HOST_PORT=${HOST_PORT}
    depends_on:
      - db    ◄───┘  Postgres 데이터베이스는 튜터 웹 서비스를 위한 디펜던시로 정의된다.
    ports:
      - ":3000:3000"    ◄───┘  도커 호스트의 3000번 포트는 도커 컨테이너의 3000번 포트에 매핑된다.
    networks:
      - tutor-network    ◄───┘  api 서비스(도커 컨테이너)는 tutor-network의 일부로 지정된다.
volumes:
        tutor-data:
networks:
        tutor-network:
```

다음 명령으로 Postgres 데이터베이스를 시작할 수 있다.

```
docker compose up db -d
```

이 명령은 데이터베이스 컨테이너만 백그라운드 프로세스로 실행한다. 튜터 웹 서비스를 빌드하고 실행하기 전에, 환경 변수 설정을 먼저 확인하자.

```
cat .env
```

다음과 같이 출력될 것이다.

```
DATABASE_URL=postgres://truuser:trupwd@localhost:5432/ezytutors
HOST_PORT=0.0.0.0:3000
```

다음으로 현재 터미널 셸에서 DATABASE_URL 환경 변수를 설정하자.

```
source .env
echo $DATABASE_URL
```

DATABASE_URL이 올바르게 환경 변수로 설정되어 있는 것이 확인되어야 한다. sqlx는 데이터베이스에 대해 컴파일 시간에 확인을 수행하기 때문에 이 단계는 중요하다.

```
postgres://truuser:trupwd@localhost:5432/ezytutors
```

도커 호스트 셸에서 Postgres URL에 접근할 수 있는지 다시 확인한다(컴파일 프로세스의 원치 않는 지연을 피하기 위함).

```
psql postgres://truuser:trupwd@localhost:5432/ezytutors
\q
```

Postgres 셸로 이동이 되는 걸 확인했다면, 이제 다음 명령으로 튜터 웹 서비스 컨테이너를 빌드할 수 있다.

```
docker compose build api
```

여러분이 사용하는 머신의 구성에 따라 다소 시간이 걸린다. 잠깐 동안 커피를 즐기자(혹은 여러분이 선호하는 다른 음료도 좋다).

프로세스가 완료되면 다음 명령으로 빌드한 이미지를 확인한다.

```
docker images
```

다음과 같이 출력될 것이다.

```
REPOSITORY      TAG       IMAGE ID        CREATED          SIZE
tutor-db_api    latest    23bee1bda139    52 seconds ago   2.87GB
postgres        latest    5b21e2e86aab    7 days ago       376MB
```

웹 서비스 컨테이너를 만들었으므로 이를 실행할 수 있다. 그에 앞서 현재 실행 중인 Postgres 컨테이너를 종료해야 한다. 도커 컴포즈 파일은 api(웹 서비스 컨테이너)와 db(Postgres 컨테이너) 서비스를 동시에 시작시키기 때문이다.

도커 이미지 ID를 얻고 실행 중인 Postgres 컨테이너를 종료시킨다.

```
docker ps
docker stop <image id>
docker rm <image id>
```

컨테이너들을 시작하기에 앞서 한 가지 작업을 더 해야 한다. 튜터 웹 서비스는 환경 변수 DATABASE_URL을 사용해서 Postgres 데이터베이스에 접속한다는 것을 기억하자. 웹 서비스 컨테이너를 빌드하는 동안 DATABASE_URL을 다음 값으로 설정한다.

```
DATABASE_URL=postgres://truuser:trupwd@localhost:5432/ezytutors
```

@ 기호 뒤의 값은 Postgres 데이터베이스가 실행 중인 호스트를 나타낸다. 빌드 단계에서는 localhost로 설정했다. 하지만 튜터 웹 서비스 컨테이너(도커 파일에는 api 서비스로 기술)에서 localhost는 자기 자신을 가리킨다. 그렇다면 빌드 시간에 어떻게 Postgres 컨테이너와 연결했는가? 그것은 컴파일 시간에 약간의 조작을 했기 때문이다. 튜터 웹 서비스를 빌드하기 위한 도커 컴포즈 파일을 다시 보면, 다음과 같이 network를 host로 설정한 것을 발견할 것이다.

```
api:
  restart: on-failure
  container_name: tutor-webservice
  build:
    context: ./
    dockerfile: Dockerfile-tutor-webservice
    network: host
```

이 매개변수를 사용하면 튜터 웹 서비스 컨테이너 빌드 프로세스를 진행할 수 있다. 이때 도커 컨테이너 빌드가 발행한 도커 호스트의 로컬호스트 포트에 연결한다. 그렇기 때문에 tutor-network 라는 별도의 도커 네트워크를 만들고, 두 컨테이너가 이 네트워크에 연결되도록 설정한 것이다. 다음 명령을 실행해서 이를 검증할 수 있다.

```
docker network ls
docker inspect tutor-network
```

튜터 웹 서비스 또는 Postgres 컨테이너에 관한 참조를 확인할 수 없다면 다음과 같이 수동으로 추가한다.

```
docker network connect tutor-network tutor-webservice
docker network connect tutor-network tutor-postgres
docker inspect tutor-network
```

다음과 같이 출력될 것이다.

```
"Containers": {
  "26a5fc9ac00d815cb933bf66755d1fd04f6dca1efe1ffbc96f28da50e65238ba": {
    "Name": "tutor-postgres",
    "EndpointID":
      "e870c365731463198fbdf46ea4a7d22b3f9f497727b410852b86fe1567c8a3e6",
    "MacAddress": "02:42:ac:1b:00:03",
    "IPv4Address": "172.27.0.3/16",
    "IPv6Address": ""
  },
  "af6e823821b36d13bf1b381b2b427efc6f5048386b4132925ebd1ea3ecfa5eaa": {
    "Name": "tutor-webservice",
    "EndpointID":
      "015e1dbc36ae8e454dc4377ad9168b6a01cae978eac4e0ec8e14be98d08b4f1c",
    "MacAddress": "02:42:ac:1b:00:02",
    "IPv4Address": "172.27.0.2/16",
```

```
    "IPv6Address": ""
  }
},
```

tutor-postgres, tutor-webservice 컨테이너는 모두 tutor-network에 추가되었다.

네트워크 안에서 컨테이너들은 이름을 사용해 서로를 참조해서 접근할 수 있다. 따라서 tutor-webservice는 tutor-postgres라는 이름을 사용해 Postgres 컨테이너에 접근할 수 있는 것이다. 이제 .env 파일의 데이터베이스 URL을 다음과 같이 수정하자.

```
DATABASE_URL=postgres://truuser:trupwd@tutor-postgres:5432/ezytutors
```

호스트값을 localhost가 아닌 tutor-postgres로 설정한 것에 주의하자. 셸에서 환경 변수를 설정한 뒤 컨테이너를 재시작하자.

```
source .env
echo $DATABASE_URL
echo $HOST_PORT
docker compose down          ◀──┤ 두 개의 도커 컨테이너를 중지한다.
docker compose up -d         ◀──┤ 두 개의 도커 컨테이너를 재시작한다.
docker network connect tutor-network tutor-webservice  ┐ 컨테이너들이 재시작되었으므로
docker network connect tutor-network tutor-postgres    ├ tutor-newtork에
docker inspect tutor-network ◀──┘                      ┘ 이들을 다시 초대해야 한다.
                             └ tutor-network를 확인하고 두 컨테이너가 네트워크에 포함되어 있음을 검증한다.
```

이제 서버 터미널(도커 내부의 터미널이 아님)에서 다음 명령을 실행해서 웹 서비스 엔드포인트를 확인한다.

```
curl localhost:3000/tutors/
```

다음과 같은 출력을 확인할 수 있을 것이다.

```
[{"tutor_id":1,"tutor_name":"Merlene",
  "tutor_pic_url":"http://s3.amazon.aws.com/pic1",
  "tutor_profile":"Merlene is an experienced finance professional"},
 {"tutor_id":2,"tutor_name":"Frank",
  "tutor_pic_url":"http://s3.amazon.aws.com/pic2",
  "tutor_profile":"Frank is an expert nuclear engineer"},
```

```
{"tutor_id":3,"tutor_name":"Johnny",
 "tutor_pic_url":"http://s3.amazon.aws.com/pic2",
 "tutor_profile":"Johnny is an expert marriage counselor"}]
```

tutors 리스트에 여러분이 추가한 엔트리가 표시된다. 이를 통해 컨테이너가 재시작되어도 데이터베이스 변경은 로컬 볼륨에 지속된다는 것을 확인할 수 있다. 연습 삼아 다른 엔드포인트에 대해서도 테스트를 해보자.

여기까지 온 것을 축하한다. 여러분은 튜터 웹 서비스와 Postgres 데이터베이스를 성공적으로 도커화했다. 또한 도커 컴포즈를 사용해 모든 컨테이너들을 매우 간단한 명령어로 빌드, 시작, 중지시킬 수 있게 되었다.

이것으로 이번 장과 이 책을 마무리한다. 이 책은 러스트를 사용해서 웹 서비스와 애플리케이션을 작성하는 여정의 시작을 돕고자 썼다. 필자가 함께할 수 있는 것은 여기까지이다. 이제 여러분이 스스로 러스트 웹 개발 세계에 뛰어들어 즐기기 바란다. 러스트 서버, 서비스, 앱 개발과 관련된 앞으로의 여정에 건투를 빈다.

도전 문제

추가적인 도전을 해보고 싶은 독자들은 다음 문제를 풀어보자.

- 도커 build 명령어들은 도커 이미지를 만드는 데 오랜 시간이 소요된다. cargo-chef(https://github.com/LukeMathWalker/cargo-chef)를 사용해 컨테이너 빌드 속도를 높여보자.

- Actix 웹서버에 미들웨어를 추가하자. 이 미들웨어들은 CORS, API 엔드포인트에 대한 JWT 인증, 로깅 레벨과 같은 추가적인 기능을 더할 때 사용할 수 있다. 보다 자세한 내용은 https://actix.rs/docs/middleware/를 참조하라.

- 앞에서 생성한 tutor 웹 서비스 컨테이너의 크기는 상당히 크다(약 2.87GB). 도커 파일 Dockerfile-tutor-webservice를 개선해서 다단계 빌드를 포함하고, 도커 이미지의 크기를 줄여보자. 다단계 빌드에 관한 더 자세한 내용은 https://docs.docker.com/build/building/multi-stage/를 참조하라.

요약

- 러스트 웹 서비스, 애플리케이션 및 데이터베이스들은 도커 컨테이너로 패키징할 수 있다. 도커는 소프트웨어 개발자와 운영 팀의 마찰을 줄이는 경량의 컨테이너를 빌드하고 실행한다.

- 도커 파일은 도커 이미지를 빌드하기 위한 명령들을 포함한다. 이 이미지에서 컨테이너들을 인스턴스화하고 요청에 대한 서비스를 제공할 수 있다. 러스트 프로그램을 컨테이너화할 때, musl을 사용해서 정적 러스트 바이너리를 빌드하면, 다른 대상 환경에서의 libc 버전의 차이로 인해 발생하는 이슈들을 피하는 데 도움이 된다.

- 다단계 도커 빌드를 사용하면 최종 도커 파일의 크기를 줄일 수 있다. 러스트의 경우 첫 번째 단계에는 러스트 개발 환경, 정적 러스트 바이너리를 빌드하기 위해 필요한 디펜던시의 설치가 포함된다. 두 번째 단계에는 새로운 베이스 이미지를 생성하고, 독립적인 최종 정적 러스트 바이너리만 복사함으로써 러스트 컴파일러와 중간 빌드 아티팩트를 삭제한다.

- 도커 컨테이너들은 도커 컴포즈를 사용해서 그룹화할 수 있다. 도커 컴포즈는 여러 도커 컨테이너들을 하나로 묶어서 빌드하고 실행하며 수명 주기를 관리할 수 있는 도구이다.

- 커스텀 도커 네트워크를 사용하면 도커 컨테이너들을 상호 연결할 수 있다.

- 도커 볼륨을 사용하면 도커 컨테이너들이 실행되는 사이에 데이터를 디스크에 유지시킬 수 있다.

- 도커 컴포즈를 사용하면 컨테이너 그룹의 수명 주기 관리를 매우 단순하게 할 수 있다.

- 프로젝트의 도커 파일과 도커 컴포즈 파일을 사용해서 애플리케이션이나 서비스를 다양한 가상 인프라스트럭처 및 클라우드 공급자에 배포할 수 있다.

부록

Postgres 설치

다음의 방법으로 Postgres를 설치할 수 있다.

- macOS, 윈도우, 리눅스/유닉스 개발 환경에 로컬 설치
- 도커 컨테이너에서 Postgres 데이터베이스 실행
- 클라우드(AWS, Azure, Google Cloud, Heroku, Digital Ocean 등)의 호스티드hosted 또는 매니지드managed Postgres 데이터베이스에 연결

여기에서는 리눅스 우분투 서버에 Postgres를 설치하는 방법을 설명한다.

로컬 패키지 인덱스를 업데이트한다.

```
sudo apt update
```

추가적인 유틸리티를 제공하는 contrib 패키지와 함께 postgres 패키지를 설치한다.

```
sudo apt install postgresql postgresql-contrib
```

이것으로 postgres 소프트웨어가 설치되었다. 설치하면 postgresql 서버가 리눅스의 systemd 프로세스로 시작된다. 다음 명령어로 확인할 수 있다.

```
ps aux | grep postgres
```

postgres 프로세스가 백그라운드에서 실행되고 있는 것을 확인할 수 있다.

이제 Postgres 데이터베이스 관리 시스템을 다뤄보자. 기본적으로 Postgres는 역할role(리눅스/유닉스에서의 '사용자'와 유사하다)을 사용해서 인증과 인가를 다룬다. Postgres 설치 과정에서 postgres라는 사용자 계정이 생성된다. 해당 계정을 사용해 로그인해보자.

```
sudo -i -u postgres
```

이제 postgres 사용자에 대응하는 셸을 볼 수 있을 것이다.

해당 셸에서 Postgres 셸 프롬프트에 접근할 수 있으며, 셸 프롬프트에서는 Postgres 데이터베이스 관리 시스템을 통해 데이터베이스 생성, 사용자 생성 등의 태스크를 수행할 수 있다. 간단히 다음과 같이 입력해보자.

```
psql
```

위 명령을 실행하면 psql 프롬프트에 로그인된다.

이 프롬프트에서는 다음 명령으로 언제든 빠져나올 수 있다.

```
\q
```

이제 Postgres 사용자 프롬프트에서 빠져나오자.

```
exit
```

다음으로 피어 인증peer authentication이 가능하도록 Postgres의 구성을 변경한다. /etc/postgres 아래의 pg_hba.conf 파일을 찾는다. 예를 들어 Postgres 버전 12를 설치했다면 이 파일은 아래 위치에서 찾을 수 있다.

```
/etc/postgresql/12/main/pg_hba.conf
```

vim 또는 nano 같은 텍스트 편집기에서 해당 파일을 열고 다음 엔트리를 찾는다.

```
# "local" is for Unix domain socket connections only
local   all             all                                     peer
```

이렇게 peer로 되어 있다면 md5로 대체한다.

```
local   all             all                                     md5
```

파일을 저장한 뒤 다음 명령으로 Postgres 서버를 재시작한다.

```
sudo systemctl restart postgresql
```

이 구성 변경을 통해 여러분은 서버에 로그인했던 비밀번호를 사용해서 Postgres 데이터베이스에 로그인할 수 있게 된다.

다음 단계도 수행해야 한다.

- 데이터베이스를 생성한다.
- 사용자를 생성하고 비밀번호를 부여한다.
- 사용자에게 데이터베이스에 대한 권한을 할당한다.

이 단계를 완료하면 명령줄에서 다음 명령을 실행해 Postgres 데이터베이스에 로그인할 수 있다.

database-user와 database-name은 여러분이 설정한 것으로 바꿔 써야 한다. --password 플래그를 사용하면 비밀번호 입력을 요청한다.

```
psql -U <database-user> -d <database-name> --password
```

더 자세한 내용은 Postgres 공식 문서(https://www.postgresql.org/docs/)를 참조하라.